1912-1937 上冊

中華民國在大陸的真相

Tales of The Republic of China

韓文寧 編著

出版緣起

中華民國史是近代史上最精彩的一頁。一般讀者對中華民國創建的艱辛過程多半僅有模糊的記憶、概括的印象，所得所知多由國、高中歷史課本、國家出版歷史讀冊而來。對於「孫中山革命十一次成功」創立中華民國之事蹟，就是冠上「偉大」兩字，卻不曾深層去探究、感同身受的體會這段亂世中，究竟發生了什麼樣感人的故事、隱藏了甚麼樣動人的細節。

大旗出版為了讓讀者對這段往事有不同的省思，並提供歷史閱讀新面向於是自對岸引進此鉅冊，讓讀者可以從不同的角度，重新翻讀探索中華民國當年在大陸這片土地上所經歷的種種事件，例如法條的制定、推行的運動、發動的戰爭、政權的更迭等，幫助讀者對中華民國在中國大陸期間的過往有更進一步的了解。

1949 年之前的「中國」，指的其實就是「中華民國」，然而因為國共內戰、時代變遷與國際現實的關係，現在的「中國」已成為「中華人民共和國」的代名詞。由於對岸不斷施予外交壓力，「中華民國」這個國家名稱，在國際場合並不被普遍承認，同時邦交國也僅有二十幾個小國。雖然我們自認是經濟、科技的大國，但就政治現實面來說，其實我們只是一個夾處在眾多強國間的一顆棋子。

「中華民國」在國際地位上的低落激勵了我們引進出版此書的決心，我們希望可以讓更多讀者重新認識「中華民國」的過去、認同「中華民國」的現況，在與對岸維持和平共處之際，不忘身處台灣的我們仍是成立超過百年的「中華民國」子民。

《中華民國在大陸的真相》此書原編著者為對岸筆者，由於兩岸分治超過一甲子，且政治立場與民族情感的關係，因此立場可能與我們有些許差異，例如：編者筆下的「起義」，但從台灣讀者的角度來看或許應為「叛變」更為適合，還有許多在我們的歷史課本上從未碰觸過的一些人物與事件的禁忌話題，但為尊重原著的創作精神及為求本書語氣及文意之一致性，我們在內容面上沒有做違反原意的調整，對此類用字遣詞也未予以修改。我們期望從不

前言

南京大學中華民國史研究中心主任　張憲文

中華民國史是離我們「既近又遠」的歷史：從時間上它離我們很近，但由於種種原因，大家對這段歷史真正全面的瞭解是很不夠的，多少有霧裡看花的感覺。近 20 年來，中華民國史的研究和出版始終保持著旺盛的勢頭，不僅歷史真相被越來越清晰地還原，而且對歷史人物和歷史事件的評價也越來越客觀公允。可是，有些民國史書寫得不好看，嚴謹有餘而生動不足，不能告訴讀者生動的細節，不能表現民國史的豐富多彩和錯綜複雜，自然也就吸引不了讀者的目光。總體上說，讀者並沒有充分享受到民國史研究者的成果，一般人印象中的民國史，還是一段朦朧或臉譜化的故事。

大家知道，一部《三國演義》，讓千千萬萬人對三國的歷史津津樂道，可也讓千千萬萬的人誤解了三國的歷史。這就給我們史學工作者提出了這樣一個問題：怎樣使大眾以濃厚的興趣關注真實的歷史？

現在擺在我面前的《中華民國在大陸的真相》(注：原書名《話說民國》)，則是一本圖文並茂，用故事形式編寫的民國歷史書，它描述民國歷史人物的命運和歷史事件的演變過程，在寫作中充滿了細節和多元的視角，正是這些元素讓民國的歷史生動起來，讓那個時代的人物鮮活起來，將民國史的骨架填補得有血有肉、栩栩如生。需要強調的是，它的生動，它的吸引目光，是建立在嚴肅的史學研究基礎上的。

正是這種生動形象、別開生面的編寫方式，使得現代社會的普通讀者都可以輕鬆地從這本書裡進入民國的天地，從而感悟歷史、感悟人生。

本書（上）（下）冊共有近 200 個篇目，勾勒了自 1912 年孫中山南京就職至 1949 年蔣介石黯然離別大陸為止的中華民國史，按年代鋪排，擷取歷史事件的精彩片斷，選取民國人物的傳神花絮，以人物引出歷史事件，在歷史事件中展現人物的風骨。以一種責任和誠意，為歷史留存記憶，為記憶補上血肉和肌理。編排中處處可見編者、作者的匠心。每篇的標題首先大都耐人尋味，標題之下再設置導語，不僅是對該篇內容的概括，更是設置了一個懸念。例如在（下）冊中，當讀者讀到這樣的標題「虎賁萬歲」和這樣的導語「以寫愛情小說見長的作家張恨水，卻有一部以抗戰中真人真事為題材的戰爭小說《虎賁萬歲》」的時候，必然會對這部小說的內容產生興趣，從而被作者帶入到抗戰中常德會戰那慘烈悲壯的歷史場景中。

學術性也是《中華民國在大陸的真相》非常注重的一個方面，該書注意引用學術界的最新研究成果和最新披露的史料。例如：最近美國斯坦福大學胡佛研究所檔案室開放了從未公開的《蔣介石日記》及「宋子文檔案」，對九一八事變發生時蔣介石的狀況有了最新的解讀，對抗戰中宋子文的貢獻有全新的呈現，本書敏銳地關注了這些最新研究成果，在書中介紹了相關資訊。

歷史研究中對歷史人物的記錄是否客觀、真實和全面也是反映研究者學術功底的一個重要方面。人云亦云、簡單片面地描述歷史人物是談不上有學術見地的。本書強調真實立體地記錄人物的各個方面，體現了歷史人物研究的成果，又讓讀者看到歷史人物以前很多不為人知的一面，引發讀者的思考，提升了對歷史人物的認知水準。例如：大家都知道吳佩孚是北洋軍閥的首領之一，可是本書還展示了他堅守民族立場的一面：1919 年巴黎和會時吳多次通電反對簽訂有損於中國利益的和約，支持學生運動，並表示願為祖國「敢效前驅」；後來，他又抵制日本人的利誘和威逼，在民族大義問題上毫不動搖。

本書的另一個特色是大量的歷史圖片。本書的圖片，也強烈地體現了雅俗共賞的特點。當然，我們所說的圖片的雅俗共賞，雅指的是製作水準的專業化，俗指的是對一般讀者的吸引力。本書的圖片多為一般讀者所未見，而且清晰度和觀賞性都比較高。

有人說曲高必然和寡，學術性和大眾性難以並存。但我認為，這本書，在兼顧學術品位和大眾口味上做了不少努力，相信會成為受大眾歡迎的陽春白雪。

張憲文教授是中國著名的中華民國史研究專家，在國際上頗著聲望，現擔任南京大學中華民國史研究中心主任、博士生導師。

目錄

開國總統孫中山

那一刻，兩千年的帝制完全終結了。

中華統一史，從秦開始寫起。西元前 230 年，秦國不失時機地發起了統一之戰。

「秦王掃六合，虎視何雄哉」，僅僅用了短短十年時間，秦王嬴政就圓了統一之夢，曾經赫赫有名的「戰國七雄」，永遠地留在了人們的記憶裡。

中華帝國，曾經無比輝煌，令世界仰慕。不幸，它漸漸陶醉於自我，閉關鎖國，未能跟進於時代，終在堅船利炮下碰得頭破血流。非變革，不足以改變其落伍地位。1911 年武昌起義的槍炮聲，終於向這封建帝國發起最後一擊。

槍響之後，清政府的統治分崩離析，組建革命政權迫在眉睫。當時，孫中山遠在美國，黃興客居香港，革命黨人一時群龍無首，只好暫推湖北新軍統領黎元洪任湖北軍政府都督。10 月 11 日晚，宣布中國為「共和的中華民國」，廢除清王朝年號。

武昌湖北軍政府原址

孫中山（前中）率文武官員祭明孝陵

1912 年 2 月 15 日，作為「民國統一大典」內容之一，由孫中山親率「國務卿士、文武將吏」拜謁明孝陵。這次拜謁活動，以孫中山名義發表了兩個文告：一是《祭明太祖文》，一是《謁明太祖陵文》。前一篇是「祝告文」，後一篇是「宣讀文」。主要是以清室退位，民國統一的功業，昭告明太祖在天之靈。

1912 年 2 月 12 日，清帝退位。孫中山於 13 日召開國務會議，會後諮文南京臨時參議院辭去臨時大總統職

10月11日，革命黨人宣布成立中華民國軍政府。武昌湖北軍政府門前是兩面十八星大旗

隨著各省各地區軍政府的相繼建立，客觀形勢的發展，迫切要求組建全國統一的共和臨時政府，武昌與上海二地，首當其衝。

11月7日，湖北都督黎元洪以「義軍四應，大局略定，惟未建設政府」為由，向各地軍政府發出徵求意見。9日，又領銜通電各省，請派全權委員赴鄂組織臨時政府，迅即得到回應。

11日，由江蘇都督程德全、浙江都督湯壽潛聯合致電滬督陳其美，以蘇、浙兩省名義，電請全國各省派代表來滬會商組織臨時政府。一時間，武昌和上海鼎足而立。

上海方面承認以鄂軍都督執行中央軍政府政務，但主張籌建臨時政府的會議地點應在上海。

武昌方面對此表示異議：「既以湖北為中央軍政府，則代表會亦自應在政府所在地。府、院地隔數千里，辦事實多遲滯，非常時期，恐失機宜。」隨即派居正等趕赴上海，力爭各省代表會在湖北舉行。黎元洪亦致書程、湯二人，「以歸一致」。之後，滬方做出讓步，不再堅持原意。

30日，共有11省代表23人在漢口英租界舉行第一次會議，湖南人譚人鳳被公推為議長，決議在臨時政府成立之前，由湖北軍政府代行中央軍政府職權。12月2日，議決先制定臨時政府組織大綱；又議決，如清內閣總理大臣袁世凱反正，當公舉為臨時大總統。

3日，《中華民國臨時政府組織大綱》正式通過。會議期間，江浙聯軍光復南京，消息傳來，聯合會即議以南京為臨時

滬軍都督陳其美

江蘇都督程德全

浙江都督湯壽潛

黎元洪

政府所在地，各省代表於 7 日內齊集南京，如有 10 省以上代表報到，即召開臨時大總統選舉會。

江浙地區的革命黨人，對於移會湖北以及新政權遲遲不得出臺深為不滿，於是在南京光復 3 日後由陳其美、程德全、湯壽潛領銜，邀集各省留滬代表舉行會議，決定臨時政府設於南京，公推黃興為大元帥，組織臨時政府。同時舉黎元洪為副元帥兼任鄂軍政府都督，仍駐武昌。

漢方代表自然不樂意了，要求黎元洪以都督名義電請取消。不過，漢陽失守和南京光復，為在籌建政權競爭中的上海方面，增加了有力的砝碼。

14 日，各省代表由武漢、上海會於南京舉行會議。這時傳來消息說，袁世凱所派議和代表唐紹儀已抵漢口。據稱，袁內閣主張共和，但須由國民會議議決後以告清廷，即可實行遜位。在此情勢之下，代表會臨時做出決定，暫緩選舉臨時大總統，承認上海所舉大元帥、副元帥。

會議在沉悶的氣氛中開了幾天，儘管選舉大總統已是刻不容緩，但還是未就人選做出最後定論。黃興以種種

臨時大總統孫中山在總統府門前接受衛兵的致敬

上海南京路上五色旗迎風招展，歡慶民國成立

1912年3月29日，孫中山出席臨時政府各部總次長、衛戍總督、各軍師旅司令官舉行的餞別會。圖為宴會後留影

理由拒絕就大元帥職，無奈，代表會只好推黎元洪任大元帥，黃興副之。但黃興還是不從。21日，黎元洪致電接受大元帥名義，並委黃興代行大元帥職權，程德全還親自赴滬勸駕。黃興推託不過，正要動身，得知孫中山即將回國，當即表示這等大事，應等孫中山歸來決定，遂中止南京之行。

25日，孫中山到達上海，立即和同盟會的主要負責人討論群組建臨時政府事宜。隨後，同盟會的要員決定分別向各省代表示意，選舉孫中山為臨時大總統，並由馬君武著文在《民主報》上披露。

孫中山的回歸，使難產的大總統選舉，一下子出現轉機。29日上午9時，17省代表共45人再次齊集江蘇諮議局，開始就選舉臨時大總統進行表決。規定每省只有一票，候選者為孫中山、黎元洪和黃興三人，結果孫中山以16票當選。各省代表隨後致電孫中山當選，請他來寧組織臨時政府。

1912年1月1日上午11時，列車載著孫中山一行，也帶著千萬民眾的期待，向南京疾駛，下午5時左右到達下關車站。孫中山換乘市內小火車，再轉乘一輛馬車，直抵兩江總督署大門。

冬日的南京，寒風刺骨，夜幕降臨，在陣陣細雨下，更顯淒冷。然而，在此已等候多時的各省代表和將領們，心中卻充滿暖意。隨著人群中爆發出一陣歡呼聲，

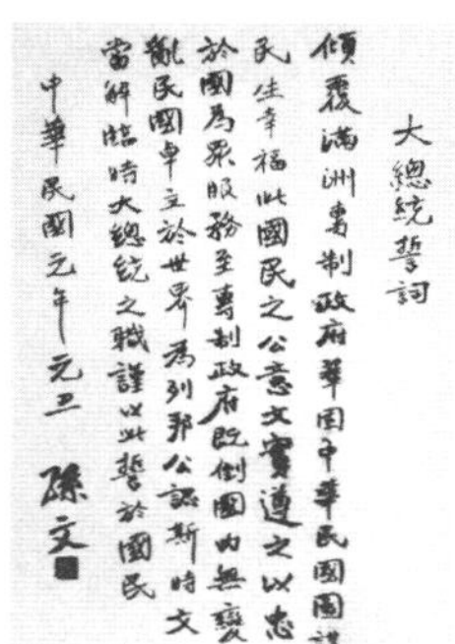

大總統誓詞

傾覆滿洲專制政府，鞏固中華民國，圖謀民生幸福，此國民之公意，文實遵之，以忠於國，為眾服務。至專制政府既倒，國內無變亂，民國卓立於世界，為列邦公認，斯時文當解臨時大總統之職。謹以此誓於國民。

中華民國元年元旦 孫文

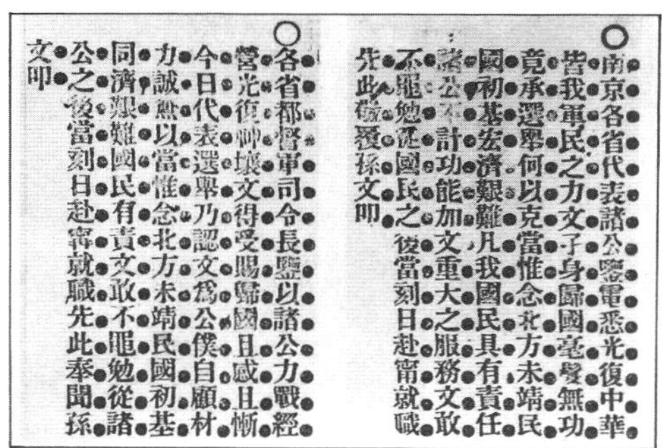

南京各省代表諸公鑒：電悉。光復中華，皆我軍民之力，文子身歸國，毫髮無功，竟承選舉，何以克當。惟念北方未靖，民國初基，宏濟艱難，凡我國民具有責任。諸公不計功能，加文重大之服務，文敢不罷勉從國民之後，當刻日赴甯就職。先此敬覆。孫文叩

各省都督軍司令長鑒：以諸公力戰經營，光復神壤，文得受賜歸國，且感且慚。今日代表選舉，乃認文為公僕，自顧材力，誠無以當。惟念北方未靖，民國初基，同濟艱難，國民有責，文敢不罷勉從諸公之後，當刻日赴甯就職。先此奉聞。孫文叩

這是孫中山就任臨時大總統時宣讀的誓詞（左）

孫中山當選為臨時大總統後，致各省代表及各省都督電（右）

孫中山走下馬車，他一手握帽，一面微笑著與大家握手寒暄。

歡迎儀式結束後，孫中山在黃興、徐紹楨的陪同下，信步走進了兩江總督署的大門，那一刻，古老的中國也步入了一個全新的世界。

晚11時整，中華民國臨時大總統就職典禮正式開始。當司儀宣布「中華民國臨時大總統蒞位典禮開始」後，軍樂隊奏起雄壯的軍樂。山西代表景耀月向與會者報告了大總統的選舉經過，然後高呼：請大總統宣誓就職。

在充滿信任的目光注視下，孫中山朗讀了大總統誓詞。景耀月代表各省致頌詞，議長湯爾和代表各省致歡迎詞，並向孫中山致授大總統印。

當孫中山致答詞，表示「當竭盡心力，勉副國民公意」之時，全場爆發出歡呼聲。孫中山異常激動，他舉起雙手向大家表示感謝。那一刻，他百感交集，「予三十年如一日之恢復中華，創立民國之志」，終於得以實現。中國歷史上第一個共和制的國家政權，將與這天一起載入史冊。

1912年2月15日，中華民國臨時大總統孫中山率參議員晉謁明孝陵

中華民國臨時大總統印

中華民國開國紀念幣

中華民國改元紀念章

中華民國共和紀念章

孫中山紀念章

孫中山與總統府僚屬合影，前排戴帽者為胡漢民

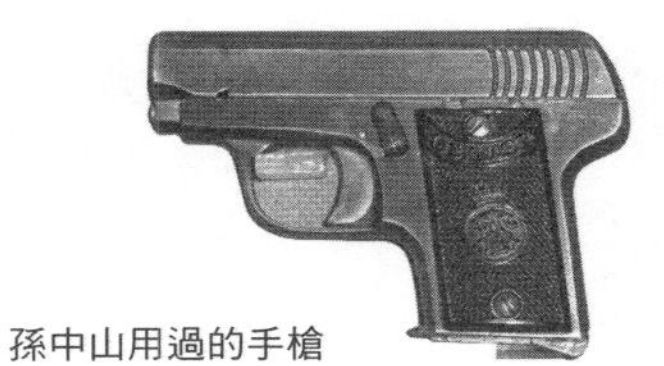

孫中山用過的手槍

定都之爭

北京正陽門

在黃興的堅持下，參議院終於通過了定都南京的決議。

革命黨內起紛爭

清帝退位、孫中山辭職後，定都之事便是當務之急。

1912 年 2 月 14 日，臨時參議院召集會議，專門審議定都一事。會議用投票表決的方式，以決定首都設在何處。表決結果，竟有 20 票主張定都北京，其餘為，5 票主張設南京，2 票主張設武昌，1 票主張設天津。會上，同盟會議員李肇甫說，當時臨時政府主張首都設在南京，是由於大江以北尚在清軍的統治下，現在南北已經統一，首都的地點自應設在北京為宜。還有不少議員對袁世凱不願南下表示同情。

到會的臨時大總統孫中山（當時雖辭職，但尚未解任）立即站了起來，對決議中「首都設北京」這一條提出了強烈的反對意見。林森發言說，由於孫大總統的異議，本院決定將在次日進行覆議。

孫中山本以為，在參議院中，革命黨人占了絕對多數，通過定都南京的決議不會有問題，沒想到結果竟會是這樣。孫中山極為惱火。當晚，即與黃興一道把李肇甫叫來予以痛斥，並限定必須在第二天覆議時更改過來。孫中山並決定以黨的名義連夜通知黨人議員，必須按照黨的最高領導總理的意願進行投票。黃興怒道：「明日再不按先生意願行事，我立即派憲兵將議員綁出來。」

更令孫中山痛心的是，革命黨陣營內部也時常發出不協調的聲音，甚至與孫中山的主張截然相反。2 月 13 日，章太炎專門發表了文章《致南京參議院論建都書》，公開提出建都北京的主張。21 日，江蘇代理都督莊蘊寬就應同盟會機關報《民立報》的要求，通電全國，反對定都南京。安徽都督孫毓筠、順直諮議局等地方政要、機構也紛紛通電響應。令孫中山大傷腦筋。

定都南京黃興功不可沒

孫中山一面派人做議員的疏通工作，同時親自出馬，向各界宣傳定都之說。但更令孫中山難以接受的是，一批長期跟隨

武漢鄂軍都督府

南京兩江總督署

自己的革命黨人，這時也紛紛「倒戈」，如柏文蔚、朱瑞、姚雨平、洪承典等著名將領，也聯名通電要求定都北京。但黃興始終是站在孫中山的一邊。他在《民立報》上發表公開信，嚴厲駁斥了定都北京的論調。由於南京聯軍參謀團主張定都北京，黃興下令陸軍部立即解散了參謀團。

15日清晨，總統府秘書處官員吳玉章將孫大總統親自擬就的覆議諮文，準備加蓋總統大印送往參議院。而此時孫中山已到明孝陵去了。黃興還沒動身，正在穿軍服。他對吳玉章說：「我馬上去東郊孝陵，過了正午12時，參議院再不改過來，我立即調兵衝入參議院強行通過。」吳玉章連說：「務請總長再延緩一下，我盡速辦理。」

總統府秘書長胡漢民也知道事情緊迫，故托病未去孝陵。他想，一旦上午不能表決或再次通不過，陸軍勢必衝進參議院，豈不釀成大禍！當他與吳玉章見面後，立即拿來孫中山辦公室抽屜的鑰匙，取出大印蓋在諮文上。而此時，參議院的同盟會議員們都在焦急地等待覆議諮文的到來，以付諸表決。幸好諮文及時送到，立即進行了表決。表決的結果起了根本性的變化，在出席的27名參議員中，有19人投票定都南京，6票主張定都北京，2票主張定都武昌。最後，參議院通過決議，仍以南京為民國首都所在地。胡漢民這才如釋重負。

中午時分，孫中山、黃興諸人謁陵後返回總統府時，參議院已來人報告，首都設南京的覆議案已獲通過。

15日清晨，總統府秘書處官員吳玉章將孫大總統親自擬就的覆議諮文，準備加蓋總統大印送往參議院。而此時孫中山已到明孝陵去了。黃興還沒動身，正在穿軍服。他對吳玉章說：「我馬上去東郊孝陵，過了正午12時，參議院再不改過來，我立即調兵衝入參議院強行通過。」吳玉章連說：「務請總長再延緩一下，我盡速辦理。」

北京故宮太和殿

同舟共濟

總長會議室

南京臨時政府各部的次長，大多數是堅定的革命派。

孫中山力排眾議

早在孫中山赴南京就職前，革命黨和立憲派人士就分別在上海寶昌路孫中山寓所和南洋路的趙鳳昌住宅，密議部長人選。立憲派推出了自己的人選，只將陸軍和司法兩個部長給了同盟會。革命黨人宋教仁堅決反對，他力主部長全部由革命黨人擔任。雙方互不相讓。這樣下去，雙方必然鬧翻，對革命大局不利。孫中山和黃興等人既拒絕了立憲派人士的主張，也沒有同意宋教仁的意見，而是提出了自己的一套設想。

1月3日，孫大總統親自前往各省代表會議，交議了親擬的「中央行政各部組織及其權限案」，並修改了臨時政府組織大綱若干條。其中心內容，即設置九個部，安置各派勢力。孫中山提出的部長人選，又引起了激烈的爭論，就連同盟會內部也不統一，認為革命黨浴血奮戰，只得區區幾席，而一些人不費吹灰之力，幾無寸功，就得到了如此高官。同盟會機關報《民立報》甚至發表了言辭激烈的言論。立憲派人士也不退讓。結果，經過反復商議，孫中山說服了本黨同志，做出了很大的「讓步」。

內閣人選終於確定

最後，各省代表會正式通過了副總統及臨時政府各部總長的人選。他們是：副總統黎元洪（未到任）、陸軍總長兼參謀總長黃興、海軍總長黃鐘瑛、外交總長王寵惠、內務總長程德全（未到任）、財政總長陳錦濤、司法總長伍廷芳（未到任）、交通總長湯壽潛（未到任）、教育總長蔡元培和實業總長張謇（未到任）。

總長確定後，次長也由各省代表會議通過，並由孫大總統任命頒布。陸軍次長蔣作賓、海軍次長湯薌銘、外交次長魏宸組、內務次長居正、財政次長王鴻猷、司法次長呂志伊、交通次長于右任、教育次長景耀月、實業次長馬君武和參謀次長鈕永建。

總統府秘書處秘書長為胡漢民。秘書處下設7個組，分別是總務、軍事、外交、民事、電務、官報、收發。

總統府還直屬有法制院（局），以及印鑄、公報、稽勳、銓敘四個局，宋教仁兼法制院（局）長，黃復生任印鑄局長，馮自由任公報局長等，但燾任銓敘局長。南京衛戍總督徐紹楨，參軍長黃士龍。

孫中山還特聘美國人荷馬李擔任臨時政府的軍事顧問，日本人犬養毅為臨時政府政治顧問，寺尾亨、副島義一為法制顧問。

次長握有實權

在９名總長中，同盟會員只有３人，即黃興、王寵惠、蔡元培，但黃鐘瑛等人一直是傾向革命的。其他幾名總長，有的是清朝舊官僚和立憲派人士，但他們在國內有很高的聲望，如內務總長、原江蘇都督程德全，實業總長張謇，交通總長湯壽潛，司法總長伍廷芳，或為江浙名流，或為著名實業家。他們既和革命黨人有聯繫，也在清廷擔任過要職。孫中山把他們拉入內閣，是想借助他們的聲望來反對清政府。臨時政府成立後，不少部長還在觀望，並不是真心擁護共和，像張謇、程德全、湯壽潛等人根本就沒來南京就職。革命黨人雖然只占了三個部長席位，但

在９名總長中，同盟會員只有３人，即黃興、王寵惠、蔡元培，但黃鐘瑛等人一直是傾向革命的。其他幾名總長，有的是清朝舊官僚和立憲派人士，但他們在國內有很高的聲望，如內務總長、原江蘇都督程德全，實業總長張謇，交通總長湯壽潛，司法總長伍廷芳，或為江浙名流，或為著名實業家。他們既和革命黨人有聯繫，也在清廷擔任過要職。孫中山把他們拉入內閣，是想借助他們的聲望來反對清政府。

孫中山與總長、次長合影，左二于右任，左四王寵惠，右四蔡元培

程德全

部長不在，大權自然由次長掌握。而次長中，除海軍次長湯薌銘外，均為清一色的留日、留歐美青年知識份子，蔣作賓、魏宸組、呂志伊、景耀月、馬君武、王鴻猷、居正、于右任都是同盟會骨幹。內閣會議、處理國務、出席國務會議，均由次長們一手操辦。而陸軍總長兼參謀總長黃興顯為各部之首，位高權重。胡漢民任秘書長，處理日常政務，大權在握。此二人一文一武，被孫中山倚為左右手。這就是孫中山的「部長取名，次長取實」策略。人們戲稱臨時政府的內閣是「次長內閣」。

1 月 21 日下午 1 時，孫中山在總統辦公室西會議室主持召開了中華民國臨時政府第一次內閣會議。出席者幾乎為清一色的革命黨人。這次會議議決了三件重大事項，一、議行政方針，主張中央集權；二、籌措軍餉，擬將招商局抵押 1000 萬。以招商局盛宣懷股居多，理當沒收……三、和議大定，優待清室條件，已由伍廷芳開出，待清帝退位後，請袁世凱來南京就任……

臨時政府內閣正式啟動後，1 月 28 日，中華民國的立法機關臨時參議院在原江蘇諮議局成立。孫中山及各部長次長親自蒞會。孫中山向每位參議員頒發了委任狀。參議院以互選的方式選舉議長。結果，同盟會員、在辛亥革命中著有勳績的林森當選為參議院議長。在當選的 43 名參議員中，同盟會員有 33 名，占了絕對多數。

曾經為光復南京立下首功的江浙聯軍總司令徐紹楨自動撤銷該部，交陸軍總長黃興直接管轄。孫中山為酬勞徐紹楨的革命功績，贈給他八厘公債 100 萬元。徐提出以 1.4 萬元作為《民立報》的補助費，1 萬元作為女子北伐隊的結束費，其餘一概奉還政府，頗有清譽。

資產階級憲政的最初嘗試

任法制局局長時的宋教仁

當革命黨人沉醉於約法，心懷憧憬，幻想著未來一片美好之時，心懷異志的袁世凱，卻對法律不屑一顧。儘管他曾信誓旦旦地表示將「以《約法》為根據，毋得歧異，致失民國尊重法律之本意」，但同時，又為修改《約法》做好了鋪墊。

民國初立，《中華民國臨時約法》不能不提。

憲法，乃一國之根本大法，是國體的象徵。中國資產階級制憲的最初嘗試，肇始於《中華民國鄂州約法》。它是辛亥革命後由宋教仁起草，以資產階級自由、平等、博愛和「天賦人權論」為思想基礎、以三權分立為理論基礎的一部大法。它給人們勾勒出一個以分權制為藍本的共和國方案。

在幾千年的封建君主專制國家中，人民只有「服從」二字，民主和自由，與人民無緣。《鄂州約法》突出了人民在國家中的政治地位，破天荒地將民主和自由權利寫入法律文本中。

約法就像一面鏡子，它使人民認識到自我的存在與價值。

南京臨時政府成立後，立即著手立法機構——臨時參議院的組建。1912 年 1 月 28 日，臨時參議院正式成立。

2 月 12 日，末代皇帝溥儀宣布退位。由於各省都督府代表曾有言在先，如果袁世凱迫使清帝退位，並贊成共和，即舉其為大總統。同樣，孫中山在就職時也做出類似許諾，為了顧全大局，孫中山於次日踐行諾言，向參議院提出辭呈。

儘管袁世凱對推翻帝制有功，但他畢竟與革命黨不是一路人。如何把他的權力限制在一定範圍之內，以保證剛建立起來的民主共和國制度不致遭到破壞，成為革命黨人迫切需要解決的首要問題。

1912年1月28日，南京臨時政府參議院舉行開幕典禮，3月初通過了標誌民主共和的《中華民國臨時約法》

唯一的辦法，就是制定「約法」來進行有效的約束，這也是對付袁世凱的最後一招。這是一份期待，更是一份牽掛，革命黨人耗盡心血，才換來今天的成功，絕不能輕易為他人所踐踏。

時不我待，在孫中山的主持下，編輯委員會於2月成立，專門負責起草《臨時約法》。歷時月餘的討論和修改，3月8日，南京臨時參議院經三讀通過了《中華民國臨時約法》，並於11日正式頒行。

《臨時約法》分總綱、人民、參議院、臨時大總統副總統、國務員、法院、附則七章五十六條。其基本內容是「以國民革命」的手段推翻作為「惡劣政府之根本」的清朝封建君主專制制度，代之以「自由、平等、博愛」的資產階級民主共和制度。

主權在君還是在民，是君主專制和民主共和政體的本質區別。《臨時約法》首先規定了中華民國的國家性質，是資產階級民主共和國，「中華民國主權屬於國民全體」，就把這一重要原則充分肯定下來。

關於人民享有的自由民主權利，《臨時約法》也像西方資本主義國家的憲法一樣，做了明確的規定。諸如人民享有「人身、居住、財產、言論、出版、集會、結社、通信、信教等」自由；有「請願、陳訴、考試、選舉與被選舉等」權利；有「納稅、服兵役等」義務。資產階級革命派所標榜的民主精神，在約法中都一一得到體現，在中國，這無疑是前所未有的。

與《臨時政府組織大綱》相比，《臨時約法》一個重要的特點，是將總統制改為責任內閣制。起草之初，仍以總統制行事。但在2月上旬和議即將告成，孫中山退位與袁世凱繼任的局勢已定，革命黨人立即決定改總統制為責任內閣制，其用意十分明顯，誠如一位參議員所言，「現在滿清的君主專制，雖然已經推翻，但是我們把建設的事業，委託他們官僚，他們能夠厲行我們黨的主義，替人民謀福利嗎……尤其是就袁世凱的歷史來說，他的政治人格，有好多令人難以信任的地方……一旦大權在手，其野心可想而知。」革命黨人對袁世凱放心不下，為了防止總統獨裁，必須趕緊將約法完成，規定責任內閣制，要袁於就職之時，立誓遵守約法。總統制與責任制，雖僅是兩字之差，卻有著實質性的差異。

參議院是國會的前身，行使國會職權。《臨時約法》明確規定：「中華民國之立法權，以參議院行之。」參議員由地方按分配的名額選派，選舉方法由地方自定。

責任內閣制，由議會產生並由議會中占多數席位的一個政黨組閣，或幾個政黨聯合組成，對議會負責，受議會監督。當時中國內閣稱國務院，由總理和總長組成，他們對參議院而不是對臨時大總統負責。

為確保三權分立的體制，《臨時約法》專設「法院」一章，並予以之獨立的權力。

凡此種種，均清楚地表明在責任內閣制度下，臨時大總統的權力被大大削弱了。不僅如此，參議院對臨時大總統的制約擴大了，並增加了彈劾權；國務院亦對總統行使權力有重要的制約作用，國家主要行政權在國務院而不在大總統。

這種制度確立以後，如果同盟會能夠在未來的國會中取得多數席位，進而組閣，就可以掌握政府實權，使袁世凱成為不負實際行政責任的國家元首。

當然，這一切要成為可能而不是紙上談兵，得有一個

臨時參議院，原為 1909 年 9 月成立的江蘇省諮議局舊址，為法國文藝復興時期的建築風格。1911 年辛亥革命爆發後，宣布起義的 17 省代表 45 人於 12 月 10 日聚集於此，商討組織臨時中央政府。臨時政府成立後，第一個體現資產階級民主的《中華民國臨時約法》就在這裡通過。1929 年奉安大典時，孫中山靈柩自北平遷來南京時曾停放於大院禮堂舉行公祭

2 月 13 日，孫中山向參議院提出辭職諮文，文中提出臨時政府設於南京，新總統必須遵守臨時政府約法等條件

五、吾人當竭盡心力。定為一定不易之宗旨。期建吾國家於
宜永久基礎之上。務求適合於國力之發展。
六、吾人必求所以增長國民之程度。保持其秩序。當立法之際。
一以國民多數幸福為標準。
七、凡滿人安居樂業於民國法權之內者。民國當一視同仁。予
以保護。
八、吾人當更張法律。改訂民刑商法及採礦規則。改良財政。
蠲除工商各業種種之限制。并許國人以信教之自由。
抑吾人更有進者。民國與世界各國政府人民之交際。此後必益
求輯睦。深望各國既表同意於先。更篤友誼於後。提攜親愛。
視前有加。當民國改建一切未備之時。務守鎮靜之態。以俟其
成。且協助吾人。俾種種大計。終得底定。蓋此改建之大業。
固諸友邦當日所矚望吾民。而滿政府未之能用者也。
吾中華民國全體。今布此和平善意之宣言書於世界。更深望吾
國得列入公法所認國家團體之內。不徒享有種種之利益與特權。
亦且與各國交相提挈。勉進世界文明於無窮。蓋當世最高最大
之任務。實無過於此。

中華民國臨時約法（三月十一日公布）

第一章 總綱

第一條 中華民國。由中華人民組織之。
第二條 中華民國之主權。屬於國民全體。
第三條 中華民國領土。為二十二行省內外蒙古西藏青海。
第四條 中華民國。以參議院臨時大總統國務員法院。行使其統治權。

第二章 人民

第五條 中華民國人民一律平等。無種族階級宗教之區別。
第六條 人民得享有左列各項之自由權。
一 人民之身體。非依法律。不得逮捕拘禁審問處罰。
二 人民之家宅。非依法律。不得侵入或搜索。
三 人民有保有財產及營業之自由。
四 人民有言論著作刊行及集會結社之自由。
五 人民有書信秘密之自由。
六 人民有居住遷徙之自由。
七 人民有信教之自由。
第七條 人民有請願於議會之權。
第八條 人民有陳訴於行政官署之權。
第九條 人民有訴訟於法院受其審判之權。
第十條 人民對於官吏違法損害權利之行為。有陳訴於平政院之權。
第十一條 人民有應任官考試之權。
第十二條 人民有選舉及被選舉之權。
第十三條 人民依法律有納稅之義務。
第十四條 人民依法律有服兵之義務。
第十五條 本章所載人民之權利。有認為增進公益。維持治安

臨時參議院舊址

重要的前提，這就是所有人都必須遵守約法。如果袁世凱動用軍事武力顛覆內閣，缺乏社會力量保證的內閣只能望洋興嘆，一籌莫展。

《中華民國臨時約法》是中國有史以來頒布的第一部比較完備的臨時憲法，對於民主共和政體有奠基之功。它固然存在很大的局限，但主導方面代表了前進的民主潮流，集中體現了資產階級的意志，反映了資產階級的利益和願望，開創了中國資產階級民主政治的新局面。《中華民國臨時約法》確實反映了一代人的希冀與渴望。

當革命黨人沉醉於約法，心懷憧憬，幻想著未來一片美好之時，袁世凱卻對法律不屑一顧。儘管他曾信誓旦旦地表示將「以《約法》為根據，毋得歧異，致失民國尊重法律之本意」。但同時，又為修改《約法》做好了鋪墊。「放下屠刀，立地成佛」，這不是袁世凱的為人。

一紙約法，最終未能約束袁世凱的野心和權欲，他用鐵與血，寫下了慘烈的歷史。資產階級革命派用心血鑄就的《中華民國臨時約法》，被袁世凱踐踏得體無完膚。

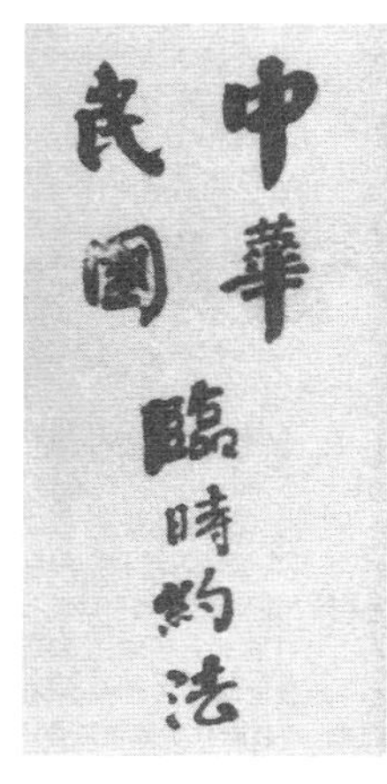

1912年3月11日，孫中山公布《中華民國臨時約法》

舊桃換新符

孫中山晉謁明孝陵

清帝退位了，袁世凱在北京開府。

孫中山在大總統就職典禮的誓詞中，曾向全國人民承諾，「專制政府既倒……文當解總統之職」。孫中山就任臨時大總統後，立即與黃興等人商討北伐大計，力圖把革命推向全國，徹底推翻清朝政府。

北伐之役夭折

1912年1月11日，南京臨時政府決定組建北伐軍海陸軍。孫中山宣布，自任北伐軍總指揮，黃興為北伐軍陸軍參謀長。在總統府成立了北伐大本營，名義上由國家元首兼海陸軍大元帥統率，實際則由黃興主持大局。大本營編制有總兵站、兵站總監、兵站次監、作戰局。黃興任大本營兵站總監和參謀總長，鈕永建任參謀次長兼大本營次監。

北伐之役，雖然取得了一些進展，但軍費匱乏，糧草、餉械奇缺。臨時政府向外國訂購的一批馬克沁機槍，也因外商故意拖延而拿不到貨。時值嚴冬，官兵禦寒服裝跟不上，暴斃者甚多，軍隊的士氣受到極大的影響。畢竟六路人馬，由各省統屬，各行其事，沒有統一的指揮，形不成一個整體，很快，戰鬥力大大削弱，進軍的勢頭嚴重受阻。

這時，臨時政府的後院起火。部長級人物張謇、湯壽潛、程德全都不主張再戰。革命陣營裡的人也認為，南北方的軍事實力，南方弱，北方強，長期拖下去，對南方明顯不利。因此，還不如把大總統位子讓給袁世凱，以換取

下午2時，總統府舉行了隆重的南北統一共和成立大典。孫中山出席並發表了演說稱：「清帝退位，南北統一，袁公慰亭為民國之友，蓋於民國成立事業功績極大，今日參議院選舉總統，若袁公當選，余深信必能鞏固民國。至臨時政府地點，仍設南京。余於解任後，亦仍願盡力於新政府也。」孫中山始終不忘將首都設在南京。

清朝官帽落地

旨欽奉
隆裕皇太后懿旨前因民軍起事各省響應九夏沸騰
生靈塗炭特命袁世凱遣員與民軍代表討論大局
議開國會公決政體兩月以來尚無確當辦法南北
睽隔彼此相持商輟於途士露於野徒以國體一日
不決故民生一日不安今全國人民心理多傾向共
和南中各省既倡議於前北方諸將亦主張於後
人心所嚮天命可知予亦何忍因一姓之尊榮拂兆民
之好惡是用外觀大勢內審輿情特率皇帝將統治
權公諸全國定為共和立憲國體近慰海內厭亂望
治之心遠協古聖天下為公之義袁世凱前經資政
院選舉為總理大臣當茲新舊代謝之際宜有南北
統一之方即由袁世凱以全權組織臨時共和政府
與民軍協商統一辦法總期人民安堵海宇乂安仍
合滿漢蒙回藏五族完全領土為一大中華民國予
與皇帝得以退處寬閒優游歲月長受國民之優禮
親見郅治之告成豈不懿歟欽此
十二月二十五日
內閣總理大臣臣袁世凱
署外務大臣臣胡惟德
民政大臣臣趙秉鈞
署度支大臣臣紹英
學務大臣臣唐景崇
陸軍大臣臣王士珍
署海軍大臣臣譚學衡
司法大臣臣沈家本
署農工商大臣臣熙彥
署郵傳大臣臣梁士詒
理藩大臣臣達壽

清帝退位詔書

清帝的退位。袁世凱上臺後，可以用《臨時約法》來約束他，諒他不敢胡作非為。臨時政府的財政又發生嚴重危機，外國勢力在北方紛紛介入……導致北伐六路大軍的進攻很快喪失了銳氣。拿不到餉的北伐軍兵無鬥志，將領也星散四方。北伐之役終告夭折。

清帝終於退位

北伐失利後，臨時政府內部的妥協勢力又占據了上風。就連孫中山最親密的僚屬也不主張再戰。胡漢民對孫中山說：「袁氏有靠山，政府無法與之匹敵。袁氏出來，可維持國家秩序，平息動盪局面。」汪精衛則露骨地對孫中山說：「你不贊成和議，不就是捨不得一個總統位子嗎？」

北方的袁世凱利用革命派急於妥協的心理，加緊操縱南北議和，不失時機地提出了一個咄咄逼人的主張，要求清政府和南京臨時政府同時解散。接著，袁世凱又向臨時政府提出了「優待清帝」的建議。

孫中山等人認為，這是「奇恥大辱」。伍廷芳、汪精衛等人則認為，如此，共和目的已達到，不必這麼計較。2月6日，臨時參議院迫於壓力，正式通過決議，同意給予清室以優待條件。

其時，袁世凱在北京已經操縱了全國的局勢，清王室成了他手中的玩物。清帝優待條件通過不幾天，2月12日，清宣統皇帝溥儀在北京正式下詔宣布退位。詔書中有這麼一句話：「即由袁世凱以全權組織臨時共和政府與民軍協商統一辦法。」

既然清帝已退，孫中山為履行諾言，於13日前往臨時參議院，提交了臨時大總統辭職諮文，向國人正式宣布，清帝「宣布退位，贊成共和，承認中華民國，從此帝制永不留存於中國之內，民國目的，亦已達到……本總統當踐誓言，辭職

誓詞
民國建設造端百凡待治
世凱深願竭其能力發揚
共和之精神滌蕩專制之
瑕穢謹守憲法依國民之
願望蘄達國家於安全強
固之域俾五大民族同臻
樂利凡茲志願率履弗渝
俟召集國會選定第一期
大總統世凱即行解職謹
掬誠悃誓告同胞
大中華民國元年三月初十日
袁世凱

袁世凱大總統就職誓詞

引退，為此諮告貴院，應代表國民之公意，速舉賢能，來南京接事，以便解職」。

南北終告「統一」

為了防範袁世凱，孫中山在辭職諮文中又提出了三項附加條件，即一、臨時政府地點設於南京，為各省代表所議定，不能更改；二、辭職後，俟參議院舉定新總統到南京就職之時，大總統及國務院乃行解職；三、臨時政府約法為參議院所新定，新總統必須遵守頒布之一切章程。但在同時，孫中山又推薦袁世凱為臨時大總統。

同一天，袁世凱煞有介事地致電南京臨時政府，十分誠懇地表示了自己對於共和制的態度，電報稱：「共和為最良的國體，世界之所公認。」並信誓旦旦地發誓「永不使君主政體再行於中國」。

2 月 15 日，孫中山在總統府辦公室正式簽署命令，決定於是日舉行中華民國統一大典儀式，並祭告明太祖朱元璋。上午 11 時，孫中山率臨時政府官員 200 餘人赴明孝陵舉行謁陵儀式。隨行前往明孝陵的官佐軍士民眾浩浩蕩蕩，達數萬人。各國領事亦前往觀禮。孫中山宣讀了謁陵文：「……中華民國始建，越四十有二日，清帝退位，共和鞏立，民國統一，永無僭亂……」

下午 2 時，總統府舉行了隆重的南北統一共和成立大典。孫中山出席並發表演說。當天，臨時參議院再次開會，選舉袁世凱為中華民國臨時大總統。孫中山立即致電袁世凱，對他的當選表示祝賀，並告知其臨時政府地點確定在南京，將派迎袁專使北上。

16 日，袁世凱宣布「政府機關不容有一時之中斷」，要立即「成立中華民國臨時政府首領」，行使中央政權職務。對此，孫中山只能以「共和政府不能由清帝委任組織」，致電袁世凱提出抗議而已。

清帝溥儀（右）退位

1908 年 12 月 2 日，年僅 3 歲的溥儀登基，在接受文武百官朝賀時哭鬧不止。其父攝政王載灃哄他說：「別哭，別哭，快完了，快完了！」典禮結束後，百官都竊竊私語：「不吉利啊，怎麼可以說快完了呢！」沒想到一語成讖，溥儀登基不滿三年，就使封建帝制成為絕響。

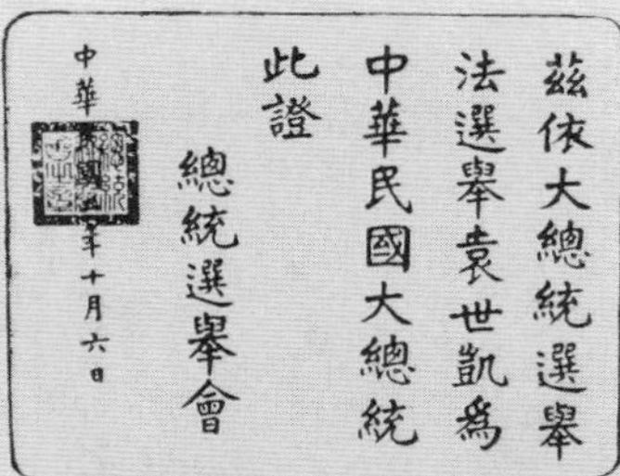

茲依大總統選舉
法選舉袁世凱為
中華民國大總統
此證
總統選舉會
中華[illegible]年十月六日

選舉袁世凱大總統之證書

窗鉤——像是一隻手，拉住了這扇鋼窗。中國傳統的木質窗，好像都沒有這樣的裝置。一遇風吹雨打，總是發出鏘鏘的響聲。顯然，西方人想的就更周到一些，加上個窗鉤，可以使窗戶開啟自如，且擰緊螺帽後，窗戶就被固定死，任憑狂風暴雨，都不受影響。

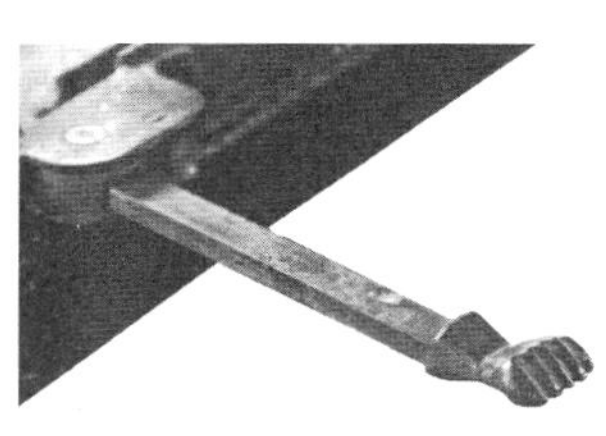

原國民政府交通部——當時的交通狀況很落後，但交通部這幢大樓，還是相當氣派。它高四層，東西長約 100 公尺，南北寬 50 公尺，給人一種雄渾肅穆的莊嚴感。

廣州非常大總統府——四根愛奧尼柱的裝飾，讓你的第一視線就循著這柱體從下至上，使本不高的建築，一下子變得威武起來。中國人喜歡用紅色、用黃色表示尊貴，表示威嚴；而白色，則是外國人的最愛，給人以恬靜和親近之感。艷麗與素雅，在這裡表現的涇渭分明，也許，這就是文化背景的不同和差異。

原江蘇省議會——前身為江蘇諮議局。諮議局是引進西方君主立憲制的政治機構，故在形式上採用了西洋建築風格，它既表現了西方文化在中國的傳播和影響，又體現出中西文化的碰撞與融合。

孝經寶鼎——中山陵園附屬建築中，由原國立中山大學師生捐贈的為多，寶鼎就是其中之一。寶鼎細而高，由兩部組成，下為鼎，上為塔。外壁鑄孫中山手書「智仁勇」和「忠孝仁愛信義和平」，內藏銅碑，上刻《孝經》。弘揚傳統的道德文化，與紀念現代偉人精神，在這裡得到有機的結合。

中山堂——隨著西風東漸，西方建築開始影響中國。清代兩江總督端方就在督署為自己建造了一幢西式平房，是為私人花廳。孫中山就任臨時大總統後，曾在這裡辦公。

國民革命軍陣亡烈士紀念塔塔基須彌座與入口雕飾——塔高66公尺，九級八面，鋼筋混凝土構築。白牆綠琉璃瓦圍以勾欄，氣象莊嚴。須彌座凹凸有別，層次分明，紋飾雕刻精細；拱門上方的波浪紋，寓意革命艱難曲折，前仆後繼；幾片花瓣，是永不凋謝的紀念，是向志士表達的一片敬意。

中山堂內景——西邊三間貫通為一個會議室，牆上懸掛著的五色旗，寓意著五族共和。1912 年南京臨時政府的第一次內閣會議，就在這裡舉行。隨後頒布的一系列政策法令，也都在這裡形成。

中山陵博愛坊雀替和坊上雕飾——中山陵墓道的起始處，傳統三間四柱式，沖天柱夾藍色琉璃瓦頂，上、下枋混凝土仿浮雕箍頭、枋心紋樣，中門匾額鐫刻孫中山手書「博愛」金字。毗盧帽、枋、匾、雀替雕飾工致。中山陵，是民國時期最大的建築工程，宏偉程度不言而喻，技術十分精良。

孫中山起居室——「平民總統」之稱，中山先生當之無愧。西花園內一座三開間中式木結構的二層小樓，就是他的起居室，可謂樸實無華。

壁燈——六面造型，上下是中國傳統的紋飾。已鏽跡斑斑，一看便知年頭不短。它是西風東漸的產物，主要用於政府機構、官邸公館，而非平民百姓之家所有。世事變幻，如今早已物是人非，只有它依舊懸掛在牆壁上。

浦口火車站——1911 年開始興建，1914 年建成，是津浦鐵路的終點和起點。想當年，因長江阻隔，這裡成了交通樞紐，南來北往的人流，晝夜不息。1929 年 5 月 10 日下午，迎櫬專列從浦口火車站出發赴北平。26 日，靈車由北平啟程，28 日上午 10 時，靈車抵達浦口車站，開始了奉安大典的前奏。

中山陵銅鼎——造型古樸，製作精緻。表面凹坑，是1937年12月日軍進攻南京時炮轟所致。一代偉人離去，令多少人追思。人們紛紛捐款，建造紀念物，將感情化入其間，以表達他們的哀思。日軍侵華，銅鼎未能倖免，彈痕就是罪證。中華民族到了最危險的時刻，國人的感情化作一腔熱血，奮起抗擊，直至勝利。

中山陵祭堂——人們已不再把中山陵僅僅看做是一座陵墓。瞻仰偉人，固然是其目的，但中山陵依山而建之恢宏，環境之幽雅，設計之奇巧，已成為一處融自然與人文景觀為一體的勝地。

中山陵西式拱門——拱門，在中國古典建築中運用很多，比如城門、花園、走廊。只是一變成西式，好像韻味就多了幾分，內涵也豐富起來。它將拱形有機地分為了兩部分，上部分為半圓，由木條長短分割，有點太陽初升、光芒四射的味道；下部分的花格門，則凹凸分明，立體感十分強烈，既不失莊重，也大方得體。

中山陵遠眺　392 級臺階、158 公尺的高度，需要一步步拾級而上，才能到達中山先生的祭堂。它壯觀雄偉，凝重堅實，與藍天白雲相銜，恰是中山先生精神的最好體現。

原國民革命軍陣亡烈士公墓拱門內景——這裡安葬有 1029 名國民革命軍陣亡官兵。靈魂，在這裡得到安息。參照中國傳統陵墓的建築布局，布置宮殿式筒形拱門，層層推進，直向縱深，寓意不斷革命，前仆後繼；堅硬的大理石，象徵著革命志士的不屈精神。為時代捐軀，為大眾捐軀，死得其所。

國民革命軍陣亡烈士公墓——要奮鬥就會有犧牲，但先烈的血不能白流。這裡共入葬 1029 名陣亡官兵，多數為北伐及淞滬抗戰中殉國的將士。牌坊上「大仁大義」四字，就是一種褒獎。

木轉椅——多少政要名流在上面坐過，在轉動著自己身軀的同時，亦轉動著自己的思維。是考慮國中要事，還是一己私利；是升官之道，還是發財之夢。然而，世事難料，三十年河東，三十年河西，昨天還坐在這寶座上，轉眼就消失得無影無蹤。這一切，就像是過眼雲煙。

原國民政府行政院——行政院是國民政府五院之一，它源於孫中山的「五權學說」。1927 年國民政府成立後，蔣介石宣布訓政開始，並決定實施「五院制」，五院各自獨立，相互制衡。

原國民政府立法院——國民政府實行「五院制」，其實是聾子的耳朵，蔣介石大搞專制獨裁，使其徒有虛名。立法院最初不在這裡辦公，直到國民政府還都後才遷於這中西合璧的建築群中。

收音機——無線電發明者是義大利人馬可尼，這位天才不僅改變了人類的傳播方式，而且也絕對影響了一個時代的潮流。收音機一經問世，充滿著神秘和神奇，歡快的樂曲，高亢的歌聲，激昂的演說，都從這小小的木匣子中傳出，其特殊原理，讓多數人難以理解。在民國時期，能有這樣一台玩意，是多麼時髦和新潮。

原國民政府外交部——這棟建築，給人以堅實有力之感。它中西合璧，是中國近代建築史上新民族形式的典型實例，有著廣泛的影響。

第19路軍淞滬抗戰陣亡將士紀念碑——九一八事變，中國軍隊「打不還手」，東三省很快淪於敵手。一二八事變，有血性的第19路軍官兵是「該出手時就出手」，讓侵略軍吃到苦頭。雖然中國軍隊表現優異，但政府最終還是簽訂了一紙屈辱的《淞滬停戰協定》。將士的血不能白流，立碑以示紀念。

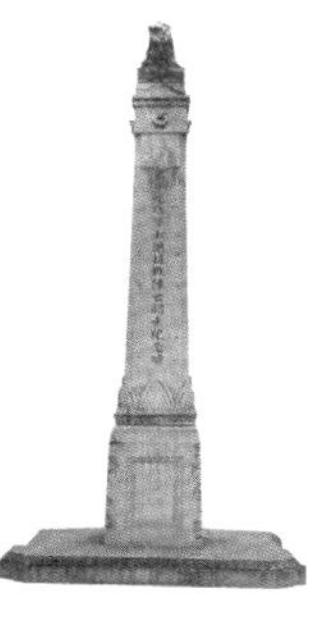

原國民政府考試院——玄武湖南岸，雞籠山下，原來的考試院路 1 號，就是五院之一的考試院，掌管國家機關人員的考試考核等事項。寧遠樓原為考試院院長戴季陶辦公室，後為汪精衛辦公處。

國民政府鐵道部孫科辦公樓內辦公室——吊燈八面，底部透空，略加點綴的修飾，就多了幾許韻味。碩大的落地窗光線極好，白天不用開燈。它的作息時間，恰恰與人相反，晚上，才是它工作的時段。不過，政府辦公，多在白天，所以用著它的時候不會太多，常常就成了一種擺設和裝飾。

原國民政府海軍部——洋務運動曾經在中國大地轟轟烈烈，這裡就是清政府開辦的江南水師學堂。1898 年 4 月，18 歲的魯迅就考入了該學堂輪機班學習。辛亥革命後，成為國民政府海軍部、海軍司令部所在地。

路燈——矗立在「子超樓」樓前，宛如西歐城市馬路上的街燈。建築小品的點綴，常常畫龍點睛。至於路燈，還具有照明之用。滿天繁星，華燈初上，好似天地之間的不謀而合。路燈下，行人的身影，隨著步伐的輕移，由短而長，漸漸地消失在黑暗中。而路燈依舊像一名衛士，在夜色中堅守自己的崗位，直至送走黑暗，迎來曙光。

子超樓——「子超樓」是總統府中樞所在，由於是在國民政府主席林森（字子超）任上所建，故稱為「子超樓」。「子超樓」形似「森」字，而樓前兩棵雪松則是一個「林」字，合在一起，頗有寓意「林森」之巧合。

宋子文公館客廳大樑——乍一看，以為是木頭材質，上飾彩繪，煞是豔麗好看。其實不然，它是鋼筋混凝土大樑仿木肌理，十分逼真，真假難辨。兩盞多頭的白色吊燈，與紅色的屋頂形成鮮明對比，格外顯眼，有一種視覺衝擊的效果。色彩搭配，一種是和諧統一，一種是巨大反差，各有其美。

宋子文公館——宋子文把自己的公館建在南京城中的雞籠山頂。這是一座西洋鄉村式建築，屋頂遠望彷彿用茅草鋪蓋，俗稱「茅草屋」。相距不遠處有一座小樓，西安事變後，張學良曾被囚禁於此，俗稱「囚張樓」。

漁父遇刺

宋教仁

宋教仁幾乎是第一個爲民國喋血的人。

挺身而出

1912年3月，袁世凱獲取了臨時大總統的職位，資產階級革命派在敵手彈冠相慶中敗下陣來。但是，鬥爭並未就此結束，辛亥革命所帶來的民主潮流的慣性，已勢不可擋。

在與袁世凱的爭鬥中，宋教仁挺身而出。這位號漁父的湖南桃源人氏，早年獻身革命，後東渡日本專研政法。他飽讀了西方資產階級的政治學說，傾慕歐美近代政治，特別是英國式的議會政治和政黨內閣，並以實現這樣的政治抱負為自己的終極目標。

由於袁世凱根基尚未牢固，還不敢公開撕毀《臨時約法》，不得不偽裝成效忠民主共和國的姿態；由於資產階級革命派無論在政治上或軍事上都還有可以一搏的力量，這就為在中國實現政黨政治洞開了希望之門。為實現由政黨組織實權內閣、「使總統處於無責任之地位」這一目的，必須在即將來臨的第一次正式國會選舉中得到半數以上的議席，作為組閣的前期準備。宋教仁首先把注意力放在改組同盟會、建立政黨上。8月25日的北京，由同盟會改組的國民黨，以全新的面孔正式登臺亮相，並發布了一系列文件。

實行責任內閣制，這對袁世凱實行專制獨裁統治威脅最大。國民黨利用合法陣地與袁世凱作針鋒相對的鬥爭，引起了北洋勢力的極端仇視；宋教仁的鋒芒畢露，更讓袁世凱膽寒心怯。他曾私下表示：孫中山與黃興比較好對付，宋教仁才是他的勁敵。

是時，全國各省正式的參眾兩院議員已選出，紛紛北上。宋以國民黨代理黨魁身分，選舉後變成了國會中多數黨領袖，形勢是一片大好，實現責任內閣的夢想，已近在咫尺。

然而，宋教仁所面對的，是老奸巨猾、在官場混跡多年的袁世凱。他對待政敵有兩件法寶：一是收買，一為暗殺。當宋教仁周遊全國、四處講演抨擊時政時，袁欲以金錢賄買。其後，袁又通過第三者向宋表示，只要他不堅持責任內閣制，便提名他為內閣總理。宋教仁不為所動，這讓袁世凱無計可施，只好使出他的殺手鐧。

暗殺在深夜

1913年3月20日，宋教仁自上海動身赴北京。晚10時40分，當宋教仁一行走至車站入口的檢票處，突然一聲槍響，宋大叫說：「我中彈了，有刺客。」說時遲，那時快，只見一個穿黑呢軍裝的矮漢子，從人群中不顧一切地逃竄。

黃興、于右任等人迅速把宋教仁送至鐵路醫院，12時30分進入手術室，取出有毒的子彈。午夜2時，院方再行二次手術。宋教仁幾度昏厥，不過神智還算清醒，反復說：「我為了調和南北，費盡苦心，可是造謠者和一般人民不知原委，每多誤解，我真死不瞑目。」

宋在病榻上托黃興代擬一電，向袁世凱報告遇刺經過，誠懇地希望大總統「開誠心，布公道，竭力保障民權，俾國會得定不拔之憲法」 。

22日清晨，宋傷情惡化，可嘴裡還不停地說：「我們要集中全國力量一致對外。」延至早上4時，已不能言語，只以黯淡的眼睛環顧四周，作依依不捨狀。黃在宋耳旁大聲地說：「遁初，我們會照料你的一切，你放心去吧！」宋用力睜開眼睛，眼中泛起淚珠，慢慢地斷了氣。黃興、于右任等伏屍慟哭。陳其美捶胸頓足說：「不甘心，此事真不甘心！」

高才英年、如日中天的宋教仁，就這樣與世長辭，年僅33歲。他沒有想到自己竟會遭到這樣不明不白地暗算，至死，都不知誰是兇手，但自知沒有仇人，只有政敵。他萬萬沒有想到政治鬥爭，竟要施以暗殺之卑鄙手段，更不會想到背後的主使者是袁世凱！

宋教仁的高尚，就在於他臨終前，還沒有拋棄要感化袁世凱的幻想，他希望袁能為他的臨死贈言所感動，能夠

民權報臨時增刊

逆證號

宋教仁被刺後，《民權報》出版臨時增刊《逆證號》，報導事件真相

宋教仁的高尚，就在於他臨終前，還沒有拋棄要感化袁世凱的幻想，他希望袁能為他的臨死贈言所感動，能夠化偽為誠，化私為公，化蹂躪民權為保障民權，化踐踏法律為尊重法律。如果真能這樣，以身許國，他又何所惜？

宋教仁靈櫬抵北京湖南會館

孫中山與黃興等在上海橫濱正金銀行商討集資討袁時合影

化偽為誠，化私為公，化蹂躪民權為保障民權，化踐踏法律為尊重法律。如果真能這樣，以身許國，他又何所惜？

此時的孫中山，正在日本長崎考察鐵路政策，聽到宋教仁被刺身死，極為悲悼，隨即致電北京國民黨本部和上海國民黨交通部，令黨人合力查出宋氏被刺的真實原委，以謀昭雪。

北京方面聽到宋氏被刺，也極感震動，尤以國民黨總部喪失了實際的領導人，既哀悼又激憤，紛紛去電上海詢問真相。黃興乃於 22 日致電北京《民主報》主持人仇蘊存，說明宋氏被刺遇難經過，請刊諸報端，宣示中外。

袁世凱在北京故作毫不知情狀，得知宋被刺後表示非常意外，即發一電，除表示哀悼外，還電飭各級限期緝獲兇犯，以告慰先靈。

眞相畢露

22 日午後，袁世凱午睡方醒，秘書等告宋去世的消息，袁還愕然說：「有這等事嗎？快拿電報來。」袁裝出極為惋惜的樣子說：「這怎麼好呢？國民黨失去了宋遁初，少了一個明白事理的首腦，以後越難講話了。」他假惺惺地命秘書草擬電報，草擬優恤命令，處理宋身後事。

袁世凱以為刺宋一案謀劃的是天衣無縫，永不為人所知，他暗自發笑，又輕易地除掉一個政敵。然而，要想人不知，除非己莫為。

對於宋為何被刺？何人所刺？各有說法，人言言殊。大多數人尤其是國民黨方面，均認為是袁世凱所為。北洋方面則散布說是國民黨內訌，自相殘殺，這當然是袁系之流混淆視聽之說。

「刺宋」案發以後，全國為之震動，紛紛要求嚴懲兇手。偵破工作迅速展開，很快就抓獲罪犯應桂馨，在查抄他家時，意外地又抓到了兇手武士英，並發現他行刺用的手槍，以及與當時國務秘書洪述祖、國務總理趙秉鈞的往來密電。

在確鑿證據面前，應桂馨交代了刺殺

經過。袁世凱因懼怕宋教仁北上出席國會，深恐對他不利，所以由國務總理趙秉鈞授命洪述祖指使應氏，賄買兇手行刺。至此，真相大白，國務總理趙秉鈞是陰謀策劃人，洪述祖是中間聯絡者，應桂馨是執行者，武士英是受雇傭的兇手，而真正的幕後主使者，乃是當時的大總統袁世凱。

一段小插曲

1912 年 4 月 8 日，中華民國女子參政同盟會正式成立，唐群英被推舉為會長，通過了由她主持起草的十一條政綱，理直氣壯地以「實行男女平等、實行參政」為宗旨。隨後，通電全國，聲明「南京參議院所頒布之《臨時約法》，我女界絕不承認」。同盟會改組為國民黨後，於 8 月 25 日在北京召開成立大會，囿於當時特定的歷史條件，其領導人對新興的女權運動尚不夠重視，「男女平權」的條文，與黨綱草案擦肩而過。雖經唐群英等女界代表據理力爭，但正式黨綱中還是未被列入，女子參政同盟會會員群情激憤，集體表示抗議。質詢之時，宋教仁、林森理屈詞窮，只能默不作答。個性剛強的唐群英怒不可遏，拍案而起，竟然當眾給了他倆各一記耳光。

1912 年 8 月 11 日，同盟會、統一共和黨、國民公黨、國民共進會和共和實進會五個政團集會於北京安慶會館，就合併為國民黨一事達成協議。25 日下午 1 時，國民黨成立大會在湖廣會館舉行，由孫中山主持。大會通過《國民黨政見宣言》及政綱，推舉孫中山、黃興、宋教仁等 9 人為理事。

趙秉鈞是宋案的最大嫌疑人

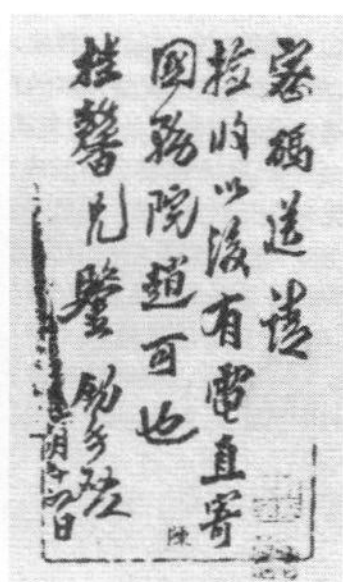

密碼送請
檢收以後有電直寄
國務院趙可也
桂馨兄鑒

北京政府內閣總理趙秉鈞為刺殺宋教仁交給應桂馨聯絡通訊密碼的手令

1913 年 3 月 20 日，宋教仁由上海乘車北上時遇刺身亡。圖為宋氏死後遺影

中國國民黨黨證

飲鴆止渴

與袁世凱政府簽訂「善後大借款」的五國銀行代表

天下沒有免費的晚餐，「善後大借款」就是一例。

居心叵測

晚清政府財政匱乏，手中沒錢，一事無成。歐美列強財大氣粗，紛紛對華輸出資本，以英、法、德、美組成的國際銀行團應運而生。最初，他們強調的是經濟利益，其後，政治借款成為主要內容，這就使得原本混亂的政局更加汙濁。

辛亥革命後，國際銀行團在各自政府的指示下，一直在商討向北京政府提供大筆貸款。它們的公開用途主要是兩個：一是幫助中國籌措資金，以償付中國遺留債務中拖欠和即將到期的款項，包括外國在辛亥革命中的損失折款，二是負擔直接的政府費用。

諸列強心懷叵測，有備而來，以英國為首的銀行團所屬政府提出，允許更多的外國人參與中國政府事務，這是借款的先決條件。北京民國政府面臨著一種在半殖民地條件下最令人不快的局面：主要資本主義國家是同聲相應，組成了一道堅固的陣線，試圖用巨額貸款為誘餌，以換取它在中國政體中更高的地位，這無疑是提供給列強支配甚至干涉中國政治的一個良機。

民國中央權威衰弱，地方割據方興未艾，袁世凱從地方根本搞不到錢，而中央政府的財政捉襟見肘，袁世凱於是飲鴆止渴，接受諸列強苛刻的借款條件。

一紙合同喪主權

1913 年 4 月 26 日夜至 27 日凌晨，北京政府特派國務總理趙秉鈞、外交總長陸徵祥、財政總長周學熙為全權代表，未經國會討論通過，以辦理善後為名，擅自在北京滙豐銀行大樓與英、法、德、俄、日五國銀行團作最後談判，簽署了《中國政府善後借款合同》。

合同共 21 款，另有 7 個附件和 2 個附表。借款總額為 2500 萬英鎊，年息 5 厘，期限47年；債券九折出售，八四實收，扣除 6%的傭金，淨收入 2100 萬英鎊。借款扣除償還到期的庚子賠款和各種外債、遣散各省軍隊、抵充政府行政費外，實際到手的僅餘 760 萬英鎊，而到期歸還本息竟高達 4289 萬英鎊。

借款以中國鹽稅、海關稅及直隸、山東、河南、江蘇四省所指定的中央政府稅項為擔保，並附特別條件：今後未經銀行團允許，不得向他國借債；由外國人參加鹽稅徵收，在審計處設華、洋稽核員，凡關於借款款項之領款單須有華、洋稽核員會同審核，簽押後方可提款；中國政府在北京設立鹽務署，由中國總辦 1 員、洋人會辦 1 員主管；各產鹽區設稽核分所，設中國經理、洋人協理各一員，共同擔負徵收存儲鹽務收入之責任；人員的任免，由華洋總辦、會辦會同定奪；鹽區之鹽納稅後，須經華洋經理、協理會同簽字後方可放行；鹽務進款存於指定銀行，非有總辦、會辦會同簽字的憑證不得提用。這一系列霸王條款，就像一根根繩索，緊緊勒住了北京政府的脖子。

善後大借款對中國政治、經濟的危害相當嚴重。列強通過借款操縱中國政局，加強了對中國的統治，使中國進一步殖民化。此前，列強已控制了象徵國門的海關，如今又控制了由政府專營的鹽稅。希望通過對借款用途的稽核，對審計院的干預，在監督財政的同時，達到左右政局的目的，使北京政府成為其攫取在華利益的工具。

善後借款商議之初，因其條件苛刻，遭到國民黨及各界人士的極力反對。合同簽署後，全國一片斥責之聲。黃興及皖、贛、湘、粵 4 省都督通電責問，參議院也提出質問書。但袁世凱藉口借款事宜曾於 1912 年底由臨時參議院秘密通過，拒絕將此案交國會表決。

4 月 27 日，張繼、王正廷即以參議院正副議長的名義通電全國，譴責袁世凱違法借款的行徑。眾議院亦於 5 月 5 日以 229 票對 147 票通過決議：「政府違法簽約，諮送本院查照備案，本院決不承認，應將合同諮還政府。」

5 月 8 日，袁世凱向參眾兩院發出諮文，以列強逼債相威脅，稱對於各省曆欠之外債，列強「屢次催逼，百無一應，國信不立，安能奠定邦基」，表示「值茲財政艱

廣東都督胡漢民

江西都督李烈鈞

安徽都督柏文蔚

4月下旬，孫中山致電各國政府和人民，揭露袁世凱製造「宋案」和非法大借款，並勸告日本不可援助袁世凱。圖為孫中山於上海設宴招待日本貴族院議員德川公爵時合影

窘，國際債權催逼更甚，借款一日不成，國本一日不定，此次合同簽字，在勢無可取消」。

是時，革命黨人軍事討袁的聲浪陡然高漲，為了及時鎮壓革命黨人的反抗，袁世凱迫切希望儘快拿到借款，因而是勢在必得。當時《中華民國臨時約法》規定此類協議須經國會同意，由於宋教仁被殺引起了廣泛的憤怒以及擔心不得人心，早在簽約之前，袁世凱已經決定不將此事提交國會。袁向英國公使保證國會的活動將沒有希望，「如果他們繼續胡鬧」，「有辦法對付他們」。

1913年5月，廣東都督胡漢民與江西都督李烈鈞、安徽都督柏文蔚聯名抗議袁世凱非法大借款。袁世凱先下手為強，下令將其一一免職。7月12日，李烈鈞在江西湖口成立討袁司令部，正式宣布江西獨立，「二次革命」爆發。可惜，自7月12日湖口之役始，至重慶失陷，只有短短的7個星期，革命黨人就遭敗績。孫中山、黃興等受到通緝，被迫亡命日本。「二次革命」的失敗，標誌著資產階級共和國方案的核心內容——政黨內閣和議會政治道路的徹底破產。

「善後大借款」無疑是一劑強心針，給袁世凱虛弱的肌體，一下子提供了充足的營養。為袁世凱打敗國民黨人，提供了經濟保證。

「善後大借款」，絕不是一個簡單的經濟行為，其政治目的昭彰，扶持袁世凱成為政治強人，以維護他們的既得利益，這是列強外交政策的產物。當善後借款合同生效後，袁世凱用所得收入在與其對手的政治鬥爭中占據上風。用這些錢，他不僅可以收買議員，擊敗國會中的國民黨勢力，而且可以收買擁兵自重的軍閥。這對以後中國政治格局的發展，產生了非常重要的影響。

竭九死之身

黃興

袁世凱一上臺，其實就開了殺戒，革命黨人當然不能束手就擒。

南京留守府成立

1912年3月30日，袁世凱任命段祺瑞為陸軍總長，並以臨時大總統名義，任命原陸軍總長黃興為南京留守府留守，由此，黃興被削去了兵權。

黃興表面上按照袁世凱的意圖行事，下達了一系列遣散軍隊的命令，實際上暗中仍在積蓄力量，在裁軍的同時，加強了革命黨人掌握的第2、3軍的兵力，為今後的起事做準備。

南京留守府人員大部由原陸軍部抽調過來，黃興的夫人徐宗漢也來到黃興身邊協助處理軍務。留守府成立後，黃興常在外奔波，府中諸事均由徐宗漢一手操辦。因南方軍隊良莠不齊，軍紀廢弛，民怨較多。宣統退位後，一些皇親貴族心猶不死，企圖破壞共和，復辟帝制。滿族貴族載濤、良弼等利用宗社組織，創建了「九龍會」潛入軍隊中，一遇時機即舉行暴動，陰謀造成帝制再起的聲勢。加上袁世凱克扣軍餉，「九龍會」則趁機搗亂，導致軍隊嚴重不穩。留守府成立剛十天，贛軍第7師俞應麓部一個旅2000多人趁黃興離府赴滬籌餉之際，發動了兵變。軍官縱兵搶劫商店，濫殺無辜。徐宗漢立即調留守府官兵前往鎮壓，不過幾個小時，叛亂即被平息。叛兵七八百人被處死。

黃興宣布獨立，觸犯了袁世凱的「龍顏」。袁即命馮國璋到北京參加緊急軍事會議，並任命馮國璋為江淮宣撫使兼第2軍軍長。馮即率禁衛軍、拱衛軍、直隸混成旅諸路大軍星夜兼程南下。討袁軍節節敗退，黃興眼見大好局面敗在程德全手中，不禁悲憤萬分，一度想在西花園的司令部自殺。

因黃興的留守府對袁世凱的命令「陽奉陰違」，袁世凱遂想方設法除掉黃興。4 月 13 日，袁世凱任命程德全為江蘇都督（駐蘇州）。6 月 14 日，程德全奉袁世凱之命率軍前往南京，接管留守府。袁世凱也以「有礙行政統一」為藉口，下令撤銷留守府，免去黃興陸軍上將銜。黃興無奈，加上實力不如人，只得交出權柄。

程德全一上任，在袁世凱的全力支持下，再次向革命黨人舉刀。先剿滅了北伐先鋒團；又解除了安徽都督柏文蔚的第 1、第 9 師武裝。程德全在任江蘇都督期間，共裁去江南一帶革命黨人武裝 18 萬多人。革命黨人完全失去了對南方的控制。

宣布江蘇獨立

1913 年 7 月 12 日，李烈鈞在江西湖口起義，「二次革命」爆發。14 日，黃興由上海抵達南京。與程德全、章梓等人「會商」討袁之舉。

章梓早年加入同盟會，時任江蘇都督府軍務司長兼蘇軍第 1 師師長，與黃興志同道合，他表示堅決擁護討袁。但因程德全固執己見，不肯答應舉旗。黃興眼見說服程德全無望，只好先斬後奏。

黃興、章梓採取果斷措施，將混入督府的袁世凱派來的奸細一一拿獲。首先被捕殺的，是袁系奸人蒲劍。之後，蒲系黨羽又衝入督府大鬧，章梓派副官王柏齡將其正法。被處死的還有第 3 師師長陳懋修。對此，程德全極為不滿，但亦敢怒不敢言。

江浙聯軍官兵在總統府留影

7 月 15 日凌晨，黃興命令章梓秘密切斷江蘇都督府與外界聯繫的所有電話。同時，又派軍隊迅速進入督府，宣布江蘇已正式獨立討袁。程德全只好說：「諸君作為，亦是可嘉。克強先生有此大志，不愧英雄，但兄弟自慚老朽，眼前且有小恙，不能督師，這次起事，還是先生您在此主持，我情願退位讓賢。」之後還煞有介事地附和說：「袁世凱不法，天下之公憤，江蘇何敢獨異？公等驟然起事，幸甚，幸甚。」

黃興正式宣布江蘇獨立，成立討袁軍總司令部，自任司令。接著，由章士釗起草以江蘇都督程德全、民政長應德閎和黃興三人聯名的討袁通電。同時，黃興下令蘇皖贛徐淮各軍北上出擊袁世凱。

江蘇獨立後，安徽、上海、廣東、福建、湖南、重慶等地，也相繼宣布獨立，在全國造成了很大的聲勢。

江蘇討袁軍總司令部成立後，在長江流域形成與袁世凱對峙的局面。袁世凱立即部署三路大軍南下。一路為段芝貴，由京漢線南下；一路為馮國璋，由津浦路直攻南京；一路為倪嗣沖，南下攻打安慶。

7 月 16 日深夜，程德全趁衛兵疏忽之際，悄悄潛離都督府，趕赴下關火車站搭車直奔上海。程德全一到上海，立即就換了一副面孔，稱「江蘇都督府發出的一切文電，均系假借我的名義所為……我僅是被人逼迫而不得已耳」。並集結江蘇各軍準備討伐黃興。並電令都督府衛隊長張朋翥立即捉拿黃興、章梓、柏文蔚、洪承典等人。

黃興宣布獨立，觸犯了袁世凱的「龍顏」。袁即命馮國璋到北京參加緊急軍事會議，並任命馮國璋為江淮宣撫使兼第 2 軍軍長。馮即率禁衛軍、拱衛軍、直隸混成旅諸路大軍星夜兼程南下。討袁軍節節敗退，黃興眼見大好局面敗在程德全手中，不禁悲憤萬分，一度想在西花園的司令部自殺。

7 月 28 日，討袁軍內無糧草，外無援兵，已是山窮水盡。深夜，黃興匆匆離開了司令部，搭乘日輪「靜岡丸」號潛赴上海。江蘇代理都督章梓、第 1 師師長洪承典、第 3 師師長冷遹等討袁軍高級將領，也紛紛逃離都督府各奔前程。南京獨立宣告失敗。9 月初，北洋軍張勳的辮子軍占領南京。

民國元年紀念銅章

設於總統府西花園的討袁軍司令部

1915年12月20日，袁世凱在北京居仁堂自稱皇帝，改元「洪憲」。圖為畫家筆下正在為登基大典做準備的袁世凱及群臣

八十三天皇帝夢

1916年1月1日，袁世凱黃袍加身，正式「登基」。

重出江湖收拾殘局

袁世凱的門第不淺，他出生在河南項城一個世代官宦的大家族，父祖輩多為清朝顯貴，權重一方。

早年，袁世凱科舉不中，這本是一件令人不悅的事，卻是「無心插柳柳成蔭」，反倒成全了他。袁世凱棄文從軍後依附於淮軍將領吳長慶門下，路居然越走越寬，他的政治才能，得到極大的發揮。1892年，大清藩屬朝鮮內亂，求助於清廷，袁世凱隨軍入朝平亂有功，為朝野矚目，兩年後被李鴻章保舉為駐朝總理大臣。1895年受命赴天津督練「新式陸軍」，這個機會讓袁世凱好好利用了一番，成為他發跡的重要基礎。他仿照歐洲軍制訓練軍隊，在此基礎上扶植自己的勢力，形成了日後北洋軍閥的班底。1901年升任直隸總督兼北洋大臣，在任7個年頭後，於1907年入主軍機處任大臣兼外務部尚書，走進了清廷的權力中樞。

1908年，袁世凱在北京舉行了一個盛大的壽辰慶典，這時的他如日中天。可惜好景不長，一個多月以後，光緒皇帝和慈禧太后先後死去，就在帝、后百日大孝期間，當國的攝政王載灃對袁世凱下手了，藉口他腳上有病，把他貶回原籍「養屙」。袁世凱被迫下野，隱居河南安陽洹上村別墅——「養壽園」，這對他來說，確實是一個很大的打擊。

辛亥革命槍響之後，清政府迫於手中無人可用，重新請袁世凱出山，當了湖廣總督，到前線去鎮壓革命黨。是時，從皇室到革命黨，好像一致認為只有袁世凱出來才能收拾殘局，於是他又順理成章地當上清政府最後一任內閣總理，主持軍政。

革命當前，老謀深算的袁世凱深知清廷氣數已盡，無可挽回，便聯絡全國革命勢力及其舊部，倒戈一擊，逼迫清帝退位，實行共和。

由於袁世凱促成共和有功，1912年3月當上了中華民國的臨時大總統，隨後又被「推舉」為大總統。

皇帝之夢

袁世凱最初是不敢擅自僭越，漸漸地

就忘乎所以。他首先解散國會，繼而炮製人稱「袁氏約法」的《中華民國約法》，隨後又修正《大總統選舉法》，一步步地接近他的目標。他手下的一幫黨羽，亦是推波助瀾，從成立籌安會，到組織各色請願團，再到提出《國民代表大會組織法》，一場滑稽可笑、荒謬絕倫的帝制復辟鬧劇，一幕幕地上演。

終於輪到精彩的壓軸大戲了，時間指向 1915 年的 12 月 11 日。這一天參政院好不熱鬧，正在舉行國體總投票。上午 9 時，投票開始。各省國民代表共 1993 人，贊成君主立憲票正好是 1993 張，沒有一票反對，也沒有一張廢票，表現出了空前的「一致」。各省的推戴書上「眾口一詞」：「恭戴今大總統袁世凱為中華帝國皇帝，並以國家最上完全主權奉之於皇帝，承天建極，傳之萬世。」籌安會的吹鼓手楊度當場提議：「本院前由各省委託為總代表，尤應以總代表名義恭上推戴書。」秘書長隨即拿出準備好的推戴書當眾朗讀，要求袁世凱「俯順輿情，登大寶而司牧群生，履至尊而經綸六合」。參

被清廷「開缺回籍養屙」、隱居河南安陽洹上村的袁世凱，狀似「閑雲野鶴」

1916 年 1 月 1 日，袁世凱黃袍加身，正式登基，接受百官朝賀，改元洪憲的中華帝國倉皇出世。袁世凱欲屈天下奉一人，必至盡天下人敵一人。一時間激濁揚清的狂飆從天而降，一場反對帝制的風暴席捲全國。1916 年 3 月 22 日，袁世凱在內外交困下被迫宣布取消帝制，僅僅做了 83 天皇帝夢，就灰飛煙滅。

袁世凱復辟稱帝時刻製的「中華帝國之璽」和「皇帝之寶」

袁世凱復辟稱帝時發行的「袁大頭」

袁世凱在北京就任中華民國臨時大總統的宣誓儀式上

袁世凱身著新設計的洪憲皇帝戎裝

政員全體起立，一致通過。

當天中午，袁世凱接到推戴書後裝腔作勢，申令立即發回，「另行推戴」，並信誓旦旦地表示：「民國初建，本大總統曾向參議院宣誓，願竭力發揚共和，今若帝制自為，則是背棄誓言，此於信誓無可自解者也。……望國民代表大會總代表等熟籌審慮，另行推戴，以固國基。」

下午5點，參政院再次開會，孫毓筠等提議說，此事既屬全國一致，元首亦未便過拂輿情，理應由本院以總代表名義呈遞第二次推戴書。秘書廳速度之快，僅用15分鐘就擬成2600餘字長文，眾人均無異議，於當晚再次進呈袁世凱。

推戴書中，稱頌袁有經武、匡國、開化、靖難、定亂、交鄰等六大「功烈」，並一再強調：「今日者，國民厭棄共和，趨向君憲，則是民意已改，國體已變，民國元首之地位已不復保存，民國元首之誓詞當然消滅。凡此皆國民之所自為，固於皇帝渺不相涉者也。」固請千萬不要推辭稱帝。

一幫吹鼓手搖旗吶喊，大造聲勢。有了這番為稱帝開脫之謬言，袁世凱終於按捺不住。次日一早，他就大言不慚地說：「天下興亡，匹夫有責，予之愛國，詎在人後？但億兆推戴，責任重大，應如何厚利民生，應如何振興國勢，應如何刷新政治、躋進文明，種種措施，豈於薄德鮮能所克負荷！前次掬誠陳述，本非故為謙讓，實因揣惕文縈，有不能自已者已。乃國民責備越嚴，期望越切，竟使予無以自解，並無可諉避」。為了「救國救民」，他也只有犧牲自己，甘當皇帝了。

1916年1月1日，袁世凱黃袍加身，正式登基，接受百官朝賀，改元洪憲的中華帝國倉皇出世。袁世凱欲屈天下奉一人，必至盡天下人敵一人。一時間激濁揚清的狂飆從天而降，一場反對帝制的風暴席捲全國。

袁世凱改編的北洋常備軍

天下敵一人

1915 年 1 月 18 日，日本駐華公使晉見袁世凱，遞交日文「二十一條」，要求袁政府「盡速答覆」。袁世凱惟恐得罪日本，當不成皇帝，決定屈服，他於 5 月 8 日下午召集會議。發言者大都認為惟有接受日本要求一途，惟獨段祺瑞主張對日本示強，無奈，他獨木難支。袁世凱決定接受日本通牒。

屈辱的城下之盟：5 月 9 日，陸徵祥等奉命前往日本使館遞交復文，25 日，「中日條約」和「換文」在北京簽訂。日本是「空手套白狼」，輕易讓中國就範。

蔡鍔等在雲南發起討袁的護國戰爭，貴州、廣西、廣東、浙江等省紛紛響應。1916 年 3 月 22 日，袁世凱在內外交困下被迫宣布取消帝制，僅僅做了 83 天皇帝夢，就灰飛煙滅。6 月 6 日，袁世凱因尿毒症不治，在舉國上下一片責罵聲中，憂鬱而死。

中華民國首任大總統袁世凱的標準照

帝制禍首梁士詒

帝制禍首段芝貴

1915 年，袁世凱為復辟帝制，於清故宮之天安門設立大典籌備處，並掛起「大典籌備處」的招牌

大典籌備處處長朱啟鈐

袁克定

欺世盜名

爲了那個「太子夢」，袁克定造假擁戴帝制，但他後來還是力拒與日本人合作。

想做太子想得發瘋

袁世凱洪憲稱帝，遭到舉國聲討，一世梟雄，落得竊國之賊的下場，不及三月，羞憤而亡！臨終之時，袁世凱握住徐世昌的手說：「他害了我。」這個「他」指的就是袁家大公子袁克定。

1915 年 6 月，江蘇將軍馮國璋進京覲見大總統袁世凱，當時「袁公欲行帝制」一事鬧得沸沸揚揚，不知內情的他前來當面問詢。袁大總統此時正陶醉於「帝制強於共和」的幻覺中，外有世界憲政大師古德諾著書立說，言帝制合乎中華國情，非袁公不可；內有楊度等諸君推波助瀾，鼓噪民意。一時間風生水起，真假難辨。

袁世凱雖有意登基，奈何民國初創，各方情狀不明，似不可草率更張。故對馮國璋言道：「我袁家親故無人活過六十，如今我五十有八，縱然當上皇帝，又有幾年好坐？何況大兒子是個殘廢、二兒子假名士、三兒子土匪，哪一個能繼承大業？你儘管放心。」馮國璋信以為真，於是四處替大總統闢謠開脫。

袁世凱所言這「殘廢的大兒子」，指的正是大公子袁克定。他幼年留學德國，精通德、英文，並非不才，只是因騎馬摔成跛子，故有「殘廢」一說。其實他身殘志大，心氣很高，尤對政治感興趣。

袁大公子想做太子想得發瘋，他挖空心思把袁世凱推向復辟之路。竊國之心所至，是無所不用其極，造「祥瑞」、作「顯聖」，其中形跡最劣、影響最大的，莫過於作偽，一份假報紙，把袁大總統忽悠得煞是迷糊，真以為這洪憲帝制乃天命所歸，該當如此。

袁世凱一向被西方列強看好，他本人

曹汝霖

遞交「二十一條」的日本駐華公使日置益

也與英美關係不錯，卻與日本人始終不睦。此次帝制將行，按老袁的想法，西方應不會橫加阻攔，倒是日本的態度值得重視。1915年1月18日，日本提出「二十一條」，並「祝願貴大總統高升一步」，中日雙方就「二十一條」進行了多次交涉。「二十一條」的消息一經傳開，反日輿論頓時沸騰，要求袁政府拒絕日本的無理要求，各地掀起抵制日貨的鬥爭，這讓袁世凱寢食難安。

袁對日本政府的態度極為注意。《順天時報》是日本外務省在北京出版的漢文報紙，代表日本政府的聲音，發行量很大。袁世凱對其中言論十分關注，每日必讀。袁克定利令智昏，竟然想出了個餿主意，每天編輯印製一份假的《順天時報》進呈。文章多是他精心組織的，主要內容是全國各界贊成他爹做皇帝，當然也包括「日本支持改行帝制」之類的話，讓袁大總統深信不疑。

袁克定很想讓他爹稱帝，因為總統不能世襲，如果爹做了皇帝，他就是太子。按照世襲制，等到老爹百年之後，他將君臨天下。加之袁世凱身旁有一批阿諛奉承、搖旗吶喊之人，而他本人好像也有這個意思，只是一時還舉棋不定。這份《順天時報》只印一張，專供袁世凱一人看。於是，大總統每天都沉浸在一片國民堅決擁護他稱帝的美好夢幻中。

1913年10月10日，袁世凱就任中華民國第一任正式大總統。這是出席典禮的「慶祝券」

至抗戰時期，袁克定已把分得的財產耗盡，生活日漸艱困，在頤和園租房子住。他的表弟張伯駒與他多有來往，見他吃飯時，雖無魚肉菜餚，只是以窩窩頭切片，加上鹹菜而已，但他依然正襟危坐，胸帶餐巾，儼然還是當年「皇儲」之做派。張伯駒有詩：「池水昆明映碧虛，望洋空嘆食無魚。粗菜淡飯儀如舊，只少宮詹注起居。」

參加討論中日問題的英、法代表在交談

可惜，不知誰人帶了一份真的《順天時報》，讓袁世凱看出破綻，大驚失色，假報紙給他帶來的快感瞬間消失。他對袁克定這卑劣之舉氣憤至極，可畢竟是他兒子，老袁也沒把小袁怎麼樣。當然了，袁世凱本身也有私心，否則他當真就看不出有假？

袁世凱沒有懸崖勒馬，一意孤行地向前，在登上皇帝寶座的同時，也自掘墳墓。假冒的《順天時報》隨著袁世凱的短命王朝終結，成了歷史笑料，順帶也讓袁克定揚名一下四海。

據說袁克定在他爹死前，急不可耐地要接班，多次逼迫他爹把自己的名字寫進遺囑。工於心計的老袁當面這樣做，可小袁一出門，他就另立一份。等到老袁咽氣，金匱密室打開，袁克定一下就傻了眼，指定的繼任人是副總統黎元洪。

老袁倒是至死也沒失去知人之明，他深知袁克定根本不夠格，單說北洋那批身手不凡的悍將就夠他的嗆，莫說一統全國了。

可圈點的晚節

後世史家評論：袁克定的假報紙，對袁世凱下定稱帝的最後決心，起到了關鍵性的作用。換言之，在袁克定的誤導下，最終葬送了袁世凱的前程。1916 年 6 月 6 日，袁世凱一命嗚呼，在其背後極力鼓吹復辟帝制的袁克定，也被打上「欺父誤國」的標籤。

袁世凱之死，給龐大的袁氏家族帶來的不僅僅是政治上的衰落，雖然每個子女

1915 年 5 月 25 日，「二十一條」簽字時中日代表合影。左起：（中方）外交次長曹汝霖，外交總長陸徵祥，秘書施履本；（日方）參贊小幡西吉、駐華公使日置益、書記官參贊高尾

1913 年 10 月 10 日，袁世凱就任正式大總統後，各國駐華使節覲見袁世凱。前排中為袁世凱，三排右為總統府秘書長梁士詒，右二為司法總長梁啟超。後排右一為朱啟鈐，右四起為章宗祥、顧維鈞、曹汝霖、陸徵祥

都分得一大筆財產，但袁克定很快就將錢花光。這位年輕時過慣鐘鳴鼎食日子的袁大公子，最後竟至經濟窘迫之地步。晚年與其表弟張伯駒生活在一起，靠張接濟，勉強度日。

30 年代中，華北危機，漢奸王揖唐聯絡一些人，在《庸報》上刊登聲明，鼓吹「華北自治」，認賊作父，領銜的就是袁克定。兩天後，袁克定在報上登一啟事，鄭重聲明否認與此事有任何牽連。啟事一登，輿論譁然。袁克定敢於登報聲明自己的政治立場，表明觀點，是要有相當的勇氣和骨氣的。華北淪陷後，日本特務頭子土肥原賢二想籠絡袁克定，要他加入華北偽政權，希望借助他的身分對北洋舊部施加些影響。那時，袁克定經濟已相當困頓，但他不為所動，沒有落水附逆。據說袁克定還登報聲明，表示自己因病對任何事不聞不問，並拒見賓客。在關乎民族大義面前，袁克定保住了晚節。

「二十一條」是日本強加於中國的單方面條約，顯然不能為算。迫於全國反日愛國熱潮，袁政府事後聲明，條約完全是在日本最後通牒下才被迫接受。此後歷屆北京政府始終未予承認有效，而在後來的巴黎和會和華盛頓會議上，中國方面都要求改訂，甚至全面予以廢除。

江朝宗

蔡鍔

第一次世界大戰中，日軍擊敗駐守中國青島的德軍，占領青島。圖為日軍在高射炮下留影

1916 年 7 月 17 日，孫中山在上海張園演講《地方自治》，左為黃興

最易交之友莫如黃克強

黃興最爲人稱道的是他那公而無我、摒棄權利的謙讓美德。

無公則無民國

蔡鍔護國討袁軍事勝利後，黃興於 1916 年 7 月繞道日本回到上海，此時，黃興因長年勞累過度，身體已很虛弱。10 月 10 日為中華民國國慶紀念日，黃興黎明即起，準備赴味蓴園參加慶祝活動，忽然口鼻噴血，一病不起，至 10 月 31 日凌晨 3 時，由於胃中血管破裂，吐血不止而謝世，年僅 43 歲。

孫中山親自主持喪事，發布訃文，向海內外革命同志報喪。孫中山、唐紹儀、章炳麟、李烈鈞、柏文蔚、譚人鳳、胡漢民等的挽聯祭文，情文並茂。章炳麟挽黃興聯：「無公則無民國，有史必有斯人。」1938 年 3 月 1 日，國民黨第五屆中央委員會議決，黃興及胡漢民、陳英士、廖仲愷、朱執信等人的逝世及殉國紀念日，合併在 3 月 29 日即黃花岡起義之日，一次舉行，定名為「革命先烈紀念日」，以弘揚其革命精神。

「八指」將軍

近代湖南，人才輩出，黃興，就被稱為「三湘才子」。科舉之路，他沒有博得功名，卻走出了人生另一番光明。

1898 年，湖廣總督張之洞於武昌設立兩湖書院，招收湘、鄂兩省優秀弟子，黃興以優異成績考入。是時，正值百日維新，舉國頗見光明。然而為時不久，遭到慈禧打壓，國運再次瀕危。有識之士痛感非推翻清廷不足以救亡圖存，黃興也悲憤於時勢之艱辛，深感耍耍筆桿子，無助於國事，只有棄文從武，血灑疆場，才是真正的男子漢。他曾做筆銘、墨銘，以示其大志。

黃興的思想驟然變化，他買來了一些西學名著研究，由此奠定為中國民主事業奮鬥的思想基礎。有了明確目標，黃興專心苦讀，常常誤了吃飯，但他毫無怨言，不改初衷。這種堅忍的性格，鑄就了日後他成為一位馳騁疆場的勇將，頑強奮戰、決不屈服。

黃興

朱執信（1885—1920），原名大符，字執信。廣東番禺人。1905 年加入同盟會，任評議部議員兼書記。1920 年被廣西軍閥殺害

黃興原名軫，1902 年，因躲避清廷的追捕，始改名興，號克強。觀其名，審其字，便知他的抱負。黃興曾對人說過：「我的名號，就是我革命終極的目的，這個終極的目的，是興我中華，興我民族，克服強暴。」

為了實現這個目標，黃興為之奮鬥一生。他先後率馬福益、劉道一等舉義於湘；他親自任敢死隊首領，於東京訓練同志；他跟隨孫中山先後發難於潮州、防城等地；他和趙聲一起指揮了轟動全國的黃花岡起義，並斷其兩指，友人戲稱為「八指將軍」；辛亥武昌起義後，他就任民軍總司令，親赴前線督戰；各省相繼獨立後，又任大元帥主持長江下游的軍事。中華民國成立後，任陸軍總長，計畫北伐，後又任留守，坐鎮南京。宋教仁被刺後，起兵反袁，袁世凱稱帝後，又抱病由美返國討袁。

作為革命黨人的黃興，一身浩然之氣，將自己的真誠與無私，智慧和汗水貢獻給了「建設共和新事業，剷除世界最強權」的偉業中。

在同盟會成立之前，黃興與宋教仁等人在長沙組織了「華興會」，宣傳反清革命。1905 年，長沙起義失敗後，黃興來到日本。那時，孫中山也在日本，他從朋友宮崎寅藏那裡得知黃興乃稀見之俊傑，在留學生中深孚眾望，大喜，很想一見。隨後，由宮崎陪同，孫中山面見黃興。孫中山口若懸河，闡述革命理論和主張，與黃興不謀而合，黃興當即提出將他領導的「華興會」併入「興中會」，以成立中國同盟會，並推舉孫中山為總理。同盟會的成立，是孫黃攜手革命的開始，也是資產階級革命派大聯合的象徵。

黃興秉性誠篤，胸懷坦蕩，他尊敬並維護孫中山的領袖聲望，致力於「孫氏理想」之實行；孫中山對黃興的才華與魄力亦十分欣賞和器重，把他視為「革命成功之關鍵」、「創建民國之元帥」。儘管兩人後來在一些問題上出現分歧與不快，最終還是冰釋前嫌，攜手共進。

1911 年 12 月 25 日，孫中山與章太炎、黃興等在上海哈同花園合影

容忍謙讓

黃興為人稱道的是他那公而無我、摒棄權利的謙讓美德，他多次聲明：「我輩起義目的，但期改造政治，並非攘權奪利，此心可白天下。」並書寫對聯「滿目雲山俱是樂，一毫榮辱不須驚」以自勉。

他不僅這樣說，也身體力行。1906 年冬，同盟會本部編訂革命方略時，黃興與孫中山發生分歧，孫中山堅持要用興中會青天白日旗，以紀念為革命而獻身的先烈，黃興主張用井字旗，以示井田制度之社會主義意義。其他黨員亦提出各種形式，各持己見，一時難決。黃興顧全大局，「名不必自我成，功不必自我立」，做出讓步。

同盟會成立後不久，章太炎、宋教仁、陶成章等一度反對孫中山，欲推舉黃興代替孫中山為同盟會總理。黃興始終不允，極力維護孫中山的領袖地位，力陳革命團結之重要，規勸大家，「革命為黨眾生死問題，而非個人名利問題，孫總理德高望重，諸君如求革命得有成功，乞勿誤會，而傾力推擁，且免陷興於不義」。

1911 年底，南京光復後，獨立各省代表議決，民國臨時政府由武昌移至南京，初推黃興為大元帥，黎元洪副之。但黃興不以功居，甘任副職，因黎留駐武昌，同意暫代。就在這裡，他得知孫中山回國的消息，便自動取消了赴寧就職的原議。

黃興大度謙遜，令人感懷。孫中山稱他「稟賦素厚」，胡漢民讚他「性素敦厚」，而章士釗則有「天下最易交之友，莫如黃克強」之美譽。

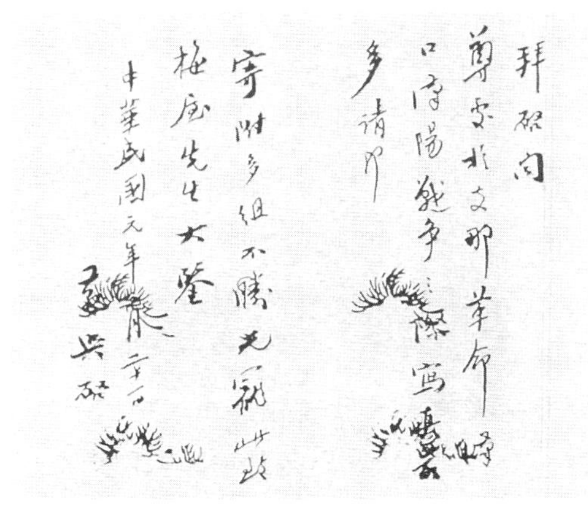
拜啟
梅屋先生大鑒
中華民國元年
黃興

1912 年，黃興致梅屋莊吉函

獨秀於林

陳獨秀

陳獨秀成功地扮演了一位拯救者的角色，爲民衆打開了一扇心靈之門。

智者的先覺

民國肇建，國人似乎對新的社會抱有很大希望。然而，孫中山很快就讓賢，袁世凱當上總統後，不顧民意，又鬧起復辟醜劇，搞得烏煙瘴氣。好在，他只做了 83 天皇帝夢，就在一片討伐聲中一命嗚呼！北洋軍閥當政，今日段內閣，明日趙總理，後日徐總統，跑馬燈似的換個不停，整個社會處在動盪不安之中。

中國的出路在何方？許多憂國憂民的熱血青年感到困惑、迷茫和不知所措。在這人生的十字路口，沒有人指點，要做出正確的抉擇，很難。一不小心，就走錯路，斷送了自己的青春年華。

在這非常時刻，一本雜誌，點燃了青年們的心燈。他們看清了自己腳下的路，便義無反顧。它，就這樣影響了一群人，與一個時代共命運。

世上並無先知，可你能說他不是先覺？當劃破黑夜的「青年」顯現之時，人們不由地想起一個智者的名字——陳獨秀。他高舉民主與科學的大旗，首唱中國馬列之歌。從此，在這片古老的土地上，民主和科學的啟蒙思潮開始了。

1915 年《新青年》的誕生，一向被認為是「新文化運動」的標誌。《新青年》整合了當時中國最優秀的一代

《青年雜誌》第一卷第一號封面

北京大學國文系教師合影，左一為劉半農

知識份子，以其鮮明獨特的對中國問題的思考和表達方式，對青年的思想和行為產生了巨大影響。

當我們追溯這段往事，陳獨秀的身影，就出現在了我們面前。他成功地扮演了一位拯救者的角色，讓身陷彷徨和苦悶之中的人頓悟，仿佛一夜間就長大；他又像是一位技術精湛的開鎖高手，用一把特製的鑰匙，為民眾打開了一扇塵封已久的心靈之門，天地間在那一剎那變得豁然開朗，曾經稚嫩的臉龐，變得成熟。

陳獨秀是封建科舉制度下的秀才，卻崇尚民主科學的新文化。豐富的生活閱歷，積極的思想認識，使他在人生的大舞臺上嶄露頭角。

點燃一盞心燈

1915 年 9 月 15 日，陳獨秀在上海創辦了《青年雜誌》，其後，又以更響亮、更醒目的《新青年》冠名。1917 年初，他受聘北京大學文科學長。這期間，陳獨秀積極提倡民主與科學，提倡文學革命，反對封建的舊思想、舊文化、舊禮教，成為新文化運動的一面大旗。在他身後，緊跟著一群意氣風發的青年學子，他們是那個時代給我們留下的最深刻的歷史影像：一襲青灰長衫，白色圍巾，手上拿著書籍，充滿朝氣。

《新青年》誕生之時，正值袁世凱復辟帝制。他所控制的國會利用各種立法對言論、出版、結社自由打壓得相當厲害，章士釗 1914 年創辦的以政論為主的《甲寅》雜誌就在該年被查禁。作為前《甲寅》的編輯，陳獨秀竟然「冒天下之大不韙」，一心創辦《新青年》，難道他有何高招？

剝繭抽絲，《新青年》慢慢理出了一條新路，認為解決當時中國的政治不能只靠政治，要靠文藝、倫理、思想方面的變革。政治是「果」而不是「因」，如果不徹底改造思想文化，舊政治會不斷循環再生，袁世凱之類的人還會時而冒出。

《新青年》在理念上刻意不談政治，但結果還是有著針砭時弊的「異曲同工」之妙，起到了「旁敲側擊」、「敲山震虎」的功效。它同樣需要相當的勇氣，因為沒有人知道底線在哪，又如何把握。

《新青年》原名《青年雜誌》，陳獨秀初創《青年雜誌》時，原以為可以引起轟動，但第一年並不如想像中那樣好，銷量有限，每期僅 1000 份，一度曾想中止，後更名《新青年》。從 1917 年起，《新青年》出現轉機，讀者漸增，日後最多時達到 1.6 萬份，成為大專院校及中學生的搶手讀物。

過去的《青年雜誌》，更多的是陳獨秀個人的烙印，1917 年後則大不相同，它依託北京大學文科的一批教授們，因而獲得豐厚的學術資源。正是這一「校」一「刊」的完美結合，成為《新青年》獲得巨大成功的保證。

我們看到了面貌為之一新的《新青年》，除了正面的積極宣傳外，又加演了一幕詼諧的雙簧。由北大教授錢玄同化名「王敬軒」，「製造」出一個反派人物，他歷數新文學的壞處，詆毀文學革命，爾後，現實中的另一位北大教授劉半農則針鋒相對，加以反駁。經過短兵相接後，真的劉半農，把假的「王敬軒」駁得體無完膚。這頗有行為藝術意味的「二人轉」，效果出奇的好，讓讀者大為快意。

思想炸彈

《新青年》獲得了年輕知識份子的熱烈擁戴，許多大膽新穎的觀念，讓人「饑不擇食」，尤其是對「嗷嗷待哺」的文學青年，簡直就像服用了一付「興奮劑」，熱情高漲；更為突出的一點，它的文學語言滲透到了政治語言中，優雅、清新而不失鋒芒，輕易地深入、甚至征服了各個階層的國民。我們還看到，月刊裡的《通信》一欄，就像一個互動的大舞臺，可以暢所欲言，自由表達民意，很多重要

《青年雜誌》改名《新青年》

《新青年》刊載的文章，可謂中國思想界的經典。胡適的《文學改良芻議》拉開了文學革命的序幕，《嘗試集》是中國第一本白話詩集。陳獨秀提出「文學革命」的主張，魯迅卓越的「隨感錄」雜文、論文和白話小說《狂人日記》，陳獨秀、易白沙、吳虞等批判孔子、「打倒孔家店」的文章，對解放思想、喚起對民族命運的關心和贏取新文化的徹底勝利，起著至關重要的作用。

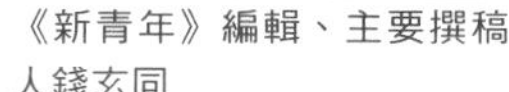

《新青年》編輯、主要撰稿人錢玄同

五四時期的錢玄同與劉半農

劉半農

的問題和觀念在思辨中逐漸明晰。《新青年》可以說是名副其實的「思想炸彈」，它讓人的靈魂出竅，茅塞頓開。與胡適相比，陳獨秀、李大釗、高一涵等更關心現實政治，但他們是要在「思想文藝上替中國政治建築一個革新的基礎」。

在「五四」之前，《新青年》的發展大約可以分為四個階段。初起，它強調「青年文化」，這與刊物的名稱相符。第二個階段則刻意批評孔教與軍閥因緣為用，並抨擊孔子之道與現代生活的不合。第三個階段提出倫理革命及文學革命。第四個階段則強調思想革命。《新青年》變化的第五個階段則在「五四」前後，這期間，它的社會主義成分愈來愈濃，1919年5月的「馬克思主義研究專號」即是一個例證。1921年以後，《新青年》逐漸成為中國共產黨的陣地。

《新青年》影響著一代思潮，如果我們翻看當時全中國各地風起雲湧的各種白話刊物，或各種新興社團之間討論的話題，便可看出《新青年》所激起的漣漪之大。各地的青年往往撿拾《新青年》中的幾個觀念或幾個名詞，便可沖泡成一大桶飲料，讓眾人都能分享一杯美羹。《新青年》的文章每每一出版，就會掀起軒然大波，好似膨化食品的原料，經過二次加工，迅速成倍的膨脹。《新青年》就像一支神奇的畫筆，在一定意義上塑造了現代中國。

儘管在當時，西方的民主與科學思想在中國切實落實未必有多少。但是《新青年》所宣導的「德先生」和「賽先生」，構建了一個很高的「價值層面」。它就像一把尺規，此後許多人心中不敢質疑它，或認為理想上就應該朝這方面去努力，這就是《新青年》的歷史意義。

作為新文化運動的「領跑人」，《新青年》的生命只有短短的11年，自它咿呀學語，就引領青年一代前行。從1915年9月的上海邁出第一步，1917年1月編輯部遷到北京後感召力劇增，催生了偉大的五四運動。它的休止符，畫在了1926年7月的廣州，完成了來到這個世界上所肩負的光榮使命。

總統與總理冰火難容

繼任大總統黎元洪（前排右三）與副總統馮國璋（前排右二）、國務總理段祺瑞（前排右四）等軍政要員合影

一言九鼎不可取，可群雄並起，總統和國務總理都想說了算，恐怕也不行。

互不買帳

段祺瑞是北洋「三傑」之一，謂之為「虎」。他自命不凡，我行我素，動不動要發虎威，令人生畏。

袁世凱死後，國務總理段祺瑞實際上控制著北洋政權。驕橫跋扈的他表面上擁護黎元洪繼任大總統，實際「挾北洋以令總統」，曾不止一次地叫囂：「我是叫他（黎元洪）來簽字蓋章的，不是叫他壓在我頭上的。」

黎元洪當然不甘心成為北洋軍閥掌上的玩物，被人吆三喝四，決心依靠國民黨人及國會，阻止段的恣意妄為。總統府和國務院就這樣無端滋生出許多是非，一場「府院之爭」的火拚在所難免。

1916年8月1日，國會重新開會，於9月開始審議憲法草案。由於國民黨人議員為多數，規定了許多限定內閣總理許可權的條文。

在國會中，支持段祺瑞的研究系不占具優勢，段氏轉而謀求北洋軍閥的支持。6月，北洋各省督軍代表雲集徐州，開會議決十條綱領。9月正式組織「各省區聯合會」，擁戴張勳為首領，人稱督軍團。督軍團雖然與段祺瑞也有矛盾，但他們反對國民黨人，做了段祺瑞想做而不方便做的事，是段藉以打擊國民黨、國會，向黎元洪施壓的重要武器。

中國有些事，真的說不清楚。一人當政，獨裁專制，為人所嫉恨。可一旦要是群龍無首，又心懷各異，誰也不買誰的賬，相互攻伐，局面難以控制。固然，一言九鼎不可取，可群雄並起、多頭鼎立的局面，何嘗又是一種可取的選擇？面對段祺瑞的咄咄逼人，黎元洪在屬下的鼓動下，打算乘機推倒段內閣，讓徐世昌出面組閣，但他無意出山，只願充任和事佬。他向段提議徐樹錚改任陸軍總長，孫洪伊改任農商總長，以平息爭端，但段堅持要將孫逐出內閣。最終，孫、徐同時走人，這才了結一時糾紛。

國務總理段祺瑞（右四）與其內閣成員合影

黎元洪以國會為靠山，段祺瑞以督軍團為後盾，政客、軍閥的介入，使府院雙方的矛盾，更趨複雜而激烈。

段祺瑞出任國務總理後，提出以徐樹錚為國務院秘書長。徐為段的小軍師，雖有才幹，但喜弄權術，動輒平地生風波。黎元洪早已領教過徐的專橫跋扈，拒絕與其共事。後經徐世昌等人說動，才勉強答應。

段祺瑞的左右，對黎元洪也毫不尊重，只知有總理，不知有總統。徐樹錚更是如此，一次山西省同時變動三個廳長，黎只是稍加詢問，徐便不屑一顧地說：「只在這裡蓋印好了，管他什麼事。」黎元洪竟然空有其名，成了被人譏諷的「蓋印總統」，這引起了總統府方面人員和許多閣員的不滿。

是非滋生

1916年8月初，丁世嶧擔任總統府秘書長，入府前即聞府院之爭，以為是無成規可循，便針對院方提出的《府院許可權節略》、《國務院兼辦總統府收發》的通告，草就了《府院辦事手續》，旨在提高總統地位，增強總統實力。此案一出，引起院派一片譁然，紛紛指責丁世嶧破壞責任內閣制而行總統制。段祺瑞乘機稱病不出，並以辭職要脅。後經討價還價，雙方才達成一個折中方案。但私下裡誰都不滿意，暗地裡繼續較勁。

一波未平，一波又起，傾向於黎元洪的內務總長孫洪伊與徐樹錚又發生了衝突，使府院矛盾更趨激烈。

孫洪伊為立憲派激進分子，「二次革命」後轉向國民黨人，亦是一位不甘人下之人。國務會議上，孫、徐二人常常短兵相接，時時一爭高下。

孫、徐交惡，始於龍李之爭。護國戰爭結束後，李烈鈞仍將滇軍駐紮廣東；龍濟光雖調兩廣礦務督辦，仍署理廣東督軍，雙方軍隊時有衝突。因龍系北洋親信，李系國民黨人，徐便力主進剿李烈鈞。他未經國務會議議定，擅自下令粵、閩、湘、贛四省軍隊圍剿李部。孫洪伊指責徐樹錚越俎代庖，當場與徐吵得人仰馬翻。

繼而，又因福建省長胡瑞霖查辦一案再起波瀾。湖南議員郭人漳、周震鱗提出查辦胡案，揭發其任湖南財政廳長時的不法行為。胡依附於段祺瑞的皖系，故徐樹

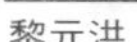
黎元洪

段祺瑞

馮國璋

徐樹錚

準備「出山」就任陸海軍大元帥的徐世昌

錚未經國務會議討論，假借國務院名義諮複國會，為胡的劣跡辯護，駁回提案。孫洪伊認為各省民政長官處分屬於他的職權範圍，指責徐擅自越權，一氣之下，提出辭職。黎元洪得知後大為不滿，段祺瑞也感到徐這事做的有點過了，亦做出慰留的表示。

接下來，孫洪伊整頓內務部，裁撤冗員。院方以為有機可乘，在徐樹錚的唆使下，被裁部員控告孫洪伊違法。平政院一紙令下，被解人員重又上崗。孫拒不接受，徐又批就執行裁決書的命令，送到總統府蓋印，為黎元洪否決，批復「交院再議」。

徐樹錚在一番爭鬥中，接二連三地遭到打擊，這讓段祺瑞無法忍受，他於 10 月 19 日呈請罷免孫洪伊，黎元洪拒絕蓋印。部分國會議員堅決支援黎、孫二人，隨後，又有 60 餘人群起而攻之，連署提出查辦徐樹錚案。府方一波強似一波的攻擊，院方自然不甘落敗，研究系在報紙上攻擊孫洪伊違法，湯化龍還親往總統府，勸黎元洪尊重「輿論」。面對巨大壓力，黎元洪只好勸孫洪伊自動辭職。孫

中華民國第一屆國會開幕典禮

黎元洪晚年致力於實業，曾任中興煤礦董事長、黃陂商業銀行總董事和南洋兄弟菸草公司等企業的董事。1920 年，黎元洪眷念故鄉，捐資拆遷老家遺留的房屋，修建黎氏宗祠，內設孝義小學堂，聘請塾師授課，學生費用由他負擔。1928 年 6 月 3 日，黎元洪因腦溢血病逝於天津，1935 年 11 月 24 日國民政府於武昌為黎元洪舉行國葬。

1916年8月1日，國會復會時全體議員合影

表示寧可被免，也決不自辭。段惱羞成怒，進一步以辭職相威脅。

面對段祺瑞的咄咄逼人，黎元洪在屬下的鼓動下，打算乘機推倒段內閣，讓徐世昌出面組閣，但他無意出山，只願充任和事佬。他向段提議徐樹錚改任陸軍總長，孫洪伊改任農商總長，以平息爭端，但段堅持要將孫逐出內閣。最終，孫、徐同時走人，這才了結一時糾紛。

進入白熱化

接踵而來的在對德外交問題上，黎元洪、段祺瑞二人之爭，達到了白熱化程度。1917年美國參加對德作戰，要求中國「亦步亦趨」，黎元洪表示同意。日本聞風而動，亦策動段祺瑞參戰。最初，段內閣持觀望態度，隨後，為了搶在府方之前，以便占得先機，宣布對德絕交參戰。因日本支持段祺瑞，中國若參戰，必對日本有利。黎元洪見院方先下手為強，便在美國的指使下故意與之作對，反對參戰。一場外交問題，演變為府院政爭。

段祺瑞召開督軍會議，決定參戰，並要脅黎元洪和國會同意參戰案，未能得逞，於是要求黎元洪下令解散國會。黎元洪奮起反擊，在國會的支持和美國公使「允為後盾」的保證下，乾脆一腳將段祺瑞踢開，於5月23日免了他的國務總理職。

受此羞辱，段祺瑞怎能善罷甘休？他立即組織脫離北京政府的各省督軍，在天津成立了「軍務總參謀處」，揚言另組臨時政府，公然向黎元洪叫板。黎進退失措，一時無計可施，只好同意張勳入京「調停國事」。誰知引狼入室，張勳在北京上演了一幕復辟醜劇。

出於無奈，黎元洪一道命令，段祺瑞官復原職，授命討逆。東山再起的機會來了，段祺瑞立即組織討逆軍，於1917年7月12日凌晨發起對北京城的攻擊，辮子軍舉旗投降。溥儀於當日再次宣布退位，復辟鬧劇草草收場。

14日，段祺瑞以「再造共和」的功臣姿態回到北京。黎元洪當即發表通電，宣布去天津養病，從此隱居家園，不再過問政治。府院之爭的句號，畫在了以段祺瑞為首的皖系重新執掌軍政大權之後。

「辮帥」張勳

民國「海歸派」的科學之夢

1929 年，中國科學社為馬相伯 90 壽辰紀念合影，左起：蔡元培、于右任、馬相伯、吳稚暉

學成歸國的赤子，欲在古老的中華貫徹他們「科學救國」的理想。

「科學救國」之夢

第一次世界大戰爆發的前夜，美國康奈爾大學內聚集了一批中國學子。胡明復、趙元任等人是通過清政府「庚款」留美，主攻數學、機械等專業，以期報國；任鴻雋、楊杏佛等人，則是在辛亥革命成功後前往深造。康奈爾大學的校舍廊簷，見證了當年這些青年思想的碰撞和聚合的點點滴滴。「科學救國」，是他們共同的理想。

1914 年的初夏，幾位中國留學生聚在校園一角，商量著要為祖國辦一件有用的事。為了適應時代的發展，沒有科學，難以立國。而中國所缺乏的莫過於科學，因此，他們想辦一份雜誌，要把「科學」介紹到中國來，富國強民。胡明復、趙元任、周仁、秉志、章元善、過探先、金邦正、楊杏佛、任鴻雋 9 人商議決定出版《科學》月刊，向國人宣傳科學和科學救國的道理。聞訊而至的其他留學生也紛紛加入。1915 年 1 月，《科學》創刊號在上海刊行問世，它是中國近代出版最早的科學刊物之一。

不久，科學社同仁即感到要謀求中國的發展，單靠發行一種雜誌遠遠不夠，因此便有意成立學會式的中國科學社。這很快獲得多數社員的贊同，並決定由胡明復、鄒秉文、任鴻雋三人撰寫社章。1915 年 10 月 25 日，中國科學社正式成立，宗旨為「聯絡同志，研究學術，以共圖中

科學社同仁感到要謀求中國的發展，單靠發行一種雜誌遠遠不夠，因此便有意成立學會式的中國科學社。這很快獲得多數社員的贊同，並決定由胡明復、鄒秉文、任鴻雋三人撰寫社章。1915 年 10 月 25 日，中國科學社正式成立，宗旨為「聯絡同志，研究學術，以共圖中國科學之發達」。

趙元任

國科學之發達」。

科學社由任鴻雋、趙元任、胡明復、周仁和秉志 5 人組成董事會，任鴻雋任社長，趙元任為書記，胡明復兼會計，楊杏佛任編輯部部長，負責雜誌編輯。並定 10 月 25 日為中國科學社成立紀念日。自此，為辦刊結成的科學社，成為中國第一個綜合性民間科學團體。

入社時須交股金 5 元，作為刊行《科學》的資本。自發起之後，報名入社的人很踴躍，不到幾個月，社員已達 70 餘人，股金 500 餘元，同時雜誌稿件充盈。

1917 年 3 月，中國科學社呈准教育部備案，成為法人團體。北京大學撥輔助金 200 元，用於印刷刊物之用。

傳播科學爲己任

1918 年前後，隨著「科學社」創始人和編輯部主要成員大多學成陸續回國，中國科學社的活動也從海外遷回國內，先借寓上海大同學院，旋即遷入南京高等師範學校。社址設在南高師校園東側成賢街文德裡的一處官房內，由該社呈准財政部撥給，以六年為期。

1922 年 7 月，中國科學社進行第二次改組，原董事會改為理事會，負責日常社務。新成立董事會，負責募集和管理資金。後獲得中華教育文化基金董事會和南京國民政府的資助，擴充事業。1928 年定址上海。抗戰期間，內遷重慶，戰後復歸上海，1960 年在上海宣告解散。

中國科學社幾乎囊括了其所處時代社會科學、自然科學和技術的精英。除學術活動外，有幾件工作值得一提。

1920 年，科學社發起者之一的秉志學成回國，應農科主任鄒秉文邀請來到南高師。經秉志和胡先驌等人倡議，科學社董事會通過，於 1922 年創辦了生物研究所。它是科學社成立的第一個科研所，也是當時國內唯一的科研機構，長期考察揚子江中下游及沿海各地的動植物，研究領域涉及生理學、組織學、解剖學、分類學等，對中國生物學的發展貢獻極大。該所發表了很多有價值的論文，出版了動植物專刊和《森林植物志》及《藥用植物志》等，採集了大量動植物標本，引起國內外科教界人士的極大關注，並獲得了中華教育文化基金會的長期贊助。

1930 年，在上海籌建科學社圖書館（今盧灣圖書館）。籌備期間，科學社的骨幹胡明復不幸溺水身亡，終年 36 歲。胡明復是我國第一位數學博士，科學社在社員回國後能堅持並壯大，很大程度上歸功於他的辛勞。當時胡明復既是社董，又是會計和編輯，社務活動和雜誌方面所有的收支，他都錙銖必計，精心管理，同時還到處奔走籌款與募捐。圖書館落成時，蔡元培提議以胡明復的名字命名。

開幕典禮上，蔡元培深情地說：「此館紀念胡明復先生……他為本社犧牲極大直至於逝世日……本社第一偉大紀念物即以紀念明復先生。」圖書館得到了當時國內外科學家多方贊助或捐款、贈書，成為我國東南首屈一指的科學圖書館。

此外，中國科學社還辦有中國科學圖書館、中國科學圖書儀器公司。出版了《科學》、《科學畫報》、《科學季刊》等雜誌及《論文專刊》、《科學叢書》、《科學譯叢》、《科學史叢書》，對科學知識、科學理念在中國傳播與產生發生重大作用。開創的年會制度，在中國科學體制化過程中也十分重要。

後期的中國科學社，發展到3700多人，遍布全國各地，為了便於社員之間的聯絡和學術活動的開展，上海、北京、杭州、廣州、重慶等地相繼設立社友會。

說到中國科學社，任鴻雋的名字，值得我們銘記，他是20世紀初葉中國知識份子的代表人物，把自己的一生，都獻給了中國科學事業。他的科學思想、他對科學理念的推廣、他對科學教育的重視和對科技政策的進言，稱得上是一位現代科學在中國經歷「從無到有」的時代拓荒者，是中國的「科學事業家」。「傳播新知、建立學界，改善中國社會的知識結構、完善中國社會的組織結構」──任鴻雋為這寫在上世紀之初的誓言，無怨無悔，奉獻了一生。

歲月磨礪，風雨洗滌，記憶，依然那樣清晰。中國科學社已成一頁歷史，任鴻雋等一批學者也與我們永離。但他們對科學事業的那份熱愛，那份執著，值得我們尊敬和珍藏心底。

中國科學社第二十次年會

任鴻雋伉儷

「傳播新知、建立學界，改善中國社會的知識結構、完善中國社會的組織結構」──任鴻雋為這寫在上世紀之初的誓言，無怨無悔，奉獻了一生。而他為建立中國學界和發展中國學術之夢，卻一直延續到今天。展望未來，思考現實，重讀歷史，仍感動於先哲的思想魅力。

周仁夫婦

國會「非常會議」決定組織中華民國軍政府，並選舉孫中山為海陸軍大元帥。圖為 1917 年 9 月 10 日，孫中山就職時與同仁合影

以清正源

孫中山終於大徹大悟，明白必須要有一支自己的革命武裝。

軍閥無法

中國社會的改朝換代，幾乎就是一部「馬上得天下」的歷史。武將，主宰了這個社會。而在治天下中，握有兵權的人，同樣占據重要的地位，常常讓一幫文人奈何不得。

1917 年 5 月，國務總理段祺瑞利用督軍團壓迫國會接受對德宣戰案，孫中山即與章太炎、岑春煊、唐紹儀聯名致電，要求他們遵守《中華民國臨時約法》，尊重國會。

其後，段祺瑞被繼任總統黎元洪罷職，他借機唆使各省北洋督軍叛變獨立，以武力脅迫黎元洪解散國會，孫中山又連續通電西南各省，呼籲擁護約法和國會，起兵討伐。7 月 1 日，張勳擁清室復辟，3 日，孫中山在上海討論擁護共和、出師討逆大計，決定在南方另行召集國會，組織臨時政府。隨後，孫中山致電參眾兩院議員，號召南下護法。當時以兩廣巡閱使陸榮廷為首的桂系軍閥欲借助護法聲浪，確保兩廣地盤，反對段祺瑞的武力統一政策，表示歡迎孫中山來粵護法。7 月 6 日，孫中山一行離滬南下，於 17 日到達廣州。當時控制滇、黔兩省的滇軍將領唐繼堯為對抗段祺瑞，確保地盤，並向四川擴充勢力，也通電加入護法行列。

段祺瑞打敗張勳重新執掌北京政府後，拒絕恢復約法和國會，準備另行召集「臨時參議院」，重新制定國會組織法和選舉法，選舉新國會，以達到他取消國民黨議員占優勢的舊國會和廢除臨時約法的目的。這引起舊國會議員的不滿，他們紛紛南下赴粵。至 8 月中旬，到達廣州的國會議員已達 150 餘人。

考慮到來粵議員不足法定人數，決定召開國會「非常會議」。31 日通過《軍政府組織大綱》，規定中華民國為戡定叛亂，恢復《臨時約法》，特組織中華民國軍政府。

9 月 1 日，國會「非常會議」選舉孫中山為中華民國海陸軍大元帥，其後又選舉陸榮廷和唐繼堯為元帥。10 日，孫中山率員正式就職。軍政府的成立，標誌著護法運動高潮的到來，也形成了南北對峙

的局面。

段祺瑞繼承袁世凱武力統一中國的衣缽，決心以北洋武力鎮壓西南護法力量，挑起第二次南北戰爭。他一面對湖南用兵以制兩廣，一面對四川用兵以制滇黔。10 月 3 日，當孫中山正式下令討伐段祺瑞等民國叛逆之時，段祺瑞也向北洋軍下達了討伐令。隨後，兩軍在湖南湘潭展開交戰，護法戰爭正式爆發。

7 月 17 日，孫中山自上海到達廣州，舉起護法旗幟。圖為孫中山到廣州後與宋慶齡留影

爲護法而戰

11 月 14 日，北洋軍直系將領王汝賢和范國璋不願為皖系賣命，通電停戰議和，撤離衡山前線，20 日護法軍輕取長沙，段祺瑞對湘用兵以制兩廣的計畫宣告失敗。與此同時，唐繼堯為首的滇系也組成滇、黔聯軍，會同前往四川的國民軍與北洋軍交戰，於 12 月 3 日攻占重慶。在其他各省，由中華革命黨和國民黨人領導組建的護法武裝也相繼而起，護法戰爭的烽煙席捲了全國大部分省區。孫中山非常興奮，他多次召集軍事會議，制定了護法北伐的進兵戰略。

1917 年 9 月 18 日，湖南宣告獨立，組成護法軍湘南總司令部，程潛就任總司令，拉開護法戰爭的戰幕

北洋軍在湖南的失敗，進一步激化了直皖矛盾。直系首領、代總統馮國璋企圖借助西南軍閥對抗皖系，因而暗中主和。段祺瑞見用武力統一的目的落空，惱羞成怒，遂向馮國璋提出辭職。馮索性暗示湖北督軍王占元、江西督軍陳光遠、江蘇督軍李純於 18 日聯名通電，主張雙方罷兵休戰，和平解決南北問題。11月22 日，馮國璋任命王士珍為國務總理，段祺瑞內閣再次倒臺，直皖兩系公開分裂。

25 日，馮國璋發表弭戰布告，這在護法陣營內引起不同回應。由於最初護法宗旨的不一，西南各派護法力量逐漸分化。孫中山堅持護法，反對南北調和；以程潛為首的湘軍則要求乘勝攻取岳陽，鞏固護法軍在湖南的勝利；以擴張實力和地盤為目的的桂、滇兩系，在分別控制了湘、川兩省後便虛與委蛇，很快和直系軍閥妥協，發起南

由於西南軍閥和官僚政客的排擠，孫中山被迫辭去大元帥職務，於 1918 年 6 月回到上海

護法運動 30 年後，曾經參加過護法運動的國民黨人，在一起合影留念。前排左三為居正。右二為張知本，後排左四為茅祖權

北停戰。

直系的主和政策，引起皖系與北洋主戰派的強烈不滿。在段祺瑞及其心腹徐樹錚的策動下，由 13 省督軍代表參加的天津會議，強烈要求馮國璋明令討伐西南。馮被迫讓步，於 12 月 15 日任命直隸督軍曹錕、山東督軍張懷芝分別為第 1、2 路軍總司令，南下伐湘。又任命段祺瑞為參戰督辦，皖系幹將段芝貴為陸軍總長，皖系重掌軍事指揮大權。

1918 年 1 月 14 日，吳光新率北洋軍攻占荊、襄。桂系與湘軍看到直系屈從主戰派，也向岳陽發動進攻，於 27 日攻克。這時聯軍如乘勢直搗武漢，將會使護法戰爭出現重大轉機。但桂系以保守湘境為滿足，按兵不動，提出「北不攻岳，南不攻鄂」為議和條件，從而喪失攻取武漢、會師北伐的大好時機。

心懷各異

南軍奪取岳陽後，北洋主戰派氣勢更凶，脅迫馮國璋於 30 日下達對整個西南的討伐令。2 月中旬，約 10 萬北洋軍分別向湘鄂、湘贛邊界進軍。3 月 18 日，北洋第 3 師師長吳佩孚率部攻占岳陽。23 日，馮國璋被迫重任段祺瑞為國務總理，段立即組織北洋軍大舉南攻，護法軍在湖南戰場接連失利。長沙、衡陽相繼被占，湖南大部地區淪於北洋軍之手。

進攻湖南的第 1 路軍總司令曹錕及吳佩孚均為直系軍人，揮師南下後連克岳陽、長沙、衡陽，戰功最大，而段祺瑞政府竟然把湘督兼省長一職授予皖派嫡系張敬堯，使曹、吳大為不滿，直、皖矛盾再度尖銳。吳佩孚秉承曹錕旨意，遂止步不前。5 月底，曹錕擅自回師天津。6 月 15 日直系與桂系代表簽訂停戰協定，息戰言和。8 月，吳佩孚通電主和，公開攻擊段祺瑞的武力統一政策「實亡國之政策」，直系將領紛紛響應。段祺瑞被迫於 8 月下旬命令前線各軍暫取守勢。

關鍵時刻，西南地方實力派的面目暴露無遺，滇系軍閥唐繼堯率先通電西南各省支持這一主張，表示擁戴黎元洪、馮國璋為國家元首，推岑春煊為國務總理，讓孫中山「遊歷各國，辦理外交」。

在政學系的操縱下，「非常國會」強行通過了《修正軍政府組織法案》，解除了孫中山的領導權。孫中山隨即發表辭職通電，他憤然指出：「顧吾國之大患，莫大於武人之爭雄，南與北如一丘之貉。雖號稱護法之省，亦莫肯俯首於法律及民意之下。」改組後的軍政府完全由桂、滇軍閥及其政學會所控制，護法徒有虛名。

閻錫山這個不倒翁

扣押馮玉祥、投靠蔣介石時的閻錫山

他在民國政壇一貫左右逢源，或坐山觀虎鬥，或隔岸觀火，以圖漁翁得利。

中庸之道

閻錫山（1883—1960），山西五台縣人，畢業於日本陸軍士官學校。在資產階級民主革命思潮的影響下，他加入同盟會，面見孫中山並參與制訂「南響北應」的戰略決策，從此登上政治舞臺。

作為一名地方軍閥，奉行「中庸之道」的閻錫山，從辛亥革命開始一直在山西掌權達 38 年之久，這在風雲變幻、政壇人物走馬換將的民國，實不多見。不過，老奸巨滑的閻錫山又並非一成不變，常常隨形勢和利害關係改變立場。

辛亥武昌起義後，在太原的閻錫山等同盟會員追隨回應。10 月 29 日晨，起義軍攻入城內，殺死山西巡撫陸鐘琦，成立軍政府，公推閻錫山為都督。

清政府立即命令第六鎮統制吳祿貞率部鎮壓。吳早已傾向革命，遂與閻錫山商定共組燕晉聯軍，吳任大都督兼總司令，閻副之。閻隨即派兵開赴石家莊，與第六鎮官兵共同截斷京漢鐵路，扣留清政府運往武漢前線的軍用物資，阻袁就任內閣總理大臣，並擬揮師北上推翻清廷。袁恨之入骨，收買吳祿貞的衛隊長將吳刺死，燕晉聯軍的雄圖大略夭折。隨後，清政府改派張錫鑾為山西巡撫，命曹錕第三鎮進攻山西，閻錫山採取分兵南北合擊。南北議和

1915 年袁世凱改元稱帝時，閻錫山首先向籌安會提供銀幣 2 萬元，接著又連電勸進，要求「廢共和而行帝制，以帝制而行憲政」，並懇求袁「以大有為之才，乘大有為之勢，毅然以救國救民自任，無所用其謙讓」而登基稱帝，極盡獻媚之能事。袁閱後喜不自禁，稱帝後封閻為一等侯爵。

1949 年 4 月閻錫山攝於南京

1928 年，國民革命軍三巨頭——馮玉祥、蔣介石、閻錫山（從左而右）

結束，清帝退位後，閻錫山於 1912 年返回太原，仍以都督名義掌控山西。

閻錫山因緣時會，參加辛亥革命是他一生中最光彩的一頁。孫中山於 1912 年 9 月視察太原時曾說：「去歲武昌起義，不半載竟告成功，此實山西之力，閻君百川之功。……倘非山西起義，斷絕南北交通，天下事未可知也。」

其實不然，在袁世凱大軍壓境之下，閻錫山既懾於袁的威力，又對袁抱有幻想，遂致函袁，如能「協同軍民，顛覆帝制，然後敷政共和，與民更始」，則擁他為中華民國「第一任大總統」。南北議和後，閻由歸綏地區南返途中，收到袁不許他繼續前進的電令。閻錫山深感袁不僅手握重兵，而且將接任中華民國臨時大總統，整個政治天平已向他傾斜，於是一面請求孫中山給予支持，一面逢迎討好袁，並贊同袁世凱建都北京的主張。袁世凱看到閻錫山可資利用，遂任命他為山西都督。

同盟會於 1912 年 8 月改組為國民黨，由於袁世凱對革命黨人恨之入骨，見風使舵的閻錫山隨即宣布脫離國民黨，又據袁的命令，飭令山西「各縣知事將國民黨分設機關一律解散」，並對袁系人物在山西肆意打擊、加害同盟會員聽之任之，取得袁的歡心和信任。1914 年，袁改各省都督為將軍，各省都督大多被撤換，僅有山西閻錫山和雲南唐繼堯兩個「不倒翁」，閻被授予「同武將軍」。

1915 年袁世凱改元稱帝時，閻錫山首先向籌安會提供銀幣 2 萬元，接著又連電勸進，要求「廢共和而行帝制，以帝制而行憲政」，並懇求袁「以大有為之才，乘大有為之勢，毅然以救國救民自任，無所用其謙讓」而登基稱帝，極盡獻媚之能事。袁閱後喜不自禁，稱帝后封閻為一等侯爵。

腳踏幾條船

袁世凱倒行逆施，遭到全國人民的反對。蔡鍔等在雲南成立護國軍，發布討袁檄文，向北京進軍之時，閻錫山這時仍站在袁一邊，致電北京政府國務院，聲稱「滇、黔等省竟以少數地方二三首領擅立政府，私舉總統，實屬破壞大局，不顧國家」。當袁就護國軍反對帝制徵詢各地大員意見時，閻指斥唐繼堯等為「不忠不義不仁不智」之徒，懇請袁褫革其職。袁世凱被迫取消帝制後，已樹倒猢猻散，而閻錫山猶通電要求滇黔諸君「痛加悛悔」，否則他將把護國軍將領「視為公敵，與眾共棄，願效前驅，以伸撻伐」，可謂不遺餘力。後來他為自己辯解稱，此乃據孫中山的指示，為了保存北方革命力量而為。對於閻錫山媚袁的這段經歷，國民黨內始終有人耿耿於懷，斥之為「叛變革命」。

袁世凱死後，段祺瑞出任國務總理。閻又改換門庭，依附於段，在重大問題上，惟段馬首是瞻。

1916年7月，閻改任山西督軍，一面排擠打擊異己，使省長孫發緒和沈銘昌相繼離職；一面賄賂內務總長湯化龍為其說項，遂得以兼任省長，集山西軍政大權於一身。張勳復辟鬧劇被推翻後，段黃雀在後，重新執政，拒絕恢復被袁廢棄的《中華民國臨時約法》。孫中山在廣州成立護法軍政府，下令討伐段祺瑞。閻錫山站在段的一邊，電促馮國璋等抗擊護法軍，並派晉軍赴湘參戰，結果慘敗而歸。

1912 年孫中山視察太原時與閻錫山合影

三不二要主義

擁袁稱帝與反對護法的相繼失敗，迫使閻錫山接受教訓，奉行「三不二要主義」，即「不入黨、不問外省事、不為個人權利用兵，要服從中央命令、要保衛地方治安」。他提出「保境安民」的口號，對外界的爭鬥採取「中立」。數年的苦心經營，使山西成為他獨霸一方的小天地。

閻錫山表面上韜光養晦，暗地裡不斷擴軍備戰。幾年的休養生息，自覺羽毛豐滿，他不再滿足割據一隅。他的野心隨著實力日增，他要伺機而動。

這以後，我們便看到了一個完全不同的閻錫山。如果說前期，他的言行，忽左忽右走極端，有著 180 度的巨大反差；後期，他是左右逢源，或坐山觀虎鬥，或隔岸觀火，以圖漁翁得利。不倒翁的做派，使閻錫山在民國政壇幾乎立於不敗之地。

中是治事之極則得中乃存失中即毀 閻錫山

仁為從政之根本安仁固吾利仁亦佳 閻錫山

做人要天天進步以求新誰新誰存在做事要件件認真以求對誰對誰成功 閻錫山

閻錫山手跡

1925 年 7 月 1 日，國民政府在廣州成立時合影，前排左起：譚延闓、許崇智、汪精衛、胡漢民、孫科、廖仲愷、林森

老蔣 終成黨政軍一號人物

不要以爲國民政府只有一個，剪不斷，理還亂，民國時期的複雜，可見一斑。

釐不清的頭緒

國民黨執政時期，內憂外患，多災多難。在這動盪不安的歲月中，政府名稱幾多變換，而政府並立的局面，亦不為怪。

國民政府存世的時間不長，從 1925 年 7 月 1 日成立，到 1948 年 5 月 19 日改稱「中華民國政府」，僅僅 23 年。令人難以置信，在這短短的歲月中，國民黨先後成立過四個在國民黨黨史上獲得不同程度承認的「國民政府」：廣州國民政府、武漢國民政府、南京一重慶國民政府、第二次廣州國民政府；另外還有兩個沒有獲得承認的「國民政府」，即北平國民政府和汪精衛偽南京國民政府。在這 23 年中，有過國民黨黨史承認的三次「遷都」和兩次「還都」，即從廣州遷都武漢、從南京遷都洛陽以及還都南京，從南京遷都重慶及還都南京；另外還有一次不了了之的「遷都」，即從武漢「遷都」南京；一次從來不被承認的「還都」，即汪精衛偽國民政府「還都」南京。

南北對峙

廣州國民政府的前身，是孫中山在廣州建立的軍政府。孫中山曾經三次在廣州建立過政府，與北洋軍閥控制下代表「中華民國」的北京政府相對峙。

孫中山建立第一次廣州政府，是在 1917 年。當時，由於「再造共和」的段祺瑞拒絕恢復在張勳復辟時被解散的國會，廢棄《臨時約法》，孫中山高舉「護法」大旗，於 8 月 25 日在廣州召集南下國會議員籌措「非常會議」，議決組織軍政府，通過《中華民國軍政府組織大綱》。9 月 1 日和 2 日，非常會議相繼推選孫中山為大元帥，陸榮廷、唐繼堯為元帥。10 日，孫中山就職，中華民國軍政府即護法軍政府正式成立，首開民國南北兩個政府並列對峙之先例。1918 年 5 月，孫中山受西南軍閥排擠，憤而離開廣州，護法運動失敗。

1920 年 8 月，陳炯明率部從福建回師廣東，驅逐桂系軍閥。11 月孫中山再

1931 年 5 月，汪精衛等在廣州召開非常會議，成立廣州國民政府，由汪精衛任主席。左起：伍朝樞、汪精衛、李文範、孫科、陳友仁、鄒魯

次到達廣州，組織在廣州的國會議員召開非常國會，建議取消軍政府，選舉總統，成立中華民國正式政府。非常國會接受了這一建議，於 1921 年 4 月 7 日通過《中華民國政府組織大綱》，改大元帥制為總統制，選孫中山為大總統。5 月 5 日孫中山就任「非常大總統」，正式組織第二次廣州政府。1922 年 6 月 16 日，陳炯明炮轟總統府，發動軍事叛亂，孫中山被迫離開廣州前往上海。

幸而 1923 年 1 月，滇軍楊希閔和桂軍劉震寰等部在國民黨人策劃下聯合驅逐了陳炯明，使孫中山在 2 月 21 日復回廣州，並在 3 月 2 日第三次建立廣州政府，稱為「中華民國陸海軍大元帥府（大本營）」，自任大元帥。

正是在這一政府下，孫中山改組中國國民黨，通過「聯俄、聯共、扶助農工」的三大政策，迅速使國民革命達到了前所未有的高潮。

1925 年 3 月 12 日，孫中山逝世。此後，國民黨內一時沒有眾望所歸的繼任大元帥的合適人選，而雲南的唐繼堯卻立即電示就任他一直拒絕的廣東政府的副元帥職，意在繼任孫中山的大元帥。廣東一方面力拒唐繼堯，另一方面也需要把軍政府改為一個機制健全、富於效能的文職政府。孫中山在世時，大元帥府曾於 1924 年 1 月 4 日決定要成立中華建國政府。1 月 20 日，國民黨召開一大，當即通過「組織國民政府」的提案。按孫中山擬定的《國

西山會議派為國民黨內一個反對孫中山「聯俄、聯共、扶助農工」三大政策的派別，代表人物有謝持、鄒魯、林森、張繼、居正等。1925 年 11 月 23 日，謝持、鄒魯等在北京西山碧雲寺非法召開「國民黨一屆四中全會」，因而得名。「西山會議派」的分裂活動遭到國民黨中央執委的強烈反對。1927 年蔣介石發動四一二政變後，通令取消「打倒西山會議派」等口號，恢復謝持、鄒魯等人的黨籍，「西山會議派」從而與蔣介石集團合流。

1917 年 9 月 10 日，孫中山就任中華民國軍政府海陸軍大元帥時合影

1921 年 5 月 5 日，孫中山在廣州就任中華民國非常大總統，建立正式政府。圖為他在國會宣誓就職後合影

民政府建國大綱》規定，國民政府的使命是「本革命之三民主義、五權憲法，以建設中華民國」。

有鑑於此，1925 年 6 月 15 日，國民黨中央政治委員會召開會議，根據國民革命運動發展的需要，決定改組大元帥府為國民政府，「掌理全國之政務」，國民政府實行民主集中的委員會制以取代大元帥府的一長制，國民政府委員由國民黨中央執行委員會任免。

國民黨向右轉

1925 年 7 月 1 日，改組後的中華民國國民政府在廣州正式成立，汪精衛、胡漢民、廖仲愷、張靜江等 16 人為委員。汪精衛、胡漢民、譚延闓、許崇智、林森為常務委員。汪精衛任主席。下設財政、外交等部。聘鮑羅廷為高等顧問。國民政府下設軍事委員會，「掌理全國之軍務」，由汪精衛兼任主席，譚延闓、蔣介石等 8 人為委員。8 月 26 日，軍事委員會決定把原來以省為別的軍隊，統編為國民革命軍，蔣介石出任總司令。國民政府的成立，是孫中山「以黨治政、以黨治國」夙願的體現。

廣州國民政府是國共兩黨合作的政府，中共沒有直接參加該政府，而是以個人身分加入國民黨。這種特殊的合作方式，決定了共產黨在國民政府中也發揮著重要作用。然而，事態的發展，不容樂觀，在「容共」問題上，國民黨內的糾紛迅速凸顯。1925 年 8 月發生了刺殺廖仲愷案，反對「容共」的胡漢民因涉嫌被迫出國，林森、鄒魯、謝持、張繼等一批右派也紛紛離粵北上，於 11 月在北平西山碧雲寺召開所謂的「國民黨一屆四中全會」，組織「西山會議派」，隨即在上海另立國民黨中央執行委員會，召集「中國國民黨第二次全國代表大會」，與廣州的中央對抗。

作為對「西山會議派」的應對，廣州的國民黨中央於 1926 年 1 月召開了第二次全國代表大會，處分了「西山會議派」，蔣介石地位大大得到提升。蔣介石羽翼豐滿後，開始向右轉，他於這一年的 3 月和 5 月相繼製造了「中山艦事件」和「整理黨務案」，打擊對手，汪精衛憤而出走，共產黨在國民黨內的發展也受到了明確限制，蔣介石一躍成為廣州政府中掌握黨政軍大權的第一號人物。

7 月，國民革命軍誓師北伐，10 月，占領武漢。11 月 26 日，應蔣介石的一再請求，國民黨中央政治會議決定將中央黨部和國民政府遷往武漢。廣州國民政府就此結束，取而代之的是武漢國民政府。

兼容並蓄

北京大學校門

曾經的京師大學堂，已完全跳出了中國傳統舊學的窠臼，北京大學，成爲中國大學的一面旗幟。

新舊文化的碰撞

美國哲學家、教育家杜威曾有這樣的一席話：「拿世界各國的大學校長來比較，牛津、劍橋、巴黎、柏林、哈佛、哥倫比亞等等，這些校長中，在某些學科上，有卓越貢獻的，不乏其人；但是，以一個校長身分，而能領導那所大學對一個民族、一個時代，起到轉折作用的，除了蔡元培，恐怕找不到第二個。」

蔡元培，就是一個時代的強勁音符。這位清朝進士出身的翰林院編修，畢生與教育事業相始終。他的教育思想、科學精神和長者風範，給中國的科學與教育事業留下了豐厚遺產，他是名副其實的「學界泰斗，人世楷模」。

1917年春，北京大學迎來了一位新校長——蔡元培。他的到來，使北大如沐春風。蔡元培「循思想自由原則、取相容並包之義」，為教育界確立了自由學風。他的教育理念不僅在當時產生了深刻影響，即便在今日仍有重要意義。

當晚清中國還盲目地沉浸在「天朝上國」的民族自豪感中，資本主義制度已在西方確立，生產力以驚人的速度增長。兩次鴉片戰爭，喚醒了中國的有識之士，一時興起「師夷長技」、旨在「求強」、「求富」的洋務運動，強烈地衝擊著封建傳統觀念。

蔡元培任北大校長兩周後，在《北京大學日刊》上發表了《北京大學之進德會》一文。宣布甲種會員要不嫖、不賭、不娶妾。乙種會員於前三戒之外，加不做官、不做議員二戒。丙種會員於前五戒外，加不吸菸、不飲酒、不食肉三戒。蔡元培自認持「五戒」，李大釗、章鴻銘等人為甲種會員。丙種持「八戒」的會員寥寥無幾，只有在法國賣豆腐的李石曾等六七位。學生中如張申府、張國燾、康白情、羅家倫、傅斯年等人也紛紛加入。

北京大學校門

北京大學校舍

「喚起中國四千年之大夢，實自甲午一役也。」1894 年中日之戰，中國慘敗，這給新生的知識份子帶來更多的反思： 洋務運動能否讓積貧積弱的中國「求強」、「求富」？有識之士力主中國應該全面地而不是片面地，全方位地而不是枝節地學習西方，要「盡革舊俗，一意維新」，戊戌維新運動由此發軔。

戊戌變法，給國人提供了一個全新的世界觀，由嚴復引入，經康有為等引申、發揮的進化論，成為支配幾代人的思維方式。正是在這種思維方式的影響下，才有了後來「五四」時期各種思潮的風起雲湧。

1911 年辛亥革命成功，中國幾千年的封建統治宣告完結。一種政治體制雖然結束，但數千年的封建文化並沒有在一夜間消失，舊軍閥和舊官僚時刻夢想恢復帝制，他們利用人們心中根深蒂固的封建思想，借孔子儒家學說，為復辟封建王朝尋找法理上的依據。

自由之火一旦在國人心中燃起，就很難熄滅。專制思想和自由科學觀念的激烈衝突，驟然在全國引發，1919 年巴黎和會喪權辱國條約的簽訂，更是把這場新文化運動推向高潮。五四運動不僅是一次文學革命，而且是一次思想革命。也就在這次運動中，自由的治學作風，在中國知識份子中確立。

肩負重任

北京大學的前身為京師大學堂，是維

蔡元培（前排左三）與北大同仁合影

1920年北京大學政治系同學和教員合影（前排中坐者為蔡元培）

新運動催生的產物。1898 年 6 月 11 日，光緒皇帝下《明定國是詔》，其中強調：「京師大學堂為各行省之倡，尤應首先舉辦。」7 月 4 日，正式下令批准設立京師大學堂。

然而，京師大學堂命運多舛，誕生於外侮日深、民族危機日甚的清朝末年，幾經波折，幾度停辦。

走過了十多年的風風雨雨，京師大學堂總算初具規模，但距離新型大學的要求還相去甚遠。當時學生多出身官吏富豪之家，入學堂是為了謀求升官發財之道。

辛亥革命後的 1912 年 5 月，京師大學堂正式改稱北京大學。開學之日，蔡元培發表演說，強調「大學者，研究高深學問者也」，這是他對北京大學辦學宗旨的第一次闡述。

遺憾的是，執掌大權的袁世凱倒行逆施，尊孔復古，極大地衝擊著文化思想領域，使北大原本還很微弱的新思潮受到嚴重壓抑。正是在這種情勢下，蔡元培出任北大校長一職，北大歷史性的轉折，自此肇始。

革新春風

蔡元培的到來，給暮氣深重的北大，帶來了清新的氣息。謙恭的行事作風，讓師生和校工們感到親近。他的學

胡適（右）與北京大學教授胡先驌合影

京師大學堂匾

在德國留學時的蔡元培（1908 年）

蔡元培校長親自構思的北京大學校旗。旗中紅藍黃三色分別代表科學、哲學和玄學

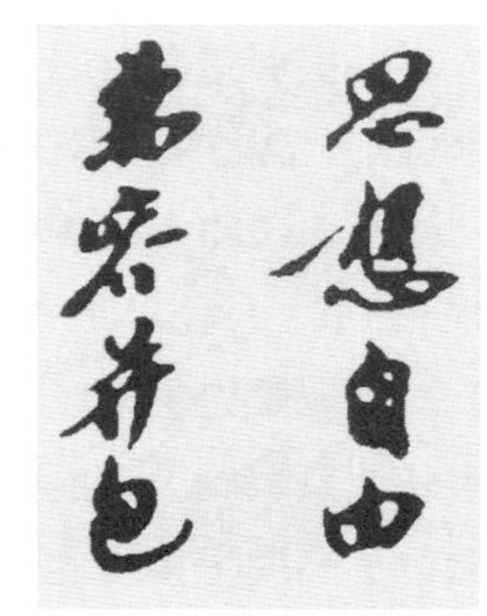

蔡元培手跡：思想自由，兼容並包

問和道德修養，更為教職員工們所推崇。針對時弊，他指出：「大學學生，當以研究學術為天職，不當以大學為升官發財之階梯。」正是在這種宗旨下，他開始對學校的管理體制、科系設置、課程建設、教師隊伍以及學生課外活動等方面，進行了全面改革。其中兩點，值得一表。

在體制上，蔡元培反對校長權力過分集中，成為國內提倡教授治校第一人。這種分工協力的民主治校，使人盡其才，充分施展自己的抱負，學校為之一新。

廣延人才，是蔡元培在北大革故鼎新，造成良好學術空氣的又一重要舉措。他認為，「大學者，『囊括大典，網羅眾家』之學府也」。「囊括大典」是指對待古今中外不同學派、思想、典籍的態度，「網羅眾家」，指的是廣羅人才並發揮所長。

蔡元培遵循思想自由原則，反對宗派習氣，門戶之見。他認為，學術思想問題，應當「任吾人自由討論」，而「此思想自由之通則，而大學之所以為大也」。這種珍惜人才、知人善任的民主作風，顯示了他寬厚的胸襟和包容。他一方面不拘一格降人才，提倡學術自由；一方面堅持高標準遴選，不為名氣，重在實學，寧缺毋濫。

蔡元培任北大校長兩周後，在《北京大學日刊》上發表了《北京大學之進德會》一文。蔡先生素以人格高尚著稱，鑒於當時北京民風、政風墮落到極點，故從知識份子高度密集的北大入手，以圖改變士風以影響整個社會風氣。

「繩己」、「律人」、「止謗」是蔡元培構想的進德會的效用。「風雨如晦，雞鳴不已」，是蔡元培構想的會員最終達到的理想人格。進德會發揮了以矯末俗的作用。這一切當然離不開蔡元培春風化雨的人格力量。馮友蘭在《三松堂回憶錄》中說，蔡先生的人格感召力甚至比「兼容並包」的教育思想還偉大。

走入北大的大紅門，感受到的，是開放清新而活潑的學術空氣。所有的禁錮和陳規，都被棄之，只要學有專長，得到認可，就可以成為北大這所高等學府的教授。小小三尺講臺，可容天地之大，任由學術自由發揮，一時間人才薈萃，一舉奠定了北大的學術地位。

遙想當年，蔡元培40歲赴歐洲學習，回國後見國人教育種種凋敝的局面，曾言「我不入地獄，誰入地獄？」1917年至1923年，成為北京大學永遠值得驕傲的記憶。

任命狀

任命蔡元培為北京大學校長此狀

黎元洪

中華民國

范源廉

蔡元培被任命為北京大學校長的任命書

魯迅的吶喊

1912 年的魯迅

在魯迅的吶喊聲中，我們看到了靈魂的蘇醒，人性的復萌，民族的希望。

走向新生

魯迅（1881—1936）被譽為「民族魂」，那「橫眉冷對千夫指，俯首甘為孺子牛」的形象，已深深烙在了國人的心中。魯迅原姓周，幼名樟壽，後改名樹人，1881 年出生在浙江紹興一個破落的士大夫家中。幼時避難寄居在舅舅家，遭人白眼；後父親重病，來往於當鋪與藥店之間。人情冷暖、世態炎涼的辛酸滋味，使少年魯迅的心靈早熟，他看清了世人的真面目。另一方面，樸實的農村環境、誠摯的農家小夥伴、田園生活、民間社戲，又給他以難以忘懷的慰藉和溫暖。憎惡與親情的交織，成為魯迅日後關注於「國民性」問題的重要原因。

1898 年，年滿 16 歲的魯迅離開了紹興，他在告別故鄉的同時，亦放棄了科舉之路。這一轉變，意味著他對中國傳統的背離和對新生的一種「自我」探索。

南京，是魯迅走向外部世界的第一站。他開始學習自然科學和外語，接觸了不少西方現代文藝與哲學，尤其是達爾文的進化論，使他深陷於當時那種改良運動的情勢之中。在學習過程中，魯迅瞭解到日本的「明治維新」與西方醫學頗有因果關聯，遂產生了到日本學醫的思想。

這個願望，終於在 1902 年得以實現，他考取了官費留學，帶著玄奘赴西天取經的心境，到東瀛求學。

1940 年毛澤東發表了《新民主主義論》一文，其中有一段包括標點符號在內的短短 158 字的文段中，用了 3 個「偉大」、7 個「最」，再加一個「空前」來形容魯迅。顯然，這樣的讚語，已不是對一個人、一個戰士，甚至不是對一個通常意義上的「民族英雄」的闡釋了。

魯迅正是借助狂人發病時的幻覺，影射和譴責了存在於中國幾千年的「傳統」。正如狂人在日記中所寫：「翻開歷史一查，這歷史沒有年代，歪歪斜斜的每頁上都寫著『仁義道德』幾個字。」再「仔細看了半夜，才從字縫裡看出字來，滿本都寫著兩個字是『吃人』」！

魯迅在上海景雲里寓所中撰寫他的辛辣文章

這時的魯迅，中國文人感時憂世的傳統，在他身上已經具體化為對強國之路的渴求。魯迅在東京弘文學院學習期間，接觸了尼采的著作，這為魯迅「立人」思想的確立提供了理論依據。他試圖通過提高國民覺悟和自立的「立人」，來達到國家昌盛的「立國」。

兩年後，魯迅入仙台醫專學醫，他要借助這一自己日後所從事的職業，作為革命和救國的途徑。

棄醫從文

1905 年的一樁偶然事件，讓魯迅如夢初醒，「從那一回以後，我便覺得醫學並非一件緊要事，凡是愚弱的國民，即使體格如何健全，如何茁壯，也只能做毫無意義的示眾的材料和看客，病死多少是不必以為不幸的。所以我們的第一要著，是在改變他們的精神，而善於改變精神的是，我那時以為當然要推文藝，於是想提倡文藝運動了。」

次年，魯迅回國在家鄉作短暫逗留後回到東京，「醫學」救國的信念也隨之改變。他決心棄醫從文，希望發起一場文學運動。「真正人性」的缺乏，是當時「中華民族靈魂」喪失的根源，當務之急，是應提醒國人思考一下中國舊有的倫理道德思想。

1909 年，魯迅回到中國，其後十年間，他一直鬱鬱寡歡，面對著的是：辛亥革命失敗、軍閥混戰、袁世凱政府對人民的壓制和欺騙……在《吶喊・自序》中他曾說：「我感到未嘗經驗的無聊……凡有一人的主張，得了贊和，是促其前進的，得了反對！是促其奮鬥的，獨有叫喊於生人中！而生人並無反應！既非贊同，也無反對，如置身毫無邊際的荒原，無可措手的了，這是怎樣的悲哀呵，我於是以我所感到者為寂寞。」

也就在這時，魯迅的文字筆鋒下，浪漫主義的激情已經消失，取而代之的是以一種清醒和諷刺的筆調反映人的生活，用批判現實主義的風格揭露殘忍的中國社會。

現實主義的力作

1918 年 5 月，發表在《新青年》第 4 卷第 5 號上的一篇小說，是如此驚世駭俗，這就是魯迅創作的第一部現實主義作品《狂人日記》。

《狂人日記》是魯迅所寫的第一篇白話小說，主體是十三則日記。

「狂人」，就是社會上俗稱的「神經病」人。然而，魯迅卻使「他」承載了十分豐富的思想內涵，「狂人」並非真正的病人，當他覺醒之時，往往被社會的「智力正常的人」稱之為「狂人」或「瘋子」。魯迅通過狂人「暴露家族制度和禮教的弊害」，同時也指出在兩種不同的傳統中，那些和社會疏遠的持不同政見者註定要接受失敗的命運。狂人最終回到正常人的世界之中，回到中國傳統的「精神家園」之中。病癒後的狂人知道了自己病中言行的荒誕，並自題「狂人日記」以表白，而他「救救孩子……」的吶喊，也成為只有發病時才能說出的真話。狂人病態的話語及其反思歷史的命題，都隨著他的清醒而被世俗的常態生活所消解。

故事從「很好的月光」寫起，「狂人」之所以被迫害而致「狂」，是因為他「廿年以前，把古久先生的陳年流水簿子，踹了一腳」，而這「古久先生的陳年流水簿子」是記錄中國幾千年來吃人的歷史。在以家族制為基礎的封建社會裡，像狼子村的「農民們」打死了一個「惡人」，將他的心肝挖出用油煎炒了吃，以及那女人打兒子時說出「老子呀！我要咬你幾口才出氣！」這番不分皂白、不可理喻之言行，是常有的事。

當 1918 年魯迅創作這篇小說時，徐錫麟烈士被安徽巡撫恩銘的親兵剖腹挖出心肝吃；秋瑾烈士被出賣告發犧牲後，像《藥》一文中所寫被生癆病的人用饅頭蘸著其血舐，都還是剛剛發生不久的事。

魯迅正是借助狂人發病時的幻覺，影射和譴責了存在於中國幾千年的「傳統」。正如狂人在日記中所寫：「翻開歷史一查，這歷史沒有年代，歪歪斜斜的每頁上都寫著『仁義道德』幾個字。」再「仔細看了半夜，才從字縫裡看出字來，滿本都寫著兩個字是『吃人』」！

魯迅揭露了中國家族制度和封建禮教「吃人」的本質，但他筆下的「真的人」，卻具有人道主義傾向。為了拯救社會，狂人是情不自禁，最後由衷地發出 「沒有吃過人的孩子，或者還有？救救孩子……」的呼救。

周樹人（後左一）與留日同學合影

魯迅的《狂人日記》發表在《新青年》第 4 卷第 5 號上

1936 年魯迅葬禮情景

與「德先生」和「賽先生」相擁

新文化運動領軍人物的合影，自左至右：蔣夢麟、蔡元培、胡適、李大釗

這是先行者在對社會現實深沉的理性思考後做出的決斷，而非感情的衝動，更不是一味的盲從。

迎頭痛擊

18 世紀的啟蒙運動，讓歐洲混沌頓開，一個理性的時代到來。而身處此時的中國，依然在封建制度的束縛下昏睡。

很長一段時間，中國人民在黑暗中摸索，他們苦苦尋求，但一直未入門徑。這樣的痛苦，伴隨著一代又一代有識之士，他們努力過，嘗試過，好像還是沒有找到「芝麻開門」的神奇鑰匙。

歷史的車輪轟鳴著進入 20 世紀，國人從內心中迫切需要改變中國的現狀，祛除蒙昧，開啟心智，奮而覺醒。

既然，時代賦予我們生命，總會有人站出來拯救這個世界，拯救人們的靈魂。當《新青年》像一面旗幟揮舞時，從它那民主與科學的呼喚聲中，人們看到了希望。

「西洋人因為擁護德、賽兩先生，鬧了多少事，流了多少血，德、賽兩先生才漸漸從黑暗中把他們救出，引到光明世界。我們現在認定只有這兩位先生，可以救治中國政治上道德上學術上思想上一切的黑暗。若因為擁護這兩位先生，一切政府的壓迫，社會的攻擊笑罵，就是斷頭流血，都不推辭。」這是陳獨秀為《新青年》罪案之答辯書的案前語。

辛亥革命後，袁世凱下山摘桃子，把總統的寶座攬入懷中。但他不滿足於此，還想龍袍加身，復辟帝制。與這種政治倒退相伴隨的，則是在思想文化領域出現了尊孔復古的逆流。

袁世凱文廟祀孔、天壇祭天，不過是恢復帝制的前奏，隨後，我們就看到由「武聖」張勳與「文聖」康有為連袂導演的一出復辟鬧劇。

既然反動的政治總有腐朽的文化為之張目，那麼捍衛共和、反對倒退，就勢必要迎頭痛擊。新文化運動的宣導者，高揚科學和民主兩面真理大旗，這對復古和尊孔，具有巨大的殺傷力。

儘管《新青年》標榜「批評時政，非其旨也」，事實上陳獨秀、李大釗等人並沒有脫離政治，誠如陳獨秀所說：「這腐舊思想布滿國中，所以我們要誠心鞏固共和國體，非將這班反對共和的倫理文學等等舊思想，完全洗刷得乾乾淨淨不可。否則不但共和政治不能進行，就是這塊共和招牌，也是掛不住的。」

在新文化運動中，陳獨秀、李大釗有著鮮明的針對性，他們反對將孔教定為國教並列入憲法，指出孔教是維護專制制度的，與民權、平等思想背道而馳。集中批判了封建的三綱五常。

對於孔子及其學說，新文化運動的宣導者並未全盤否定和一概排斥，陳獨秀就肯定了孔子的歷史地位和孔學的歷史價值，李大釗也明確表示：「余之抨擊孔子，非抨擊孔子之本身，乃抨擊孔子為歷代君主所雕塑之偶像的權威也；非抨擊孔子，乃抨擊專制政治之靈魂也。」

封建專制當局極力否定新文化運動，視為異端邪說、洪水猛獸，把割裂傳統文化的罪名強加於它，反誣是社會動盪不安的思想根源，不斷予以打壓。實際上，新文化運動沒有也不可能使傳統文化中斷，即便是儒學，如果說有「中斷」，那也只是儒學獨尊的正統地位。

勃興的新文化運動，讓尊孔復古逆流遭到了致命打擊。而在「學生軍」的「班長」陳獨秀的搖旗吶喊下，那一代

五四運動時期北京大學生在天安門廣場舉行示威遊行

五四運動期間北京大學和清華大學的學生在街頭演講

五四運動時的紀念章

陳獨秀和李大釗是新文化運動的主將，也是五四運動時期中國先進知識份子的代表，為馬克思主義在中國的傳播做出了巨大貢獻。五四時期有一首流行詩，充分讚譽了陳獨秀和李大釗的歷史功績。「北大紅樓二巨人，紛傳北李和南陳。孤松獨秀如椽筆，日月雙懸照古今。」

遊行的隊伍在北京街頭

新青年，幾乎都是「德先生」與「賽先生」的學生，臣服於民主與科學的光輝中。

「再造中華」

五四運動前後，陳獨秀、李大釗等新文化運動宣導者對封建文化的批判，對新文化的提倡，是在經過對社會現實、思想文化狀況的嚴肅思考後做出的抉擇，它建立在理性分析的基礎之上，是對現實的有力回應。我們更應該看到，先進的知識份子表現出寬闊的眼界和宏偉的氣魄，他們所要解決的問題，已不僅僅局限在文化層面，而是要救國，要「再造中華」。

1917 年俄國發生十月革命，建立了世界上第一個社會主義國家。中國人民終於在絕望和彷徨中找到了改變世界的有力武器。1918 年，李大釗就撰文歡呼和論述俄國十月革命的勝利。次年，他主編的《新青年》出了一個「馬克思研究」專號，發表了著名的《我的馬克思主義觀》，第一次比較系統、準確地介紹了馬克思主義的三個組成部分——唯物史觀、政治經濟學、科學社會主義。此後，許多報刊相繼發表了大量介紹馬克思主義的文章，馬克思、恩格斯、列寧的著作也被翻譯出版，馬克思主義在中國得以廣泛傳播。於是我們看到，新文化運動發生了根本變化，由一個資產階級文化運動發展為一個廣泛宣傳馬克思主義的無產階級革命的新文化運動。

馬克思主義的傳播，逐漸成為新文化運動的主流，絕非是幾個知識份子一時的感情衝動。

我把青春獻給你

王光祈

少年中國學會的許多成員曾是 20 世紀中國歷史中閃耀的「明星」。

指點江山

這是幾個來自四川成都高等學堂的同班好友，王光祈、李劼人、周太玄、曾琦、李璜。他們是一群活躍分子，常常聚在一起，談理想，談人生，一心要鼎新革故，大有「天下興亡，匹夫有責」的凌雲壯志。辛亥革命成功後，他們紛紛離開故土，北上尋求發展，試圖改造中國。

1918 年的北京初夏，一個月朗風清之夜，王光祈、曾琦、周太玄幾位在陳愚生家裡做徹夜長談。座中除了這幾位四川老鄉外，還有一位一襲長衫、留有兩撇短髭的青年教授，他就是當時在北京大學任教並主編《晨鐘報》副刊的李大釗。

王光祈不喜空談，每有所論，必是深思熟慮。他認為日本固然可惡，而中國人就沒有問題？他有意將全國的青年有為之士聚合組織起來，經常交流，互相切磋，努力增進學識，經過磨煉，成為各項專門人才，能夠真正解決各種救國的實際問題。

他的這一想法，很快就達成共識。6 月 30 日，王光祈和陳愚生、李大釗、曾琦、張夢九、周太玄、雷眉生 7 人在北京宣武門外的岳雲別墅開會。此時，他們一心要「聯合同輩，殺出一條道路，把這個古老腐朽、呻吟垂絕的被壓迫被剝削的國家，改變成為一個青春年少、獨立富

少年智則國智，少年富則國富，少年強則國強，少年獨立則國獨立，少年自由則國自由，少年進步則國進步，少年勝於歐洲，則國勝於歐洲，少年雄於地球，則國雄於地球。紅日初升，其道大光；河出伏流，一瀉汪洋；潛龍騰淵，鱗爪飛揚；乳虎嘯谷，百獸震惶；鷹隼試翼，風塵吸張；奇花初胎，矞矞皇皇；幹將發硎，有作其芒；天戴其蒼，地履其黃；縱有千古，橫有八荒；前途似海，來日方長。美哉我少年中國，與天不老！壯哉我中國少年，與國無疆！

梁啟超《少年中國說》

「少年中國學會」會員合影。右三為李大釗

強的國家」，決定共同署名發起「少年中國學會」。他們的宗旨是：「振作少年精神，研究真實學術；發展社會事業，轉移末世風俗。」最終目的，則為創造「適於二十世紀之少年中國是也」。公推王光祈為主任。

7 月下旬，7 個發起人又在綠蔭下的中央公園聚會，商定：凡加入少年中國學會會友，一律不得參加彼時汙濁的政治，不請謁當道，不依附官僚，不利用已成勢力，不寄望過去人物；學有所長時，大家相期努力於社會事業，一步一步來創造「少年中國」。

少年中國學會，就這樣成立了。總會設在北京，南京、成都、巴黎設有分會，成員分布於國內不少大城市和德國、美國、英國、日本、南洋等處，前後加入的會員有 120 多人，毛澤東、鄧中夏、惲代英、趙世炎、劉仁靜、張聞天、楊賢江、周佛海、許德珩、高君宇、黃日葵、康白情、田漢、朱自清、宗白華、盧作孚、陳登恪、方東美、沈澤民等，都是會員和積極的活動者。

任重而道遠

少年中國學會的會員，往往不安於現狀，敢於丟棄舊習，反抗現實，乃至同家庭、婚姻、守舊的親友做堅決的鬥爭。該會接納成員的先決條件，看上去非常純潔，即：不做官、不嫖、不賭、不納妾、不信教、不在「洋行」工作或為自己的生活去經營商業。這意味著他們要與老大帝國的末世風氣決裂，而過清新、創造的新生活。因為他們以建設「少年中國」為己任，任重而道遠，必將苦其心志，勞其筋骨。

學會確定的宗旨是：「本科學的精神，為社會的活動，以創造少年中國。」所謂「少年中國學會」名稱的來歷，原本取自 19 世紀的「少年義大利黨」、「少年德意志黨」，分別追求「少年義大利」和「少年德意志」的理念；它在中國，則源於梁啟超的「少年中國說」。即改造中國，應先從中國少年入手，形成少年中國的運動。學會致力於譯書、教育，以從根本上改造中國人；又曾設計工讀生活的模範社區，而後謀求普及於全國。

少年中國學會成員的成分複雜，信念亦不相同，在當時的發起人中，「有的以英美式民主主義之組織為適合於二十世紀者，亦有以俄國式社會主義之組織為適合於二十世紀者，更有以安那其（無政府主義）之組織為適合於二十世紀者。」後來分化為三派：一派成為馬克思主義者，代表人物是李大釗、毛澤東、鄧中夏、惲代英、張聞天等，發起成立了中國共產黨；一派信仰國家主義，後來成立了中國青年黨，代表人物是曾琦、李璜、左舜生、陳啟天、余家菊等；還有一些人超然黨派之外，從事社會活動，代表人物有王光祈、宗白華、許德珩、田漢、方東美、朱自清、康白情等。

《少年中國》是少年中國學會出版的刊物，1919 年 7月15日創辦，該刊的編輯方針是：鼓吹青年，研究學理，評論社會。

在五四時期眾多的社團中，少年中國學會是最重要的一個，也是會員最多、歷時最長、分布最廣的一個。

它集中了中國許多優秀青年，其中不少在 20 世紀中國歷史中曾是閃耀的「明星」，他們對中國社會的發展產生了重要影響。

怎樣造就「少年中國」，即應該持什麼「主義」改造中國，會員經過長期的爭論，仍然不能得到很好的解決，學會終於在 1925 年畫上一個句號。那些走上了階級鬥爭、武裝革命道路的會員，在 1949 年領導創建了新中國。毛澤東就是其中的一個。

1921 年 5 月 31 日，「少年中國學會」部分成員合影

少年中國

THE JOURNAL OF THE YOUNG CHINA ASSOCIATION

第一卷第一期

中華民國八年七月十五日發行

本期要目

說人生觀　宗之櫆

平民詩人惠特曼的百年祭　田漢

人類進化的各面觀　魏嗣鑾

對大呼聲　易家鉞

中國家庭對於子女教育的根本錯誤　左學訓

少年中國學會消息

少年中國學會出版

少年中國學會的會刊《少年中國》

少年中國學會的主要發起人王光祈，宛如一顆耀眼的流星，掠過沉沉夜空，最後又在音樂的星座裡找到了自己的歸宿，《中國音樂史》是他留給後人的一部經典。1920 年 3 月，少年中國學會向左中右三方急劇分化，王光祈深感打擊，決定赴歐留學。4 月 3 日，船過香港，即將闊別祖國，他心緒難平，作《去國辭》五章。曾被譜曲，傳唱一時。

曾琦

談判幕後的悽楚

巴黎之行，中國使團雖未達到目的，不過，他們爲捍衛民族尊嚴的外交努力，可歌可泣。

期 待

1919年1月18日至6月28日，巴黎和會召開，中國政府派出五人使團參加會議，團長是外交總長陸徵祥，團員有駐美公使顧維鈞、駐英公使施肇基、駐比公使魏宸組和南方軍政府代表王正廷。中國使團提交了直接收回山東權利的書面照會，是這次外交活動的主要目的。

1月27日，日本代表提出了繼承德國在山東各項權益的要求。事出突然，中國代表要求推遲第二日發言。次日，中國代表顧維鈞據理力爭，從山東的歷史、文化、地理、國防等角度，全面闡明瞭中國對於山東問題所不容爭辯的主權。要求和會尊重中國政治獨立、領土完整的根本權利，歸還山東給中國。日本代表牧野則要求各國代表承認青島作為日本「領屬」的所謂既定事實。2月11日，和會公布了中日密約。

15日，中國代表衝破日本方面的阻撓，將有關山東問題的說帖及中日密約、外交文書19件提交會議，提出直接歸還山東的要求。

鑒於中方的力爭，日方首席代表西園寺公望於3月10日發表有關山東問題的聲明，稱關於膠州灣問題，對於中國並不為何等之要求。

中國代表為山東問題奔走於各國首腦之間，顧維鈞走訪了美國總統威爾遜、陸徵祥拜訪了義大利首相奧尤特。

4月16日，再次討論山東問題，中國代表被拒之門外。美國國務卿藍辛提出暫由巴黎和會接管德國在中國的權益，待山東闢為商埠後歸還中國。這一方案為日本代表拒絕後，又提議山東問題由五國處置，再次遭到日本代表的激烈反對。是時，義大利因所提領土要求被和會拒絕而宣布退出巴黎和會。日本乘機施壓，以退出和會相要脅。

22日，五國會議再次開會，陸徵祥、顧維鈞應邀出席。由於會議將中國劃為第三類國家，只能有兩個代表名額，以致五位中國代表只能輪流出席。會上英國首相提出兩項方案：一是按中日成約辦，一是由德國移交日本。中方代表拒絕。

兩天後，中方代表於無奈中提出四項妥協辦法：由五國暫時接收膠州灣，日本於一年後歸還，由四國額定中國補償日本在山東對德作戰的軍費，開放膠州灣做商埠，開闢外國人居留經商區域等。

日本方面咄咄逼人，聲稱對中國山東毫無政治野心，不過是代為享受德國在山東的經濟權益，要求和會將轉讓德國在山東的特權的條款，加入對德和約中。

29日，美、英、法三國會議，美要求鑒於日本多次口頭表示要將山東歸還中國，提出日本應以文字聲明作為承諾。日本以事關國家體面為由加以拒絕。

日本的要脅和蠻橫，最終起到了作用。三國會議最後裁決，由日本繼承德國在山東的一切權益，即後來的對德和約中第156、157、158條款。5月1日，英國外交大臣貝爾福向中國代表通告了這一決議。

1918年6月28日，《凡爾賽和約》最終簽訂。圖為法國總統克里蒙梭、美國總統威爾遜和英國首相勞合・喬治（從左至右）

1912年，陸徵祥出任袁世凱政府國務總理和外交總長，他吸取西方外交事務管理經驗，創建了中國外交人才培養體系，對中國外交工作的現代化功不可沒。他請人寫了「不忘馬關」幾個字掛在辦公室，提醒自己不忘國恥。可1915年，袁世凱竟要陸徵祥代表中國與日本就「二十一條」進行談判，並命他簽字。陸當然知道「二十一條」的分量，簽字前，他對袁世凱說：「從此我陸徵祥千秋萬代被人唾罵。」「二十一條」披露後，舉國上下群情激憤，人們遊行示威，聲討賣國賊。陸徵祥終身為此痛悔不已。一戰結束後，陸徵祥率團參加巴黎和會，他和其他成員頂住北京政府的壓力，表示：寧辭職也不簽字，不賣國。回國後，陸徵祥雖繼續擔任外交總長，但巴黎和會使他的外交報國理想徹底破滅，1920年辭職，並最終選擇放棄塵世，出家清修。

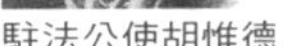
駐法公使胡惟德

顧維鈞

施肇基

失望

此項決議明顯「偏苛」，令中國代表團始料不及，在幾近絕望的情勢下，中國代表團仍在做最後努力，希望「將條文內添加交還中國」一條，但未能如願。日本甚至向英法兩國致以措辭極其嚴厲的最後通牒，要求遵守 1917 年密約，維持關於山東各項條款。事已無可挽回，中國代表在巴黎和會上的努力宣告失敗。中國代表於 5 月 4 日對三國會議提出抗議，表示：「對於巴黎和會解決方式，中國人民聞之，必大失望，大憤怒。」

5 月 6 日，和會宣讀對德和約草案。中國代表團首席代表陸徵祥就山東問題發表宣言，提出保留意見，意在為以後交涉預留空間。其時，國內爆發五四運動，「全國輿情非常憤激，政府萬分困難」。在巴黎和會上的中國代表團進退維谷。

法國外長畢勳明確反對保留，認為「萬難辦到」。美國總統威爾遜則表示：「至於約上保留辦法，予亦不主張。」英方稱：「此事關係極大，和約為協商及共事各國對於敵國之約，不但無不簽字之理，抑亦無保留辦法。」操縱巴黎和會的英、法、美三國，都拒絕了中國的正當要求。23 日，北京政府電令陸徵祥：「如保留實難辦到，只能簽字。」

雖敗猶榮

形勢日漸明朗，對中國而言，從中讀出的只有兩個字：失望。28 日，中國代表團召開秘密會議，討論和約簽字問題。

王正廷主張簽字「有關人格，即有關中國國家人格，總之不能保留，則萬不能簽字」。「中國從前外交皆主遜讓，遂損失種種權利。今則讓無可讓，不得不改變方針，各國屢欺中國，不可再受其欺。」

顧維鈞也態度分明：「日本志在侵略，不可不留意。山東形勢關乎全國，較東三省利害尤巨。不簽字則全國注意日本，民氣一振；簽字則國內將自相紛擾。」

駐法公使胡惟德表示：「簽字一層，苟利於國家，毅然為之，不必為個人毀譽計。」

施肇基最後發言說：「此次和約，各小國均不滿意，恐不能永久踐行，中國亦可以不簽字。」陸徵祥和魏宸組雖沒有明確表態，但無疑不願充當簽字的角色。

當時的中國，積貧積弱，難有一席說話之地。中國代表做出了種種努力，但毫無效果。拒絕簽字，這是中國代表唯一能做到的抗爭。6 月 28 日，出席巴黎和會的中國代表缺席了對德和約簽字儀式，留給中國全權代表的兩把座椅上，一直空蕩無人。

這是一個歷史性的舉動，它打破了中國妥協外交的慣例，一時影響頗巨。拒簽當天，陸徵祥、王正廷、顧維鈞、魏宸組電告政府，引咎辭職。

巴黎之行，沒能給代表們留下美好的記憶，中國使團雖未達到目的，但他們為捍衛民族尊嚴的外交努力，為最終解決山東問題，還是創造了一定的條件。拒絕簽字，中國依然保持《凡爾賽和約》中規定的對德權利；拒絕簽字，使山東問題懸而未決，終在 3 年後的華盛頓會議上有所斬獲，收回了山東權利。

廢約鬥爭的悲壯序曲，在巴黎和會上唱響。中國代表與列強面對面地展開交鋒，那一頁雖敗猶榮，可歌可泣。

魏宸組

王正廷

日本全權代表松岡洋右

日本全權代表芳澤謙吉（前）狡辯後退出會場

國聯理事會主席、法國外交部長白里安

火燒趙家樓

5月7日，被捕學生獲釋，受到熱烈歡迎

五四運動，可以比作是一場顛覆舊制度的大地震。

走來一群新青年

巴黎和會的外交失敗，讓國人痛心不已。古城北京，很快發出了正義的怒吼，原定在5月7日——即日本以最後通牒形式強迫袁世凱接受「二十一條」的慘痛日子那一天，在中央公園召開國民大會，提醒國人勿忘國恥。

然而，熱血沸騰的青年學生已經等不及了。北京學潮，首先發端於一向以思想敏銳、行動果敢著稱的北京大學。「五・三」是一個不眠之夜，當晚，千餘名北大學生和其他13個學校的學生代表齊聚北大法科大禮堂，討論目前應採取的步驟。

會場上，群情激憤，有多位同學代表慷慨而言。法科學生謝紹敏悲憤填膺，當場將中指咬破，扯斷衣襟，血書「還我青島」四字，揭之於眾，這就更加激勵同學們的心緒，全場顯現出一種淒涼悲壯之景。大會在熱烈的掌聲中，一致做出如下決定：一是聯合各界一致力爭；二是通電巴黎專使，堅持和約上不簽字；三是通電各省市於五月七日國恥紀念日舉行群眾遊行示威；四是定於五月四日（星期日）齊集天安門舉行學界大示威。會議結束後，學生們分頭忙碌起來。有的負責聯絡其他學校，有的準備宣言、電報、傳單，更多的人則準備大旗、小旗和標語等。

5月4日下午，天安門廣場人如潮湧，學生們從四面八方匯聚於金水橋前，他們手持小旗和標語，不斷呼喊著口號，矛頭直指北京政府。

一位北大代表快步登上擺在天安門華表前的一張方桌，放聲宣讀了由許德珩起草的《北京學界全體宣言》，警醒國人，「山東亡，是中國亡矣。」

北大學生傅斯年當時為學生運動總指揮

短暫的集會後，浩浩蕩蕩的學生隊伍直奔東交民巷使館區。此時，北京政府派來大批軍警準備鎮壓。學生們群情激憤，那一刻，即便是懦弱之人，也會變得無比勇敢，愛國的力量，無所畏懼。

學生集合遊行時，徐世昌正在總統府為歸國的駐日公使章宗祥設宴洗塵，在座的有內閣總理錢能訓及陸宗輿和曹汝霖。席間，員警總監吳炳湘打電話告知他們學生遊行，勸告曹等「暫留公府」。面對的是一群赤手空拳的學生，有何畏懼？曹、章二人完全沒有預料到形勢會如此嚴重，於下午 3 時左右一同回到曹宅。

遊行隊伍繼續前進，沿長安街、米市大街、石大人胡同，來到趙家樓胡同西口，不遠處就是時任交通總長、被愛國學生斥為賣國賊之首的曹汝霖的住宅。

「他讓國人不安，我們怎能讓他能安？」面對全副武裝的員警，手無寸鐵的學生奮不顧身往裡衝。有學生爬上牆頭，跳入曹宅院內，從裡面把門打開，學生們蜂擁而入。

倉促中，曹汝霖躲入了一間小屋，章宗祥則逃逸到地下室的鍋爐房中。學生搜查各屋，未見曹的身影，一時憤激，一位叫匡互生的同學一怒之下，不知從哪找來一桶汽油並點燃，頓時烈火熊熊。

6 時許，吳炳湘率領大批軍警趕到現場，部分體弱未及離開的學生共 32 人被捕。

為進一步組織各校學生的行動，當晚，北大學生幹事會宣告成立，決定從 5 日起，北京各專科以上學校實行總罷課。

曹汝霖（1877—1966）、陸宗輿（1876—1941）和章宗祥（1879—1962）皆留學日本，歸國參加科舉考試，被清廷授主事職銜。後供職於北京政府，參與了一系列對外重要活動，是典型的親日派。五四運動爆發後，迫於壓力，北京政府於 6 月 10 日將三人免職。

北京大學法科禮堂。5 月 3 日夜，千餘學生在此聚會，決定翌日示威

北京外國使館區東交民巷街。左為日本正金銀行，右為六國飯店

一場顛覆舊制度的大地震

五四運動爆發的當晚，北京政府緊急召開會議，密謀鎮壓學潮。皖系軍閥聲稱「寧可十年不要學校，不可一日容此學風」；更有人建議解散北京大學，給學生運動來個

上海學生聲援北京學生，罷課示威

「釜底抽薪」。5日下午，總統徐世昌召國務總理錢能訓密籌計策，責成校長約束學生，責成員警廳維持地方秩序。次日，徐世昌一紙總統令，恫嚇「倘再有借名糾眾，擾亂秩序，不服彈壓者，著即依法逮捕懲辦，勿稍疏弛」。

5日上午，北京各大專學校學生代表召開會議，決議自即日起一律罷課，並通電各方。學生們的愛國行動，贏得了社會各界人士的同情與支持。當日，北京各校校長在北大召集會議，決議向當局要求釋放被捕學生，如果政府不接納此意見，全體教職員亦與學生同舟共濟。外地教育界人士也紛紛致電北京政府，要求釋放學生，「以安學界而順人心」。

懾於強大的社會輿論壓力，當局不得不於7日釋放了被捕學生。

如果把五四運動比作是一場顛覆舊制度的大地震，高潮出現在5月4日這一天，那大大小小的餘震，則一直持續到6月份；如果把北京比作是這場地震的中心，那波及的廣度，就達至全國，可謂星星之火，在中國大地成燎原之勢。

曹汝霖

陸宗輿

章宗祥

渴望與開放

1919 年，美國哲學家杜威來華講學。圖為杜威與北京大學同仁合影，前排右一為杜威、右三為陶行知，後排左起：胡適、蔣夢麟

自從中國和西洋文化接觸以來，沒有一個外國學者在中國思想界的影響有杜威這樣大。

盛情邀請

1919 年 4 月 27 日，美國哲學家杜威夫婦坐船駛離日本熊本，前往中國。

約翰·杜威（1859—1952）是美國實驗主義哲學家、教育家，20 世紀西方教育史上的代表人物。有人曾這樣說過：「離開了杜威，教育史是一片空白。」

杜威是 4 月 30 日下午抵達上海碼頭的，昔日師從他的蔣夢麟、陶行知和胡適三位弟子前來恭迎。他們把杜威夫婦接到滄州別墅，胡適介紹了中國正在發生的一切，以及請杜威到華演講的用意。這勾起了杜威的好奇心。

杜威到上海之時，新文化運動正走向高潮，胡適等邀請杜威前來，正是想借老師的聲望助他們一臂之力。到滬的第三天，他便在上海江蘇省教育會會場發表有關「平民主義的教育」的演說。

之後，杜威夫婦在蔣夢麟的陪同下到杭州講演。這期間，蔣夢麟接到五四運動爆發的消息，他匆忙趕回北京。

北京學生運動的消息不斷傳入杜威的耳中，杜威夫婦於 5 月 30 日到達北京，有幸目睹了運動所產生的餘震。

杜威先前也覺得中國是積重難返，但通過數月觀察，發現事實並非如此，12 月杜威發表在《亞洲》雜誌上的《中國人的國家情感》一文，就表達了他的這種情感。他

在這些講演中，杜威從不同的角度不厭其煩地告訴中國人，現代西方文明的精髓在於精神文化，中國人若想從西方得到啟示，就得從此處著眼，改造自己的民族精神。杜威還毫不客氣地指出了中國傳統文化的痼疾所在。

1920 年 10 月，北京大學授予杜威名譽博士學位的典禮

杜威（前排左五）在南京講學時與少年中國學會會員合影

告訴西方人，五四運動是「中國國家情感存在與力量的突出證明，如果還有什麼地方的人對中國人愛國主義的力量和普及程度抱懷疑態度，那麼這種證明就是深切而且令人信服的教訓」。

杜威原定在中國講學一年，但五四運動使他興奮不已，中國人的熱情令他感動備至，加之胡適和蔣夢麟的盛情挽留，他決定多待上一段時日。

從 1919 年 6 月 8 日開始，杜威先後在教育部禮堂、清華大學、北京高等師範學校等地做了「社會與政治哲學」16 講，「教育哲學」16 講，「倫理學」15 講，「思維類型」8 講和「詹姆士、柏格森和羅素」3 講等講演。這些講演發表在《晨報》、《新潮》等報刊雜誌上，後來彙編成書出版，在當時產生了轟動效應。

在這些講演中，杜威從不同的角度不厭其煩地告訴中國人，現代西方文明的精髓在於精神文化，中國人若想從西方得到啟示，就得從此處著眼，改造自己的民族精神。杜威還毫不客氣地指出了中國傳統文化的痼疾所在。

杜威的足跡遍布十餘省市，講演之餘，還考察了各地的風土人情。從上海到北京再到南京，他做了多場學術報告。

全新的教育理念

蔡元培是最早把杜威的教育思想介紹給中國的人。杜威的「平民教育」主張進入中國後，很快就得到了理論界的認同，而宣揚杜威教育哲學思想最有力的當數胡適、陶行知、陳獨秀、蔣夢麟等人。尤其值得一提的是陶行知，他不僅是杜威教育理論的有力傳播者，而且還是其理論的實踐者。他將杜威「教育即生活」的原則，結合中國多年的教育實踐，提出了「生活即教育」的主張，他在南京創辦的曉莊師範，就是他努力實踐的碩果。1946 年陶行知去世，杜威得到消息後特

1917 年胡適（左二）在美國哥倫比亞大學與陶行知（右一）等人合影

意發來唁電，稱讚陶行知為中國的教育改造做出了無與倫比的貢獻。

1920 年 10 月 17 日，北京大學授予杜威名譽哲學博士學位，以示中國學術界對杜威的高度評價和尊敬。

1921 年 6 月 30 日，北京大學、男女高師等五團體為杜威一家餞行。胡適、梁啟超對杜威在中國的講學做了高度評價。杜威在掌聲中致答詞，一往情深地說：「這兩年，是我生活中最有興味的時期，學得也比什麼時候都多……我向來主張東西文化的匯合，中國就是東西文化的交點。」

這是一次心靈的撞擊，一次心智的啟蒙，如此近距離地聆聽大師的學術思想，機會十分難得。這對中國的知識份子，對中國文化教育和學術界，都產生了重要影響。胡適曾說，自從中國和西洋文化接觸以來，沒有一個外國學者在中國思想界的影響有杜威這樣大。

前排右起：羅素、勃拉克女士、蔣百里。後排右起：孫伏園、王賡、趙元任、瞿世英

蔣夢麟

时间	题目	地点	翻译
1919 年			
5.3－4	平民主义的教育(2 讲)	江苏教育会	蒋梦麟
5.7	平民教育之真谛	浙江教育会	郑宗海
5 月	真正之爱国	南京	
	共和国之精神	南京	
6.8,10,12	美国之民治的发展(3 讲)	北京教育部会场	胡适
6.17,19,21	现代教育的趋势(3 讲)	北京美术学校	胡适
7.19	与贵州教育实业参观团谈话	北京大学哲学教研室	胡适
8.10	学问的新问题	北京尚志学校	胡适
9.20－3.6	社会哲学与政治哲学(16 讲)	北京大学法科礼堂	胡适
9.21－2.22	教育哲学(16 讲)	北京教育部	胡适
10.9	世界大战与教育	山西督军署军政大礼堂	胡适
10.10	品格之养成为教育之无上目的	大学校礼堂	胡适
10.11	教育上的自动 .	体育会大讲堂	胡适
10.12	学校与乡里	步十团自省堂	胡适
	教育上试验的精神	全国教育联合会	胡适
10.13	高等教育的职务	山西太原大学校礼堂	胡适
10.15－	伦理讲演(15 讲)	北京	胡适
10.19	在祝贺六十岁寿宴上的答词	中山公园来今雨轩	胡适
11.14－2	思想之派别(8 讲)	北京大学法科礼堂	胡适
11.22	自治演讲	北京	胡适
12.17	大学与民治国舆论的重要	北京大学	胡适
12.25	教育原理	省议会	胡适
12.29	新人生观	济南	胡适
1920 年			
1.2	真的与假的个人主义	天津	胡适
1.20	西方思想中之权利观念	中国大学	胡适
1 月	思维术	北京高等师范学校教研科	

杜威在華講演目錄（部分）

主權的回歸

1922 年建成的上海公共租界工部局大樓

租界侵奪了中國的主權，讓國人飽受欺凌；租界帶來了西方近代文明，讓國人眼前一亮。

國中之國

最早在中國取得租界的是英國。1845 年 11 月 29 日，英國領事與上海道台簽訂一項《上海租地章程》，「劃定洋涇濱以北、李家莊以南之地，准租與英國商人，為建築房舍及居住之用」。租界，一個在中國大地上的怪胎，就此出現。其後，諸國列強紛紛效仿，在上海和中國其他城市劃定租界。曾在中國設立租界的，有英、法、日、俄、美、德、奧、意、比等國。

帝國主義國家以租界為據點，逐漸實行完全獨立於中國行政系統和法律制度以外的一套殖民地統治制度。中國的租界制度以最早建立的上海租界為藍本，並影響到其他租界。

租界國將租界視為自己的領地，主權國不能輕易干涉租界內部事務，更別提軍隊、員警進駐。

在租界內，外國人投資開工廠或從事貿易活動，此外也建立教堂進行傳教、開辦具有本國特點的學校、醫院、墓地等附屬設施。相比較而言，租界的經濟文化繁榮程度往往高於其周圍的地區，逐漸成為

戒備中的巡捕房巡捕

上海公共租界巡捕，自左至右為西籍騎巡、印捕、華捕、華探長、西捕及印度騎巡

從浦東看外灘全景（1924 年）

該城市具有濃厚外國特色的商業中心。

租界分為兩種，一種是單一國租界，稱為「某某國租界」，這樣的租界居多。也有數個國家共用一個租界的行政權，如香港九龍、廣州沙面、廈門鼓浪嶼等地，則被稱為「公共租界」。

租界分為兩種，一種是單一國租界，稱為「某某國租界」，這樣的租界居多。也有數個國家共用一個租界的行政權，如香港九龍、廣州沙面、廈門鼓浪嶼等地，則被稱為「公共租界」。

隨著公共租界的出現，具有員警意味的「巡捕」應運而生。巡捕的組成不僅包括租界使用國公民、印度人、安南人，中國人也有擔任巡捕的記錄，舊上海三大「流氓大亨」之首的黃金榮，就曾做過巡捕。

20 世紀初的上海公共租界外灘，其繁榮程度首屈一指。租界的繁榮，吸引了相當數量的中國上流階層在那裡定居、消費。上海正因其繁榮的租界，被時人稱為「十里洋場」，並很快成為中國各地租界的代名詞。

租界的存在，本身就是對一個主權國家赤裸裸的剝

1911 年的上海外灘，規模已接近當時西方同類城市的水準

公共租界地界上的界石

煙臺外國人居留區內，以首任領事英國人馬禮遜命名的馬路界石

上海總巡捕房門景　1900 年的天津租界　漢口的各國租界遠眺

奪，它時刻刺激著富有愛國心的人們。收回租界的願望，日夜縈繞心頭。與此同時，近代資本主義在體現近代文明的諸多方面，畢竟邁出了一大步。租界客觀上推動了租界城市經濟的發展，通過這一視窗，這些城市逐漸走上了近代化的道路。

「物歸原主」

到清末，列強攫取的租界共計 43 處。一戰後，中國人民掀起了廢約運動，收回租界是其主要目標之一。

1919年，天津德、奧租界和漢口德租界成為首批「戰利品」；1924 年收回蘇聯政府放棄的前沙俄租界；1927 年收回漢口和九江英租界；1929 年收回天津比租界和鎮江英租界；1930 年收回廈門英租界。二戰中，美英兩國迫於形勢，於 1943 年 1 月分別與國民政府簽訂「新約」，聲明「取消在華治外法權及其有關特權」，租界在形式上被廢除。這一年，天津和廣州英租界及英、美、比三國在上海及廈門公共租

1931 年 1 月 15 日，比利時正式將天津租界交還中國。圖為舉行租界交接儀式

1930 年 10 月 1 日，中英雙方舉行將威海衛歸還中國的交接儀式

界的權利被終結；1945 年抗戰勝利，日租界成為歷史。1946 年收回上海、天津、漢口和廣州法租界及法國在上海和廈門公共租界的權利。根據 1947 年《對意和約》，收回了天津意租界和意大利在上海及廈門公共租界的權利。至此，經過 100 多年持續不斷的鬥爭，帝國主義在中國的租界，除香港、澳門外，全部「物歸原主」。

遠眺租界

上海公共租界工部局提籃橋監獄

上海江海關大樓，它意味著開啟國門的鑰匙落入洋人之手

掛滿萬國旗的上海公共租界

各國租界分布（1911 年）英國 6 處：天津、漢口、廣州、九江、廈門、鎮江；日本 5 處：天津、漢口、蘇州、杭州、重慶；法國 4 處：上海、天津、漢口、廣州；德國 2 處：天津、漢口；俄國 2 處：天津、漢口；意大利 1 處：天津；奧匈帝國 1 處：天津；比利時 1 處：天津；公共租界 2 處：上海（由英美租界合併）、彭浪嶼（英、美、德、法、西、日、丹麥、荷蘭、瑞典、挪威）。

巴黎的中國留學生，左起：張申府、陶尚劍、周恩來、張家俊、劉清揚（女）、趙光宸、李錫智（女）

豆腐公司引發了留法勤工儉學運動

李石曾「無心插柳柳成蔭」，成了這場運動的宣導者。

一次不經意的嘗試

歷史的魅力，就在於它豐富多彩，在於它常常不可預知。原本，這只是一件不經意的小事，它的初衷，也再簡單不過。令人意想不到，星星之火點燃後，卻是那樣的轟轟烈烈，影響深遠，20 世紀初的留法勤工儉學運動，就是經典一例。

河北保定市高陽縣布里村，一個非常不起眼的地方，卻是留法勤工儉學的起點，一場聲勢浩大的運動，便從這裡開始。

1902 年，清末大學士李鴻藻之子李石曾在法國留學期間，萌生了在巴黎創辦豆腐加工廠，把中國豆製品引入法國的想法，回國後遂在家鄉高陽縣布里村開辦了豆腐訓練班。在教授製作豆製品技術的同時，兼對工人施以教育。

在法國蒙達尼橡膠廠做工的四川江津勤工儉學學生

1908 年，李石曾在巴黎的中國豆腐公司開張了，先後從高陽招了 40 餘名工人，為了提高他們的文化和工藝水準，李石曾在公司內辦了一所夜校，工人白天上班，晚間上課。這些「以工兼學」的工人，就成為中國最早的勤工儉學一代。

一時間，「以工兼學」在華工中蔚然成風。有人提出「勤以工作，儉以求學，以增進勞動者之智識」的主張，在李石曾、蔡元培等人的推動下，1915 年 6 月發起成立了「勤工儉學會」。

一戰爆發後，大量被招募的華工赴法。為了使華工到法之前做好對華工施以教育的準備，李石曾、蔡元培、吳玉章等人與法方多次磋商，於 1916 年 3 月 29 日在巴黎創立華法教育會，作為旅法華人文教事業的總機關。華工學校於這一年的 4 月 3 日開學，華工們在學習不到半年後，便開始接待新華工。留法勤工儉學運動的序幕，由此拉開。

袁世凱死後，李石曾、蔡元培等人先

後回國，繼續宣導旅歐教育。1917 年 4 月，中斷四年的北京留法儉學會恢復活動。華法教育會和留法勤工儉學會在北京成立，掛牌於南灣子石韃子廟歐美同學會會所，從此，這裡成為推動留法勤工儉學運動的總機關。

這是留法勤工儉學的中國女學生在蒙達尼與法國女教師合影。第二排右一為蔡暢，前排左二為蔡母葛健豪

引發了聲勢浩大的運動

1917 年夏，布里村留法勤工儉學會初級預備學校應運而生，它是全國建立最早、唯一專門培養留法勤工儉學生的學校，第一期錄取 60 多人。1918 年春畢業，學生獲中法文對照的畢業證書。一些省市於是紛紛效仿北京的做法，相繼成立華法教育會，全國各省建立留法預備學校 20 餘所，留法勤工儉學運動蓬勃興起。

為適應赴法後勤工作的需要，李石曾等於這年秋置地建成一所新校舍，還設立了實習工廠。建成後面向全國招收了第 2 期約 60 名學生，分南北方兩個班，蔡和森即在此班學習。1919 年春，因師資和赴法經費等原因，南方班的學生集體轉入保定育德中學附設的留法高等工藝預備班學習。是年秋招收的第 3 期學生於 1920 年夏畢業。後

1908 年，李石曾在巴黎的中國豆腐公司開張了，先後從高陽招了 40 餘名工人，為了提高他們的文化和工藝水準，李石曾在公司內辦了一所夜校，工人白天上班，晚間上課。這些「以工兼學」的工人，就成為中國最早的勤工儉學一代。

毛澤東在上海半淞園為赴法勤工儉學的新民學會會員送行

因法國經濟凋敝，布里村留法預備學校停止招生。

1917 年夏，李石曾、蔡元培到保定育德中學參觀。留法勤工儉學的宗旨，與育德中學的「教育實用主義」正相吻合，遂決定籌建「留法高等工藝預備班」（簡稱「留法班」），校辦工廠兼作實習工廠，設有鍛、銼、鉗、木、機械加工等工種，這樣學生赴法後，無論求學還是做工均較容易。

留法班於 8 月向全國招生，至 1920 年秋共招收 4 期，計 213 人。1921 年留法勤工儉學運動受挫，育德中學留法班停辦，故第 4 期學生未能赴法。

自五四運動後，「勞工神聖」的口號響徹行雲，工讀主義一倡百應，赴法勤工儉學，成為席捲全國青年學生的運動。

一戰前，赴法可以走陸路，最慢 15 天就可到達巴黎。十月革命後，陸路中斷，只能走水路，至少也要 40 多天。最早的幾批學生從上海乘坐日本輪船繞道美國赴法。8 月以後，赴法的學生多改乘法國輪船。

1919 年 3 月 17 日，海輪起航，帶著遊子們不平靜的心情，與波濤翻滾的大海一同前行，第一批 89 名學生乘日本「因幡丸」號赴法。至這一年的 12 月 15 日，前後共二十批學生到達法國。

到 1920 年，留法勤工儉學達到高潮，赴法學生已達千人以上。1921 年初，已有約 1700 多名各行各業的人先後赴法。年齡最大的是 54 歲的葛健豪，最小的是

3 月 15 日，寰球中國學生會為赴法勤工儉學學生舉行歡送會後合影

1920 年 6 月，趙世炎、周恩來、李維漢等在旅歐勤工儉學的學生中組織成立了旅歐中國少年共產黨。圖為少共臨時大會代表在巴黎合影

徐特立（前排右四）在法國與勤工儉學留學生合影

12 歲的王書堂。

位於巴黎西北郊拉卡萊納・戈隆勃的巴黎華僑協社，是處理留法勤工儉學事務的中心。勤工儉學生初到法國時，多集於此候工候學。門前的兩棵梧桐樹，目睹了留法勤工儉學運動的始末，見證了那一代人遠渡重洋覓工謀生、求學奮爭的歷程。

一戰期間，法國急需勞力，遂與北京政府達成「以工代兵」的招工協定，此後陸續有達十四五萬之眾的華工赴法，需要成立一個為華人服務的機構。幾經磋商，由李石曾帶頭集資捐款，以 5 萬法郎買下了這座房產。1919 年 8 月 31 日，華僑協社成立，隨後勤工儉學會、華法教育會等都在此地辦公。華僑協社每週邀請中法名士舉辦演講，內容豐富，逐漸成為旅法華人的家。一戰後，經濟危機席捲整個歐洲，大批勤工儉學生進廠、入校已無可能。至 1920 年底，失工、失學的學生越來越多，擠滿了協社的院落，這裡又成為勤工儉學生的避難所。

李石曾

起初，中法政府曾成立監護委員會，負責發放維持費，以維持勤工儉學生的生活。後因勤工儉學生領導和參加了向中國駐法使館請願的「二・八運動」以及反對中法秘密借款的鬥爭，中法當局停發了維持費。

在嚴酷的社會現實面前，以蔡和森、李維漢、李富春為代表的「蒙達尼派」和以趙世炎、李立三、王若飛為代表的「勤工派」聯合起來，發起進駐里昂中法大學的鬥爭。

蔡元培在法國任華法教育會會長時（1916 年）

於無聲處聽驚雷

中國共產黨第一次代表大會召開地

中共「一大」開會的歷史瞬間，如今已定格在陳列館裡。

「南陳北李」相約建黨

上海興業路 76 號，綠蔭掩映下的中共「一大」會址。1921 年 7 月，正是在這個僻靜的地方，中國共產黨第一次全國代表大會秘密召開。

馬克思主義在中國廣泛傳播的過程，也是中國共產黨從醞釀、準備到正式建立的過程。最早的醞釀者，是被稱作「南陳北李」的李大釗和陳獨秀。他們在傳播馬克思主義、並與中國工人運動相結合的過程中，逐步認識到要用馬克思主義改造中國，走十月革命的道路，就必須像俄國一樣，建立一個無產階級政黨，擔負起組織和領導中國革命的重任。

1920 年初，陳獨秀從北京移居上海後，他與李大釗分別在南、北方進行籌建中共的準備工作。這年 3 月，李大釗等在北京大學秘密建立了馬克思學說研究會；5 月，陳獨秀在上海遙相呼應，建立了馬克思主義研究會。這是「南陳北李，相約建黨」的開篇一頁。

中國建立共產黨的準備工作，得到了共產國際的支援和幫助。經過數月的醞釀準備，是年 6 月的上海，中國第一個共產主義小組橫空出世，革命的星星之火終於點燃。10 月，李大釗同聲相應，北京的共產主義小組亦宣告成立。到 1921 年春，國內、國外這樣的小組，如雨後春筍般產生。這是「南陳北李，相約建黨」的又一重大步驟。

6 月 3 日，共產國際代表馬林與尼科爾斯基在上海與陳獨秀離滬期間主持上海馬克思主義研究會工作的李達、李漢俊取得聯繫，並交換了情況，建議儘早召開共產黨的代表大會，宣告中國共產黨的正式成立。

歷史性的聚會

7 月中下旬，上海法租界的博文女校，陸續住進了一批教師、學生模樣的青年人，「一大」代表是以「北京大學師生暑期考察團」的名義前來參加這次歷史性的聚會的。到齊後，便在住處開了預備會。

7 月 23 日晚，中國共產黨第一次全

國代表大會在法租界望志路106號李書城、李漢俊兄弟的寓所正式開幕。出席者有上海的李漢俊、李達；北京的張國燾、劉仁靜；長沙的毛澤東、何叔衡；武漢的董必武、陳潭秋；濟南的王盡美、鄧恩銘；廣州的陳公博；留日學生周佛海以及陳獨秀委派的包惠僧。中共的主要創始人陳獨秀和李大釗因故未能出席。

出席會議的馬林首先指出：中國共產黨的成立具有重大意義，第三國際增加了一個東方支部，蘇俄布爾什維克又多了一個親密戰友，並對中共提出了建議和希望。尼科爾斯基介紹了共產國際遠東局的情況。接著，代表們商討了會議的任務和議題，先由各地代表報告本地工作，再討論並通過黨的綱領和今後工作計畫，最後選舉中央領導機構。

7月24日舉行第二次會議，各地代表報告本地區黨團組織的狀況和工作進程，並交流經驗體會。25日、26日休會，用於起草共產黨的綱領和今後工作計畫。接下來三天，集中討論此前起草的綱領和決議。大家各抒己見，既有統一的認識，又因某些問題引起爭論，會議未做出決定。

7月30日晚，舉行第六次會議，原定議題是通過黨的綱領和決議，選舉中央機構。會議剛開始幾分鐘，法租界巡捕房密探突然闖入。馬林十分警覺，建議立即停會，

李大釗

「一大」開會的歷史瞬間，如今已定格在陳列館裡。13位會議代表和2位共產國際代表的模擬蠟像群，惟妙惟肖，他們圍坐在一張西式長餐桌旁，彷佛仍在籌畫中國歷史上開天闢地的這件大事。當年，他們代表著50多名黨員。

遊船客艙

中共「一大」會議室

共產國際代表威經斯基

代表們轉移至嘉興南湖，在此畫舫上繼續舉行會議

除了李漢俊、陳公博之外，大家分頭離去，會議被迫中斷。十幾分鐘後兩輛警車急駛而來，法籍警官進入室內詢問搜查，沒有找到什麼可疑證據，威脅警告一番後撤走。轉移出來的一大代表當晚集中於李達寓所商討，大家一致認為會議已不能在上海舉行，當時在場的李達夫人王會悟提出：不如到她的家鄉嘉興南湖開會，離上海很近，又易於隱蔽。大家都表示贊成。

第二天清晨，代表們分兩批乘火車前往嘉興。兩位國際代表因為目標太大，已受監視，李漢俊是房主，一時不宜離開，新婚燕爾的陳公博，一場虛驚之後心有餘悸，他們都未去嘉興。10時左右，代表們先後到達嘉興車站，當即由王會悟帶領登上事先租好的南湖畫舫。代表們以遊湖為名，讓船主把遊船停泊在僻靜的水域。

這是一個細雨濛濛的夏日，遊人不多，11時許，緩緩而行的畫舫上，「一大」南湖會議繼續著上海30日未盡的議題。

先行通過的是《中國共產黨的第一個綱領》，確定了共產黨的名稱、奮鬥目標、基本政策、提出了發展黨員、建立地方和中央機構等組織制度，兼有黨綱和黨章的內容，是中共的第一個正式文獻。接著討論並通過《中國共產黨的第一個決議》，對今後中共的工作做出安排部署。

最後，選舉中央領導機構，代表們認為目前黨員人數少、地方組織尚不健全，先建立三人組成的中央局。經過無記名投票，陳獨秀任總書記，張國燾分管組織，李達負責宣傳。下午6時許會議程式完畢，宣告中國共產黨成立。會議在全體代表輕聲齊呼「共產黨萬歲！第三國際萬歲！共產主義萬歲！」中閉幕。

中共準備召開第一次全國代表大會，1921年7月中下旬，代表齊集上海，住在白爾路389號

民國第一案

「洋票」獲釋歸來

臨城劫車案是土匪孫美瑤綁架「洋票」的大案。

深夜劫車

一個小土匪孫美瑤和一座名為抱犢崮的無名小山幾乎是一夜成名，1923 年 5 月至 7 月的全國各大報紙上，這是兩個使用頻度最高的詞。他們何以成名？是一場轟動一時的劫車案。它不僅讓北京政府極為震驚，更引起一些國家的強烈不滿。

打劫，中國古已有之。有路見不平的劫富濟貧，有實屬無奈的偶爾為之，但更多的，還是以劫取大戶財物為營生。鏢局隨之應運而生，一幫武藝高強之人，拿著武器跟隨護衛。遇有不測，履行保護之責。

「臨城劫車案」是中國近現代史上土匪綁架「洋票」的大案，有「民國第一案」之稱。

山東南部的抱犢崮，位於棗莊、臨沂、費縣、滕縣四縣之間，為周圍 70 多座山峰中最高的一座，海拔 800 餘公尺，周圍 22.5 公里，山勢險峻。盤踞在抱犢崮上的是土匪首領孫美瑤，自稱山東建國自治軍第 5 路軍總司令。

1923 年春，北京政府山東當局派兵圍剿抱犢崮。孫美瑤部抵抗數月，難以解圍，山上幾乎彈盡糧絕，在軍師郭其才建議下，決定以劫火車來擺脫困境。

5 月 6 日凌晨，一列由浦口開往天津的特別快車，直駛臨城車站，剛開過沙溝數分鐘，就被土匪預先拆毀的一段鐵軌所顛覆，千餘土匪一擁而上。列車上有一批外

6 月 12 日正午，官方代表陳調元、交涉員溫世珍和土匪代表孫美瑤等在士紳、商會和外國代表見證下正式簽約。最後一批 8 名外籍人全部釋放，被俘的中國人也一併釋放。27 日，孫美瑤部正式改編為山東新編旅，孫出任旅長，開赴指定駐防地郭里集。

國旅客，他們大多數人聽不懂中國話，也未有過這樣的遭遇。英國旅客羅斯曼奮力反抗，用茶壺向土匪擲去，被當場打死。上海《密勒氏評論報》記者、美國人鮑惠爾和法國人柏如比主動將隨身攜帶的手槍交出，得到優待。其餘外籍旅客，在驚慌和朦朧中被趕下火車，有幾十名中外旅客和乘警在夜色掩護下，潛入莊稼地幸運逃脫。其餘 200 多名中外旅客，包括 26 名外國人，都成了「肉票」，被挾持到山上。

官匪之間的較量

臨城劫車案發生後，英、美、法、義、比五國公使於 5 月 7 日、8 日向北京政府提出抗議。9 日，駐北京外國使團發表聲明，限令三日之內救出被劫外國人，逾期要求賠償。北京政府下令山東督軍田中玉、省長熊炳琦火速救回被劫人質。

此時，孫美瑤釋放麥克法登、香德閣等外籍婦女和部分中國人質，要她們轉告當局：一、迅速撤退包圍抱犢崮的軍隊，不得派兵進攻，否則殺害外國人質；二、要求改編為一旅，以孫美瑤為旅長，補充軍火並發給軍餉。隨後，田中玉、熊炳琦、交通總長吳毓麟等相繼抵達棗莊。另有幾個熟悉黑社會的人物如北方幫會首領、天津員警廳長楊以德作為大總統曹錕的代表也趕來。外國領事和駐華武官也開來專車停在車站辦公。

當局早已派軍隊嚴密包圍了抱犢崮，但不敢貿然進攻。首先請青幫「大」字輩的黨金元和李炳章進山與土匪接洽交涉。

5月15日，田中玉、熊炳琦與匪方代表周天松在棗莊舉行第一次談判。匪方提出：一、政府軍解圍撤回原防；二、收編孫軍為一旅，以孫美瑤為旅長；三、補充軍火。除第三條外，官方表示可以接受。

次日，匪方頓生變故，有人擔心官方缺乏誠意，怕交出洋人後遭到報復。也有人認為趁「洋票」在手，不妨乘機出高價撈他一筆。於是推翻昨天簽訂的和約，重新談判。匪方提出了苛刻的條件，使談判難以繼續。

無奈之下，田中玉建議改撫為剿，以硬制硬。隨後，北京政府下令直魯豫皖各省抽調兵力前往臨城增援，航空署亦派飛機在抱犢崮上空散發傳單，加以威懾。

匪首們發現局勢不妙，又軟了下來，於 25 日派鮑惠爾帶著三個條件下山：一、發給 6 個月軍餉；二、收編 1 萬人；三、以張敬堯為山東督軍。官方不予理睬。

匪方惶惶不安，再次派鮑惠爾下山，表示願意做出讓步，談判於 31 日重開並達成協議。

6 月 12 日正午，官方代表陳調元、交涉員溫世珍和土匪代表孫美瑤等在士紳、商會和外國代表見證下正式簽約。最後一批 8 名外籍人全部釋放，被俘的中國人也一併釋放。27 日，孫美瑤部正式改編為山東新編旅，孫出任旅長，開赴指定駐防地郭里集。

臨城劫車案的後果，對政府而言，相當嚴重。孫美瑤部被招安後，山東、河南一帶土匪躍躍欲試，紛紛要效法孫美瑤綁架「洋票」，成為「臨城第二」。如此社會影響，引起公眾輿論對北京政府的譴責。如此情勢，非「殺一儆百」，不足以奏效。

1923 年底，孫美瑤部與駐紮棗莊的第 18 團吳可璋的部下發生衝突，雖經地方士紳出面調解，暫告平息，但孫、吳二部結怨已深。

兗州鎮守使張培榮得知後，匆匆趕來棗莊召見孫美瑤。不久，張培榮以調解為名，借棗莊中興煤礦公司俱樂部設宴。孫美瑤不知是計，當他跨入正廳時，突然有人竄向前從孫的腰間迅速搶過手槍，說時遲那時快，另一人猛將一把石灰撒在孫的眼睛上，孫大喊一聲「幹什麼？」話音未落，撒石灰的人順勢將孫的頭往下一按，另一人手起刀落。

稚嫩的孫美瑤，遠不是江湖高人張培榮的對手。他帶著幾分得意前來赴宴，誰知遭到暗算，懵懂中就成了刀下鬼。孫美瑤被殺後懸首示眾，孫部被繳械遣散。驚天動地的臨城劫車案，最終在抱犢崮的漫天飛雪中隨風而逝。

山頭飄揚孫匪旗

土匪精神世界的支柱——護身符

生活在中國土匪中的李・所羅門

手持日製步槍的山東土匪

花錢買來的總統

曹錕

曹錕垂涎於君臨天下，演出了一場花錢買總統的鬧劇。

有錢能使鬼推磨

1918 年段祺瑞當總理時為了拉攏曹錕，許願讓他當副總統。由北京政府撥了 150 萬元軍費給曹錕當競選費用，並規定每張選票 2000 元。這是銀元，價格不低，很多議員都已動心。誰知在投票之前，讓一件意外的桃色新聞攪了局，有一張小報刊登消息說，曹錕花了 10 萬銀元娶了一個藝人做小老婆。這一下，議員們吃醋了，發覺那戲子的身價竟是他們的 50 倍，簡直有辱顏面，一致決定不投曹錕的票。儘管段祺瑞出動了大批員警和多輛汽車到處去拉議員來投票，結果還是有很多議員不買帳。不足法定人數，曹錕的副總統就這樣泡了湯，一怒之下，曹錕與段祺瑞反目成仇，後來便發展為一場直皖戰爭。

直系打敗了皖系之後，曹錕的胃口一下子被吊起來，反而想當總統了。他決定施以糖衣炮彈，花錢買總統。曹錕的心腹、直隸省長王承斌想出了「捉財神」一計，派出密探逮捕了 100 多個製毒販毒的奸商，勒令他們交重金贖身。先將幾個無力交款的小犯人槍斃，「殺雞嚇猴」，大犯人趕緊掏錢，一下子就得了幾百萬元。隨後又在本省下屬縣以「借餉」為名，瞬間進賬幾百萬。

有了這些錢，足以收買投票的議員了。人心，在金錢面前，終於失衡，共有 480 名議員堂而皇之地接受了 5000 元的大紅包。當然，這錢不是白送，交換的代價是尊嚴，240 萬元，讓一張張莊嚴的選票染上恥辱。加之給各政黨的補助費、特別票價、憲法會議出席費、秘密費等賄賂款，一共是 1356 萬餘元鉅資。有錢能使鬼推磨，一張張銀票的作用，收到了立竿見影的效果，曹錕如願以償，當上了總統。

拍案而起大丈夫

曹錕賄選總統，是民國史上一幕臭名昭著的醜劇。眾多議員在威逼之下見利忘義，竟為五斗米折腰，但亦有不平則鳴者橫空出世，拍案而起，仗義執言。

當年，是何人不畏北洋武夫槍刺，不屑滿沾骯髒的銀元，率先挺身而出，向國民揭露這無恥勾當？邵瑞彭的名字，顯然不應被後人忘卻。

邵瑞彭是浙江淳安人，畢業於浙江省優級師範學堂。民國後北上，自 1913 年起出任國會眾議院議員。

1923 年 6 月，曹錕在驅逐前總統黎元洪後，急於自己上臺過一把總統癮，便唆使心腹、直隸省省長王承斌、山東省省長熊炳琦以及攝政內閣的內務總長高凌霨、交通總長吳毓麟、菸酒署督辦王毓芝，還有國會議長吳景濂、直隸省議會議長邊守靖等，不惜威逼利誘，拉攏收買議員，以儘快拼湊所謂的「國會大選」，使自己能夠遮人耳目，「名正言順」地當上新一任民國大總統。曹錕從保定行轅不斷傳出話來，限令黨羽們使出渾身解數，確保其「雙十節」一定坐上總統交椅。

北京甘石橋，新設立的議員俱樂部，是這一次賄選的中樞。如果說曹錕是總導演，那高凌霨、王毓芝、邊守靖、吳景濂等群臣就是場記，他們不分晝夜，加緊行動。從 8 月初開始，又是安排宴會招待，又是軟硬遊說，又是增加付給參與會議的「伕馬錢」，又是許諾「出席費」，極盡籠絡裹脅之能事。10 月 1 日，公然亮出凡是投曹錕一

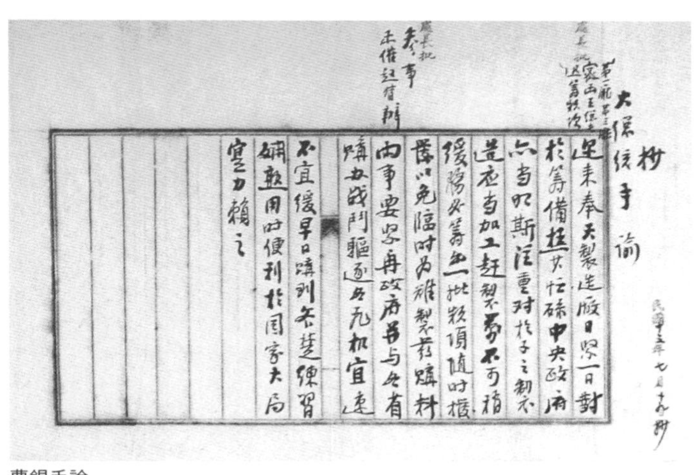

曹錕手諭

直系為北洋軍閥派系之一，曾長期控制北京政府。1916 年袁世凱死後，北洋軍閥分裂出以直隸（今河北）人馮國璋為首領的一派。馮死後，曹錕、吳佩孚繼起為首領。主要人物有李純、王占元、蕭耀南、陳光遠、孫傳芳等。主要地盤有江蘇、江西、湖北三省。馮國璋原是袁世凱的親信將領，1912 年 9 月任直隸都督，次年被派南下鎮壓國民黨人發動的「二次革命」，攻占南京，其部屬駐守長江下游一帶。1917 年 7 月張勳復辟被推翻後，馮國璋到北京繼任總統，其部下曹錕、李純、陳光遠、王占元分別任直隸、江蘇、江西、湖北等省督軍，構成了直系的基本勢力。

票，每張「獎賞」5000至10000銀元的巨額賄價。當天，甘石橋俱樂部共填發支票573份，每份面額5000元，分別由京津兩地的幾家銀行承付。

是時，曹錕賄選的企圖業已外洩，但缺乏實證。邵瑞彭直到甘石橋遍送支票之前，猶不詳賄選實情，對於此等事「不敢置信」。10月1日，他托同鄉議員王烈前去眾議院打聽。未幾，王返，遞上一張5000銀元的支票給邵瑞彭：「王毓芝、邊守靖要我將此帶交你。你退還與否，我不負責任。」邵不勝震驚，未露聲色，留下支票。他明知如果給黑幕曝光，自己將處境艱危，仍毅然於是晚密赴天津，把曹錕賄選的鐵證，徑寄京滬各報公之於世。

一敗塗地終有時

翌日，該件陸續在報紙顯著版面刊出。這下，曹錕「賄選」可謂人贓俱獲，一時間全國輿論譁然。

事已至此，邵瑞彭乾脆一不做二不休，又在10月4日向北京地方檢察廳遞交控告狀，舉發高凌霨、王毓芝、邊守靖、吳景濂等為人幫兇，賄賂議員。邵氏在訴狀中旗幟鮮明，鋒芒直指曹錕「收買議員，破壞制憲」、「多方搜括，籌集選費」等諸項大罪，強烈要求檢察廳立刻「對該輩依法懲辦，以維國本、伸法紀」。

此時的曹錕，一意孤行，執迷不悟。既然這場賭博已下了大力氣，花了大本錢，他要一搏到底，不撞南牆不回頭。

10月5日上午，北京街頭戒備森嚴。北自西單牌樓，南至宣外大街，兵車逡巡，軍警夾道，裝模作樣的「國會大選」粉墨開演。在一番劍拔弩張、殺氣騰騰的架勢下，曹錕靠賄買議員的竭力捧場，舞弊告成，終於如願「當選」為總統。

曹錕賄選的醜劇，舉國皆嗤，世人共憤。8日，孫中山首先發難，在廣州大元帥府通電討伐曹錕，通緝附逆議員，誓師北伐；上海、杭州、蕪湖等地民眾，憤而舉行聲勢浩大的反曹示威遊行；杭州與安慶，還發生了市民怒砸「豬仔議員」住宅的事件；其他各省的議會、政團，也紛紛調查本省參與賄選者的名單，逐一張榜，公開揭汙。

曹「大總統」面臨著一派危局，正如梁啟超在曹錕圖謀賄選前曾經警告過的：「我公足履白宮日，君家一敗塗地時。」

梁任公的話言中了，曹錕上臺僅一年，便被馮玉祥趕下了用金錢堆砌的總統寶座。

國民黨煥然一新

國民黨「一大」會址

中國國民黨第一次代表大會上，有李大釗、陳獨秀等人的身影。

改組國民黨

辛亥革命後，孫中山堅持民主主義的立場，在反對封建軍閥的道路上苦鬥著。但無論是反對袁世凱的二次革命，還是反對段祺瑞的護法運動，均遭到敗績，這使孫中山處於極度苦悶之中。他對「革命主義未行，革命目的未達，僅有民國之名，而無民國之實」的狀況痛心疾首。要想打倒軍閥，建立民主政治，究竟應該走什麼樣的道路，依靠什麼樣的人，孫中山在繼續艱難地探索著。

俄國十月革命的影響，五四運動的爆發，馬克思主義在中國的傳播，中國工人階級登上政治舞臺和中國共產黨的誕生，使孫中山受到了新思想的深刻影響和啟迪，看到了新的力量和希望，決心聯合共產黨，對國民黨進行改組，走新的革命道路。

特別是 1922 年 6 月，陳炯明在帝國主義和北洋軍閥的支持下發動武裝叛變，迫使孫中山離開廣東到上海。過去對帝國主義的幻想和企圖依靠軍閥勢力打天下，無異是與虎謀皮。處在困境和危難中的孫中山，這種感覺尤為強烈與深刻，更堅定了他改組國民黨的心路歷程。

與帝國主義的態度相反，在陳炯明叛變的危急時刻，蘇俄政府的全權代表達林伸出了有力之手，孫中山下定決心採取聯俄政策。從他的一席話中，我們能感受到這種心

國共第一次合作，本是一個很好的契機，如果順勢發展，將會有一個美好的未來。可惜，這樣的局面沒能持續多久。紛爭，讓中國大地再次陷入血腥之中，機會，就這樣輕易葬送。

陳炯明

緒。他說：「在這些日子裡，我對中國革命的命運想了很多，我對從前所信仰的一切幾乎都失望了。而現在我深信，中國革命的唯一實際的真誠的朋友是蘇聯。」同時，孫中山非常感謝在他處境艱難之時，中國共產黨在政治上給予他的有力支持。

在孫中山、廖仲愷等國民黨人和李大釗、陳獨秀等共產黨人的共同努力下，在共產國際的幫助下，中國國民黨第一次代表大會於 1924 年 1 月 20 日在廣州召開。出席會議的代表 165 人，其中有共產黨員陳獨秀、李大釗等 24 人。此次大會的主要議程一是接納共產黨員、社會主義青年團員以個人名義加入國民黨；二是通過中國國民黨改組的章程和宣言；三是通過組織國民政府案；四是重新解釋三民主義；五是確定「聯俄、聯共、扶助農工」三大政策；六是選舉國民黨的中央執行委員會。

《中國國民黨第一次全國代表大會宣言》對於「三民主義」做出新的解釋：1. 關於民族主義。指出「國民黨之民族主義，有兩方面之意義：一則是中華民族自求解放；二則是中國境內各民族一律平等」。

孫中山在上海寓所的辦公室。他在這裡曾接見過李大釗、林伯渠、共產國際代表馬林、蘇俄代表越飛等人

明確地提出了反帝的內容。2. 關於民權主義。指出「國民黨之民權主義，則為一般平民所共有，非少數人所得而私也」。這裡明確地提出了廣大人民的民主權利。3. 關於民生主義。指出「國民黨之民生主義，其最重之原則不外二者：一曰平均地權；二曰節制資本」。「使私有資本制度不能操縱國民之生計」。這在實質上觸及了反對封建土地所有制和壟斷資本主義的內容。大會在重新解釋「三民主義」的同時，又確定了「聯俄、聯共、扶助農工」三大政策，並將這兩個方面聯繫起來。

大會的另一項重要內容是從組織路線上處理國民黨同共產黨的關係。在「一大」會議期間，圍繞著黨章草案展開激烈的爭論。以方瑞麟等人為代表的國民黨右翼勢力，提出反對「跨黨」的主張。一方面極力反對共產黨員和青年團員加入國民黨，另一方面要求增加「本黨黨員不得加入他黨」的條款。對於這個問題，大小會進行了激烈辯論。李大釗印發了《北京代表李大釗意見書》，批駁了方瑞麟等人的主張。大會否決了方瑞麟等人的提案，通過了《中國國民黨章程草案》，確認了共產黨員和青年團員以個人身分加入國民黨的原則。

煥然一新

根據這條組織路線，不但全體共產黨員和社會主義青年團員在組織上加入了國民黨，而且，國民黨組織系統在人員配備和幹部使用方面也貫徹了這條路線。大會當選的 24 名中央執行委員中，有李大釗、譚平山、于樹德 3 人。17 名候補中央委員中，有毛澤東、張國燾、瞿秋白、林伯渠、韓麟符、沈定一、于方舟等 7 人，約占委員的四分之一。隨後，孫中山主持召開了國民黨中央執委會及中央監委會第一次會議，在確定的 3 名常委中，有譚平山 1 人。在國民黨中央機關所設的 8 個部中，譚平山任組織部長，林伯渠任農民部長，楊匏安、馮菊坡、彭湃、張善銘等分別擔任組織、工人、農民、青年等部的秘書。此後，在國民黨各省市黨部中，亦安排共產黨人擔任負責人。毛澤東、惲代英、鄧中夏、向警予、羅章龍等擔任國民黨上海執行部負責人；林伯渠、李立三、林育南、項英等擔任國民黨武漢執行部負責人；李大釗、于樹德等任國民黨北京執行部負責人。以「一大」為起點，國民黨開始貫徹體現共產黨和國民黨實行「黨內合作」的新的組織路線，改組後的國民黨煥然一新。

國共第一次合作，本是一個很好的契機，如果順勢發展，將會有一個美好的未來。可惜，這樣的局面沒能持續多久。紛爭，讓中國大地再次陷入血腥之中，機會，就這樣輕易葬送。

中國國民黨第一次全國代表大會會場

中國國民黨第一次全國代表大會特別出入證

李大釗代表中國共產黨在國民黨一大發表意見書

事務所諸同志鑒：已委廖仲愷、汪精衛、張繼、戴季陶、李大釗為國民党改組委員，請孫伯蘭君電北京李大釗即來滬會商。孫文 十月十九日

1923 年 10 月 19 日，孫中山在廣州致函國民黨上海事務所電邀李大釗到滬與他商談國民黨改組事宜的信件手跡

黃埔軍校校址

將領的搖籃

黃埔軍校，成就了多少有志青年的夢想。孫中山任命蔣介石爲校長。

大徹大悟

黃埔長洲島，位於廣州市區東南20多公里處，自古以來，它就是一個著名的軍事要塞，是由虎門進入廣州的門戶。1924年6月，小島的歷史，書寫上濃墨重彩的一筆。一所軍校在這裡誕生，從此，黃埔之名，深深地留在人們的記憶中。

孫中山長期依靠舊軍閥武裝從事革命活動，屢遭敗績，給他留下了諸多教訓。尤其是1922年，被他視作親信的陳炯明叛變，炮轟總統府，欲置他於死地，這讓他痛心不已。

他意識到，革命若要成功，必須創建一支革命軍隊，辦一所軍官學校。他在改組國民黨的同時，決定建立一支「和革命黨的奮鬥相同的」革命軍隊。這是孫中山革命事業中的重大決策，亦是他歷經數次挫折和失敗後做出的抉擇。

1923年8月，孫中山委派國民黨代表蔣介石和共產黨代表張太雷等4人組成「孫逸仙博士代表團」，赴蘇俄考察黨務和軍務。11月15日，中國國民黨臨時中央執行委員會第6次會議通過了建立革命義勇軍的決議。27日，在第11次會議上，又議決了建立軍官學校的有關事項。

在黃埔軍校開學典禮的主席臺上。右起：宋慶齡、孫中山、蔣介石、廖仲愷

6月16日，孫中山主持黃埔軍校開學典禮

1924 年 1 月，在國民黨第一次全國代表大會期間，孫中山正式下令籌辦陸軍軍官學校，確定以原黃埔舊水師學堂和陸軍小學舊址為校址，故稱黃埔軍校。它的全稱是「陸軍軍官學校」，後改名為「中央軍事政治學校」。成立以蔣介石為委員長，鄧演達、王柏齡等 7 人為委員的陸軍軍官學校籌備委員會。先後聘請鮑羅廷為政治顧問，加倫為軍事顧問，要求參照蘇聯紅軍的制度創建軍校。2 月 6 日，「陸軍軍官學校籌備處」在廣州南堤正式成立。

為何軍校會選中離市區既遠又偏的長洲島？原來，當時滇桂軍閥盤踞在廣州市，選取遠離市區的孤島辦軍校，就是要避開軍閥的控制和干擾。島上環境幽靜，四面環水，築有炮臺多處，與隔江相對的魚珠炮臺、側面沙路炮臺形成三足鼎立之勢，把守控制江面，易守難攻，便於學習與練武。孫中山很熟悉長洲島，他曾多次來島視察，知道島上陸軍小學堂的校舍仍在，略加修葺，即可使用，可節省許多人力和資金。

黃埔長洲島，位於廣州市區東南 20 多公里處，自古以來，它就是一個著名的軍事要塞，是由虎門進入廣州的門戶。1924 年 6 月，小島的歷史，書寫上濃墨重彩的一筆。一所軍校在這裡誕生，從此，黃埔之名，深深地留在了人們的記憶中。

貪生畏死勿入斯門

1924 年 5 月 3 日，孫中山正式任命蔣介石為校長，

孫中山與李大釗（前右二）步出黃埔軍校

孫中山與蔣介石（中）、何應欽（左）、王柏齡（右）在黃埔軍校合影

蔣介石與夫人陳潔如在黃埔軍校

國民黨要員參加開學典禮。前排左四起：鄒魯、胡漢民、孫中山、蔣介石、歐陽格、許崇智、王柏齡

9日，委任廖仲愷為軍校的國民黨代表。隨後，任命李濟深為教練部主任；鄧演達為副主任兼總隊長；王柏齡、葉劍英為教授部正、副主任；戴季陶、周恩來為政治部正、副主任（周恩來後接任政治部主任）；林振雄為管理部主任；周駿彥、俞飛鵬為軍需部正、副主任；宋榮昌、李其芳為軍醫部正、副主任；何應欽為總教官。11月29日，又增設教育長，由胡謙擔任。

5月上旬，第一期來自全國各地的學員470人全部入校。生源參差不齊，有大學生，亦有小學沒畢業的；成分亦是魚龍混雜；目的也不盡相同，有真心從軍，為革命而獻身者，亦有投機革命，想升官發財者。

6月16日，黃埔軍校舉行開學典禮。兩年前的這一天，陳炯明叛變革命，兩年後，孫中山選擇這天作為開學典禮日，就是要大家牢記這個沉痛的教訓，為建立一支革命的軍隊而無私奉獻、努力奮鬥。孫中山指出創辦軍官學校「獨一無二的希望，就是創造革命軍，來挽救中國的危亡！」他號召全體師生「要從今天起，立一個志願，一生一世，都不存升官發財的心理，只知道救國救民的事業」，要「學先烈的行為，像他們一樣捨身成仁，犧牲一切，專心去救國」。他還親自將「升官發財請往他處，貪生畏死勿入斯門」的對聯貼在軍校大門上。

軍校學生經過學習和訓練，具備了良好的政治、軍事素質。1924年10月，軍校師生參加了平定廣東商團叛亂，1925年參加兩次東征和南征，先後擊潰了陳炯明等反動軍閥，統一了廣東，鞏固了革命根據地。1926年又參加北伐戰爭，連戰皆捷，戰果輝煌。

孫中山非常關心軍校的建設和發展，每隔一段時間都要到軍校「海關樓」小住，檢查工作，聽取彙報。要求師生嚴格掌握「政治與軍事並重，理論與實際結合」的教學方針，特地制定「親愛精誠」的校訓，宣導「團結」、「犧牲」、「奮鬥」三大精神。

早期的黃埔軍校是一所國共合作的學校，是培養革命人才和軍事將領的搖籃，來自各地的青年，為理想薈萃於斯，為國民革命的目標濟濟一堂。黃埔軍校為革命軍隊培養了大批「為主義而奮鬥，為主義而犧牲」的軍事、政治幹部，對於建立國民革命軍、統一廣東革命根據地和北伐戰爭的勝利發展，起了重大作用。學員們一同成長，又因堅持不同的主義而最終分道揚鑣，肩負起各自的使命。

人民解放軍十位元帥中就有兩位出自黃埔軍校，他們是徐向前和林彪。首批授銜的十位大將中，陳賡、許光達和羅瑞卿是黃埔軍校畢業生。周恩來、惲代英、肖楚女、熊雄、葉劍英、聶榮臻、陶鑄、劉志丹和左權等也都在黃埔軍校工作或學習過。

黃埔軍校的建立和發展並不是一帆風順的，軍校內部存在著各派政治勢力和政治集團的矛盾與鬥爭，並且隨著革命形勢的發展，國民黨左、中、右的政治分野日益明顯。特別是隨著北伐戰爭的勝利進行，蔣介石的權力日益膨脹，軍校的形勢日趨複雜。

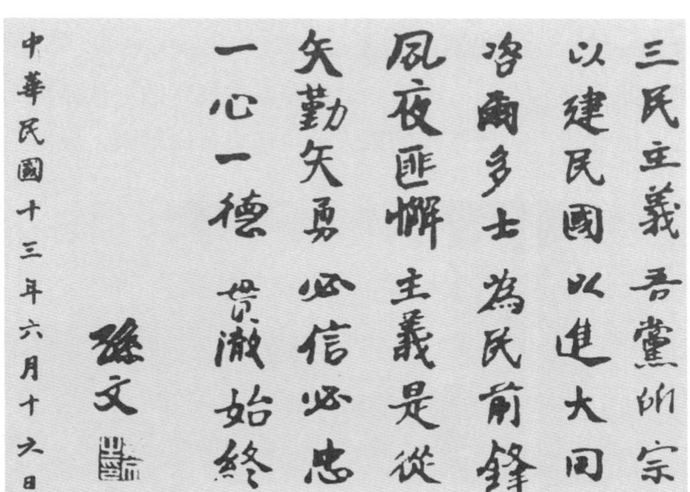
三民主義吾黨所宗
以建民國以進大同
咨爾多士為民前鋒
夙夜匪懈主義是從
矢勤矢勇必信必忠
一心一德貫澈始終
孫文
中華民國十三年六月十六日

孫中山為黃埔軍校題寫的校訓

黃埔軍校舊址

陸軍軍官學校校牌，為時任陸海軍大元帥大本營秘書處代秘書長譚延闓所書。黃埔軍校校訓為「親愛精誠」，由首任校長蔣介石擬選，呈交孫中山核定後使用。

陸軍軍官學校校歌為陳祖康作詞，林慶梧作曲。歌詞為：「怒潮澎湃，黨旗飛舞，這是革命的黃埔。主義須貫徹，紀律莫放鬆，預備作奮鬥的先鋒。打條血路，引導被壓迫民眾，攜著手，向前行。路不遠，莫要驚，親愛精誠繼續永守。發揚吾校精神，發揚吾校精神。」

紫禁城黯然失色

1924 年「北京政變」時的馮玉祥

馮玉祥陣前倒戈，發動「北京政變」，把溥儀趕出了紫禁城。

反戈一擊

辛亥革命之後，以皇權為象徵的君主政體已不復存在，但以其觀念支撐的「道統」並未徹底動搖。對一元化權力根深蒂固的崇拜，對分權與自治後中央權力受到制約的恐懼，未減反增。持大一統論的人堅持認為，當時中國軍閥割據，帝國主義企圖瓜分，惟有用武力統一剷除那些主張聯邦與自治的社會力量，建立強權中央政府，國家才有希望。

代之而起的爭論，是中央與地方的關係問題：是承襲傳統的中央集權大一統，還是另闢蹊徑走嶄新的聯邦建國之路？到 20 年代，用武力統一，似乎已不是唯一救國的途徑，聯省自治，亦是另一可行的選擇。

1916 年袁世凱死後，北洋軍閥分裂為直、皖兩系。1920 年直皖戰爭後，直系和奉系軍閥控制了北京政府。1922 年，第一次直奉戰爭爆發，馮玉祥率部討奉援直。戰後，曹錕與吳佩孚控制了北京政府，推戴黎元洪繼為總統。1923 年，黎元洪下臺後，曹錕急於當總統，通過賄選，得到了這一職位，引起全國各界的強烈反對。1924 年 9 月 5 日，孫中山揮師北伐，密約馮玉祥、胡景翼、孫岳早日發起倒直行動。

馮玉祥是北洋系中具有民主意識且比較進步的軍人，自辛亥革命以來，參加過

討逆軍實施攻擊

段祺瑞部討逆軍在紫禁城東門與辮子軍交戰

灤州起義，反對「二十一條」，參加討伐袁世凱稱帝和張勳復辟，反對對南方護法軍政府的戰爭等等。1921 年，馮所部擴編為第 11 師，馮任師長，兼陝西督軍，後又任河南督軍。

馮玉祥是直系重要將領，雖依附曹錕卻非嫡系，始終受到直系吳佩孚等排擠，故對曹、吳不滿，同時受孫中山的代表徐謙影響，有心一旦時機成熟，便反戈一擊。

9 月 15 日，奉軍趁江浙戰爭相持之機，集結主力，分別向熱河和山海關方面出動。18 日，第二次直奉戰爭正式爆發。

10 月，馮玉祥率部進駐古北口，擔任討逆軍第 3 軍總司令。馮與直系援軍第 2 路軍總司令胡景翼、京畿警備副司令孫岳秘密策劃倒戈驅除曹、吳。戰爭初起，直軍失利，吳佩孚急調駐守在長辛店、豐台之間的勁旅第 3 師馳援。10 月 18 日，吳佩孚下令對奉軍發動總攻擊。

10 月 19 日，馮玉祥舉行緊急秘密軍事會議，他試探了將領們的意向，然後鄭重宣布了政變計畫，將領們一致擁護。因為北京政變是迎孫中山北上，而孫中山所領導的黨叫國民黨，故此，馮玉祥也把自己的部隊改名為國民軍。

馮玉祥乘吳佩孚在長城山海關一線與奉軍激戰，後方

1924 年 9 月 8 日美國《時代》週刊封面人物吳佩孚

孫岳

鹿鐘麟

「清宮」搬出紫禁城，引得老百姓紛紛駐足觀看

1924 年 10 月，在「北京政變」期間，馮玉祥部在灤平召開軍事會議時合影

空虛之際，不失時機地從古北口、密雲前線秘密回師北京。

21 日，馮玉祥命鹿鐘麟率部以晝夜行軍 200 里的速度馳赴北京。22 日下午，抵北苑與留守司令蔣鴻遇會合。晚 8 時，鹿鐘麟率部由北苑出發，輕裝簡騎，靜悄悄地來到安定門。

守軍孫岳部早已得到命令，大開城門，迎接鹿鐘麟。事先混入城內的部隊，已按原定部署，於 11 時包圍了總統府，切斷了電話線，並占領了電話局、電報局及火車站等要害部門。各處守衛員警因事變突如其來，不知所措，乖乖繳械。

23 日凌晨 5 時，鹿鐘麟把北京全城控制在手中。6 時許，他請孫岳派人將總統府衛隊繳械，並囚禁了曹錕。

清晨，市民驚異地發現，滿城皆是佩戴「不擾民、真愛民、誓死救國」袖章的國民軍士兵，才知道北京在一夜之間天翻地覆。

同日，馮玉祥、胡景翼、孫岳聯名通電主和，同時，頒布文告，指責吳佩孚不顧人民的痛苦，興無名之師為孤注一擲。隨即向曹錕提出下令停戰和免去吳佩孚本兼各職。

25 日，馮玉祥召集胡景翼、孫岳、黃郛、王承斌等召開軍事會議，認為國民黨進行的國民革命運動是當前中國唯一出

張勳的辮子軍源源不斷地湧入北京城

看似平靜的京奉路，正在醞釀著一場急風暴雨

路，一致決議立即電請孫中山北上主持國家大計。但孫中山北上尚需一定時間，為了應付當前混亂局勢，商定先請段祺瑞入京出面維持。

馮等當時計畫由孫中山主政，段祺瑞主軍，故在次日電請段出任國民軍大元帥。同時成立攝政內閣，黃郛攝行總統之職。

11月2日，曹錕宣告退位，至此，直系軍閥控制的北京政府結束，一場北京政變，讓曹錕、吳佩孚迅速倒臺。

攝政內閣根據馮玉祥的建議，修改了《清帝遜位後之優待條件》。11月5日，新任北京警備司令鹿鐘麟到故宮宣布修正清室優待五條件，限令溥儀即日遷出故宮。當天下午，溥儀及其妻妾與少數太監宮女移居什剎海「醇王府」。中國封建王朝的末代皇帝，終於被趕出了金碧輝煌的紫禁城，成為一個平頭百姓。

張作霖與其10歲的長子張學良和5歲的次子張學銘（左）

初衷成爲泡影

馮玉祥採取一系列具有進步意義的措施，遭到北洋軍閥各實力派的反對，特別是攝政內閣的成立，更為他們所忌恨。各省直系軍閥在南京組織了十省大同盟，明示不予

執政府成立，前排中戴禮帽者為段祺瑞

黃郛暫時攝行總統之職

國民軍聚集在執政府門前

直奉兩系積極備戰，北京城內百姓紛紛出城避難

承認。而馮玉祥驅逐溥儀出宮，亦遭到非議，指責他「不近人情」。

不僅如此，馮玉祥最初的想法，是試圖把各派政治力量糾合在一起，以實現自己「救國救民」的政治抱負。然而，張作霖揮師入關，在追殲直系殘餘的同時，得隴望蜀，欲圖借機染指京畿，馮、張的矛盾由此尖銳。此時，直系在北方的勢力已消失，段祺瑞心有不甘，他看到奉軍的兵力大大強於國民軍，亦落井下石，採取「以張制馮」之策，妄圖從中漁利，這使馮玉祥陷入孤立。

馮玉祥為了加強自己的地位，極力敦促孫中山北上。孫中山接受邀請，於 11 月 8 日正式電告「准於元旦由粵起行，經滬北上，共圖良舉」。

段祺瑞得悉孫中山決定北上，極不樂意，便捷足先登，電催馮玉祥、張作霖到天津共商收拾時局之策。段一方面利用馮主和的主張，拒絕張對南方用兵，另一方面又與張聯合對馮。面對來自雙重的壓力，馮玉祥妥協退讓，一改自己擁戴孫、段合作、建立民主政府的初衷，最終與段祺瑞達成籌組一個執政府的政治交易。

在凜冽的秋風中，段祺瑞卻是滿面春風，於 1924 年 11 月 22 日入京就任臨時執政，攝政內閣就此結束。北京政變打開的有利局面，突然間又變得複雜起來。馮玉祥電邀孫中山北上召開「國事會議」以「更新時局」的初衷，終成泡影。

直皖戰爭以 1920 年皖系失敗而告終。圖為 1919 年直皖戰爭前，段祺瑞（前右一）、蔭昌（前右三）、朱啟鈐（前右二）等人合影

大愛無疆

1916 年 4 月 24 日，宋慶齡與孫中山回國之前在東京合影

孫中山與宋慶齡締結婚姻歷經頗多曲折，宋家父母曾堅決反對。

斯人已去

1924 年 12 月 31 日，北上的孫中山抱病乘專車抵京，下榻鐵獅子胡同，受到各界人士的熱烈歡迎。1925 年 1 月 26 日，孫中山入協和醫院進行手術治療，被診斷為肝癌，並且已到了晚期。於是以鐳放射治療，但不見起色。2 月 18 日，孫中山回到鐵獅子胡同 5 號，採用中醫治療，但效果仍然甚微。孫中山患病期間，廣州、上海等地的中國國民黨中央執行委員和監察委員紛紛來京探視。當時中國國民黨北京執行部時常舉行擴大會議，實際等於中央執行委員會移京舉行，決定重大問題。參加會議的人，除原來北京執行部的中央委員李大釗、丁惟汾、王法勤、于右任、顧孟余、徐謙、于樹德外，還有汪精衛、林森、張繼、鄒魯、謝持、吳稚暉、李石曾等人，開會時，一般總是推汪精衛擔任主席。鑒於孫中山病重，大家提出請孫中山準備遺囑。

2 月 24 日下午，孫中山口述國事、家事兩份遺囑，由汪精衛記錄。孫中山又用英語口授了致蘇聯的遺書，由鮑羅廷、孫科和宋子文筆記。關於家事的內容為：「余因盡瘁國事，不治家產，其所遺之書籍、衣物、住宅等，一切均付吾妻宋慶齡，以為紀念。余之兒女，已長成，能自立，望各自愛，以繼吾志。此囑！」兩份遺囑本來準備

美國記者斯諾曾在 30 年代問宋慶齡是如何愛上孫中山的。她答道：「我當時並不是愛上他，而是出於敬仰。我偷跑出去協助他工作，是發自少女浪漫的念頭——但這是一個好念頭。」

孫中山的原配夫人盧慕貞（1867—1952）

1917 年 7 月宋慶齡陪同孫中山南下護法，圖為他們在廣州大元帥府內合影

1922 年，孫中山、宋慶齡遊桂林疊彩山

1924 年 12 月 31 日，宋慶齡陪同病重的孫中山由天津抵達北京，這是他們夫婦最後的合影

當天簽字，因為擔心宋慶齡會因之悲傷過度，所以留等他日。

3 月 11 日上午 8 時，何香凝到孫中山的臥室，只見孫的瞳孔放大，呼吸淺促。眼看情況不妙，何趕緊出來與眾人商量。汪精衛拿出遺囑，懇請孫中山簽字。孫此時非常清醒，他帶著微笑，巡視著一張張悲傷、慌亂的臉，傷感地說：「現在要分別你們了！」在場的人慟哭失聲，宋慶齡更是淚如雨下，她托著孫中山顫抖的手，用孫科遞來的鋼筆，在兩份遺囑上逐一簽上「孫文」字樣。簽字後孫中山又用極安靜的態度，向家屬一一囑咐後事。3 月 12 日上午 9 時 30 分，孫中山與世長辭。

往事如煙

1915 年 10 月 25 日，孫中山與宋慶齡在日本東京成婚，他們年齡相差 27 歲，他們是生活伴侶，更是革命戰友。

孫中山和宋家的關係，頗有淵源，他與宋慶齡的父親宋耀如是好友。宋耀如在美國深受西方民主思想的影響，對腐敗的清廷很反感，對孫中山的革命活動很支持，很快就成為一位革命的追隨者。

當時，孫中山多流亡於國外，但每次到上海，必到宋耀如家，宋慶齡很喜歡聽孫中山講革命道理，並尊稱他為「先生」。

1907 年，宋慶齡去美國威斯里安學院學習，接受了許多西方民主思想。四年後，辛亥革命取得成功，1912 年元旦，孫中山在南京就任中華民國臨時大總統。宋耀如帶著大女兒宋藹齡前來參加就職典禮，並把她留在孫中山身邊作英文秘書。

二次革命失敗後，孫中山及許多革命黨人流亡日本，宋耀如一家也在這裡。遭到通緝來日的孔祥熙，與宋藹齡相愛為伴。百忙中的孫中山缺少了助手，一時感到困頓。這時，宋慶齡從美國來到東京，毅然接替了姐姐的工作。

是時，孫中山領導的革命，正處在極度困難之中。宋慶齡每天從早到晚不知疲倦地為孫中山處理英文信件，整理文稿、電文，及時提供他所需要的各種資料，孫中山十分滿意。

在與孫中山的接觸中，宋慶齡不僅加深了對中國革命的認識，大大增強了對革命勝利的信心和獻身精神，對孫先生的為人，也有了更深入的瞭解。她在寫給妹妹宋美齡的信中說：「我能幫助中國，我也能幫助孫先生，他需要我。」同樣，孫中山對宋慶齡的到來，不僅是對他寂寞中的一種慰藉，更多的是對他革命精神的鼓舞與支持。他們彼此心心相印，開始相愛了。

1914 年 11 月，宋慶齡回上海探望父母，臨行前和孫中山談到「結合」一事，孫中山希望她「慎重考慮」。但宋慶齡十分堅定地說：「經過長期、慎重的考慮，深知除了你，為革命服務，再沒有任何比這更使我愉快的事……我願意這樣獻身革命。」

宋慶齡回到上海後，向父母表示了要和孫中山結合的願望。沒想到，父母堅決反對，不允許她再去日本，並把她鎖在房內。

宋慶齡離開後的時日，孫中山突然感覺失去了什麼，他常常陷入一種思念之中，他決定和結髮妻子盧慕貞分手。這一想法，得到了他最好的日本友人、房東梅屋莊吉的同情和支持。

宋慶齡出國留美前與母親倪桂珍

宋慶齡（右）、宋藹齡（左）和母親倪桂珍

世界潮流浩浩
蕩蕩順之則昌
逆之則亡
孫文題

孫中山題字

宋耀如

1914 年 11 月，孫中山在東京與房東梅屋夫婦

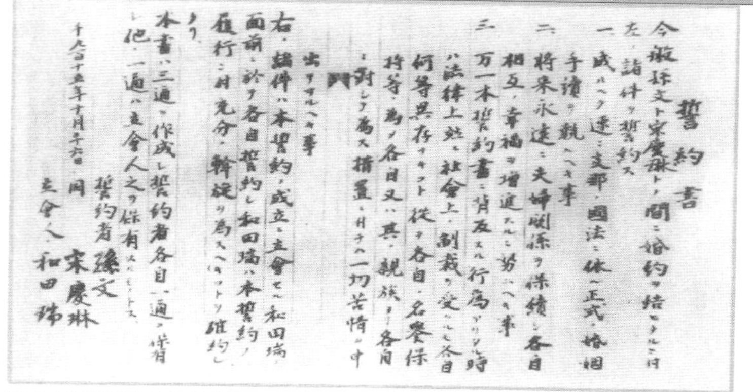

誓約書

今般孫文ト宋慶琳トノ間ニ婚約ヲ結ヒタルニ付左ノ諸件ヲ誓約ス

一 成ルヘク速ニ支那國法ニ依リ正式ノ婚姻手續ヲ執ルヘキ事

二 將來永遠ニ夫婦關係ヲ保續シ各自相互ニ幸福ヲ增進スルニ努ムヘキ事

三 万一本誓約書ニ背反スル行為アリタル時ハ法律上並ニ社會上ノ制裁ヲ受クルモ各自何等異存ナキコト從テ各自ノ名譽保持ノ為メ各自又ハ其ノ親族ヨリ各自ニ對シテ為ス措置ニ付テハ一切苦情ヲ申出テサルヘキ事

右ノ諸件ハ本誓約ノ成立ニ立會ヒタル和田瑞面前ニ於テ各自誓約シ和田瑞ハ本誓約ノ履行ニ付充分ノ斡旋ヲ為スヘキコトヲ確約シタリ

本書ハ三通ヲ作成シ誓約者各自一通ヲ保有シ他ノ一通ハ立會人之ヲ保有スルモノトス

千九百十五年十月二十六日

誓約者 孫文

同 宋慶琳

立會人 和田瑞

孫中山和宋慶齡結婚誓約書

1915年，孫中山把盧慕貞從澳門接到東京，向她談及此事。盧慕貞雖然沒有什麼文化，但她明白自己不能給丈夫太多的幫助，他身邊確實需要一位志同道合者，便答應了孫中山的離異要求，在辦理完相關手續後即回澳門獨居。

內部的事，已得到妥善解決，外部的事，卻遇到了相當的麻煩，當孫中山得知宋慶齡在上海被父母「囚禁」的消息後，馬上請廣東香山同鄉朱卓文和他的女兒慕菲雅去上海疏通。慕是宋慶齡的同學，兩人關係很好，朱家父女到了上海後找到宋家，轉交了一封孫中山給宋慶齡的「急信」，並向她說明瞭孫中山和盧慕貞離異的詳情，還出示了協議書。

宋慶齡為孫中山的深切之情所感動，她顧不上家人的反對，在女傭的幫助下毅然出逃。10月24日，她乘船到日本橫濱，隨即乘火車去東京，孫中山趕到車站迎接。

翌日，他們一起到和田瑞律師家辦理了結婚手續，又委託律師去東京市政廳辦理了結婚登記。他們在和田瑞律師的主持下，簽訂了《誓約書》。

25日晚，孫中山和宋慶齡的婚禮在梅屋莊吉家的二樓大房間裡舉行，房間以中國風格裝飾一新，正面是八折金鳳屏風，左右兩邊是紅木傢俱，架子上的青花瓷瓶裡，插著盛開的菊花。前來祝賀的有廖仲愷夫婦、陳其美等人，還有日本朋友犬養毅等。孫中山身著西服，宋慶齡是一件粉紅色上衣，下為淡綠色圖案的裙子，頭戴大花邊帽，手持鮮花，光豔照人。他們手拉手步入中庭，由梅屋莊吉夫婦主婚，喝完交杯酒，由犬養毅唱《祝福歌》，隨即大家舉杯祝賀。整個婚禮莊重樸素，氣氛歡愉。

孫中山和宋慶齡的婚姻，遭到一些人的反對，孫中山則堅定不移地回答道：「我不是神，我是人。」「我愛我國，我愛我妻。」表明了一個革命者對待愛情和婚姻光明磊落的態度。當然，反對最激烈的還是宋慶齡的父母，宋耀如專程趕到日本以圖阻止，但面對現實，最終還是做出了讓步，他痛惜愛女，更深深理解她的執著選擇。後來，孫中山和宋慶齡回到上海，宋耀如特地補上一套古樸的硬木傢俱和象徵婚姻美滿的百子花被面，以示祝福！

婚後，孫中山得到宋慶齡的鼎立支持，如虎添翼；宋慶齡亦成為一個堅強的革命戰士，孫中山逝世後，她秉承遺志，不辱使命，成為一位偉大的女性。

「六不總理」段祺瑞

段祺瑞

他一無錢二無地，饅頭素菜清心寡欲。但他曾逼走幾任總統，奉行的是武人政治。

不落流俗

段祺瑞（1865—1936），安徽合肥人，是北洋軍閥鼻祖袁世凱麾下的三員悍將之一，其中，又數他風頭最勁。民初十多年，除了袁世凱，他是左右時局的重量級人物，雖無總統名分，但「臨時執政」也就是換了名的國家元首。身為國務總理的他，其權勢比做過總統的黎元洪、馮國璋、徐世昌、曹錕，還有大元帥張作霖，有過之而無不及。

1918 年 10 月，安福國會選徐世昌為大總統

與大多數軍閥斂財不同，段祺瑞不愛錢，為官多年，身居要職，可一點積蓄也沒有。段祺瑞從未做過生意。當時的銀行家誰不想巴結這位國務總理？可他沒有在任何一家銀行投過一文錢。顯赫一時的段家，居然也有經濟周轉不靈的時候。實在挺不下去了，段祺瑞就會寫張白條，到金城或大陸銀行去借上個幾百上千的。這一筆筆賬，段祺瑞都記著，等他有了錢去還時，哪家銀行都別想「賴帳」。

當時的高官權貴，都喜歡在北戴河修建別墅避暑，段祺瑞卻連一間小屋都沒蓋，就連他在老家合肥也是一無房產二無地。一大家子人，從不置產業，下野後住的房子都是別人送的。

1890 年段祺瑞（右二）赴德國學習軍事時留影

他的家教甚嚴，家中門房從來不收紅包。如果有人勒索來客，馬上拉出去槍斃。有人給他送禮，他總是把禮

1926 年 3 月 18 日，示威遊行隊伍與段祺瑞執政府衛隊對峙

物悉數看一遍，然後選一兩樣不值錢的留下，其餘一概奉還，毫不貪戀。

段祺瑞從年輕到老，穿衣從不講究。他在家裡總是布衣長衫，頭頂瓜皮帽。出門時，當然也會穿軍裝、禮服，但絕不顯擺，顯得很隨便。段祺瑞的個人生活，在當時的軍閥中算是相當簡樸的。

段祺瑞在臺上當政時還有地方借錢，等到他下野隱居天津後，家中的經濟狀況每況愈下，他已經住不起「公館」，而只能住「私宅」了。段祺瑞開始親自過問日常開支，審查每日帳目，節約，成為段家人之首要。家裡的僕人也減到最低數。他的一日三餐，多以米粥、饅頭、素菜為主，清心寡欲，與平民無異。

不抽不喝不嫖不賭不貪不占，這就是「六不總理」段祺瑞的為人。面對燈紅酒綠，金黃銀白，世間俗人誰不動心？或許段祺瑞天性寡欲，但更多的是後天修煉的自制力。

醉心權術

不過，段祺瑞絕非「完人」，他醉心於權術，玩弄政治，是他的一大嗜好。此公最大的作為，是曾「完美」地逼走幾任總統。袁世凱死後，由副總統黎元洪繼之。那一日，段祺瑞非常不情願地以「顧命大臣」身分去通知黎元洪。兩人端坐在楠木桌旁，誰也不開口，如兩尊木雕泥塑。好一會兒，段祺瑞突然起身向黎元洪三鞠躬，黎趕快欠身還禮，禮畢後二人復位，又不語。這幕默劇足足演了 40 多分鐘，段祺瑞終於起身告退，黎元洪也只好茫茫然起身送客。這時段祺瑞對總統府秘書長說：「黎總統這裡沒有人，你就留下幫忙吧。」

段祺瑞用這種方式宣布黎為總統，分明是把他當成一個玩物。其後，他處處與黎元洪作對，黎被逼無奈，請「辮帥」張勳進京調停，結果引出了一場復辟鬧劇。等到段祺瑞以「再造共和」的功臣打跑張勳後，黎元洪只能掛印黯然而去。

繼任總統馮國璋與段祺瑞同為袁家得力幹將，上任之初，一席「再也沒有府院之爭」的話語，令人欣慰。可結果呢？面對權力，兩人已不再顧及兄弟情分。馮國璋被逼無奈，三十六計走為上計，他以巡視為名沿津浦線南下，直奔南京老巢。段步步緊逼，派心腹段芝貴帶兵在蚌埠截住了馮大總統，眼望近在咫尺的南京，馮國璋恨在心頭不敢言聲，乖乖地返回京城，從此徹底放權給段祺瑞。

位於北京鐵獅子胡同的段祺瑞「執政府」

癡迷下棋

段祺瑞是個武人，玩弄的是軍人政治，他不懂經濟，只熱衷內戰，打遍天下。他把所有的精力與心智、所有的堅忍與自制，統統用於勾心鬥角，陰謀統攝之上。當他手持槍桿子叱吒北洋政壇之時，爭得了權力卻落得聲名狼藉。當總理時與總統府交惡，無端製造出「府院之爭」；當執政時先有了「五卅慘案」，又弄出個「三一八慘案」，血濺鐵獅子胡同，被稱之為「民國以來最黑暗的一天」。段祺瑞集眾矢於一身，千夫所指，徹底失去了民心，終於被馮玉祥的國民軍趕下了台。

下棋，是段祺瑞的另一大嗜好。那個時代的高官，能下幾手棋的人不少，但癡迷到他這般地步的卻很少。只要有點閒空，段一定是坐在棋桌前。上門的客人，只要會下，必然要陪他擺幾盤。平時公館裡養幾個清客，專門陪他下棋，每月從陸軍部裡支薪。曾經打遍日本棋壇無敵手的吳清源，據說當年就是段公館裡年紀最小的清客，後來他東渡日本學棋，得到段祺瑞的支持。

馮國璋

段祺瑞的棋藝不甚高明，稍有功力的人，就可以打敗他。只是礙於他的地位，輸棋，也就順理成章。但如果對方是故意相讓被他看出破綻，那絕對不行。所以，既要讓他贏棋，又要不露痕跡，結果每盤棋都是在看似下得驚心動魄、難解難分之中，讓段祺瑞贏上那麼一目半目而結束。

段芝貴

政壇失意之後，段祺瑞隱居上海。時值日本侵華，曾是親日派的段祺瑞在國家、民族危亡之際，嚴拒日本人的威逼利誘，做到了大節不虧。

北平淪陷後，吳佩孚在北平居所留影

正說吳佩孚

曾經大開過殺戒的吳佩孚，五四時有過良好表現，北平淪陷後的表現更是令人感嘆。

曾經八方風雨

吳佩孚（1874—1939），山東蓬萊人，有「儒將」之譽。本是一介書生，22歲中秀才，後因得罪家鄉官吏被革除功名而遭通緝。不得已於1898年棄文從軍，從此身披戎裝。

沒幾年，吳佩孚就被北洋直系首領曹錕看中並直上青雲，由團及旅，再到師長。不幾年就擁兵數十萬，被封為「孚威上將軍」，立足洛陽，控制河北、河南、山東、湖北、湖南等省。

護國討袁運動興起後，吳隨營入川鎮壓蔡鍔領導的雲南護國軍。1917年7月，任討逆軍西路先鋒，參加討伐張勳復辟。同年孫中山組成護法軍政府，段祺瑞派曹錕帶兵南下討伐，吳任第3師代理師長兼前敵總指揮，一路挺進。後因湖南督軍席位被皖系軍閥張敬堯所得，吳氣憤不過，遂發出罷戰主和通電。

1919年11月，吳與西南地方當局結成反對段祺瑞的軍事同盟。12月馮國璋病死，曹錕、吳佩孚成為直系一、二號人物。1920年5月，吳率軍自衡陽北撤，布置對皖軍事。14日直皖戰爭起，在奉軍配合下大敗皖軍。此後，直奉兩系共同把持了北京政府。

1922年4月，第一次直奉戰爭爆發。直軍勝，奉軍敗退關外，直系開始獨攬中樞。此消彼長，讓曹錕的欲望開始膨脹，非要過把大總統的癮。遠在洛陽的吳佩孚極力反對，但老曹我行我素，以賄選登上總統寶座。

誰人都知，繼馮國璋之後任直系領袖的布販子曹錕並無治國之才，蓬萊秀才吳佩孚才是出面收拾江山的真正人物。

然而，吳佩孚恪守封建傳統觀念，無論主公如何無能，他都忠心不貳，決不取而代之。曹錕登上總統寶座後只知道整日尋歡作樂，吳佩孚寧肯躲得遠遠的，也不願「犯上作亂」。

身染血腥

吳佩孚這位「儒將」重義，但缺乏「仁」道。為了實現個人野心，他大開殺戒，「龍泉劍斬血汪洋」，對各路軍閥毫

北平淪陷後，吳佩孚一直是日方拉攏的重點對象。吳不為所動，保持了民族氣節。日方利用這幅吳氏家庭合影，大造輿論

吳佩孚（中）與李大釗（左）等合影

不手軟，對芸芸眾生更是不屑一顧。1921 年與湘軍作戰時竟下令掘開長江堤口，淹死湘民數十萬，哀鴻遍野；1923 年 2 月，京漢鐵路工人為爭取自由、人權舉行大罷工，他殘酷鎮壓，釀成「二七慘案」，為自己寫下最黑的一頁。

吳佩孚 50 壽慶之時，正是他的「黃金時代」，一時洛陽冠蓋雲集，賓客盈門。曾經風雲一時的維新派首領、著名學者康有為遠道而來，呈獻賀壽對聯：「牧野鷹揚，百歲功名方半渡；洛陽虎踞，八方風雨會中州。」雖然氣勢非凡，不免溢言虛美。

但是這只「鷹」、「虎」的前景並不美妙，結局頗為悲憫。第二次直奉戰爭開打，吳佩孚親赴前線指揮作戰。誰知，他的部下馮玉祥於陣前反戈一擊，令他猝不及防，元氣大傷。接著在 1926 年夏的北伐戰爭中，在鄂南汀泗橋、賀勝橋連遭敗績。兩個月後北伐軍攻克武昌，吳軍一敗塗地。

一夜之間，統兵數十萬的大將軍成了飄零的亡命客，他何去何從？走投無路的吳佩孚骨氣未失，不像其他下臺的軍閥政客那樣，腰纏萬貫出洋「考察」或跑到租界去尋求外國人的保護，而是投靠頗有舊情的川軍將領楊森。

儘管已失意，風光不再，但吳佩孚氣度未改，他去成都參觀昭覺寺時曾賦詩二首。其中一首這樣寫道：「英雄不避殺身凶，何況空門老梵宮。偏有情絲難遽斷，雙行血淚灑秋風。」

吳佩孚雖然身有血腥，但尚知堅持民族立場。1919 年巴黎和會時曾多次通電反對簽訂有損於中國利益的巴黎和約，支援學生運動，頗得輿論好評。現在，人們一提起那場全民族的思想解放運動，把讚譽多給了學生，捎帶也誇一誇蔡元培等覺醒人士，若再多說幾句，也就提及商界、工人的罷市罷工，惟獨對軍界的良好表現不置一辭。其實，運動一爆發，吳佩孚就旗幟鮮明地站在風口浪尖，他鄭重宣言：願為祖國「敢效前驅」，這多少讓人感懷不已。

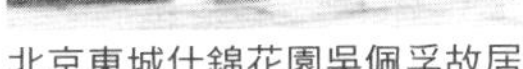

北京東城什錦花園吳佩孚故居

吳佩孚失勢流亡四川時，在白帝城住過的小洋樓

晚節可嘉

一年後吳佩孚離開成都，定居北京東城的什錦花園，靠「世侄」張學良救濟一點「補助費」維持生計。在他的客廳中，懸掛著他親撰的一副對聯：「得意時清白乃心，不納妾，不積金錢，飲酒賦詩，猶是書生本色；失敗後倔強到底，不出洋，不走租界，灌園抱甕，真個解甲歸田。」字裡行間，流露出吳氏一生的心境與情操。

吳佩孚雖然身有血腥，但尚知堅持民族立場。1919 年五四運動時曾多次通電反對簽訂有損於中國利益的巴黎和約，支援學生運動，頗得輿論好評。現在，人們一提起那場全民族的思想解放運動，把讚譽多給了學生，捎帶也誇一誇蔡元培等覺醒人士，至多也就提及商界、工人的罷市罷工，惟獨對軍界的良好表現不置一辭。其實，運動一爆發，吳佩孚就旗幟鮮明地站在風口浪尖，他鄭重宣言：願為祖國「敢效前驅」，這多少讓人感懷不已。

若沒有日本人的入侵，吳佩孚原本是要在北京城裡頤養天年的。可是，盧溝橋事變的槍聲打斷了他的殘夢。日本人急於在占領區建立傀儡政權，汪精衛落水附逆，吳佩孚則任憑說客盈門，也不為所動。

吳佩孚拒日，保持了民族大義。於是，他的死就變得撲朔迷離，其中就有被日本人害死一說。但不論死於何因，他的晚節可嘉。

吳佩孚「在失敗時，也不出洋，不居租界自失。……他在失勢時還能自踐前言，這是許多人都稱道他的事實。」「吳氏做官數十年，統治過幾省的地盤，帶領過幾十萬大兵，他沒有私蓄，也沒置田產，有清廉名，比起當時的那些軍閥腰纏千百萬，總算難能可貴。」董必武對吳佩孚的評價，十分中肯。

吳佩孚出殯

濁浪

這是正在修復中的中山艦

中山艦事件的發生，在於國民黨右派不能容忍汪精衛的「左」傾和共產黨力量的發展。

無事生非

「中山」艦原名「永豐」艦，1922 年，陳炯明在廣州發動叛亂，炮擊總統府。孫中山在深夜突圍後即登上「永豐」艦指揮平叛，歷時 55 天，這裡成了他的流動總部。1924 年 11 月，孫中山最後一次搭乘「永豐」艦，轉赴北京共商國是，次年 3 月在京病逝。為紀念孫中山先生，3 月 30 日廣州政府將「永豐」艦更名「中山」艦。

1925 年 7 月 1 日，國民政府在廣州成立，其軍事委員會下設海軍局，局長為蘇聯顧問斯美洛夫、參謀廳長歐陽琳、政治部主任為李之龍。處於要害職位的汪精衛和蔣介石，既有政爭，也有權爭。汪精衛以「左」的面貌出現，蔣介石似乎也「左」了一下，但很快又露出右的本質。

1926 年 3 月 18 日晚，時任黃埔軍校校長的蔣介石指使親信，到代理海軍局局長、中山艦艦長李之龍家中傳達命令，聲稱奉校長命令，要海軍局速派得力兵艦兩艘開赴黃埔。其實，這是蔣介石精心設計的第一步，即假造命令將中山艦調離廣州，以便為其羅織罪名埋下伏筆。

李之龍接令後，隨即通知「中山」、「寶璧」兩艦於 3 月 19 日晨開往黃埔，向軍校教育長鄧演達請示任務。鄧感到十分疑惑，說他並不知情。鄧演達向來以反對蔣介石獨裁著稱，而李之龍接到的命令，是以鄧的名義轉達的，

抗戰爆發後，1938 年 10 月，中山艦奉命從岳陽開赴長江武漢金口水域布防巡邏。10 月 24 日下午，日軍轟炸機 6 架編隊而來。中山艦官兵奮起迎敵，然而孤船獨艦，眾寡懸殊，遭到重創後沉沒。

中山艦艦長李之龍

很顯然，這是蔣介石等人玩弄的一箭雙雕之計。中山艦等當天下午返回廣州，隨之謠言四起，稱「共產黨要暴動」、「李之龍要造反」等。

蔣介石終於找到一個理由，他開始行動，大肆逮捕共產黨人。當夜，密令逮捕李之龍、解除中山艦武裝，派兵包圍省港罷工委員會、蘇聯顧問和共產黨人的住宅以及全市共產黨機關，還扣押了軍內國民黨左派黨代表和政工人員 40 多人，嚴密監視鄧演達。當廣州市內一切布置妥當後，蔣介石電令駐紮潮汕的第 1 軍，將全軍黨代表撤銷並驅逐。所有這一切，讓蔣介石的真面目暴露無遺。

爆發只是在遲早之間

近年來，隨著研究的不斷深入，中國社會科學院近代史研究所的楊天石研究員發現，中山艦事件並非由蔣介石一手策劃，它的出現，在當時的大背景下，既是偶然，又是必然。換言之，以蔣介石的為人和行事風格，即使沒有右派的造謠和挑撥而無事生非出一個所謂的中山艦事件，那他遲早也會製造出另一個事件來。楊天石認為：

第一，中山艦駛往黃埔並非李之龍「矯令」，它與當時的國民政府主席、國民革命軍總黨代表汪精衛、蘇聯顧問季山嘉無關，也與共產黨無關。多年來，蔣介石和國民黨部分人士一直大肆宣傳的所謂「陰謀」說，顯然不能成立。

第二，蔣介石沒有直接給海軍局或李之龍下達調動艦隻的命令。因此所謂蔣介石下令而又反誣李之龍「矯令」說，也不能成立。

第三，中途加碼，「矯」蔣介石之令的是黃埔軍校駐廣州辦事處主任歐陽鐘。他明明去了李之龍家裡，事後卻隱匿有關情節；他在海軍局和李之龍夫人面前聲稱「奉蔣校長命令」調艦，而在給作為校長辦公廳秘書的季方電話裡，只能如實陳述；在給海軍局的公函裡，他清楚地寫著要求「迅速派兵艦兩艘」，而在事後所寫的報告和供詞中，又謊稱只是「請其速派巡艦一二艘」，有意含糊其辭。因此，歐陽鐘與中山艦事件有重要關係，在他背後，有著不可告人的隱秘。

相比較而言，當時左派勢力較右派更大一些，共產黨人在國民黨和國民革命軍中亦不斷發展壯大，蘇聯顧問團也加強了自己的地位和影響。時任國民政府主席的汪精衛也表現出前所未有的「左」傾。

國民黨右派當然不能容忍共產黨力量的發展和蘇聯顧問影響的增強，也不能容忍汪精衛的「左」傾。蔣介石雖然因依靠蘇聯供應軍械而仍然主張聯俄，對共產黨也時而表現出願意合作的姿態，但在內心，早已滋生出強烈的不滿。

和爲貴

桂系重要人物李宗仁（右）、白崇禧

新桂系一統廣西，完成了新生的蛻變，又乘勢統一了廣東。

新桂系異軍突起

袁世凱稱帝失敗，大一統政治瓦解，把持中央政權的北洋軍閥逐漸分化，形成以段祺瑞為首的皖系、馮國璋為首的直系。張作霖占據東北三省，自成一統，即奉系。與北方軍閥相峙的是西南軍閥，包括兩廣、湖南以及雲、貴、川六省的大小軍閥。國民政府成立後，決心揮師北伐，剷除舊軍閥。

1921 年舊桂系被孫中山擊敗瓦解後，在舊桂系林虎部任統領的李宗仁率部開入粵桂邊境的大山暫避風險。翌年 4 月，粵軍東撤後，李宗仁進駐玉林，自稱「廣西自治軍第 2 路總司令」，割據玉林 5 縣。

7 月，原舊桂系模範營軍官黃紹竑、白崇禧率數百官兵投奔李宗仁，奠定了新桂系的初基。1923 年夏，黃紹竑投靠孫中山，出兵梧州，與粵軍夾擊退回廣西的沈鴻英部隊，取得了梧州地盤，獨樹一幟，號稱「討賊軍」。李宗仁部則改為「定桂軍」，勢力也不斷壯大。這時李、黃表面上分道揚鑣，實際上密切合作。李、黃兩部先後夾擊消滅了盤踞桂平、平南一帶的自治軍旅長陸雲高部，聯合打敗由粵回桂爭奪梧州的陳天泰部。此時，李、黃兩部已擁軍萬餘，成為一個不容小覷的軍事集團。

1923 年底至 1924 年初，廣西形成三大政治、軍事勢力鼎立的局面：一是陸榮廷部，占據南寧、龍州、百色、

兩廣統一局面的形成，並非一日之功。舊軍閥們為了爭奪地盤，相互間的搏殺不斷，幾無寧日。國民革命軍的興起，首先將廣東統一；而以李宗仁為代表的新桂系，在統一廣西後順應潮流，加入到國民革命陣營中來。兩廣連成一片，清除了後顧之憂，廣州國民政府開始向更高的目標進發。

中華民國國民政府印

桂系重要將領，右起：李品仙、廖磊、王澤民、韋雲淞

慶遠、柳州廣大地區；二是沈鴻英部，盤踞在桂林、平樂、賀縣一帶；三是李宗仁的「定桂軍」和黃紹竑、白崇禧的「討賊軍」，坐擁玉林、潯州（今桂平）、梧州 3 府 15 縣。

1924 年 1 月陸榮廷為重新統治廣西，率兵進駐桂林，向沈鴻英開刀。沈為圖自存，再次投誠孫中山，4 月由湘粵邊境率師回桂討陸。正當陸、沈在桂林大戰之時，李、黃、白採取聯沈倒陸策略，乘虛占領省會南寧。兩部重新合併，稱「定桂討賊聯軍」，繼續攻占了陸的所有地盤。陸榮廷在沈軍和李、黃、白部隊的聯合進攻下，勢窮力盡，於 10 月 9 日通電宣布下野。李、黃、白聯沈討陸，打倒了廣西最大的實力派，為以後消滅沈鴻英勢力、驅逐滇軍、統一廣西創造了條件。

舊桂系殘餘遭覆滅

陸榮廷退出政治舞臺後，廣西由三足鼎立變成兩軍對峙。李、黃、白與沈鴻英都試圖消滅對方統一廣西，矛盾迅速激化。沈為了消滅李、黃、白勢力，先後與駐粵桂軍首領劉震寰及假道廣西東下推翻廣東革命政府的滇軍首領唐繼堯勾結，以圖裡應外合。李、黃、白面對滇軍入境及沈進攻在即的嚴峻形勢，決定先消滅沈軍，然後回頭對付滇軍。翌年 1 月 30 日，新桂系與沈部在武宣一線開戰。至 2 月中旬，沈軍被擊敗，殘部逃入湘粵邊境。其後，李、黃、白主力西調對付入桂滇軍時，沈軍殘部回竄廣西，一度占領平樂、桂林。白崇禧抽兵反攻，在桂林、臨桂一帶消滅沈軍殘部。沈化裝出逃香港，舊桂系殘餘徹底覆滅。

是時，滇軍唐繼堯企圖吞併兩廣，稱霸西南。剛剛消滅舊桂系、爭得廣西地盤的新桂系為捍衛既得果實而頑強抵抗。1925 年 2 月，唐繼堯派龍雲率滇軍大舉進入廣西，占領百色、南寧。3 至 4 月，新桂系與龍雲滇軍在南寧大戰，未分勝負。5 月中旬，唐繼堯率一路滇軍從貴州、榕江及湖南洪江進入廣西，占領融縣、柳州。李、黃、白抽調圍攻南寧的桂軍主力北上，6 月初在柳州及柳城之沙浦將唐部滇軍擊敗，唐繼堯率殘部逃回雲南。龍雲聞訊，也撤離南寧。李、黃、白驅逐滇軍的勝利，保住了廣西地盤，確立了新桂系的統治地位。

順應潮流

在完成了對廣西的統一後，李宗仁、黃紹竑、白崇禧即著手組織統治機構。1925 年 7 月中旬，李、黃、白回到省會南寧，成立「廣西省民政公署」，為全省最高行政機關，由黃紹竑出任民政公署民政長。新桂系通過這套機構對廣西進行統治，標誌著它作為一個執政派別的形成。

新桂系統一廣西得到孫中山和廣東革命政府的支援，因而他們反過來又出兵支援革命政府統一廣東。一是派兵助擊入粵的熊克武川軍。1925 年秋，在四川內爭失敗流落湘西的熊克武川軍二三萬人經桂東北進入粵北。當時廣州國民政府因廖仲愷被刺暗潮洶湧、鬥爭激烈，而陳炯明叛軍敗而復起，和南路軍閥鄧本殷、申葆藩勾結，趁機夾擊廣州。10 月初，國民政府以勾結陳炯明、「形跡可疑」為由將熊克武扣留，下令攻打熊部。新桂系應國民政府之請，派兵萬人分 3 路進擊川軍。熊部腹背受敵，被迫撤離粵北。二是出兵廣東南路，協助國民政府肅清鄧本殷、申葆藩勢力。1925 年 10 月，國民政府第二次東征陳炯明時，下令南征鄧本殷、申葆藩。新桂系主力部隊萬餘人參加了單水口、高州、安鋪等重要戰鬥，並攻占欽州、防城、消滅了鄧、申勢力，對統一廣東起了重大作用。

新桂系統一廣西後，雖然接受國民政府的任命，軍事上互相支援，建立一種合作的關係，但基本上還是處於一種獨立狀態。1926 年 1 月，國民政府主席汪精衛親到梧州訪問，與李、黃、白商討兩廣統一問題，李、黃、白表示同意。2 月 20 日，國民政府成立「兩廣統一特別委員會」，專責處理此事。談判中，雙方在軍政、財政統一問題上分歧較大，後彼此做出讓步，達成協議。3 月 19 日，國民政府公布「兩廣統一案」，主要內容包括：廣西省政府處於中國國民黨指導監督之下，受國民政府之命令處理全省政務；廣西現有軍隊全部改編為國民革命軍；凡兩廣之財政機關及財政計畫均受國民政府之指導監督。

5 月的廣西，舊桃換新符。李宗仁出任改編後的國民革命軍第 7 軍軍長，黃紹竑被任命為改組後的省主席，完成了一個新生的蛻變。

唐繼堯

陸榮廷

莫榮新

金陵王氣的延續

1927 年 4 月 18 日，南京國民政府宣告成立，前排自左至右依次為：蔣介石、蕭佛成、鄧澤如、吳稚暉、伍朝樞、胡漢民、蔡元培、王寵惠等

自古「金陵帝王州」，國民政府經過北伐，最終選擇南京作爲建都地。

成爲臨時政治中心

國民政府和蔣介石選擇南京作為建都地，主要取決於當時的國際、國內形勢。辛亥革命以後，確定新的政治中心，為革命黨人的首要，一時就有武昌與上海之爭。武昌是首義之地，鄂軍都督府於 11 月 7 日就建立新政府問題通電各地，請各省派代表至武昌組織臨時政府。而江浙方面主張將新的政治中心放在上海，江蘇都督程德全、浙江都督湯壽潛聯名致電滬軍都督陳其美，提出在上海「設立臨時會議總機關」。

湯山溫泉為南京郊區著名休養地，國民政府定都南京後，重要人物常在此開會或休憩。圖為 1927 年 4 月國民革命軍總司令蔣介石（左一）、司法部長王寵惠（左二）、國民政府常務委員胡漢民（左三）、外交部長伍朝樞（左四）合影

圍繞著中國新的政治中心設在何處，隨著南京的光復，在革命黨人內部達成初步共識。12 月 12 日，各省代表由武漢、上海會聚南京，29 日，召開各省代表會議，開始籌組中華民國臨時政府。1912 年 1 月 1 日，孫中山在南京就任中華民國臨時大總統，革命派經過短暫的爭執，達成一致，南京成為臨時政治中心。當時中國的政治格局，形成南北對峙的兩個中心，清王朝身處北京，革命黨人立於南京。

孫中山曾有允諾，只要袁世凱擁護共和，使清帝退位，自己願讓出總統一職。至於都城，他認為南京和北京都可以，但更傾向於前者。2 月 12 日，袁世凱逼清帝退位，孫中山在提出辭職的同時，約法三章，其中有兩個與定都南京有關：一是臨時政府地點設於南京，二是新總統在南京就職。孫中山想把袁世凱置於南方革命派的監督和控制之下。此外，日本方面的影響，也不容迴避。辛亥革命之際，對中國南、北政權均有特別影響的日本朝野，則多主張中國的政治中心放在南京。

在參議院有關定都的表決中，竟有20票投給了北京，南京只獲得區區5票。只是在孫中山和黃興等人一再堅持下，覆議時才最終確定南京為首都。

遭到嚴峻挑戰

袁世凱是從北方起家的，一旦離開經營多年的老巢，如虎落平陽，威風不在。至於北方的軍人集團，也不願將中國的政治中心南移，他們不僅在生理上，更有一種心理上的水土不服。

隨著袁世凱於3月10日在北京就任中華民國第二任臨時大總統，形勢急轉直下，南京政治中心的地位，遭到嚴峻挑戰。袁世凱及北洋系的勢力雄厚，革命黨人有所不及。實力決定一切，參議院屈從於強權，於4月2日開會決定將臨時政府遷往北京。孫中山在南京建立政治中心的努力，一時夭折。

袁世凱力主維持北京政治中心的地位，有其不可告人的預謀，但據現實情況，尚不足以「改弦更張」。選擇北京，代表了當時地方的意願；而在日本帝國主義處心積慮地想吞併東北的危局下，維持北京政治中心的地位，對制約日本，抑制復辟勢力，還是有一定的作用。

北京政治中心的地位，從1912年一直持續到1927年。袁世凱統治時期，是「一枝獨秀」，袁死後，樹倒猢猻散，形成皖、直、奉三大派系和其他地方軍閥的割據局面，作為政治中心的北京，已徒有虛名。

政治地位重新確立

1926年，廣州國民政府發動了旨在推翻北洋軍閥勢

1927年南京國民政府成立時，胡漢民發表演說

南京地處南北要衝，吳楚之交，兼具「蘇苑之美，錢塘之秀，淮土之淳」。鐘靈毓秀的自然形勝，古時就被稱為「儲王氣，藏英靈」的「江南佳麗地，金陵帝王州」。傳說，秦始皇統一中國後，東巡路過金陵，手下有方士說這裡暗藏「王氣」。秦始皇為保子孫永世為帝，下令鑿斷金陵山的龍脈，以泄「王氣」，並改金陵為秣陵。秦始皇枉費心機，未能保住秦朝江山，而更改金陵之名，也未能阻斷王氣，「六朝古都」，就是最好的詮釋。

南京國民政府成立

力的北伐戰爭。未雨綢繆，確立新的政治中心，再次提到日程上來。

身為國民革命軍總司令的蔣介石，最初也贊成將首都設在武漢，隨後便一改初衷。原因有二：一是唐生智在歸順國民政府後，基本控制了兩湖地區，在他人地盤上，顯然影響到蔣氏個人權威的發揮。二是北伐前，廣州地區嚴重「赤化」，兩湖地區民眾運動基礎較弱，遷都武漢，可以限制國民黨內的左派勢力。然而世事難料，計畫不如變化，當北伐打到武漢後，那裡的「赤化」程度暴漲，已失去作為政治中心的氛圍。蔣介石為了顯示自己的「正統」，決定「另起爐灶」，在南京成立國民政府，以南京為首都。

1927年4月18日，南京國民政府宣告成立。當日，即發表國民黨中央建都南京的宣言：「政府謹遵總理遺志，接受多數同志之主張，依據中央政治會議，於4月18日在南京辦公。南京地位在黨務上、政治上、軍事上、地理上均較武漢重要，定都以後，本政府所負領導國民革命與建設民國之責任越益重大。」

蔣介石雖然在南京建立了政治中心，但當時還有汪精衛的武漢國民政府，以及西山會議派在上海另立的一個國民黨中央，此外，以北京為中心的安國軍政府尚存，出現了多個政治中心並存的奇特現象。

不過這種局面未能維持多久，到了9月，國民黨內各方勢力達成初步妥協。1928年2月2日，國民黨召開二屆四中全會，結束了寧、漢、滬三個中央對峙的局面。同年6月，蔣介石再次領導發動了北伐，直搗北京。接著，東北的張學良果斷易幟，全國終於「青天白日滿地紅」。

在當時條件下，國民黨非但沒有認真考慮過將中國的政治中心從南京遷往北京，相反，為了淡化北京的傳統政治中心概念，國民政府將北京改稱北平。從此，只有一個地方被冠以具有特殊意味的「京」字稱謂，這就是六朝古都南京。

南京作為中國的政治中心，打破了傳統的政治格局，歷來中國的國防重地長城以北地區的防禦，受到了極大削弱。政治中心的南移，也決定了國民黨在處理與列強間的關係中，越來越重視與英、美的關係，而疏於對日本的防範。

時任國民革命軍總司令的蔣介石也是雄姿英發

南京城鳥瞰

獲得的不只是女人的芳心

蔣、宋婚後，蔣介石與宋家人合影，前排左起：宋美齡、宋母倪桂珍、宋藹齡；後排左起：宋子良、蔣介石、孔祥熙、宋子安

蔣介石要江山更要美人，蔣宋聯姻後，雙方的眞情實感日益濃烈。

非同尋常的婚禮

教堂的鐘聲，在空中迴蕩，又一對新人喜結良緣。今天的婚禮非同尋常，牽手的新郎新娘，可謂「珠聯璧合」，日後數十年，主宰著中國的命運，這就是 1927 年 12 月 1 日的蔣宋聯姻。

下午 3 時，先行西式婚禮。由中華基督教青年會總幹事余日章博士主持。蔣介石由劉紀文陪同步入禮堂，隨後宋美齡挽著宋子文的手臂進入。

蔣介石先為宋美齡戴上戒指，並宣讀誓詞：「我蔣中正情願遵從上帝的意旨，娶你宋美齡為妻。從今以後，無論安樂患

宋美齡（後排右六）做伴娘的一張照片

難康健疾病，一切與你相共，我必盡心竭力地愛敬你、保護你，終身不渝。」接著，宋美齡也宣讀同樣的誓詞。儀式過後，兩人赴戈登路大華飯店出席中式婚禮。

禮堂設在布置豪華的大華飯店跳舞廳，參加婚禮者多達 1300 多人。下午 4 時許，蔣介石、宋美齡乘花車來到大華飯店。4 時 15 分，樂隊奏起孟德爾松的結婚進行曲。在歡快的音樂聲中，兩位主角先後出場。蔣介石身穿大禮服，胸掛彩花，由男儐相劉紀文、孔祥熙陪同首先走出。5 分鐘後，在郭、王、孔、倪 4 位女儐相引導下，手捧著一大束白色和粉紅色玫瑰花的宋美齡挽著宋子文的手臂款款而來。飾以銀線的白色軟緞長裙從她的肩上垂下，配以一件長而飄逸的輕紗。她那美麗的面紗上，還戴著一個由橙黃色花蕾編成的小花冠。10 歲的孔二小姐珍妮和少爺孔路易在身後司紗。婚禮由邵力子任司儀，蔡元培宣讀證婚書。接著由證婚人、主婚人、結婚人依次用章，新郎新娘相對一鞠躬，向證婚人、主婚人及來賓各一鞠

躬。儀式結束後，新郎新娘到花園拍照，然後返回宋宅。

當日的中文報紙登載兩則啟事，一是昭告蔣宋聯婚；二是蔣介石的離婚聲明：「毛氏髮妻，早經仳離，姚、陳二妾，本無契約。」

同一天，蔣介石還款款深情地發表《我們的今日》一文：「實為余有生以來最光榮之一日，自亦為余有生以來最愉快之一日。……余確信餘自今日與宋女士結婚以後，余之革命工作必有進步，余能安心盡革命之責任，即自今日始也。」

新婚第二天，蔣宋二人隨即前往浙江莫干山歡度蜜月。然而僅一天，蔣介石就匆匆趕赴上海，與汪精衛「晤談黨務」。

蔣宋婚後僅 10 個月，蔣介石就成為國民政府主席，宋美齡榮升為「中國第一夫人」。

蔣介石、宋美齡結婚照

在這場婚姻中，是一個雙贏的結果，一個強強聯手的局面。每每在蔣介石遇到重大危難之時，都可以看到宋美齡的身影。無論是西安事變，還是赴美求援，她都挺身而出，為夫君分憂解愁。至於一些細微之處，也可見一斑。

邂逅

1922 年，一年前剛與第二位夫人陳潔如舉行過婚禮的蔣介石在孫中山家裡，與漂亮、聰穎的宋美齡邂逅。他

1927 年 9 月蔣介石前往日本與宋母商談婚事後與日本友人合影。右起：宋美齡、蔣介石

一下子就迷上了宋美齡。

蔣介石決意已下，宋家的三妹，他是娶定了，於是迅速行動起來。宋美齡當時已和劉紀文訂婚，但她同意與蔣通信。在以後動盪的5年中，蔣一直堅持向她求婚，書信不斷。

最初，宋美齡並不屬意眼前的這位郎君。受過西洋教育的她，渴望的是一種浪漫的愛情，追求的是風度翩翩的高雅紳士，蔣似乎並不符合她心中的這一標準。

大姐宋靄齡看在眼裡，急在心中。精明的她看準了蔣介石的潛力。在大姐的熱心撮合下，小妹的思想開始動搖。

蔣介石於1927年8月13日第一次「下野」，回到家鄉溪口。政治上的暫時失意，並未影響到他的心緒。他給宋美齡寫了一封情真意切的「情書」，似乎是他最後的真情告白。失之東隅，收之桑榆，蔣介石終於獲得了宋美齡的芳心。

同年9月29日，蔣東渡日本，向宋母請求允准他和宋美齡的婚事。蔣隨身帶去的禮品有杭州繡品、景德鎮瓷器、宜興茶具、杭州龍井、長白山野山參、大珍珠項鍊、翡翠手鐲等。當然，還有一枚不可缺少的訂婚鑽戒。

宋母倪桂珍向蔣提出兩個先決條件：一是實行一夫一妻制，原配夫人必須離婚；二是宋氏全家信奉基督教，女婿也必須皈依上帝。蔣介石呈上他與元配毛福梅的《協議離婚書》，並表示「對基督之道，

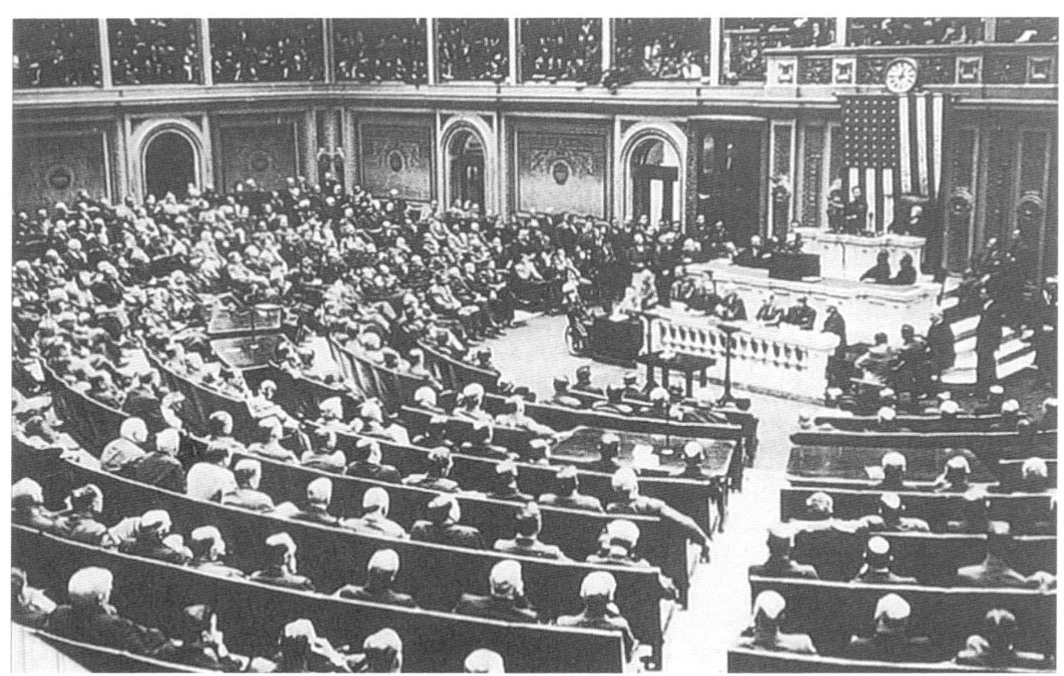

1943年2月，宋美齡訪美，在國會發表演說的盛況

蔣介石「猛追」宋美齡期間（1926 年），兩人合影於上海孔祥熙寓所庭院

宋氏三姐妹在美國學習時合影，前：宋藹齡；左：宋慶齡；右：宋美齡

近日亦有信仰」。倪這才允蔣所請，同意嫁女。於是，就有了這場蔣宋的世紀婚姻。

蔣宋結婚後，雙方的真情實感日益濃烈。1930 年中原大戰，蔣介石需要很多戰爭經費，而財政部長宋子文不批，急壞了宋美齡。她對宋子文說：戰事到了最緊急時，你不給他錢，他一定要失敗；我知道介石的脾氣，如果失敗他一定要自殺，如果他自殺我也跟著死。她把自己的房產和珠寶抵給宋子文，宋子文很感動，很快籌到了錢。九一八事變後，蔣介石內外交困，處境艱難。他曾準備北上，跟日本人拚一場。但蔣又很清楚，打不過日本人，所以臨行前他立了遺囑。宋美齡也表示願意一起與他北上。蔣介石說：犧牲是我男兒的責任，跟你有什麼關係？反對她北上。宋美齡覺得蔣介石看不起她，一怒之下回了上海。第二天，宋美齡又回來了，說：我丈夫正處在非常困難的時候，我不應該離開他，而應該與他共生死。這兩個小故事說明，蔣宋之間是有真情實感的。

讓蔣介石一見難忘的宋美齡

每每在蔣介石遇到重大危難之時，都可以看到宋美齡的身影。無論是西安事變，還是赴美求援，她都挺身而出，為夫君分憂解愁。至於一些細微之處，也可見一斑。她常陪蔣介石巡視各地，蔣介石每次同外國公使相會，她都充任翻譯。她還為蔣介石保管機密文件，處理要務，並且每天閱讀英文報刊，摘錄重要資訊，供蔣介石決策時參考。

1942 年，宋氏三姐妹在重慶發起「獻機愛國運動」，此時為宋美齡政治生涯的高峰

劉紀文

南京特別市市長一聲嘆息

一表人才的劉紀文，沒娶成宋美齡，但在南京特別市市長的位置上，卻有可圈可點之處。

擦出愛情火花

1927 年 12 月 1 日，蔣介石與宋美齡在上海成婚。婚禮上，蔣的男儐相姓劉名紀文，長的是一表人才。可惜，那天他註定只是一個配角，沒有人會關注他。劉紀文與蔣介石是什麼關係？就廣義而言，他們應算是「情敵」。

生於 1890 年廣東東莞縣的劉紀文，家境貧寒，好在他天資聰慧，又勤奮好學，應驗了那句「寒門出貴子，高山出俊鳥！」劉紀文的青少年時代，政局動盪不安。為救亡圖存，志士仁人奔走呼號，乃至捨命一搏。他也毅然行進在革命的洪流中，成為同盟會的一員。

辛亥革命成功，民國初創，壓抑了許久的青年人，充滿著一種解放的感覺。一批青年才俊懷著學習西方新知的渴望，紛紛出洋留學。劉紀文的夢，也隨之飛翔，他於 1912 年夏來到日本。1915 年，他考入早稻田大學，旋即轉入政法大學攻讀政治經濟學。

1917 年 9 月，孫中山南下廣州組織護法軍政府，胡漢民任交通總長，古應芬任粵省財政總長，古胡配合默契，古應芬、林森、蕭佛成、鄧澤如等被胡漢民倚為左右手。劉紀文於早稻田大學畢業後迅速回國，追隨中山先生，在古應芬手下任職，自此步入仕途。

劉紀文辦事勤力，又聰穎英俊，頗堪造就，深得古的賞識，遂有意將愛女婉儀許配劉為妻。劉紀文雖然對貴小姐的容貌不敢恭維，但身為一介小職員，能有如此豔遇，還是受寵若驚，欣然從命。可惜，古婉儀紅顏薄命，兩人訂婚不久，就一病臥床不起，數年後香消玉殞。劉紀文乃是性情中人，悲戚戚而肝腸欲斷。古應芬看在眼裡，深為其「多情」、「多義」所動，愛屋及烏，對愛婿全力栽培。劉紀文失之東隅，收之桑榆，由此官運亨通，步步高升。1923 年，在古應芬的幫助下，他再次出國深造。歸國後，由古應芬保舉，出任廣東省政府委員兼農工廳廳長，前途看好。

劉紀文英年喪妻，淒涼無訴處，他感

嘆自己生活的不幸，這時，他的思緒在飛，他又會想起另外一個女人，想到曾經讓他刻骨銘心卻是悲情結局的初戀，不禁潸然。1916 年，劉紀文去美國看望在哈佛大學留學的好友宋子文時，與宋家的小妹宋美齡不期而遇，愛情的火花在瞬間迸發，留下了一串串纏綿的情思。

當時，宋美齡一個人在威斯里安女子學院就讀，她的大姐和二姐學成後已先期返國。孤單之中，她常去兄長宋子文那裡。那一日，與劉紀文不期而遇。面對亭亭玉立的美少女，劉紀文不禁怦然心動，「陶醉在日後美滿生活的遐想之中」。情竇初開的宋美齡，也為眼前這位身材修長、一表人才的青年所吸引。宋子文熱情地為好友劉紀文和小妹做了介紹，三人共度了一個歡愉的夜晚。與宋美齡的初次相識，給劉紀文留下了迷人的思戀。

同年夏，宋美齡完成學業，並獲得學院授予學生最高榮譽的「杜蘭特學生」稱號。宋美齡以其美麗、熱情與優雅，征服了不少憧憬愛情的癡迷者，但宋美齡不為所動，而是對劉紀文情有獨鍾。最後一個暑假，她邀請劉紀文結伴旅行。半個月的環美一遊，三藩市、紐約、洛杉磯，留下了彼此親密無間的影子。愛潮，在他們心中湧動。

不久，宋美齡得到二姐宋慶齡違抗父命，衝破封建禮俗，私自和孫中山在日本結婚的消息。愛的濃濃暖意，讓宋美齡亦衝動一時，做出驚人之舉，她決定效仿二姐，與劉紀文訂婚，來個先下手為強，讓家裡拿她沒轍。她的決定，哥哥當然極力支持。這對情侶，當著宋子文的面，一番山盟海誓。那一刻，劉紀文激動無比，他期待早日能走入婚姻殿堂，充分享受聖潔的愛。

1917 年，劉紀文帶著滿心歡喜歸國回粵。同年，宋美齡也告別母校，回到父母身邊。曾經的諾言，不知怎麼，很快就在宋美齡頻繁的社交活動中化為煙雲。劉紀文的等待，成了南柯一夢。

後來，宋美齡在廣州二姐夫孫中山的寓所，碰到了蔣

劉紀文頗具新潮意識和反封建思想，他在市長任內，為南京城門改名，可見一斑。1928 年夏，應南京市政府呈請，國民政府決定更改南京部分城門名稱，其中朝陽門改為中山門，儀鳳門改為興中門，聚寶門改為中華門，神策門改為和平門，豐潤門改為玄武門，洪武門改為光華門，海陵門改為挹江門。為此，劉紀文致函蔣介石、于右任、蔡元培、譚延闓、胡漢民和戴季陶請他們分別為城門題寫了新的匾額。

古應芬

上海大華飯店：蔣介石與宋美齡在這裡舉行了結婚典禮，劉紀文與許淑珍在這裡舉行了訂婚儀式

蔣介石（右）與劉紀文在日本合影

介石。再後來，她就成了這位國民革命軍總司令的新一任夫人。

新婚典禮上，新娘宋美齡是由哥哥宋子文交給新郎蔣介石的。看著蔣介石身旁的劉紀文，宋子文深深地為好友酸楚，而劉紀文更是一種莫名的無奈。面對熟悉而又陌生的美人，他的心是那樣的淒然。

政海沉浮

也許，是宋美齡念及舊情，或許，她在蔣介石耳邊幾許美言，劉紀文雖然情場失意，但官場走紅，1928 年 7 月 20 日，他出任南京特別市市長要職。下午 4 時，劉紀文出席了在市政府大禮堂舉行的就職典禮，到會各機關、黨部、團體代表、各報館記者、各界來賓及市政府各局處人員計千餘人。就職宣誓後，劉紀文發表了題為《總理與南京》的演說，發誓要將南京建設成「世界大都市中難覓見之佳境」。主政期間，他不辱使命，有過不少值得稱道的業績，南京市政建設也大有起色。不久，他又走桃花運，迎娶了比他小 17 歲的許淑珍小姐，並由蔣介石和譚延闓為其共同證婚。

1930 年 5 月，劉紀文調任上海江海關監督，這是個很有油水的肥缺。無奈，好景不長。中原大戰後，國民黨內的派系鬥爭發生新的變化。1931 年 2 月底，蔣介石將立法院長胡漢民扣押。胡的左右臂、中央監察委員、國民政府文官長古應芬憤然回粵，通電辭職，與反蔣回粵的國民黨中央執行委員、監察委員等醞釀另立「國民政府」，與蔣分庭抗禮。古應芬一連數電，催促劉紀文回粵，劉拖延再三，不得不於 6 月底辭職回粵。不久，古應芬一病作古，廣州國民政府與南京國民政府在上海和談，議定取消廣州國民政府，成立西南政務委員會。劉紀文擔任廣州市市長。1936 年夏，西南政務委員會瓦解，蔣介石因劉紀文參與過反蔣，只安排他一個廣東省政府委員的空銜，劉最終成為蔣粵兩大派系鬥爭的犧牲品。

跛足巨人張靜江

張靜江在黃山，其時已信佛，故手持佛珠

他是毀家紓難的「革命聖人」，孫中山的摯友，蔣介石的恩公。

資助孫中山

張靜江（1877—1950），出生在浙江湖州南潯一個鉅賈家庭，祖父做絲綢生意發家。張靜江的血液裡繼承了祖父的創業精神，同時流淌著自己的豪俠之氣。一次因家中失火被燒傷，大難不死後落下終生殘疾，跛足一生。

1902 年，在岳父的舉薦下，張靜江以一等參贊的身分，隨駐法公使孫寶琦赴歐，他的命運就此改變。浙江人善於經商的頭腦，使張靜江如魚得水，他以僑商身分留居巴黎，籌辦通運公司，一時財源滾滾。又開了一家茶店，後來成立了一個文化沙龍，結識了不少進步人士，開啟了他投身革命的心智。

1905 年，由於對清政府腐敗無能的不滿，張靜江成為一名激進的反清志士。這一年，他在外出乘輪船時偶遇孫中山，明確表示「近數年在法國經商，獲資數萬，甚欲為君之助，君如有需，請隨時電知，余當悉力以應」。

孫中山非常欣賞張靜江的豪爽，直言相告自己此行的目的，談到革命成功後的宏偉建設計畫。張靜江為之動容，決意加入同盟會，從此投入革命洪流，亦商亦政。臨別時，當他得知孫中山不久要赴美宣傳革命時，立即寫信，讓他去紐約通運公司提取 3 萬美元作為活動經費。

1907 年，東京同盟會本部經費枯竭，籌款無著，窘

1924 年中國國民黨第一次全國代表大會在廣州召開，孫中山親自提名張靜江為中央執行委員候選人。1925 年 3 月初，孫中山應馮玉祥之邀赴北京會談南北統一，積勞成疾。病危之際，他仍然思念著張靜江這個患難摯友，很希望臨終前能見上一面。張靜江聞訊後急赴北京，見面時揮淚如雨。

國民革命軍北伐時，張靜江（中坐者）為蔣介石等送行

迫中孫中山想起張靜江。於是給他拍出一電，數天後 3 萬法郎匯到，讓孫中山與同志們又驚又喜。次年孫中山為籌集廣東及雲南起義所需款項求助張靜江，張靜江又兩次如約匯出 1 萬和 5 萬法郎。

張靜江如此仗義疏財，孫中山一直銘記於心，並對他冒著殺頭之危，將在巴黎等駐外分公司發展為同盟會的「隱蔽據點」感激不盡。由「奇人」到「民國奇人」，再到「革命聖人」，這是孫中山對他的褒獎。

上海光復後，在張靜江等浙籍大商人的鼎力支持下，孫中山的得力助手陳其美出任滬軍都督，鞏固了上海這塊重要的革命根據地。然而辛亥革命的勝利果實，不久落入袁世凱之手，張靜江追隨孫中山反袁。「二次革命」失敗後，袁世凱在上海大肆搜捕革命黨人，張靜江利用各種社會關係，掩護革命黨人，並出資幫助不少人流亡日本。

1914 年孫中山在日本改組同盟會為中華革命黨，委任張靜江為財務部長。此時人在法國的張靜江，正渴望實現自己「生當為人傑」的人生抱負，他愈發感到幹革命沒本錢不行，毅然於 1920 年回國，創辦上海證券物品交易所，以此為陣地，為革命活動籌措經費。

1924 年中國國民黨第一次全國代表大會在廣州召開，孫中山親自提名張靜江為中央執行委員候選人。1925 年 3 月初，

西湖博覽會橋　西湖全景　西湖博覽會紀念塔

孫中山應馮玉祥之邀赴北京會談南北統一，積勞成疾。病危之際，他仍然思念著張靜江這個患難摯友，很希望臨終前能見上一面。張靜江聞訊後急赴北京，見面時揮淚如雨。

提攜蔣介石

說到蔣介石發跡，就不能不提張靜江。1912 年，張靜江在陳其美那裡邂逅蔣介石，蔣談吐不俗，給張留有很深的印象。後來幾次相遇，張靜江似「伯樂相馬」給予蔣更多的關注，蔣不負重望，於是兩人交誼日深。

四年後，陳其美因鼓動「倒袁」被袁世凱暗殺於寓所。陳遭遇不測後，張靜江邀蔣介石到他在上海開設的恆泰交易所任職。蔣一心想在證券市場賺上一筆，然而屢戰屢敗，身無分文，只好向張靜江舉債。張二話不說，有求必應，並在孫中山面前多次美言。在他極力舉薦下，蔣介石當上了黃埔軍校校長，並得到孫中山的信任，這是蔣發跡的重要一步。提攜之恩，讓蔣感激涕零：「自遇恩公，中正如枯木逢春……栽培之情，猶如草木仰之泰山。」

1916 年，張靜江與蔣介石義結金蘭，對他更是關照有加。蔣介石大權在握後，報之以李，讓張靜江擔任國民

張靜江和他的元配夫人姚蕙

張靜江、朱逸民夫婦

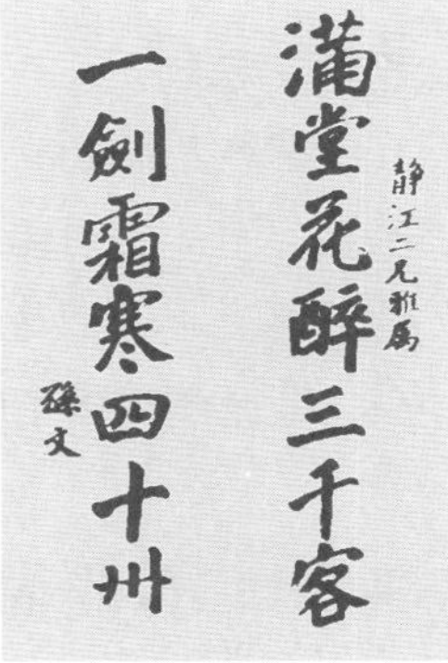

孫中山書贈張靜江

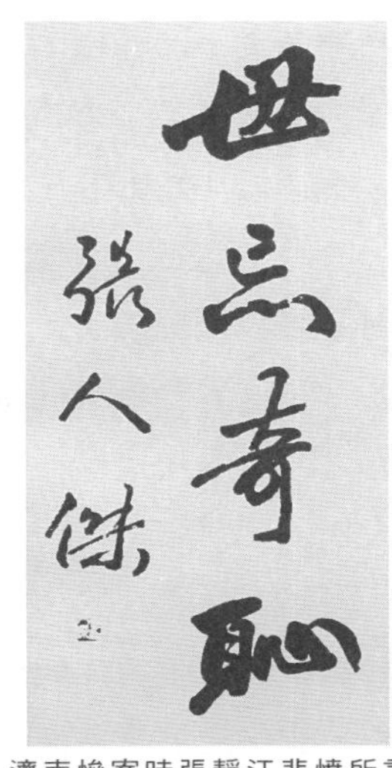

濟南慘案時張靜江悲憤所書「毋忘奇恥」

張靜江與夫人朱逸民及子女們合影

張家三代：祖父張頌賢（中坐者）、父張定甫（左一）、兄張弁群（右二）、張靜江（右一）、弟張澹如（左二）

黨中央政治會議主席，代理國民政府主席等職。

時間一晃到了 1927 年，張靜江與蔣介石在一些政治問題上意見相左。此時蔣介石腰板已直，不再需要仰仗張靜江的扶持。他一怒之下，把昔日恩師轟出了國民黨中央，貶為浙江省主席。

不要做官

疏離政治漩渦的中心，張靜江醉心於「經濟救國」，在電力、水利、礦業、鐵路等方面做了不少實事。其中最值得稱道的，莫過於 1929 年 6 月舉辦的西湖博覽會，歷時 128 天，參觀者達 2000 萬人。它對發展我國民族工業，提高中國產品的知名度和信譽，具有促進作用。張靜江舉一省之力，舉辦這樣一個綜合性博覽會，令人欽佩。

因為人品操守的大相徑庭，政治理念的截然不同，張靜江與蔣介石的矛盾不可調和，關係愈加淡薄。這時的蔣介石有了宋、孔兩大家族撐腰，血緣姻親的關係，遠比異姓兄弟情誼更重。1931 年 10 月，以宋子文為首的全國經濟委員會成立，讓仍是全國建設委員會主席的張靜江名存實亡，這對他精神上的打擊不小。蔣介石的疏遠、權力的喪失以及痼疾的加重，讓張靜江忍不住發出「不要做官」的慨嘆！曾經親密無間的把兄弟，如今緣分終於走到盡頭。

1935 年 8 月，印光法師到上海，張靜江登門拜訪後似乎找到了人生歸宿。日本發動全面侵華戰爭後，張靜江定居美國。一個曾經星光燦爛的風雲人物，就這樣淡出商界和政壇，漸漸被人們遺忘。

西湖博覽會

海上聞人杜月笙

杜月笙

他從賣水果的小販一躍成爲上海灘幫會第一人，而且是蔣介石面前的紅人。

神通廣大

杜月笙（1888－1951），原名月生，發跡後附庸風雅，改名「鏞」，號「月笙」。生於江蘇川沙（今屬上海浦東新區）高橋南杜家宅，是近代上海青幫中最著名的人物。

他14歲到十六鋪元盛水果行學徒，「水果阿生」的綽號，由此而來。拜青幫「通」字輩陳世昌為老頭子，後經他引薦，投奔到上海灘黑社會大佬黃金榮的門下，開啟了一段傳奇人生。他機靈詭詐，善於揣摩人意，一副混跡江湖的心智，很快獲得黃金榮的賞識，成為親信，負責經營法租界三大賭場之一的「公興俱樂部」。因為善於糾合同夥，勾結軍閥，他成為法租界鴉片提運中最有勢力的一個。

杜月笙不僅「生財有道」，更不惜散財以籠絡人心。在他的多方羈縻之下，不僅在一般馬路流氓中一呼百諾，就是各幫派的首領，也多甘拜下風。雖然沒有形成一個統一的流氓組織，但杜月笙儼然成為各幫派中的霸主。

上海乃所謂五方雜處之地，俗話說「林子大了，什麼鳥都有」。但經過杜月笙的一番感情投資和銀彈運作，效果就大不相同。一些外來的軍閥官僚和富商巨賈，在許多見不得天日的勾當中，常常與他一拍即合，在狂嫖濫賭、酒酣耳熱之後，怎能不「榮辱與共」、投桃報李？杜也因此不斷擴大勢力範圍。

上海淪陷後，杜月笙拒絕日本人的拉攏，於11月遷居香港。他利用幫會的關係，從事情報搜集、策劃暗殺漢奸等活動，其中最著名的，是他在上海的門徒協助軍統特務刀劈偽上海市市長傅筱庵，除了一個大漢奸。

京劇名伶孟小冬，抗戰後嫁給了杜月笙

1931 年杜月笙家祠落成舉行典禮活動時，蔣介石親自為杜祠題字「孝思不匱」

杜月笙除了有「圈錢」的本事，綁架肉票一類的勾當，也要他出面來擺平。富商大戶，一遇家人被綁，總是千方百計找到杜老闆的關係，拿錢請他打點疏通，贖回人質。杜月笙雖然只是一個流氓大亨，本事還不能通天，但在上海灘還是能說了算、兜著轉的人。他的聲望見漲，已不可同日而語。

1925 年 7 月，杜月笙在租界與軍閥當局庇護下，成立「三鑫公司」，壟斷法租界鴉片提運。這時的杜月笙已自立門戶，不再為他人打拼。隨著勢力的不斷增大，他與黃金榮、張嘯林已鼎足而立，並稱為「上海三大亨」。同年，擔任法租界商會總聯合會主席，兼納稅華人會監察。

幫會第一人

在上海三大亨中，有「黃金榮貪財，張嘯林善打，杜月笙會做人」之說。黃金榮固執保守，慳吝有名；張嘯林心粗氣浮，剛愎自用。比起他們二人，杜月笙確實高明許多。他善於協調黑社會各派勢力之間的關係，善於處理與各派軍閥之間的關係。由於他在上海善待下臺總統黎元洪，黎的秘書長特撰一副對聯：「春申門下三千客，小杜城南尺五天。」他因此被門徒吹捧為「當代春申君」。

杜月笙為人精明，他深知要想在上海真正立足，進入上流社會，必須改頭換面，否則難以入流。他一改流氓身著短衫、手戴戒指、捲袖開懷的打扮，換上長袍馬褂，衣冠楚楚，彬彬有禮，儼然以「紳士」自命。他讓手下人稱他「杜先生」，而不像黃金榮叫「黃老闆」，張嘯林叫「張大帥」。他廣結名流，大學者章太炎、名士楊度、名律師秦聯奎都是他的座上客。杜月笙的社會地位，就在這潛移默化的「漂白」中不斷得到提升。

杜月笙與黃金榮、張嘯林合開的上海最大賭場——位於福煦路 181 號的富生公司

杜月笙做過掛名的少將參議，此圖為杜氏唯一的穿軍裝的照片

1927 年 4 月，杜月笙與黃金榮、張嘯林打出「中華共進會」的招牌，為蔣介石打壓工人運動充當打手。4 月 11 日晚，他設計殺害了上海總工會委員長汪壽華，隨後又指使流氓鎮壓工人糾察隊，鮮血四濺。為此，他得到了蔣介石的褒獎，被封為少將參議；黃金榮看到自己的門生老辣，就此退隱，杜月笙後來居上，一躍成為幫會第一人。

蔣介石的紅人

他認准了蔣介石這棵「大樹」，一腳踏上這條大船。國民政府成立後，他擔任陸海空總司令部顧問、軍事委員會少將參議和行政院參議。1929 年出任公董局華董，這是華人在法租界的最高職位。同年，杜月笙插足金融界，創辦中匯銀行，通過結交徐新六、陳光甫等金融界名人，業務頗為興旺。一個曾經賣水果的小癟三，憑藉著一套流氓權術在江湖混事，居然也掌握了銀行，一步步地成為上海灘有頭有臉的人物。

1930年，已成海上聞人的杜月笙在浦東老家建了一座家祠。落成典禮和「奉主入祠」時，包括蔣介石、淞滬警備司令熊式輝、上海市長張群等在內的軍政要人都送來匾額。排場之大，靡費之巨，盛極一時。

1932 年，杜月笙組織「恆社」，自任名譽理事長。社名取「如月之恆」典故，名義上是民間社團，實際上是幫會組織。他借機廣收門徒，把觸角伸向社會各個方面。

杜月笙，所有到上海的人都聽說過他，所有寫上海的人都會寫到他，他是一部歷史。他的一生風風雨雨，折射出所處時代的光怪陸離。《劍橋中華民國史》的注釋中說，杜月笙是上海最難以認識清楚但最有勢力的華人。

杜月笙

張嘯林

黃金榮

20 世紀 30 年代的上海南京路

1937 年八一三淞滬抗戰爆發後，杜月笙參加了「上海各界抗敵後援會」，任主席團成員兼籌募委員會主任。他參與勞軍活動，籌集大量毛巾、香菸、罐頭食品，送到抗敵後援會。還設法弄到一些軍中急需的通訊器材、裝甲保險車送給抗日將領。

上海淪陷後，杜月笙拒絕日本人的拉攏，於 11 月遷居香港。他利用幫會的關係，從事情報搜集、策劃暗殺漢奸等活動，其中最著名的，是他在上海的門徒協助軍統特務刀劈偽上海市市長傅筱庵，除了一個大漢奸。

抗戰勝利後，杜月笙重返上海。這時，幫會的作用已今非昔比。1946 年 12 月，上海參議會選舉議長，杜月笙經多方活動，雖以高票當選，但因得不到國民黨的有力支持，當選後他旋即辭職。

上海解放前夕，有人勸杜月笙留在上海，他自知劣跡斑斑，還是去了香港。1951 年，他一病不起，不久便撒手人寰。

杜月笙，所有到上海的人都聽說過他，所有寫上海的人都會寫到他，他是一部歷史。他的一生風風雨雨，折射出所處時代的光怪陸離。《劍橋中華民國史》的注釋中說，杜月笙是上海最難以認識清楚但最有勢力的華人。

抗戰中，杜月笙接受其出資所捐飛機命名證書

知而行之的嘗試

陶行知1936年秋到母校哥倫比亞大學師範學院演講

上世紀二三十年代，陶行知、晏陽初、梁漱溟引領的那場「教育救國」的實踐，亦是一場改革。

由行而知

1920年，從美國學成歸國的陶行知創立中華教育改進社，自任總幹事。不久，又發起組織中華平民教育促進會，主張「教育救國」。1927年3月，他在南京創辦了試驗鄉村師範學校（後更名曉莊師範），大力推行「生活教育」，引導師生從事社會、生產活動。

陶行知原名知行，信奉「知行」學說。後來他深深感到，許多知識是書本上學不到的，只有在實踐中才能有所收穫，於是他將自己的名字又改為行知，意思是「行而知之」。他把自己的這一觀點始終貫穿於整個教育實踐之中，主張社會即學校，生活即教育，教、學、做合一。只有這樣，才能學以致用，不脫離實際，否則枉為空談。

晏陽初是另一位平民教育家，他與陶行知經歷相仿，學成後毅然回國。回國之前，他曾在法國為華工服務，在相處的過程中，他得到兩項珍貴的啟發，一是中國誠樸農民智商高，能力強，只是缺乏讀書求知的機會；二是中國的知識份子高高在上，完全不認同自己同胞的「苦」與「力」。於是他矢志「終生為苦難同胞服務，教他們識字讀書」。

1920年冬到1922年春，晏陽初用了一年多的時間，遊歷了19個省，調查各省平民教育現狀。他得出兩個結

陶行知原名知行，信奉「知行」學說。後來他深深感到，許多知識是書本上學不到的，只有在實踐中才能有所收穫，於是他將自己的名字又改為行知，意思是「行而知之」。他把自己的這一觀點始終貫穿於整個教育之中，主張社會即學校，生活即教育，教、學、做合一。

1930 年晏陽初（後立者右五）及夫人許雅麗（中坐者右三）與中華平民教育促進會同仁及家屬在定縣合影

論：一是在國內推行平民教育需考慮他們的實情，有的放矢。二是各省的平民教育很缺乏。於是，基礎化、簡單化和經濟化，成了他平民教育的準則。

根據「三化」原則，晏陽初主持編寫了《平民千字課》。他相繼選擇了長沙、煙臺和嘉興做平民教育的實驗工作，取得很大成功。

1923 年 8 月 26 日，中華平民教育促進會總會成立後，晏陽初在繼續城市平民教育工作的同時，開始了他對鄉村的平民教育工作。他感到，中國農村範圍大，各地情形不同，要想在全國實現普及鄉村教育的目標，必須有一個具體的提倡和推行計畫，分別進行。晏陽初與平教社同仁經過兩年的選擇與考慮，於 1926 年秋決定以河北定縣為「華北實驗區」，以翟城村為中心，從事各項工作。

定縣的平教實驗，主要開展社會調查、集中推行識字教育、試辦平民學校、研究推廣農業科技等工作。

1930 年 7 月，晏陽初等制定了定縣平民教育十年規劃，有計劃有步驟地實施。5 年時間，定縣平民實驗在各方面取得了很大成績。

可以想像，當年這樣的推廣工作，是有相當難度的。但晏陽初不畏艱難，一步一個腳印向目標進發。

不亞於一場革命

梁漱溟是北京大學哲學教授，「文化三路向」理論是他的哲學觀。在解決了哲學問題後，他把目光轉向社會，探討理論付諸實踐的道路，以實現救國救民的抱負。他毅然辭去大學教職，開始他人生新的旅途，實踐其對教育的認識和設想。

梁漱溟提出了他著名的鄉村建設理

論，救國理念和基於對中國國情的認識這兩點是鄉村建設理論的發起緣由。而在內容上，他認為有兩點最重要，一是農民自覺，二是鄉村組織，其中又以前者為主。農民自覺，鄉村自救，鄉村才有出路。中國有兩大缺失，一是團體組織，散漫無序，二是科學技術。至於運作模式，強調首先建立行政教育合一的基層組織——鄉學、村學，以負責對農民進行廣泛的教育。他期望鄉村建設達到的目標是「散漫的農民，經知識份子領導，逐漸聯合起來為經濟上的自衛與自立；同時從農業引發工業，完成大社會的自給自足，建立社會化的新經濟構造」。「闢造正常形態的人類文明，要使經濟上的富，政治上的權，綜操於社會，分操於人人」。

1931 年 3 月，梁漱溟選擇了山東鄒平作為實驗基地，幾年的鄉村建設運動，使人們看到了一個全新的鄉村面貌。多方面的實踐和推廣，卓有成效。

上世紀二三十年代這場教育救國的模式，不亞於一場革命。它雖然不如革命急風暴雨般強烈，卻有著和風細雨般的潤物細無聲；它不是在短時間內起著翻天覆地的變化，卻一定有著對民眾潛移默化的持久影響力。

1920 年前後梁漱溟任教於北大時留影

1934 年接任山東鄉村建設研究院（鄒平）院長，留影於辦公室前

捧着一顆心來
不帶半根草去
新安小學同志
陶知行題

愛滿
天下
知行

陶行知手跡

三位大學者，不約而同地低下頭，用他們真誠的目光，俯視著一個龐大的群體。那一瞬間，他們可以稱得上高瞻遠矚。他們知道舊中國的現狀是什麼，舊中國的特點是什麼，舊中國的傳統是什麼。他們懂得自己應該怎樣去做，以一個知識份子的良知，去開啟民心、民智。當一個龐大的群體蘇醒時，它的創造力就真正體現在這個被稱之為東方雄獅的軀體上。

梅程荀尚光耀舞臺

「四大名旦」合影（前排為程硯秋；後排左起為尚小雲、梅蘭芳、荀慧生）

「四大名旦」成就了京劇，他們各有獨門劇碼，在藝術上各樹一幟。

名旦出爐

京劇四大名旦的產生，似乎是一個「無心插柳柳成蔭」的藝壇花絮。始於1927年《順天時報》的投票選舉和1931年《戲劇月報》舉辦的評比活動。

這一年，北京《順天時報》公開發起選舉「名旦」。由讀者把印在報紙一角的選票剪下來，填上所要選的人名。這次選舉沒有規定名額，但被選人必須是掛頭牌的當家旦角，並且要有個人的小本戲為限。

結果出來後，梅蘭芳、尚小雲、程硯秋、荀慧生、徐碧雲、朱琴心共6人入選，當時被稱為六大名旦。不久，朱琴心輟演，其後徐碧雲也告別舞臺，結果只剩下四大名旦。

當時的《戲劇月報》又發起了《現代四大名旦之比較》的徵文，揭曉時發表了三位劇評人的文章，對四大名旦的嗓音、身段、台容、唱念做打，逐一打分評說。雖然文章開頭都承認四人「各有所長」，稱「梅蘭芳如春蘭，有王者之香；程硯秋如菊花，霜天挺秀；荀慧生如牡丹，占盡春光；尚小雲如芙蓉，映日鮮紅」，但最後還是「異口同聲」地把「梅程荀尚」的結論，塞給了讀者。

1932年長城唱片公司在北京約請四大名旦合錄《五花洞》一劇裡「西皮慢板」唱段。關於演唱順序，發生了一點小的風波。

所錄製的慢板共四句，由四大名旦各唱一句。如此一來，演唱順序，無形中就有了給四大名旦排座次的意味。所以，誰唱最後一句，那樣就等於自認是「四大名旦」之末。

梅蘭芳的首席地位，無可動搖，有人提出，請梅先生不要唱第一句，則演唱順序就與排名無關了。但他堅持不變。錄音的當天，荀慧生來

故宮內漱芳齋院內戲臺

了就說，我唱第三句，理由是這一句低腔，適合他的嗓音。尚小雲一到錄音室就堅持要唱第二句。這樣一來，如果程硯秋不肯唱末句，此片勢必錄不成。這讓唱片公司老闆犯難。最終，還是程硯秋發揚風格，他因在四人中年紀最小而演唱了最後一句，唱片總算順利錄成。

四大名旦在藝術上不斷進取求精，各有獨門劇碼問世，蔚成流派，各樹一幟，雄踞舞臺。「四大名旦」的雅號，成了一個永久的榮耀。

隨著四大名旦的出臺，京劇舞臺上一批又一批的優秀青年演員脫穎而出。1940 年北京《立言報》根據觀眾的要求邀請李世芳、張君秋、毛世來、宋德珠四人，在北京新新大戲院演出了兩場《白蛇傳》。

四人各自演出了一折自己的拿手好戲。李世芳演《產子・合缽》、張君秋演《祭塔》、毛世來演《斷橋》、宋德珠演《金山寺》。他們各自施展特長，精彩的演出引起社會上的強烈反響，一時「四小名旦」聲名鵲起。

「寰球第一青衣」

位居四大名旦之首的梅蘭芳出身京劇世家，11 歲開始登臺。1913 年至上海演出，即以嗓音甜潤、扮相華美被譽為「寰球第一青衣」。

1935 年，梅蘭芳赴歐洲演出獲得成功，返國時，上海各界人士至碼頭迎接

抗戰期間，梅蘭芳困居上海時蓄鬚明志

清乾隆五十五年（1790），徽班進京，是京劇的形成和發展具有里程碑的事件。這一年，正值乾隆皇帝 80 壽誕，這位天子酷愛戲劇，六下江南，都要請江南各地戲班到揚州演出。趁祝壽之大喜吉日，特召當時的「二黃耆宿」高朗亭率三慶班和其他各種戲班來京演戲，這是徽班進京之始。三慶班一炮走紅，引得「四喜」、「和春」、「春台」等徽班相繼進京演出，它們與早先的「三慶班」合稱「四大徽班」。徽班在京演出，為京劇的形成奠定了基礎。

譚鑫培在電影《定軍山》中的劇照

梅蘭芳（飾紅娘）與尚小雲（飾張生）合演《西廂記》

荀慧生在《香羅帶》中飾林氏

在京劇《摩登伽女》中，尚小雲飾缽吉帝（左圖）

程硯秋（右）在《遊園驚夢》中飾杜麗娘（中圖）

京劇《霸王別姬》，楊小樓飾項羽，梅蘭芳飾虞姬（右圖）

梅蘭芳在50餘年的舞臺生涯中，精心創造，善於革新，塑造了眾多優美的藝術形象，積累了大量優秀劇碼，發展了京劇旦角的表演藝術，創造了獨具風采的梅派藝術。

1919年，梅蘭芳率團赴日本演出，京劇藝術首次向海外傳播；1929年，他又率劇組訪問美國，取得很大成功；1935年，他應邀出訪蘇聯，受到歐洲戲劇界的重視。此後，世界各地把京劇看成中國的演劇學派。

1931年九一八事變，引起梅蘭芳的強烈義憤。為了鼓舞國人抵抗日本侵略者，他與葉恭綽等一起編演《抗金兵》；又把《易鞋記》改編為《生死恨》演出。抗戰爆發後，梅蘭芳身居淪陷區，不為敵偽威脅利誘，毅然蓄鬚明志，拒絕登臺。

因為不演戲，沒有收入，梅蘭芳一家的生活陷入困境。但即便賣掉老宅，向銀行借貸，靠賣畫為生，他也始終保持著民族氣節。

征服觀眾，不只是藝術才華，更要有人格魅力，這就是一代京劇大師梅蘭芳。

京劇班學員合影，前排左三為梅蘭芳

從南腔北調到「異口同聲」

「國語統一」的標語，刷在了天安門城樓西側的一段城牆上

一場自上而下推動國語的運動，在 1927 年達到了高潮。

宣導「國語」

80 多年前，有一位非廣東籍人士來到大革命時期的中心——廣州學習，機會難逢，他非常高興。可是，學習班上課時，老師用廣州話教學，他一句也聽不懂，仿佛對牛彈琴。若要請老師講國語，廣東學員又不知所云，老師只好照顧多數。這位人士還說，他很羨慕廣東人的思想敏銳和辦事能力，想多結交一些朋友，但語言不通，想和鄰座交談也是面面相覷，無言以對。

第一個提出統一全國語音的人是中國語文現代化的先驅、福建人盧戇章，他是創制漢語的字母式拼音方案的第一人，於 1892 年創制用來拼寫廈門話的「切音新字」，在當時產生了很大影響。盧戇章主張普及中文拼音輔助教育，主張文字橫排，主張拼音字和漢字並用。儘管盧戇章最初主張以南京話為統一的語音標準，但他畢竟是「語同音」的首倡者，為日後他人主張推廣國語（普通話）提供了重要的啟迪。

此後，康有為在《新學偽經考》一書中又提出「書同文，語同音」的主張，福建人蔡錫勇則創制了拼寫北方白話的「傳音快字」，力捷三先後創制了拼寫福州話的「閩腔快字」和拼寫官話的「無師自通切音字」，江蘇人沈學創制了「盛世母音」拼音字，王炳耀創制了最終要統一於「北音」的「拼音字譜」，等等。

發軔於 1915 年的新文化運動，在提出「民主」、「科學」的同時，又打出「提倡白話，反對文言」的旗幟，開始了文體革新。1917 年胡適在《新青年》上發表《文學改良芻議》，指出中國文體發展的趨勢：「白話文學為中國文學之正宗，又為將來文學必用之利器。」沒幾年，白話文的普及，正如胡適所預言的那樣。

這裡特別要提到天津人王照，他創制了以官話為標準音專門拼寫「北人俗語」的「官話合聲字母」，主張以北京語音為標準音，用「京話」為共同語，強調官話「宜取京話，因北至黑龍江，西逾太行宛洛，南距揚子江，東傳於海，縱橫數千里之土語，與京語略通。是以京話推廣最便，故曰官話。余謂官者，公也，官話者公用之話，自宜擇其占幅員人數多者」。

有識之士已認識到拼音文字比方塊漢字易學，但中國的方言隔閡太大，如果要搞拼音文字，前提必須是普及普通話。

推廣普通話

1902 年，京師大學堂總教習吳汝綸赴日本考察，發現日本已普及了以東京話為標準的「普通語」。受此啟發，他上書管學事務大臣張百熙，主張以北京音統一全國語言，並提出用王照的官話字母作為統一國語的工具。隨後，張百熙和張之洞等人聯名奏定《學部章程》強調：「各國言語，全國皆歸一致，故同國之人，其情易洽，實由小學堂教字母拼音開始。中國民間各操土音，致一省之人彼此不能通語，辦事多格。茲以官音統一天下之語言，故自師範以及高等小學堂，均於國文一科內，附入『官話』一門。」

管學大臣張百熙　吳汝綸像　王照　江謙

1909 年，資政院議員江謙正式提出把官話定名為「國語」，臨危的清政府不得不採納了這個建議。1911 年 8 月 10 日，清廷學部通過了《統一國語辦法法案》，決定在北京成立國語調查總會，各省成立分會，準備審定「國音標準」，編輯國語課本和國語字典等事項。然而未及實施，僅僅兩個月後，武昌起義的槍聲就將清王朝推翻。

中華民國成立的當年，民國政府臨時教育會議肯定了「國語」這個名稱，決定在全國範圍內推行國語。次年又召開了「讀音統一會」，會上各省代表爭論激烈，最後決定以北京語音為「基礎」，同時吸收其他方言的語音特點。會議最後以每省一票的投票方式決定了 6500 個漢字的逐個讀音，後人稱之為「老國音」。這種老國音是人造的南北方言混合物，難以真正推廣。這次會議還制定了拼寫老國音的「注音字母」，它一直用到 1958 年《中文拼音方案》正式公布為止。

發軔於 1915 年的新文化運動，在提出「民主」、「科學」的同時，又打出「提倡白話，反對文言」的旗幟，開始了文體革新。1917年胡適在《新青年》上發表《文學改良芻議》，指出中國文體發展的趨勢:「白話文學為中國文學之正宗，又為將來文學必用之利器。」沒幾年，白話文的普及，正如胡適所預言的那樣。

終成不可逆轉之勢

白話文運動，逐步深入到教育領域。早在1916年秋，蔡元培等人組織了「國語研究會」，提倡「國語統一」和「言文一致」；次年，第3次全國教育聯合會議決「請教育部速定國語標準」，儘快推行注音字母。情勢所迫，北京政府終於在1918年公布《注音字母表》，並在高等師範附設「國語講習科」。一場國語運動在全國如火如荼地展開。

1919年4月，北京政府在教育部下設「國語統一籌備會」，負責推行國語。把國辦學校「國文科」改為「國語科」的舉措，意義非凡，它使語文教育轉向口頭語教育與書面語教育並重，體現了普及國語的重要意義。

1924年，「國語統一籌備會」對難以推行的老國音和注音字母重新修訂。會議放棄了人造的老國音，確立北京語音為標準音，剔除了入聲，為國語運動和後來普通話的推廣，做出了重要貢獻。

一場自上而下推動國語的運動，在1927年達到高潮，它對方言形成了巨大的衝擊。

南京國民政府設立了「國語統一籌備委員會」，聘請知名學者和語言學家負責國語規範標準的制定和國語推行工作，國語運動正式成為政府行為。一時間，鋪天蓋地，又是出版國音字典、國語詞典，又是發行國語唱片，又是發表宣傳國語的文章。隨後，無論是電影還是廣播，國語都大行其道，加之學校亦是一片朗朗國語之聲，耳濡目染之下，國語在全國的影響日益擴大。國民講國語，已成不可逆轉之勢。

中國地域遼闊，且不說56個民族各有自己的語言，即便是一個漢族，也因地域關係、方言眾多，形成「南腔北調」，「十里不同音」，造成溝通上的不便。

濃濃的鄉音，讓本地人倍感親切，卻讓外鄉人感到困惑。語言是最便捷的交流工具，彼此間「默默不得語」，就失去了交談的基礎，極大地影響社會的發展與融合。

70多年過去了，如今普通話已成為不折不扣的正式場合用語，有識之士的理想與努力，基本得以實現。不過，鄉音的市場價值，依然如故，無處不在。看來全民「異口同聲」，還需待時日。

伴食宰相譚延闓

譚延闓

譚延闓是南京國民政府的首任主席，寫得一手好字。

國民政府首設主席

1927 年 4 月 18 日，南京國民政府的成立典禮在丁家橋原江蘇省議會舉行。但國民政府並沒有主席之類職務的產生，而是設了四個常委，他們是胡漢民、張靜江、伍朝樞、古應芬。簽署這個任命的，是胡漢民。有人就習慣將胡漢民稱為「主席」，這是因為在 1927 年 4 月 16 日，國民黨中央政治會議第 73 次會議曾推舉胡漢民為國民政府主席兼政治會議主席。但這一決定始終沒有對外正式宣布。

南京國民政府成立後不久，寧漢「合流」。9月中旬，寧、滬（即西山會議派）、漢三方組成的國民黨中央特別委員會在南京成立。在蔣介石不在的情況下，三方經過討價還價，確定了 47 名國民政府委員，其中汪精衛、胡漢民、李烈鈞、蔡元培、譚延闓 5 人為常務委員，譚延闓為國民政府主席。另推定于右任等 67 人為國民政府軍事委員會委員，以蔣介石、李宗仁、汪精衛、唐生智、馮玉祥、閻錫山等 14 人為主席團委員。會議還通過了國民政府各部部長和大學院院長的人選。

藥中甘草

1928 年 1 月，國民黨召開二屆四中全會，正式選定譚延闓為國民政府主席。但同時還做出一項重要決定：軍委會為國民政府最高軍政機關，掌管全國陸海空三軍；國民革命軍總司令兼任軍委會主席，以國民革命軍總司令蔣介石兼軍委會主席。1 月，蔣介石複職上臺，繼續任軍委會主席。而號稱國民黨領袖的汪精衛和胡漢民都被蔣介石「請」出國考察。而譚延闓並不避諱這個空頭主席。2 月，譚延闓正式就任國民政府主席一職。在蔣介石外出征戰桂系和馮玉祥、閻錫山時，譚在南京國民政府中「恪盡職守」，令蔣介石很放心。蔣介石還封給譚延闓一個軍職：第 4 集團軍總司令。但譚的手下並無一兵一卒。

譚延闓，字組庵，湖南茶陵人。父譚鐘麟曾任清朝工部尚書、陝甘總督、兩江總督等高官。武昌起義前，譚延闓曾當選湖南省諮議局議長，起義後被立憲派人士推為湖南都督。1922 年擔任了孫中山大元帥府大本營內政部長。最高職務為武漢國民政府代理主席和國民黨中央黨部代理主席。

譚延闓素以八面玲瓏著稱。1927 年國民政府遷武漢後，譚步步高升，又被推為代理主席。在漢期間，譚以「左」的面目出現，甚至改號為「左庵」。一面與工農廣泛接觸。但另一方面，卻暗中與南京國民政府和蔣介石頻送秋波，同時派人前去南京接洽。因而，南京和武漢兩方面都認為譚是可用之人。人們送他一個雅號叫「藥中甘草」。

譚延闓在國民政府主席任上，嚴格信守「三不主義」。即一不負責，即重大事情，總是推給蔣介石或其他人去處理，去決斷。二不建言，就是不輕易發表意見，你們不同意我不吭聲，你們點頭我就贊成。三不得罪人，遇事繞著走，做好好先生。開國府委員會議時，他只是主持一下會議，宣布一下議程。別人激烈爭論，他卻閉目養神，直到散會才伸個懶腰。譚延闓做人有個秘密。他曾對人說過一句真心話，說做人要「允執厥中」，即信守中庸之道。這就是他做官的第一要訣。譚延闓在任行政院長後，又得了

譚延闓（左）與民國政要，左二：古應芬；右一孫科；右二胡漢民

譚延闓與兒子

譚延闓祖上世代為官，自幼寫得一手好字，即使在任國府主席和行政院長期間，仍練字不輟，書法功底日見深厚。自他當上主席後，其字更是隨著地位變動而「行情」猛漲。國民政府、行政院及所屬許多院部的招牌字，都出自譚延闓的手筆。而許多達官貴人、名店名廠，都以能得到譚延闓所賜的墨寶而榮耀，就連蔣介石對譚的字也極為賞識。

譚延闓（右六）在國民黨第四次中執會上留影，前排自左至右：何應欽、繆斌、朱培德、柏文蔚、王法勤、于右任、譚延闓、蔣介石、張靜江、蔡元培、李石曾、褚民誼

一個雅號：伴食宰相。

譚延闓是個和事佬，一方面自謙，另一方面平衡他人，有「文甘草」之稱。就人品而言，譚延闓頗有美德，但他是政府高官，如此處事，難為社會之福，他是會做官而不應做官的那類人。

極盡哀榮

譚延闓的國家元首只當了不到 10 個月。1928 年，雲南的龍雲、山西的閻錫山相繼宣布效忠南京國民政府。張學良的東北軍也即將「易幟」，全國「統一」在望，蔣介石躊躇滿志。譚延闓倒也識相，立即泰然處之地將主席位子拱手讓出。蔣介石以國民革命軍總司令正式就任國民政府主席，並總攬行政、立法、司法、監察、考試五院大權，外加海陸空軍統帥於一身。譚延闓則轉任行政院長。10 月，蔣、譚二人正式到任視事。

譚延闓祖上世代為官，自幼寫得一手好字，即使在任國府主席和行政院長期間，仍練字不輟，書法功底日見深厚。自他當上主席後，其字更是隨著地位變動而「行情」猛漲。國民政府、行政院及所屬許多院部的招牌字，都出自譚延闓的手筆。而許多達官貴人、名店名廠，都以能得到譚延闓所賜的墨寶而榮耀，就連蔣介石對譚的字也極為賞識。

1930 年 9 月 22 日，行政院長譚延闓患腦溢血在南京病逝，結束了他「為官長樂」的一生，年僅 55 歲。蔣介石親自下令全國下半旗致哀三天，停止娛樂活動三天，給予治喪費 1 萬元，並在國民政府禮堂致祭三天。但直到 1931 年 9 月 4 日，也就是大約一年後才舉行了盛大的「國葬」。蔣介石時在武漢指揮戰事，為此親自從武漢前線趕回為譚延闓執紼主祭。國民政府為之選擇了一塊寶地修建了陵墓，此地位於中山陵東側的靈谷寺，其風水之好，氣勢之宏偉，僅次於中山陵。國民政府親自禮聘了著名建築師楊廷寶為譚延闓設計了與山林融為一體的陵墓。

蔣介石為之撰寫的挽聯曰：「持顛扶危，一片赤心在黨國；憂時痛世，百萬同志哭先生。」

胡漢民挽曰：「景星明月歸天上，和氣春風在眼中。」對譚延闓的性格刻畫可謂入木三分。

東晉至今近千年書跡傳流至今者絕
不可得快雪時晴帖晉王羲之書歷代寶藏
者也刻本有之今乃得見真跡臣不勝欣幸之
至延祐五年四月二十一日翰林學士承旨榮祿大夫
知制誥兼脩國史臣趙孟頫奉勅恭跋
快雪時晴帖今尚在故宮古物保存處流傳有緒似
無可疑然亦有言其偽者

譚延闓手跡

譚延闓葬禮

譚墓祭堂

40 年代的國立中央研究院

精英匯聚

蔡元培提議設立中央研究院，推動了中國科學事業的長足進步。

提議設立中央研究院

1907 年，德國柏林迎來了一位 41 歲的中國留學生，他就是蔡元培。

甲午戰敗，刺激了蔡元培那一代中國知識份子；戊戌變法的失敗，又讓蔡元培認識到，靠幾個人圍繞一個皇帝救不了中國。這位大清的翰林院編修毅然走出國門，去尋找救國之道。他就學於著名的萊比錫大學，師從馮特等世界一流學者。37 門課程的學習，使他積聚了多領域、多學科的知識儲備。

蔡元培的人生輝煌，留給了北京大學。他相容並蓄的「自由學風」，使北大一舉成為中國第一。

晚年，蔡元培最鍾愛的事業，是為中國建立一個最高學術研究機關——國立中央研究院。

辛亥革命之後，中國向西方社會學習已小有收穫，相繼出現了地質研究所、中國科學社、中華工程師學會等一批專業組織和機構。但直到 20 年代，這些機構各樹一幟，沒有統一和協調的機制。於是，成立統一的領導全國學術研究力量之組織機構，就歷史性地浮出水面。

1924 年冬，孫中山北上和談，曾提議籌設中央學術院為全國學術研究機關作為革命建設之基礎，並委託汪精衛等人起草計畫。孫中山逝世後，計畫夭折。

1927 年 5 月 9 日，在南京舉行的國民黨中央政治會議上，蔡元培與李石曾、吳稚暉、張靜江等人共同提議設立中央研究院（以下簡稱「中研院」）。會議通過了這個提案，蔡元培等人被推為籌備委員，著手進行中研院的籌組工作。

11 月 12 日，大學院院長蔡元培聘請學術界人士 30 人召開中研院籌備會，通過了《中華民國大學院中央研究院組織條例》，決定先行設立理化實業、社會科學、

中央研究院總辦事處

地質三個研究所及南京紫金山觀象臺。會後，中研院總辦事處成立，各研究機構的籌建工作在南京、上海陸續展開。

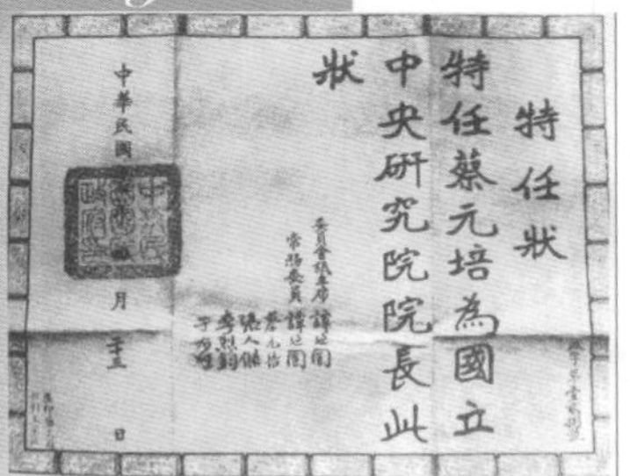

1928 年 4 月，蔡元培被任命為中國第一個國家科研機構──中央研究院院長

學術界精英大匯聚

1928 年 4 月 10 日，國民政府修改《中央研究院組織條例》，將中研院列為獨立機構，「直隸於國民政府，為中華民國最高研究機關」。23 日特任蔡元培為院長。6 月 9 日，蔡元培與各機構負責人丁西林、陶孟和、竺可楨、李四光等在上海東亞酒樓舉行第一次院務會議，宣告中央研究院正式成立。此後，該日為院慶日。

中央研究院社會科學研究所奠基碑，為蔡元培手跡

中研院的任務主要有二：一是實行科學研究；二是指導、聯絡、獎勵學術研究。設有特任級院長一人，其下設行政、研究、評議三機構。

院長綜理全院行政事宜，總幹事承院長之命，處理全院行政事宜。研究所設所長，並指導研究事宜。中研院的首任院長是蔡元培，繼任院長為朱家驊。總幹事先後為楊杏佛、丁文江、朱家驊、任鴻雋、傅斯年、葉企孫、李書華、薩本棟和錢臨照。中研院於 1935 年 6 月 19 日成立了第一屆學術評議會，為民國最高學術評議機構。

中研院的運行體制頗具民主風範，蔡元培在風雨綢繆的 30 年代集思廣益，使中研院的工作在十分艱難的境況下有所成就，殊為不易。

蔡元培、李石曾（左一）、吳稚暉（左三）、張靜江（右三）等人合影，他們共同提議設立中央研究院

中央研究院第一屆評議會成立合影，右起第十人為蔡元培

中研院從 1927 年 11 月開始正式籌組，陸續按學科分設研究所，到 1930 年共設立 9 個研究所和一個自然博物院，包括物理、化學、工程、地質、天文、氣象、歷史語言、心理、社會科學及動植物等，其中物理、化學、工程研究所設在上海，其餘均設于南京，並在成賢街舊法制局內設立總辦事處，北極閣新址落成後遷往新址辦公。研究院計有專任、兼任、名譽、特約研究員 91 人，助理員 64 人，編輯員 8 人，網羅了國內一大批著名學者。

在短短三年中，蔡元培即使中研院初具規模，開創之功，當載史冊。正如北京大學時期所取得的成就一樣，中研院的順利創立及以後巨大成績的取得，與蔡元培的人格魅力及民主作風直接關聯。其中，最為重要的仍是兩條：一是制度建設，二是知人善任。

在制度建設上，中研院實行了院務會議制，每月一次，一切有關中研院的大事均由會議經過充分討論做出決定，然後交由院長核准執行。

中研院的運行體制頗具民主風範，蔡元培在風雨綢繆的 30 年代能集思廣益，使中研院的工作在十分艱難的境況下有所成就，殊為不易。

知人善任方面，對楊杏佛的任用，可見一斑。楊杏佛是中研院總幹事，既具民

中央研究院評議會第二屆第二次年會

國府要員與中央研究院部分研究員在重慶合影

主思想和科學素養，又具幹練務實的辦事能力。蔡元培在回憶這位志同道合者對他的全力支持時，意味深長地說：「我素來寬容而迂緩，楊君精悍而機警，正可以他之長，補我之短。」他們之間的合作，可謂珠聯璧合，相得益彰。

抗戰期間，中研院各研究所分設於重慶、北碚、李莊、昆明四區。抗戰勝利後，數學研究所籌備處、物理研究所、化學研究所、動物研究所、植物研究所、醫學研究所籌備處、工學研究所、心理學研究所等8單位暫設上海，總辦事處及天文、地質、氣象、歷史語言、社會科學等5個研究所設於南京。

蔡元培與研究院總幹事楊杏佛合影

任中央研究院院長時的蔡元培（1931年）

學術之花怒放

1948年4月1日，中研院第2屆評議會第5屆年會選舉產生了第一屆院士81人，其中數理組28人，生物組25人，人文組28人。他們是中國科學界和學術領域的精英，代表了當時中國自然科學和社會科學的最高水準。

同年12月，中研院開始向臺灣搬遷。除總辦事處、數學以及歷史語言研究所較完整地遷台外，其餘各研究所大都留在南京和上海。在所有院士中，遷至臺灣的有凌鴻

1948年9月，中央研究院成立二十周年合影

白崇禧（前右四）、于右任（前右五）、朱家驊（前右六）與中央研究院部分院士（前右三為胡適）

勳、林可勝、傅斯年、董作賓、李濟、王世傑、吳稚暉 7 人，在國外的有陳省身、李書華、趙元任、汪敬熙、胡適、吳大猷等 12 人，其餘 50 餘人（除薩本棟等人去世外）留在了大陸。1949 年 10 月，中研院留在大陸的各機構都被中國科學院接收。

中研院的設立，形成中國現代人文學科和自然科學研究、組織和評議的完整體系，推動了中國科學事業的長足進步。當時中國最優秀的學者，在十分艱難的條件下，把探索研究推向了各個學科的前沿。董作賓和李濟主持的考古所，在河南安陽小屯村殷墟的發掘工作，震動學界；李四光在廬山對第四紀冰川的考察，在當時國際上產生很大影響。一批學人用他們的學術成果，向世人證明瞭中國科學研究的實力。

中研院成立以後，蔡元培辭去其他各種職務，專心擔任院長達 13 年之久，誠如其所言「願以餘生，專研學術」。

第一次院士會議合影

中央研究院第一屆評議會會議第五次年會合影

歷史給了張學良一個契機

1930 年 10 月，張學良（右二）在瀋陽就任國民政府陸海空軍副總司令。地位僅次於蔣介石之下，成為國民政府軍中名義上的「第二把手」，其右為張群，左為吳鐵城

張學良果斷易幟，使蔣介石青天白日滿地紅的夢想成眞。

不滿日本人的專橫

1928 年 4 月 5 日，蔣介石在徐州誓師，開始二期北伐，主要目的是討伐奉系軍閥張作霖。5 月下旬，國民革命軍已逼近京津地區。

張作霖是草莽出身，以投靠日本起家，後來成為奉系軍閥首領，所以他一直把日本當作靠山。隨著自身勢力的不斷壯大，張作霖對日本人的專橫跋扈開始不滿，逐漸想擺脫其控制，對此日本人很是嫉恨。在張作霖打算從北京撤兵回東北之前，日本人就緊鑼密鼓地開始實施拋棄張作霖、進而直接控制東北的陰謀。他們首先勸張「隱退」，但遭到拒絕，繼而威脅要解除他的武裝。與此同時，日本人開始四處調兵遣將，抓緊控制東北各戰略要地，等待下手時機。

5 月的一個晚上，日本駐華公使芳澤謙吉會見張作霖，提出簽訂中日合資修築吉（吉林）會（朝鮮會寧）鐵路的無理要求，張作霖以日本設法阻止北伐軍過黃河為條件，嚴詞拒絕。芳澤見張作霖不上圈套，進一步威脅說：「張宗昌的兵在濟南殺死幾十名日本僑民。他是你的部下，你對此事應負一切責任。」聽罷此言，張勃然大怒，沒給芳澤好臉看。之後，張作霖與日方關係更為緊張。

張學良

面對國民革命軍所向披靡，任北京「中華民國陸海軍

柳條湖被炸現場

張作霖乘坐的一節車廂被炸後的慘狀

大元帥」的張作霖見大勢已去，於6月2日通電求和，被迫離京回東北老家。

臨走前，日本向張作霖發出最後通牒。仗著自己手裡還有幾十萬軍隊，張始終不肯鬆口。日方認為，既然幫助你張作霖消滅了對手，就應該俯首貼耳，滿足日本在東北的任何權益，不料事與願違。日本人越來越覺得張作霖是其侵占東北、實現「滿蒙獨立」的最大障礙，於是決定在他回東北的路上除掉這個眼中釘。

爆炸聲中的陰謀

6月3日晚8時，張作霖乘坐的專車從北京開出。深夜，列車風馳電掣地開到山海關車站，黑龍江督軍吳俊陞專程在這裡迎候。

黎明前的寂靜，掩飾不住黑暗下的罪惡。4日清晨5時30分，當張作霖乘坐的專車鑽進京奉鐵路和南滿鐵路交叉處的三洞橋時，隨著一聲巨響，專車瞬間解體。吳俊陞當場被炸死，張作霖身受重傷。

奉天省長劉尚清聞訊趕到現場組織救護，張作霖被送到瀋陽「大帥府」時已奄奄一息，經搶救無效，於上午9時30分左右死去。臨死，張作霖對壽夫人說：「告訴小六子（張學良的乳名），以國家為重，好好地幹吧！我這個臭皮囊不算什麼。叫小六子快回瀋陽。」

為防止日軍乘機行動，奉天當局決定對張作霖的死密不發喪，通電稱張大帥「身受微傷，精神尚好」。大帥府邸一切照舊，不露半點訊息。同時，當局下令全城戒嚴以穩定局勢。由於張作霖生死不明，日軍未敢貿然行動。直至張學良潛回瀋陽，才於21日公布了張作霖死訊。張死後，張學良繼任東三省保安總司令，開始主持東北大政。

日本製造了皇姑屯事件，但企圖建立「滿蒙新國」的陰謀未能得逞，轉而迫使張學良就範。6月25日至7月19日，日本首相田中義一三次訓令駐奉天總領事林久治郎警告張學良，不得與南京國民政府妥協。

青天白日滿地紅

蔣介石常常駐足在一張大的地圖前，

暢想著統一中國的大業。眼下，也只有東三省這一塊，還未被青天白日旗所覆蓋，這正是一個機會。

國民政府在出兵占領京、津後，決定和平解決東北問題。7 月 3 日，蔣介石抵北平，接見奉方代表王樹翰、邢士廉，要求東北易幟，服從三民主義。同時，派代表到東北同張學良談判易幟之事。

張學良與南京國民政府的頻繁往來，為虎視眈眈的日本政府密切關注。7 月 10 日，日本內閣召開會議，討論中國東北局勢。19 日，林久治郎再訪張學良，並轉交日本首相田中的信件，希望東北勿與南京國民政府聯繫，日本在軍事、政治、經濟諸方面願意給奉方大力援助。

鑒於日本政府的壓力，張學良與東三省臨時保安會及東三省議會聯合會在大帥府中經過反復商討，決定將易幟推遲 3 個月宣布。

日本人對東北易幟的粗暴干涉，引起南京國民政府的極端憤慨，他們一方面運用外交手段抑制日本，一方面對張學良加強政治攻勢。7 月 21 日，駐日公使汪榮寶赴日本外務省抗議奉天日本領事阻止易幟言行，干涉我國內政。23 日，蔣介石電告張學良，敦促東三省應從速易幟。25 日，蔣介石在北京飯店召見奉方代表，指出易幟為東北主權，不應受日本干預。同日，派方本仁為駐軍代表赴奉。26 日，張學良二次通電全國，表示「對國民政府服從到底」。28 日，張學良派代表呂榮寰到南京，進一步與國民政府磋商易幟有關問題。

伴隨著東北易幟進程的日愈加快，日本政府猶如急紅了眼的賭徒，對東北易幟反對得越加激烈。8 月 5 日，日本首相特使、前駐華公使林權助借參加張作霖葬禮之機，攜帶日本首相田中訓令以要脅。8 日，林權助偕林久治郎同訪張學良，再次轉達田中首相意見，聲稱如果東北不聽日本勸告，「而與暴亂的南方達成妥協之類事情，為了維護我國既得權利，則將不得不採取必要的行動。」並叫囂：

張作霖與外國顧問在一起

1924 年夏，張學良在北戴河

張作霖死後，張學良繼承父業出任東北邊防司令長官，臂纏黑紗騎馬閱兵

日本政府對於東北易幟一事，一路要干涉到底。同一天，日軍在瀋陽舉行大規模演習，向張學良再三示威。

考慮到張學良的一時困境，南京政府許諾東北外交由中央應付。蔣還應允每月撥1000萬元給奉軍做軍餉，並同意東北「內政仍由現職各員維持，概不更動。重大人事，先由張請委，然後再由中央任命」。

南京政府的「提攜」，日方的不斷「鞭策」，使張學良進一步堅定了易幟的決心，他「投之以桃」，從各個方面加快了易幟的步伐。南京政府亦「報之以李」，10月8日，任命張學良為國民政府委員。12月26日，任命張學良為東北邊防軍司令長官，待易幟後發表。

由於東北方面和南京國民政府緊密配合，使日本人無隙可乘。11月，日本首相田中不得不承認東北易幟是「中國內政問題」。

12月29日的大帥府，張學良領銜發出通電，宣布東三省自是日起，「遵守三民主義，服從國民政府，改易旗幟。」翌日，國民政府發表任命，張學良為東北邊防軍司令長官。

張學良不辱使命，果敢地邁出了這歷史性的一步。東北易幟，成就了蔣介石的統一之夢，也暫時阻止了日本帝國主義的侵略步伐。

1930年9月，張學良發表擁蔣通電，東北軍大舉入關，使蔣介石贏得了中原大戰。10月，南京政府政要前往瀋陽參加張學良的陸海空軍副總司令就職典禮後，張學良即成為全國性的人物。11月，他首度南下南京列席國民黨三屆四中全會，受到隆重歡迎，其分量等於原來閻錫山加馮玉祥的總和。是年底，南京政府在北平設副總司令行營，所有東北、華北各省軍事均由張學良節制。

日本關東軍高級參謀河本大作，他是皇姑屯事件的策劃者和指揮者

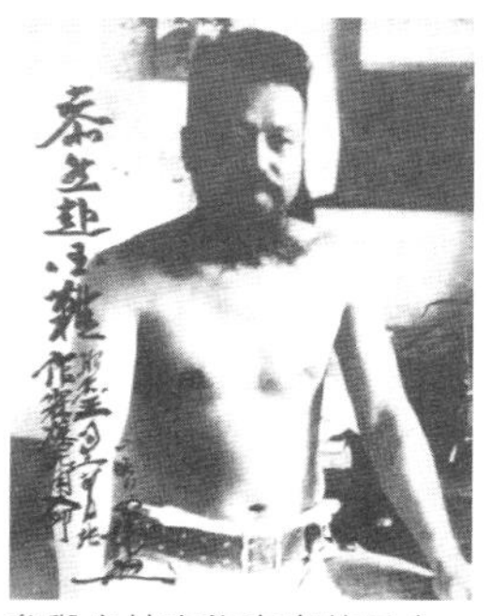

參與皇姑屯炸車案的日本軍人山三口

弱國無外交

日本人向駐濟南的北伐軍發起猛攻，蔣總司令卻向北伐軍發出退出濟南、繞道北伐的命令。

被日軍殘殺的外交官蔡公時

橫插一槓

中國歷史的厚重，不僅在於它的悠久，還在於自近代以來多次受到外國列強欺辱的慘痛經歷。一個個不平等條約，一次次肆虐的慘案，血色斑斑。

1928 年 5 月 3 日，又是一個黑色的忌日。濟南慘案，讓記錄有中國人民蒙受恥辱的血債簿上，又多了一筆。

1928 年 4 月 9 日，南京國民政府分編 4 個集團軍進行北伐，攻打奉系軍閥張作霖，以圖一統北方。

蔣介石萬萬沒有想到，日本人從中橫插一槓，趁勢攪和，讓百姓無辜蒙受了一次滅頂之災。

盤踞在濟南的，是奉系軍閥中素有「狗肉將軍」之稱

「狗肉將軍」張宗昌

蔣介石與衛隊在北伐途中於黃河故道旁（1928 年 3 月）

的張宗昌。眼見蔣介石率師攻打山東，張宗昌知道自己的「狗肉部隊」不堪一擊，但他一直視山東為賴以生存的根據地。出於一己私利，張宗昌一方面與孫傳芳聯絡攜手抵抗，一方面赴青島與日軍聯繫。

支持張作霖的日本帝國主義害怕英、美勢力向北方發展，侵犯它的利益。如今張宗昌的約請，正中他們下懷。4 月 19 日，田中內閣以「就地保護僑民」為藉口，決定第二次出兵山東，派遣第 6 師團 5000 人在青島、煙臺、龍口登陸，沿膠濟線直赴濟南。

21 日，南京國民政府提出了嚴正抗議。然而，日本政府置若罔聞。28 日，日軍先頭部隊 1500 人抵達濟南附近。

北伐軍於 5 月 1 日攻入濟南，同日，日軍也在濟南設防。次日，蔣總司令由泰安抵達濟南視察，布置相關事宜。任命第 4 軍團總指揮方振武為濟南衛戍司令，任命戰地政務委員會外交處主任蔡公時兼任山東特派交涉員，負責與日本駐濟南領署聯繫交涉。

血灑泉城

國民革命軍接管濟南後，多次聲明保護外僑，要求日本政府從濟南撤軍。日軍不予理睬，在許多路口修起防禦工事，荷槍實彈，擺出一副臨戰架勢，待機而動。很顯然，是有備而來。

5 月 3 日，日軍蓄謀已久的突襲便開始了，向北伐軍駐地發起了大規模的軍事進攻，又以種種藉口在濟南姦淫擄掠，無所不為。

一時間，濟南城內，屍體滿街，血灑馬路，僅這一天，被日軍野蠻屠殺的中國軍民就達 1000 人以上。

侵略者向來不講道義，《國際法》在他們的眼裡猶如一堆廢紙，可以肆意踐踏。與他們理論，無疑「對牛彈琴」。

5 月 3 日夜，日軍突然包圍並強行搜查了山東交涉署，特派交涉員蔡公時用日語表示抗議：「我們是外交官，這裡是非戰鬥單位，不許搜查。」喪心病狂的日軍毫不理睬，將蔡捆綁起來，把他的耳朵和

日軍據守濟南北關附近的一段城牆，向城內中國軍民射擊

5 月 3 日，1600 多名中國士兵遭突然襲擊，被日軍俘虜後捆住雙手拘押在郵政局院內

鼻子割去。蔡公時怒斥日軍暴行：「日本人對我如同古代奴隸社會對待俘虜一樣」，「日軍決意殺害我們，惟此國恥，何時可雪？野獸們，中國人可殺不可辱！」日軍大怒，又將他的舌頭、眼睛挖去，並對其他人百般摧殘。最後，除一人僥倖逃脫外，蔡公時及 16 名外交人員全部被日軍殺害。

一面是日軍咄咄逼人的行徑，一面卻是畏縮退讓的低調，蔣介石下令北伐軍「忍辱負重」，撤出濟南，繞道北伐。

濟南「五三」慘案紀念碑

濟南「五三」慘案紀念碑

一紙屈辱文書

7 日，中日軍隊就停火舉行會談。日軍得寸進尺，第 6 師團師團長福田彥助向蔣介石提出 3 項條件，內容十分苛刻，戰地委員會主席蔣作賓無法接受。蔣介石又急派熊式輝、羅家倫、王正廷連夜趕赴濟南與日軍交涉，還是不得要領。

8 日，日軍限駐守濟南的中國軍隊在 1 小時內離城，遭到拒絕，隨後，福田下令重炮攻城。

同日，日本內閣會議做出決定，第三次出兵山東，擬派第 3 師團 1.5 萬人增兵濟南。

同日，南京國民政府昭告全國，在得到命令後一個星期內，凡有集會，應為濟南慘案中死難的蔡公時等同胞默哀 3 分鐘。

5 月 11 日，占領濟南的日軍第 6 師團 45 聯隊在北關附近的城牆豁口下舉行慶祝儀式

攻占濟南城後的日軍

蔣介石於北伐途中在小輪船上

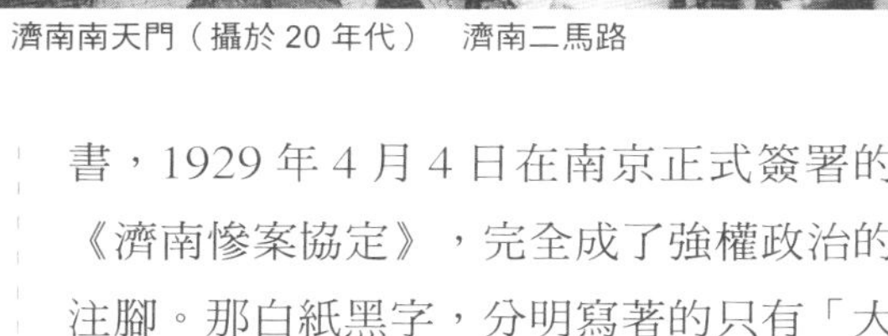
濟南南天門（攝於 20 年代） 濟南二馬路

9 日，設在泰安的北伐軍總司令部遭到日機轟炸，讓蔣介石慌了手腳，日本人的目的，就是想給蔣介石下馬威，不讓蔣北伐。5 月 10 日，南京國民政府的兩個重要人物到山東與蔣開會，研究對日態度，到底是打還是不打，結果：「決定不抵抗主義。」蔣派何成濬赴濟南與日軍談判，原則上同意福田的五項條件。後來北伐軍就繞道繼續北上，避開日軍。

日軍於 11 日占領濟南後，肆意殺人，搶掠姦淫，無惡不作。據濟南慘案被難家屬聯合會調查，在「濟案」中，中國軍民死亡 6123 人，傷 1770 多人，財產損失 3000 餘萬元。

令人憤懣的是，慘案發生後，日方倒打一耙，不僅否認屠戮罪行，反而要南京國民政府道歉、賠償、懲凶、保障日人安全等等。

中日外交間的交涉一直在繼續，但中方的話語，好像沒有太多分量。日方肆無忌憚，不僅極力阻止北伐軍行動，而且態度蠻橫。

弱國無外交，再一次得到驗證。經歷了許久的談判後，生成的又是一紙屈辱文書，1929 年 4 月 4 日在南京正式簽署的《濟南慘案協定》，完全成了強權政治的注腳。那白紙黑字，分明寫著的只有「大大讓步」四個字。它遭到國人的憤怒譴責，但民意終歸是民意，它無力掌控當權者的所為。

不過，蔣介石終歸是一個民族主義者，他的民族主義情緒從他早年就學保定軍官學堂時就很突出。濟南慘案後，蔣在日記中每日寫上「雪恥」二字，同時，提出一條「雪恥」措施，即「今日只有忍辱負重，臥薪嚐膽，十年生聚，十年教訓，效法往哲先賢的志節，深信失土必能收回，國恥必可洗雪！」

言辭雖然義正，但是，擲地無聲，日本人依舊橫行。以當時中國的國力與所處困境，忍耐，或許是最現實、最簡單、「最有效」的辦法。無奈，國力孱弱，又能奈何？

蔣介石是最早提出對日軍「不抵抗主義」的人。濟南慘案標誌著蔣介石外交政策的基本確立，開啟了他處理對外關係的策略。大事化小，小事化了，從而使日本摸清了蔣介石處理兩國關係的底線。實際上濟南慘案也是九一八事變的預演。另一方面，它也奠定了蔣介石所依賴的物件，其外交中心也由對日本轉向了對英美。

徒有其表的分權

立法院舊影

孫中山獨闢蹊徑創五權學說，1928 年，「五院制」正式實行。

孫中山創建藍本

1928 年 8 月國民黨召開了二屆五中全會，會上通過了胡漢民等人關於訓政時期「實行五權之治」的主張，會後，國民黨中央修訂《國民政府組織法》，國民黨中常會決定以蔣介石為國民政府主席，譚延闓、胡漢民、王寵惠、戴季陶、蔡元培分任行政、立法、司法、考試和監察五院院長。國民黨五院制正式實行。

五院制的框架，正源於孫中山提出的「五權憲法」思想。「分權」的原則成為中央政府的基礎，力圖改變政治體制中權力過於集中的弊端。

歐美民主政治，對孫中山影響至深，是他宣導民權主義的思想基礎，也是他創建中華民國的制度藍本。但孫中山不盲從，主張在借鑒的基礎上進一步超越。五權憲法，在很大程度上反映了他的這一心結。

曾任立法院長的孫科

建立「除立法、司法、行政三權之外還有考選權和糾察權的五權分立的共和政治」的設想，是孫中山於 1906 年提出的。這一年的 12 月 2 日，在東京《民報》創刊周年慶祝大會上，他對五權憲法做了進一步闡釋。為了避免西方民主政治的弊端，他主張立法權、行政權、司法權、考試權和監察權五權分立。

曾任監察院長的于右任

辛亥革命勝利後，五權分立的共和政治還未及建立，

首任立法院長胡漢民

曾代理行政院長的陳銘樞

曾任行政院長的孔祥熙

曾任考試院首任院長的戴季陶

曾任行政院長的汪精衛

曾任立法院長的林森

就被接踵而來的袁世凱「洪憲帝制」和張勳復辟給破壞。為了使五權憲法更加具體、明晰，孫中山又對五權憲法做了更深入的論述。強調中國應該把國家政治大權的「權與能」分開，人民應享有選舉、罷免、創制和複決四權，而政府則應擁有行政權、立法權、司法權、考試權和監察權五個「治權」。

孫中山的五權憲法體現了這樣一種理念，國家權力屬於人民，人民可以管理和監督政府，而政府則通過五權分立更好地體現民意。五權憲法的獨到之處，在於它「中西合璧」，立法、司法、行政三權，為世界國家共有；監察、考試兩權，則為中國獨創。

建立一個五權分立的政府，是孫中山孜孜以求的建政目標，但在他的有生之年，這一理想未能變為現實。

監察院舊址　　行政院舊影

「五院」徒有其名

南京國民政府雖然按照孫中山的遺願實行了五院制，但僅取其皮毛，棄其五權分工合作、高效運轉的精神，與孫中山的設想相去甚遠。究其原因，是蔣介石大行專制之道，以黨治國，使政體不暢。

在蔣介石和國民黨的官方用語中，「黨國」是使用頻率最高的詞語之一。在他們的意識裡，國家是國民黨一黨天下，國民黨即是國家和政府的代名詞，以黨治國，一黨專制，天經地義。

以黨治國發軔於「訓政」之初。蔣介石的所謂「訓政」，就是要由國民黨來訓練人民行使政權。他強調，各社會團體，「一定要養成黨化、軍隊化」，完全聽命於國民黨。

1928 年 10 月，國民黨中常會通過了《訓政綱領》。黨治在制度上，表現為中央執行委員會和中央政治會議被授予極權。後者只是聯結黨和政府機構的橋樑，卻是指導國民政府的權力機關，兼有立法和行政職能，因為中政會主席就是蔣介石。雖然在中央政治會議之下建立有五院制，但這並不意味著三權分立制度在國民政府中得以實現。

1931 年召開的「國民會議」通過了《中華民國訓政時期約法》，它以根本大法的形式，確立了國民黨一黨專政的國家制度，確立了以黨治國的法理。1943 年，改制後的國民政府在形式上雖有微調，但以黨治國的原則未改。儘管其後通過的第一部正式憲法，規定了國體、政體、人民與政府的關係和基本國策，在形式上也確定了一些資產階級民主制的條文，但以黨治國、一黨專制的基本格局沒變。

以黨治國，以黨代政，弊端不少，加之蔣介石在實際操作中玩弄權術，使政制很不順暢。訓政時期，國民黨獨攬大權；而所謂「憲政時期」，雖有兩個御用小黨，也只是裝點門面。

不惟如此，蔣介石的權力與日俱增，他擔任的國民政府主席對外代表國家，對內兼陸海空軍大元帥，行政、立法、司法、考試、監察五院正副院長對其負責；主席任期 3 年，但他可無限期地連選連任，只對國民黨中央執委會負責，而他又身為國民黨總裁，集大權於一身。

政制機構的設置，還是孫中山提出的「五院」制，但背離了「五權」分立、權力制衡的重要原則。在五院制的框架下，國民政府總攬「治權」，五院分執 「治權」。以後雖有變化，政制始終沒有理順。五院與國民政府本身，五院院長與政府主席（後為總統）之間的職權劃分，變來變去，但萬變不離其宗，必須服從於蔣介石的一己之志。以黨治國，是與民主政治完全背離的治國方略。

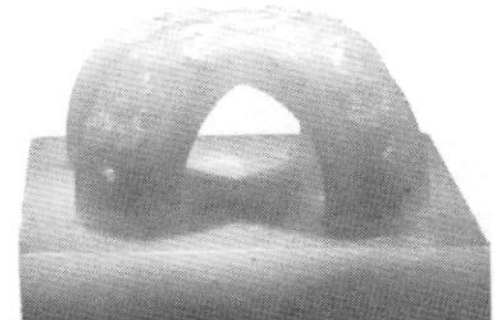
國民政府玉璽

國民政府立法院印

國民政府司法院印

國民政府監察院印

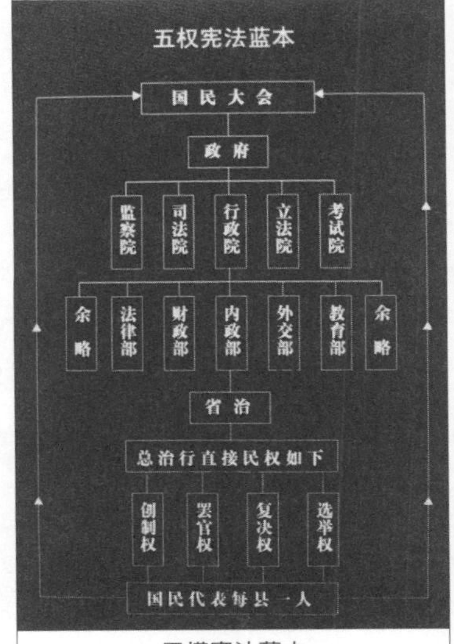

五權憲法藍本

無價之寶的「龍骨」

司母戊大方鼎

1928 年殷墟的發掘，讓甲骨文走進了人們的視野。

特效神藥

「殷墟」在河南安陽小屯附近，是商朝自西元前 13 世紀末至西元前 11 世紀初最後的都城廢墟。

「盤庚遷殷」，那是發生在 3000 多年前的一段故事，是商代政治史上最重要的事件之一。盤庚定都於「殷」之後，商代早期四處遊移的都城有了定所。

司馬遷在《史記》中，曾提到殷商，可知在西漢時期，人們大約還知道商代晚期都城「殷」所統轄的區域範圍，位於今日河南省北部黃河故道與淇水之間及洹河兩岸的地區。

安陽小屯作為古文化遺址受到重視，源於一片片甲骨的出現。19 世紀末，常有人把所謂的「龍骨」當作藥材拿到中藥鋪去出售。有人無意中發現上面刻有奇怪的符號，但不解其中奧秘。

有個叫王懿榮的有心人，是個金石學家，對古代器物和文字頗有研究。聽說這事後，產生了濃厚的興趣。1899 年，他首先注意到了刻在龜甲和獸骨上的是一種古代文字，顯然是先人留下的記錄，至於何意，一時不得而知。他開始集中精力搜集並且研究這類「龍骨」。最終，他從「龍骨」上辨識出這是 3000 多年前商代的文字——甲骨文。

這個發現，一時引起轟動，隨後，吸引了大批的學者投入到甲骨的收藏與研究

殷墟王陵遺址大門

殷墟宮殿宗廟遺址展示鳥瞰

羅振玉（左）與王國維

之中。

第一個研究甲骨文的是古文字學家孫詒讓。繼王、孫二人之後，對於甲骨文進行搜集、整理和研究，用力最勤、貢獻最大的，當屬「甲骨四堂」——羅振玉（號雪堂）、王國維（晚號觀堂）、董作賓（字彥堂）和郭沫若（號鼎堂）。他們的號中都含有一個「堂」字，故稱。

重現淹沒的輝煌

1928 年，對小屯村來說，是命運的轉變，它曾經被淹沒的輝煌，就要在世人面前重新展現。中央研究院歷史語言研究所（簡稱史語所）成立後，立刻派考古學家董作賓至小屯村調查。在院長蔡元培的催生下，史語所專門設立了考古組，由李濟負責，目的就是為了對「殷墟」進行發掘。

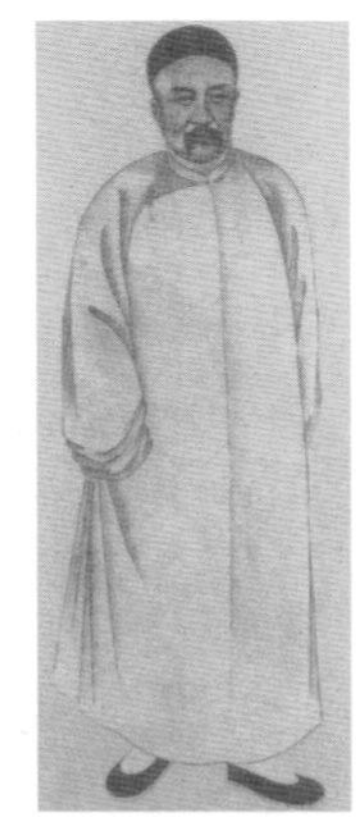
王懿榮像

10 月 13 日，這一天對於安陽、對於中國考古界、對於中國考古學史來說，都是一個值得大書特書的日子。由中國人自己主持的近代考古，挖開了第一　。

從 1928 年至 1937 年，前後 10 年時間，共進行 15 次發掘。如果再細分一下，殷墟發掘還可分成三個階段：1928 年至 1934 年為第一階段，進行了 9 次發掘；1934 年至 1935 年為第二階段，進行了 3 次發掘；1936 年至 1937 年為第三階段，進行了 3 次發掘。15 次發掘，總面積達 46000 平方公尺。發掘了宮殿區、王陵區以及後崗

王陵遺址鳥瞰

羅振玉

等 11 個地點。

發掘地點，除了洹水南岸的小屯村以外，更擴大到後岡和洹水北岸的侯家莊西北岡、高井臺子、大司空村等地。發掘的物件，除了甲骨以外，還有銅器、陶器等各種工藝品，這些工藝品製作的原料和器皿等也都有發現。特別重要的是發現了當時人們居住儲藏的穴窖，宮室遺址和規模大小不一的眾多墓葬，以及與之有關的各種殉葬奠祭制度。

殷墟的發掘，收穫非常豐富。這些考古材料經過充分研究，我們得到了許多關於古代社會歷史、文化、美術多方面的重要資訊。

「甲骨四堂」之一的郭沫若，研究了甲骨文中記載的殷商社會狀況，利用銅器銘文對於周代歷史進行了科學研究，獲得了重要成果。

與殷墟一起走進人們的視野

在整個殷墟發掘中，參與的有幾位考古學家：受命擔任第一次殷墟發掘的組織者、「甲骨四堂」之一的董作賓；史語所考古組組長、有「中國現代考古學之父」之稱的李濟和考古學家、梁啟超之子梁思永。

董作賓，參加了前 7 次和第 9 次發掘，奠定了我國田野考古學的基礎。他 1933 年發表的《甲骨文斷代研究例》，被公認是一部中國甲骨文史上劃時代的名著。他對甲骨學最大的貢獻，是創立了甲骨斷代學。李濟，曾經主持了殷墟第 2、3、4、6、7 次發掘。梁思永，曾經主持過殷墟第 10、11、12、14 次發掘。

經研究表明，中國的漢字是從甲骨文演變而來。約 4500 個甲骨文字，至今已被釋讀的只有約 1500 個。

甲骨文，是中國一段不可或缺的歷史，當我們全部解讀它的同時，也就讀懂了悠久的殷商文明。

殷墟出土的石鴨

燭龍燈

用於占卜的龜甲

殷墟出土的牛肩胛骨

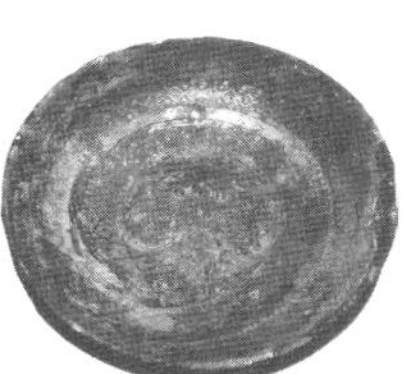
小屯出土的銅盤

祭祀狩獵塗朱刻辭牛骨

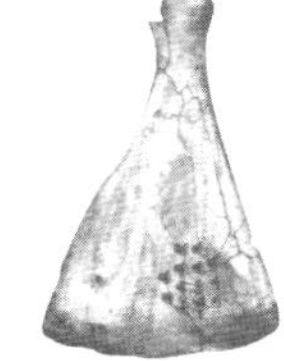
曾被稱為龍骨的牛卜骨

殷墟出土的圓尊

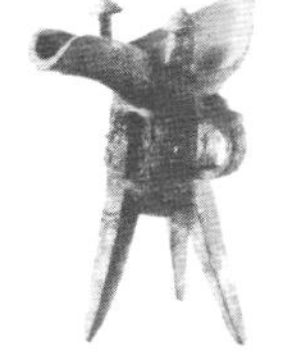
殷墟出土的青銅爵

殷墟出土的銅人面具

與世界接軌

老月曆牌

1928年後，國民政府採取了一種激進的手段，進行了一場廢除舊曆運動。

從「改正朔」到「廢舊曆」

1912年1月1日，孫中山在南京就任臨時大總統後，正式通電各省：「中華民國改用陽曆，以黃帝紀元四千六百零九年十一月十三日為中華民國元年元旦。」

1月13日，孫中山發布《臨時大總統關於頒布曆書令》，令內務部編印新曆書。這部《中華民國元年新曆書》特點有三：一是新舊二曆並存；二是新曆下附星期，舊曆下附節氣；三是舊曆書上吉凶神宿一律刪除。6月，教育部觀象臺負責編撰《中華民國元年曆書》，新曆書頒行全國。

改用陽曆，乃是民國萬象更新之舉，是社會進步的標誌和體現。但將傳統的夏曆（陰曆）改為陽曆，對民眾的日常生活影響甚大。在推行過程中，民眾除民國紀年外，對陽曆並未完全接受，從而形成了曆法上的「二元」格局。曆法改革，似乎走入了一個怪圈，陰曆占據了社會主流，陽曆僅為點綴，這讓政府有些始料未及。

到1919年，陽曆已在社會上推行8年，「官家之年」與「民間之年」，已是涇渭分明，「二元」格局構成了民國社會的一道特殊風景。有好事者曾撰寫一副春聯譏諷曰：「男女平權，公說公有理，婆說婆有理；陰陽合曆，你過你的年，我過我的年。」

曆法問題，關乎社會民生，每個新政府建立之初，

內政部長薛篤弼

都要通過改正朔、定曆法等，以示革故鼎新，政治一統。南京國民政府建立後，將陽曆定為「國曆」，將舊曆視為「廢曆」，並「特製國民曆頒行各省，凡屬國民，均應遵守」。隨後，江浙地區除舊曆的呼聲，逐漸演變成一種實際行動。12 月底，江蘇省民政廳通令全省各縣遵用陽曆、廢止陰曆。

1928 年 5 月 7 日，內政部長薛篤弼草擬《普用國曆辦法八條》，呈請國民政府允准。11 月 8 日，行政院召開第二次會議，確立了廢除舊曆運動「以由政府提倡領導為原則」的方針。12 月 8 日，國民黨中央執行委員會提出《中央對普用新曆廢除舊曆協助辦法》，通令國民黨各級黨部及民眾團體，協助國民政府廢除舊曆。行政院所屬各部乃至國民黨中央黨部，紛紛加入到這場聲勢浩大的廢除舊曆的運動之中。

舊曆既廢，一是要禁止出版和使用舊曆，一是要加緊編制、推售新曆。1929 年 7 月 2 日，國民政府發布第 543 號令，通令各省市政府一律遵行，規定「以後曆書，自不應再附舊曆，致礙國曆之推行」，「不得再於十九年曆書及日曆內附印舊曆，以利國曆之推行。」國民政府委託教育部與中央研究院負責編制《民國十九年新曆書》。是年 12 月，中央研究院天文所編制的《民國十九年國民曆》經教育、內政部審核通過，向全國出版發行，用以取代民間流行的各種舊曆書。

二元格局的特殊風景

中國舊曆，之所以能沿用數千年，自有它的「特長」。特別是舊曆不悖科學，且與社會經濟有密切的關係，有著不容漠視的價值。以農事而言，二十四節氣為農民所奉之圭臬；就水利而論，朔望兩弦，為航行所恃之指南。不僅如此，舊曆歲時節令，還與一般民眾日常的祭祀、婚娶、賽會等重大活動密切相關。這些舊曆歲時節令上的風俗文化，實際上是中國傳統文化生命力的體現。國民政府驟然要廢除舊曆，面對的不僅僅是數千年中國民眾的日常習慣，而且是幾千年來中國民眾賴以生活的深厚的風俗文化。因此，看似簡單的變更日期，實際上包含著巨大的社會變革，同時也意味著這場社會變革的難度，遠遠超出了當時推行者的預料。

既然舊曆有其合理性，國曆又不得不推行，唯一的出路，就是如何將國曆與舊曆進行調適。政府，在尋求一種變通之道，剔除了舊曆中封建迷信的成分，保留了與農時、民俗有關的節令；民眾，受潛移默化的影響，也不斷自我調適，與時俱進。國曆及與之相應的節日，逐漸為社會各界認同，民初陰曆為主、陽曆為輔的格局，就此改變。到 30 年代以後，國曆，已「一統天下」。

春節年畫

我們需要尊嚴

建於 1893 年的江海關，西洋教堂式的建築

經過不懈的努力，國民政府總算收回了關稅自主權。

毫無遮攔的門戶

海關，是一個國家的門戶，亦是國家主權的象徵。清康熙二十四年（1685）開放海禁，在沿海設立江、浙、閩、粵四大海關。

鴉片戰爭後，清政府與外國列強簽訂了一系列不平等條約。如果把賠款、割地比喻是一時陣痛，那一直處在洋人掌控下的海關、關稅自主權和關稅收支權，則是長久隱痛。這一刻，中國真正叫做門戶洞開，毫無遮攔。遺患，一直制約中國的發展；命運，一直拿捏在列強手中。

關稅平等，則可互利互惠，如關稅主權操之外人之手，反為其害。「我國自開五口通商，捨其閉關政策，立足商場，以與群雄相角逐。然屢戰屢敗……」，關鍵就在於「關稅不均，以權授人，遂使利權莫挽耳」。

於是，我們看到了這樣一種非常尷尬和無奈的局面：海關這樣一個重要部門，實權卻不在中國人之手。李泰國、赫德、梅樂和等外籍人士相繼擔任總稅務司，海關的收入存在英國匯豐銀行等外國銀行中，直接償付外債。關稅稅率還須與列強協商確定，基本上也就是外國人說了算。

民國肇始，外國稅務司作為每一任中國財政部長太上皇的地位，卻不曾動搖。封建帝制雖被推翻，但封建帝國所釀成的後果，我們還需承受。19 世紀中葉留下的病根，

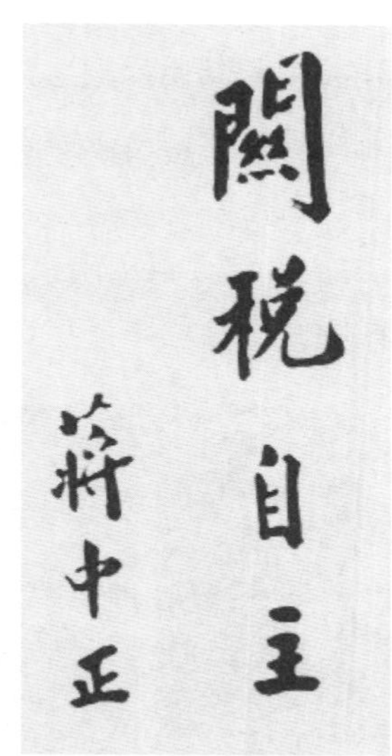

蔣介石手書「關稅自主」

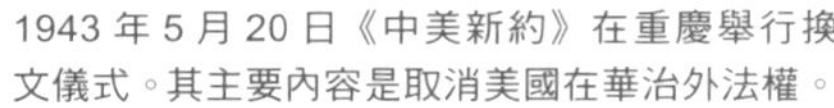
1943 年 5 月 20 日《中美新約》在重慶舉行換文儀式。其主要內容是取消美國在華治外法權。

被外國人控制達 88 年之久的廈門海關

一直延續至 20 世紀 30 年代，不曾改變。

以 1930 年為例，總稅務司月薪 4000 兩白銀，各關稅務司月薪 700 至 1500 兩白銀，副稅務司 500 至 650 兩白銀，住房、休假、酬金等等尚在其外，海關洋員每年耗費總計達 2000 萬兩白銀之巨！

從關稅自主權喪失開始，國人為收回關稅自主權一直在努力。早在 1890 年陳熾在《庸書》中就主張關稅自主。1919 年的巴黎和會，中國代表提出這一問題，遭到拒絕。接下來 1921 年 7 月的華盛頓會議，中國代表又提出「關稅自主」等 8 項提案。帝國主義列強名義上通過《九國間關於中國關稅稅則之條約》，但其後，他們以種種藉口拖延會議召開，最終還是不了了之。

1927 年 4 月，南京國民政府成立後，為解財政之缺口，遂思以「改訂新約」為名，行「關稅自主」之實。一來可換得西方之變相承認，收回部分主權，二來趁勢將當時中國最大的合法財源收入國庫。

此前的 1925 年 10 月 26 日，北京政府曾召集列強在北京召開關稅會議，王正廷代表中國政府提出關稅自主提案，要求立即解除與各國條約中關於關稅的束縛；中國自 1929 年 1 月 1 日裁撤厘金作為回報。

各方爭執不下，但最終還是達成了一個差不多相當於「關稅自主」的宣言：「各締約國（中國在外）茲承認中國享受關稅自主之權利。允許解除各該國與中國現行各項條約中所包含之關稅束縛。並允許中國國定關稅定率條例於一千九百二十九年一月一日發生效力。」

這一承諾，為南京國民政府所受用。1928 年 7 月 25 日，美國率先與國民政府簽訂《中美關稅條約》，歐洲各國隨後跟

首任總稅務司李泰國

第二任總稅務司赫德

第三任總稅務司安格聯

第四任總稅務司梅樂和

第五任總稅務司李度

進，日本則表示異議。同年5月，蔣介石二度北伐，節節勝利之際，日軍製造「濟南慘案」，意圖阻礙中國統一。從長計議，南京國民政府只能委曲求全。1930年5月，《中日關稅協定》簽訂，日本設定條件，同意中國3年後關稅自主。

總算大抵解決

1929年2月1日，南京國民政府實施首次自主之關稅稅率，其中，7.5%的出口稅未有變化；進口稅則將之前一律為5%改為7級等差稅率，最高稅率達27.5%。此次稅率的調整，使關稅收入從1928年度的1.79億元一下子提高到1930年度的3.13億元，幾近翻了一倍。

1931年1月1日，南京國民政府將厘金取消。此項稅收當時總額達1.3億元之巨，造成收支失衡，財政部長宋子文乃於當天將進口稅率改為16類647目，最高稅率達50%。6月1日，出口稅亦隨之變動。稅則的實施，經受了九一八事變和「一・二八」事變的嚴峻考驗。或許是政治問題一時成為主導，稅率問題隨之淡化，總算沒滋生出什麼是非來。

1933年5月，《中日關稅協定》期滿，宋子文立即修改進口稅則，最高稅率提到80%，創歷史新高。目的是為了加強國內自身的造血功能，使國庫更加充盈。這一稅則，被認為是抗戰前最具民族工業保護意義的稅則，它限制了日貨的傾銷。

相對於北洋時期，國民政府的「關稅自主」取得了相當的成績。以收入而言，1934年度到1936年度，分別為3.53億元、3.72億元、3.79億元，占國民政府總收入的1/3以上。這些錢，對中國早期現代化發展的積累，具有積極作用。不僅如此，海關主權也在不斷收回中，到1937年，全國39個口岸，有1/3的稅務司是中國人；總稅務司仍是外國人，但國民政府明確指出他只是中國政府的一個外籍雇員；中央銀行逐步取代外國銀行保管關稅稅款，金融大權，得以回歸。

宋子文

宋子文曾三次出任國民政府行政院代院長。第一次是在1930年9月25日，前院長譚延闓病逝，2個月後由蔣介石兼任。第二次是在1932年8月，時任院長的汪精衛因故辭職，7個月後，汪精衛從歐洲回來後復任。第三次是在1944年12月18日，蔣介石在面臨內政外交諸多問題之時讓出兼任的行政院長一職。宋子文每一次出面「代理」，頗有「臨危受命」的意味。

遮風避雨的林蔭大道

幽靜的中山陵園林蔭道

南京是民國時期現代都市的典範。

大興土木建首都

南京有一條令人羨慕的由快慢車道、安全島和人行道構成的主要幹道，沿途還有遮天蔽日的一排排行道樹——懸鈴木（俗稱法國梧桐），亭亭如蓋，夾道成蔭，成為南京一道迷人和獨具魅力的風景。

走在這樣的路上，讓人感同身受的，不只是春意盎然，盛夏的清涼，秋風的爽朗，還有一份心中的愜意！那感覺，真好！

有人說：「漢唐看西安，明清看北京，民國看南京。」南京，稱得上是民國時期現代都市的典範。

南京近代城市規劃始於 1919 年，其中以 1929 年的《首都計畫》最為完備。1927 年，國民政府定都南京後，於 1928 年 2 月 1 日成立首都建設委員會，負責擬訂首都建設計畫。

《首都計畫》由美國著名建築師墨菲主持，另一位美國工程師古力治和中山陵的設計者呂彥直共同參與。經過一年多的努力，於 1929 年 12 月完成。它是近代南京歷史上第一個城市規劃文件。

《首都計畫》將南京的城市建設納入規劃之中，其布局以新街口環形交通廣場為市區中心，以中山大道為城市的中軸線。

中山大道，又名迎櫬大道，它是專為迎接孫中山先生靈柩奉安中山陵而建，包括中山北路、中山路、中山東路三段。它北起下關，東出中山門與陵園大道銜接，全長 12001.94 公尺。

1925 年 3 月 12 日，孫中山在北京逝世。治喪活動一結束，即籌備安葬事宜，包括中山陵設計方案、迎櫬及安葬等一系列大事。作為永久性的紀念，迎櫬大道及配套工程，均以「中山」冠名，它是民國時期首都道路建設的標誌性工程。

1928 年 8 月 12 日，在和會街三十三標，中山大道破土動工。南京市長劉紀文主持，內政部部長薛篤弼等到會講話。會後，施工全面展開。

整個道路建設工程，趕在 1929 年 6 月 1 日孫中山奉安大典前初步完工。奉安大典之後，國民政府對中山大道又進行了多次改造修建，一條路寬 40 公尺的大道最終成型。

如今，70餘年過去了，這條大道仍是南京市內交通的主動脈，發揮著積極和有效的作用。

《首都計畫》的設計者美國人墨菲

洋人帶來了《首都計畫》

初識南京，從中山大道開始；走「進」南京，則由民國《首都計畫》步步深入。

《首都計畫》的設計思想，是以「歐美科學之原則」、「吾國美術之優點」作為指導方針，宏觀上採納歐美規劃模式，微觀上採用中國傳統形式。對現行歐美模式予以分別對待，第一，經過實踐檢驗、具有普遍使用價值的，直接運用；第二，不符中國國情，不能直接用於南京的，調整後再用；第三，實踐後出現問題的棄之，代之以新的規劃理念和模式。

《首都計畫》的內容甚廣：共編制有南京史地概略、人口預測、都市界線、中央政治區、市行政區、建築形式的選擇、道路系統規劃、路面、市郊公路計畫、水道的改良、公園及林蔭道、交通的管理、鐵路與車站、港口計畫、飛機場站的位置、自來水計畫、電力廠的位址、渠道計畫、市內交通的設備、電線及路燈規劃、公營住宅的研究、學校規劃、工業、浦口計畫、城市設計及分區授權法草案、

下關火車站

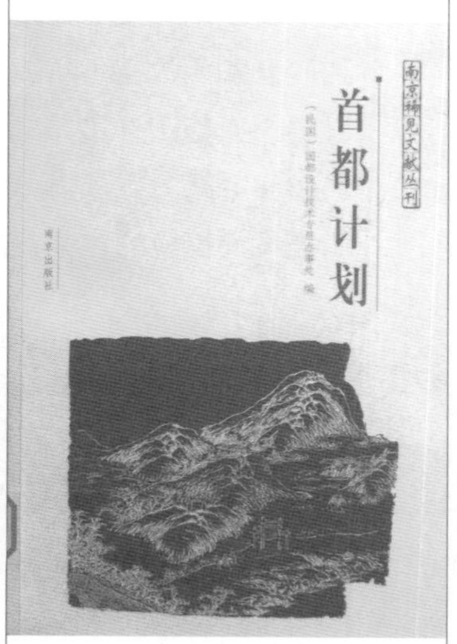

《首都計畫》書影

新街口廣場

分區條例草案、實施之程序、款項的籌集等 28 項規劃內容。

規劃的國都界線，南起牛首山，北至常家營，西至和尚路，東至青龍山，界線全長 117.2 公里，面積達 855 平方公里。

《首都計畫》按照現代都市的標準，採取了不同功能的劃區：中山門外紫金山南麓為中央政治區；傅厚崗一帶為市級行政區；長江兩岸及下關港口為工業區；主幹道兩側和明故宮、新街口一帶為商業區；鼓樓、五臺山一帶為文教區；山西路一帶為新住宅區。

隨後，大規模的首都建設就此展開。

國民政府鐵道部

南京出現了以中山大道為代表的林蔭大道、不同功能定位的分區和許多形形色色的近代建築。南京現代都市的風貌，一舉奠定。今日南京舊城的總體格局，乃當時舊影。

民國建築——凝固的音符

民國建築是中國建築史上的重要篇章，具有獨特的地位。它亦是《首都計畫》的體現和實踐。

隨著時間的流逝，南京民國建築已經成為凝固的歷史音符，民國歷史的象徵，也是南京歷史文化名城的重要組成部分。

南京民國建築，具有這樣一些特點：一是等級高。國民政府的「五院八部」，另外，如中央研究院、中央體育場、中央醫院、中央博物院的等級和規模，均屬當時全國、甚至東亞之最；二是類型全。舉凡行政、紀念、文教科研、宗教、使館、

1936 年，首都電廠下關發電所 1000 千瓦發電組新廠全景

中山大道

公共、官邸、工業、交通、民居等各式建築，應有盡有，行人在不經意中，就與它不期而遇；三是歷史及藝術價值高。二三十年代的南京，彙聚了呂彥直、楊廷寶、趙深、范文照、盧樹森等眾多當時中國最優秀的建築師，他們運用現代建築理念，設計的一批中國傳統宮殿式建築以及新民族形式建築，具有重要的歷史和藝術價值。許多建築，現已被列入中國國家重點文物保護名錄中;四是內涵豐富。每幢民國優秀建築都與當時發生的歷史事件、歷史名人相關。一幢幢建築，就是一個個精彩的故事，仿佛是一組歷史畫卷。

由於《首都計畫》注重城市現代性和前瞻性，使南京在其後幾十年的發展中沒有落伍，為世人稱道。

1927 至 1937 年，這是南京國民政府的一個「黃金時段」。它把城市發展的輝煌，留給了古都南京，使它再次擁有一分榮耀。

中央體育場

南京民國建築大致分四種建築風格：一為折衷主義和西方古典式建築，如 1930 年的中央大學禮堂；二是中國傳統宮殿式建築，如金陵大學北大樓；三是新民族形式建築，其中有 1928 年的鐵道部大樓，1929 年的靈谷塔，1931 年的中央研究院地質研究所，1932 年的中山陵音樂台，1933 年的中央醫院、交通部大樓、外交部大樓，1934 年的紫金山天文臺，1947 年的中央博物院、中央研究院總辦事處；四是西方現代派建築，如 1932 年的福昌飯店，1936 年的大華電影院，1937 年的地質礦產陳列館等。

回到德國後的法肯豪森

秘密之劍

對領袖崇拜、個人獨裁有著濃厚興趣的蔣介石，身邊有一批德國軍事顧問。

交往由來已久

1933年5月，蔣介石發動了對中共蘇區的第五次「圍剿」，在他身邊，有一位來自德國的軍事顧問——馮·塞克特。頗耐人尋味的是，紅軍的顧問李德，也是德國人。

兩個德國顧問各為其主，不遺餘力地對抗，為使命而戰，為信仰而戰。

中國與德國多方面的接觸，可以追溯到近代。明清三大外國傳教士之一的湯若望，就是德國人，他死後就葬在中國。甲午中日一戰，同「高升」號運兵船一道沉入水中的，就有德國退役軍官漢納根上尉。現代社會，「浮士德」、「少年維特」，幾乎為每一個當時的新潮青年耳熟能詳，「馬丁爐」、「陰丹士林」這些高技術含量的設備與產品，也頻頻出現在中國的廣告中。當然，要說對中國最有影響的，莫過於馬克思與恩格斯，兩位德國學者的思想。

中德之間具有真正意義的交往，始於洋務運動之後。對中國而言，富國強兵，乃是首要；對德國來說，加強世界市場的貿易份額與影響，不容小視，於是雙方一拍即合。懸掛著龍旗的北洋水師主力戰艦「定遠」、「靖遠」、「來遠」號，都出自德國；旅順、大連、威海衛等海防要塞的設計、大炮的生產和安裝，無不是德國承包，至於教官更以德國軍官占絕對優勢。

兩國的蜜月期

一次大戰後，戰敗的德國臥薪嘗膽，而中國也取得了形式上的統一。中國需要革新軍備，德國需要戰略資源和產品輸出，歷史又把兩國拉近，成就了二三十年代中德兩國的「蜜月」。蔣介石既醉心於德國的軍事化、工業化，又對領袖崇拜、個人獨裁有著濃厚的興趣。他希望從德國輸入

1936 年，國民政府軍事委員會德籍總顧問塞克特病逝柏林，國民政府特別舉行追悼會。圖為塞克特的靈堂

軍隊的管理方法、先進的戰略戰術和戰鬥技能的同時，也將鋼鐵般的「德意志精神」灌輸到他麾下的心中，從而建立一支內外兼修的強大軍隊。

德國軍事顧問，就這樣應運登上了中國政治舞臺。從1929年至1939年間，共有135位德國顧問在華任職。他們積極參與了中國的「安內」與「攘外」。幫助國民政府訓練軍隊、採購軍火、出謀劃策。「蔣桂大戰」、「中原大戰」、五次「圍剿」紅軍都有他們的身影。蔣介石創辦的廬山陸軍軍官訓練團，教官幾乎是清一色的德國人。他們給國民黨軍隊，確實帶來了許多新的理念，起到了相當重要的作用，這對後來的抗戰，有著巨大的影響。

馬克斯·鮑爾、赫爾曼·克里拜爾、喬治·魏采爾、漢斯·馮·塞克特、亞歷山大·馮·法肯豪森……這些璀璨的將星、德軍的精華，從本國銷聲匿跡後來到中國。他們以日爾曼人特有的方式，在國民政府的軍事領域中留下了精彩的一筆。

魏采爾

法肯豪森

塞克特

拔刀相助

馬克斯·鮑爾是蔣介石聘請的第一位德國顧問，1927年，他來到中國，主張將軍政大權集中於強有力的中央政府，以大刀闊斧剷除一切離心力量。此外他對軍隊的裁減、重建、整訓及經濟的發展等諸多方面都提出了有價值的看法，深得蔣的讚許。1928年5月，他突然病逝在上海。鮑爾來華時間不長，但他組建了顧問團，他為蔣介石創立的工作模式和規劃的工作方向，為未來十年的中德合作奠定了基礎。

鮑爾推薦的繼任者是赫爾曼·克里拜爾。但他與蔣介石在戰略思想上分歧頗多，蔣認為內戰中軍事和政治並重，實力和陰謀並重。克里拜爾則對蔣「炮彈」、「銀彈」甚至「肉彈」齊上的卑劣手法嗤之以鼻，認為勝之不武。

德式裝備的中國精銳部隊

雖然他在軍事指揮上兢兢業業，在中原大戰中親赴前線籌畫佈防，協助蔣擬訂作戰計畫，但在 1930 年 5 月還是去職走人。

喬治・魏采爾接任第三任總顧問。這位一戰名將在作戰方面對蔣幫助最大，中原大戰、「圍剿」紅軍，他都出力頗多；特別是「一・二八」抗戰，他親手訓練的第 87、88 師打得威風八面，讓日本人直呼，這簡直是在與德軍作戰。魏采爾在整軍建軍方面也有所建樹，先後協助創立了步兵、炮兵、工兵、輜重兵和通信兵學校，培養了大批人才，為特種兵的建設和陸軍合成化奠定了基礎。儘管魏采爾為蔣幫了不少忙，但他對國民黨軍批評太多，最終與蔣交惡而離職。

接替魏采爾的是蔣最喜歡、最欽佩、在華待遇最高的、來華地位最高的德國顧問——前德國國防軍總司令漢斯・馮・塞克特。

塞克特「貨真價實」而並非浪得虛名，他把德國軍國主義的建軍方針和思想帶到了中國，明確提出所謂中國建軍的「三項中心思想」：一、軍隊為統治權之基礎。二、軍隊之威力，在於素質之優良。三、軍隊之作戰潛能，基於軍官團教育之培養。他讓蔣認識到軍事強權在國家政治中的巨大作用，這使崇尚鐵腕和獨裁的蔣茅塞頓開，如獲至寶。

無奈繁重的事務使他精力不支，臥病在榻。1935 年，蔣只能依依不捨地送別他回德休養。

亞歷山大・馮・法肯豪森是塞克特的得力助手，對抗日的貢獻尤多，他協助蔣介石擬訂了抗日的戰略總藍圖。這位職業軍人對中國的軍事訓練、改革及部隊裝備、海空軍、防空設施等方面是盡心盡責。1935 年 7 月，他擬就的「關於應付時局對策之建議書」，對兩年後爆發的抗戰的大致走向，有相當準確的判斷，並起了相當大的指導作用。

抗戰爆發後，德國顧問的身影，始終出現在華北、淞滬、徐州等最前線。德式樣板師、德式裝備在抗戰初期，對支撐大局功不可沒。德製鋼盔，在抵禦了日軍槍炮子彈的同時，也增強了國民黨軍的自信。

二戰全面爆發後，德國自顧不暇，加之日德之間的特殊關係，希特勒於 1938 年 6 月 17 日抗戰近一周年之時，召回了在華的德國軍事顧問。

奉安大典

迎櫬宣傳列車

孫中山早有心願，願向國民乞此一坏土，死後葬於紫金山麓。

借一塊風水寶地

孫中山的名字，是與辛亥革命、推翻帝制和建立共和緊緊聯繫在一起的。

1866 年 11 月 12 日，孫中山生於廣東香山，為了拯救中國，獻出了畢生精力，被譽為「中國民主革命的先行者」。1925 年 3 月 12 日，孫中山在北京病逝，靈櫬暫厝北京香山碧雲寺。

早在 1912 年 4 月 1 日，孫中山辭去臨時大總統職務後，一次與胡漢民、徐紹楨等人在紫金山上打獵。當時，孫中山笑對左右說：「待我他日辭世後，願向國民乞此一坏土，以安置軀殼爾。」1925 年孫中山在病中叮囑：「吾死之後，可葬於南京紫金山麓，因南京為臨時政府成立之地，所以不可忘辛亥革命也。」

1925 年 4 月 18 日，「孫中山先生葬事籌備處」成立，

1925 年 9 月 20 日，在上海召開了孫中山葬事籌備委員會議，對中山陵應徵圖案進行評判。出席者有：宋慶齡、孫科及夫人、林煥廷、葉楚傖、孔祥熙、陳去病、楊杏佛等。通過了獲獎名單，大獎呂彥直、二獎范文照。9 月 27 日，正式決定採用呂彥直的設計方案，並聘他為陵墓總設計師。

迎櫬專車外之宣傳標語

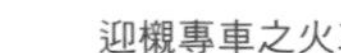

迎櫬專車之火車頭

載著孫中山靈櫬過江的「威勝」艦

宋慶齡（右）和孫科（左）在孫中山靈堂前

孫中山逝世後，宋慶齡守靈

選定鐘山第二峰的南坡為陵墓位址。整個工程於 1926 年 1 月 15 日破土動工，歷時 7 年，於 1932 年 1 月全部竣工。

根據孫中山先生葬事籌備委員會的安排，靈柩奉安大典，將於 1929 年 6 月 1 日在南京舉行。

從這一年的 1 月，國民政府就正式組成奉安委員會，蔣介石任主席。至 5 月，孫中山先生移靈奉安的一切準備工作全部就緒。

入土爲安終有時

5 月 10 日下午，迎櫬專列從浦口出發，21 日抵達北京。根據國民政府公布的奉安禮節，5 月 26 日至 6 月 1 日為迎櫬奉安期。

孫科抵北平迎靈

移靈前一天即 25 日夜 12 時，先由家屬、親屬行祭奠禮。次日凌晨 1 時起靈，樂隊奏哀樂，鳴禮炮 101 響，靈櫬由 24 名杠夫抬起，前有騎兵開道，後有護靈士兵殿後，緩緩而行。

下午 4 時 35 分，靈車從北平啟程。沿途相繼在天津、濟南、蚌埠停靠，接受致祭。蔣介石先期由南京趕往蚌埠恭迎，隨後，由他的專車先導，靈車隨後。28 日上午 10 時整，靈車抵達浦口站。11 時 30 分，靈櫬移至「威勝」號軍艦渡江，12 時抵達中山碼頭。

迎櫬儀式結束後，靈櫬奉移上特別準備的汽車，向城內前行。3 時 15 分，靈車至中央黨部（今南京湖南路江蘇省軍區所在地），從門外直達靈堂。

從 28 日起，由中央委員、各特任官輪流守靈，直至 6 月 1 日奉安為止。29

孫中山靈櫬抵浦口後由宋慶齡、孫科（前左二）及妻陳淑英（左三）等親屬護送前往江邊

5月28日，靈車抵浦口，宋慶齡和國民政府主席蔣介石在浦口車站迎接

日至31日為公祭日，禮畢後，由主祭人率領，瞻仰孫中山遺容。

5月31日下午6時，舉行封棺典禮，由蔣介石主持，家屬、親屬及國民政府政要依次至靈前鞠躬、默哀後，瞻仰孫中山遺容，然後封棺。

6月1日，為孫中山先生奉安之日。4時15分，靈櫬移出靈堂上車。25分，靈車啟行，上午8時，到達紫金山麓。隨後，靈櫬由杠夫恭抬，眾人隨護，緩步登上石階，於10時8分抵達靈堂中央。肅靜片刻後，由宣贊員宣贊，舉行奉安典禮。奏哀樂後，全體行三鞠躬，然後獻花圈，讀誄文。蔣介石主祭，譚延闓、胡漢民、王寵惠、戴季陶、蔡元培陪祭。

有關孫中山葬事，有《總理奉安實錄》一書，記載了自病逝至奉安告成的詳細歷程。內容分照片、紀述、專載、附錄四大類。由胡漢民敬題書名。據載，整個奉安籌備到大典安葬結束，4年多時間共支付大洋20多萬元。130幅照片，按時間順序實地拍攝了一系列活動內容。

國民政府主席蔣介石至蚌埠迎接靈車，並護送至南京。圖為蔣介石（右四）與妻宋美齡（右五）、宋子文（蔣身後者）由浦口車站護靈至江邊

靈櫬奉移紀念碑

靈柩移入祭堂

禮畢，靈櫬移入墓室，奉安於壙內。隨後，依次瞻仰，集合行三鞠躬禮，奏哀樂。最後，由宋慶齡率領孫科夫婦等將墓門敬謹關閉。備極隆重的奉安大典告成。

念天地之悠悠

出南京中山門，循著林蔭大道前行就到了中山陵。博愛坊是墓道入口，四楹三門，中門橫楣上刻有孫中山手書「博愛」兩字。接下來就是一條長442公尺、寬39.6公尺的三路墓道，中路兩側分列四行雪松，八行檜柏，高潔挺拔，氣勢不凡；左右兩側種植銀杏和紅楓，彰顯英姿。

陵門為花崗石砌成的三拱門，中門之上鐫刻有孫中山手書「天下為公」四字，這是孫中山畢生奮鬥的理想。陵門前的大平臺，能容納萬餘人。

靈車全景

抬靈杠夫。參加奉移靈櫬的杠夫共三班，每班六十四名

靈車抵達浦口火車站時，國民黨及國民政府要員在車站恭迎。
右二起：胡漢民、吳稚暉、孫科、譚延闓、于右任

奉安紀念章

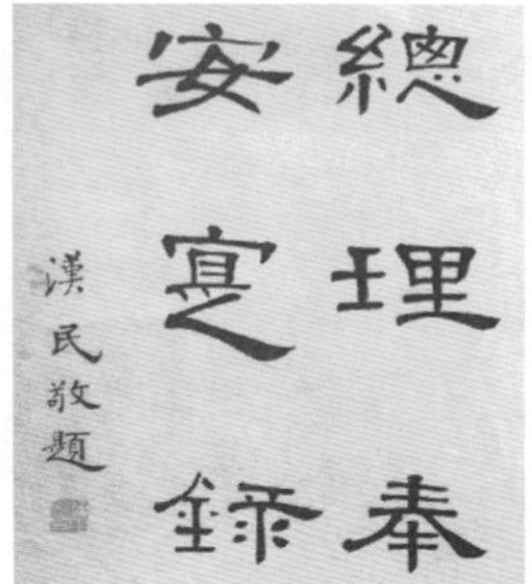

記錄孫中山奉安全過程的《總理奉安實錄》一書書影

祭堂為中山陵的主體，正面三通拱門門額上，分別刻有孫中山「三民主義」學說之「民族」、「民生」和「民權」六字。

孫中山坐像立於祭堂中央，長袍馬褂，膝上攤著展開的文卷，雙目凝視前方，顯示了一位偉大思想家深沉和睿智的風貌。墓室與祭堂有甬道相連，內外兩道門，外門門楣刻有孫中山手書「浩氣長存」，內門上刻有國民黨元老張靜江篆書「孫中山先生之墓」。墓室形如覆釜，中央為圓塘，孫中山的遺體安放在石壙下用鋼筋水泥密封的紫銅

預備迎櫬之杠夫

訃告

中國國民黨總理孫中山先生
於三月十二日上午九時三十
分在北京行館逝世除另定追
悼及開弔日期外哀此訃告
中國國民黨中央執行哀啓
委員會上海執行部

中國國民黨中央執行委員會上海執行部為孫中山逝世發布的訃告

建造中的中山陵祭堂

陵墓建造完成後

棺內。石壙之上，安放著一尊漢白玉孫中山先生臥像，供人瞻仰。臥像的腳邊雕刻著一束素潔的繁花，象徵著千百萬謁陵者奉獻的一束永不凋謝的鮮花。

由廣場至海拔 158 公尺高處的墓室，落差 70 多公尺，有大小平臺 10 個，臺階 392 級，坡度逐段加大，拾級而上，步步增添莊重、崇敬之感。走完石階到達大平臺，回首俯視，只見一個個平臺連成一片。站在大平臺上舉目南眺，景色秀美，歷歷在目。整個陵墓造型恰似一尊自由鐘。

中山陵沿襲了中國古代陵寢的規制，又以現代理念加以詮釋和演繹，給人一種全新的感受。

現在，人們已不再把中山陵僅僅看作是一座陵墓。它已成為一處融自然與人文景觀為一體的勝地。

奉安典禮

1929 年 1 月，全國軍隊編遣會議在南京召開。圖為參加全國軍隊編遣會議的人員在參加閱兵典禮，慶祝全國實現「統一」

力排雜牌保「中央」

蔣介石爲了削弱各個地方軍閥兵權，最終一統全國軍隊，精心策劃了「編遣會議」。

弦外之音

1928 年 7 月 6 日，北平西山碧雲寺孫中山靈櫬前，蔣介石、馮玉祥、閻錫山、李宗仁齊集，向先總理舉行「北伐完成報告祭」，以中華民國政府取得的一種近乎統一全國的大好局面，告慰他的在天之靈。

8 月 9 日，蔣介石又派特使到奉天，勸張學良把五色旗換成青天白日旗。至此，蔣宣布中國「統一告成」。

蔣介石統一中國，只是各軍閥間表面的暫時「聯合」。實際上，當時南京國民政府掌控的地區，只有東南五省。全國版圖的其他部分，則由數十個擁兵自重的國民黨新軍閥各霸一方。

軍閥有大小，能夠與蔣介石中央軍相抗衡的只有四大派系：占據魯、豫、陝、甘一線廣大地區的馮玉祥；控制著山西省和平津地區的閻錫山；擁有廣西、湖南、湖北三省和華北一些地區的李宗仁；統治著東北四省的張學良。

蔣介石為了擴充勢力，削弱各個地方軍閥兵權，最終一統全國軍隊，精心策劃了「編遣會議」。

1929 年元旦，蔣介石迫不及待地召開了這次會議。他大唱「裁軍」、「統一」、「集中」、「歸命中央」。弦外之音，不外乎用一種和平的手段削弱各個軍閥的軍權，進而一舉收拾中央軍以外的地方實力派。

1928 年 7 月 6 日，蔣介石率北伐軍各集團軍總司令抵北平西山碧雲寺祭告孫中山靈

1929 年 1 月國軍編遣委員會會議合影

蔣介石將全國設為8個編遣區：中央直屬編遣區，海軍編遣區，第一編遣區（蔣系，蔣介石），第二編遣區（馮系，馮玉祥），第三編遣區（晉系，閻錫山），第四編遣區（桂系，李宗仁），第五編遣區（東北軍），第六編遣區（川、康、滇、黔各軍）。

以分區編遣的名義，蔣介石一下子就控制了 4 個，即中央、海軍、第一、第六編遣區，實現了「人裁己不裁」的目的。

「人裁己不裁」

蔣介石並不滿足於此，《國民黨編遣委員會進行程式大綱》的通過，就是明證。條條限制，直指各地方派系。一言以蔽之，他就是要獨攬軍權，絕不允許他人染指。

會議還通過了《國軍編遣各部隊裁留標準》、《國軍編遣委員會點驗實施規章》、《陸軍編制原則》、《點驗組織條例》等一系列章程。總的原則，用縮減二字即可囊括；目的也只有一個，就是「對人不對己」。蔣介石就是要通過增加編遣區的辦法，壓縮他人軍隊而擴充自己的勢力。

8 月 6 日，編遣委員會發布了《編遣實施會議閉幕宣言》，列舉了兩次編遣會議之後的種種疑慮和批評，以「此地無銀三百兩」的心態，做了一番詮釋，以示「編遣會議」的公正與合理。

不過，從最後的表態中，我們還是聽出了玄機。「中央政府的決定，是通盤和從長遠利益來考慮的。目的，是將所有軍隊統一在國民政府之下。」這應是蔣介石的真情告白及目的所在。

歷史上曾有過趙匡胤「杯酒釋兵權」，可那是宋朝的事。如今，蔣介石也想效仿，來一個「裁減釋兵權」。

蔣介石不僅無意改善地方軍的現狀，還欲借整編之名獨攬軍權。參加會議的馮玉祥、閻錫山、李宗仁遂一致行動，消極對抗。

「編遣會議」似乎沒有達到預期的效果，在各地方派系的聯合抵制下，最終只能草草收場。

還是武力說了算

蔣介石看到用和平的手段難以收服各路「諸侯」，便決心利用各軍閥之間的矛盾，用武力各個擊破，實現「統一」。

他首先把矛頭對準李宗仁。

1929 年 2 月下旬，蔣軍開始壓迫占據武漢的桂軍，李宗仁慌忙化裝逃出南京潛往上海。3 月 21 日，蔣介石宣布開除李宗仁黨籍，下令討伐桂系，由此引發蔣桂戰爭。由於交通斷絕，李宗仁不能及時趕到武漢，面對蔣系劉峙 10 萬大軍，桂系軍心動搖。

蔣介石不失時機地派人前往武漢策反，不久，武漢桂系黃陂前線指揮官李明瑞宣布「服從中央」，回師討伐武漢。武漢守將夏威十分驚慌，遂放棄武漢，向西退卻。蔣介石親赴武漢坐鎮，命令軍隊乘勢推進，派大軍進剿廣西。5 月中旬桂系兵敗，李宗仁、白崇禧雙雙逃往香港，蔣介石大獲全勝。

馮軍部將石友三叛馮投蔣

當蔣介石把槍口對準李宗仁時，為了穩住馮玉祥和閻錫山，便拉攏他們對武漢起兵。馮、閻只是以通電「服從中央」為之回應而不出兵，意在坐山觀虎鬥，笑看兩敗俱傷。李宗仁慘敗後，蔣介石隨即掉轉槍口，直指馮玉祥。

蔣介石還是先拉攏閻錫山，使其保持「中立」，爾後用離間之計，策反馮玉祥的部將。5 月 22 日，馮軍部將韓復榘、石友三通電「服從中央」。

蔣介石立即下令討伐馮軍，馮玉祥勉強支撐，終因四面受敵，軍心渙散，無法繼續抵抗，只好通電「下野」，去投靠閻錫山。

閻錫山一時頗為得意，他的腦海中突然閃出一個念頭：用馮軍打頭陣去對付蔣介石，然後不失時機，奪取國民政府第一把交椅。9 月 17 日，閻錫山夜會馮玉祥，約定西北軍先進攻蔣軍，晉軍隨後接應。馮欣然應諾，遂命令西北軍孫良誠、宋哲元立即率軍出潼關討蔣。

蔣介石繼續「打拉結合」，突然任命閻錫山為陸海空軍副司令。這一招，使閻錫山只能乖乖地作壁上觀，成了一名觀眾。結果，衝鋒在前的西北軍孤立無援，全線潰敗。

蔣介石連勝李、馮二軍之後，收攬全國軍隊的決心愈加堅定。他槍口一轉，又對準了晉軍。

閻錫山沒有退路，他只能「恭候」蔣介石大駕光臨。

1929 年 1 月 25 日，在南京出席國軍編遣委員會大會閉幕時合影。前排右起：宋子文、朱培德、何應欽、孫科、李濟深、閻錫山、蔣介石、胡漢民、蔡元培、馮玉祥、戴季陶、李宗仁等

政績平庸的江蘇省主席

居正、葉楚傖、陳策合影（從左至右）

民國元老葉楚傖當了近兩年江蘇省主席，可惜沒有什麼建樹，不過，他是一位真名士。

心有餘而力不足

1930年3月17日，江蘇省政府改組，原主席鈕永健離職，葉楚傖兼任，成為京畿要地的父母官。這時的葉楚傖風光無限，達到了他事業人生的巔峰。

其實葉楚傖耍耍筆桿子還行，缺乏實幹魄力，對做省主席並不怎麼熱心。他對江蘇省政的許多方面表示不滿，但又拿不出改革的良方，只能因循守舊，聊以敷衍。他在省長任上曾說：「最關重要的、而黑暗成分最多、最不令人滿意的，大概是公安局。」因為江蘇每一個鄉鎮就有一個公安分局，有幾個員警守著，警費卻是沒有著落的。然而越是警費沒有著落的地方，辦員警的人越喜歡去，因為這樣便於敲詐勒索。葉認為：「這種公安分局實在無存在之必要。」他雖有這樣的主張，卻毫無實現的辦法，政績平庸。好在他還有自知之明，在國民黨中央黨部第80次總理紀念周上，葉楚傖對自己主持的省政府的評價是：「懦弱無能，心有餘而力不逮的江蘇省政府。」1931年12月15日，他把省政府主席一職移交給了顧祝同。

曾經是革命前驅，民國元老

人文薈萃的蘇州吳縣，向來出才子，1887年，葉楚傖出生在這裡。1911年10月，辛亥革命爆發，葉楚傖立即投筆從戎，加入廣東革命黨人姚雨平領導的「廣東北伐軍」，在總司令部任秘書兼參謀。是年底，隨姚部粵軍光復南京。

民國成立後，葉楚傖隨姚退出軍界，重操舊業，赴上海創辦編輯《太平洋報》、《生活日報》。次年又與于右任、邵力子合編《民立報》，主持副刊的編輯工作，並親自撰寫時事評論，筆名「小鳳」，從此聲名鵲起。

1916年1月，由中華革命黨總務部長陳其美發起創辦了《民國日報》，葉楚傖任總編輯，積極進行反袁宣傳。一時該報成為革命黨人的旗幟，影響很大。

1922年底，孫中山開始著手改組國

民黨，葉楚傖被委以重任，指定為國民黨修改黨章起草委員會委員。在這次大會上，他當選為第一屆中央執委。

孫中山逝世後，他向右轉，參加了鄒魯、謝持等在北京西山召開的所謂「國民黨一屆四中全會」，公開反對共產黨和廣州國民政府，反對孫中山的三大政策，並被推舉為執委常委，成為右派的得力幹將。他主持的上海《民國日報》，亦為西山會議派大造輿論。西山會議派的活動，遭到了廣州國民黨中央的指責，在國民黨第二次全國代表大會上，葉楚傖受到警告處分，被免去《民國日報》主編一職。

好在，葉楚傖猛然警醒，懸崖勒馬，在報上發表了「緊要啟示」，宣稱他不再參與西山派活動。5 月，他前往廣州，得到蔣介石的重用，出任國民政府中央執行委員會秘書長，成為蔣系的重要人物。

1927 年 4 月，葉楚傖隨蔣介石到達上海，這之後步

張靜江（前坐者）與陳果夫（左一）、陳立夫（左三）、葉楚傖（右四）、褚民誼（右二）等在張宅合影

葉楚傖身材魁梧，一張桔皮臉，渾身透出豪爽之氣。不過，他的文章與此卻形成鮮明對照。早年他愛寫作，筆名「小鳳」、「葉葉」、「湘君」等，則充滿陰柔之氣。他的小說風格接近「鴛鴦蝴蝶派」，文筆秀麗輕逸，仿佛出自女子之手。當時文壇就有「以貌求之不愧楚傖，以文求之不愧小鳳」的美稱。

葉楚傖的前任鈕永建

步高升，在兩年後舉行的國民黨「三大」上，當選為中央執委與常委。三屆一中會議上，他被任命為國民黨中央宣傳部部長，掌握理論喉舌，位高權重。

從江蘇省主席一職卸任後，他專事黨務工作，國民黨「四大」、「五大」、「六大」上，他都當選中央執委常委，前兩屆還兼中常會秘書長。這期間，他又在國民政府中謀得一職，1935 年擔任立法院副院長。

謙沖超脫，嗜酒成癖

葉楚傖外形魁梧，性格優柔，待人謙和。生活方面儉樸、清廉，多有士人之品而無衙門做派。一次，某官員遣差役送一要函給他。差役叩門後，葉親自開門，差役云：「須投交葉主席親收。」葉答：「本人即是。」差役大驚。還有一次，葉負責監造中山陵時，建造陵園的工程隊從太湖西山採石返回南京途中，路經葉的故鄉周莊，領隊特意留下一對石蠟燭、一隻石台、兩隻石凳，想給葉用在父母的新墳上。葉得知後厲聲拒絕，當即付款購下。

1945 年抗戰勝利後，葉楚傖被國民政府任命為蘇浙滬宣慰使，赴南京、杭州、上海進行宣慰安撫工作。當時，蘇州與周莊一些好事者為討好逢迎他，竟將周莊鎮改名為「楚傖鎮」，在蘇州設立「楚傖公園」。這讓他大為不滿，責令恢復原名。

還有兩件小事，值得一提。一是在 1929 年那場沸沸揚揚的「廢止中醫案」中，葉楚傖旗幟鮮明，他和李石曾、薛篤弼等親自接見請願代表並表示慰問，迫使衛生部不得不公開表示對中醫並無歧視。二是 1937 年日本發動全面侵華後，高校紛紛準備內遷。危難之中，葉楚傖受中央大學校長羅家倫之托，先赴重慶，為中央大學籌建新校舍和內遷入川做了大量卓有成效的工作，保證了學校於 11 月底正常開課。

葉楚傖頗有魏晉名士之風，尤好飲酒。他喜歡喝紹興黃酒，平日常帶一把瓷酒壺，開會時也喝上兩口。他自我解嘲說：「古人有『寒夜客來茶當酒』，我這是『白天開會酒當茶』。」遇上知己，他更要多喝上幾杯，一醉方休。若是陰雨天，乾脆閉門不出，吟詩獨酌，樂在其中。他曾有詩云：「酒中人是性中人，豪放恬祥各有真。」

鄒魯與葉楚傖一樣，曾為西山會議派的幹將

西山會議派另一員幹將謝持

浪跡洋場

虞洽卿（前排右一）和眷屬

虞洽卿曾三次施恩於蔣介石，後來的回報，自然頗爲豐厚。

上海商會的頭臉人物

近代以來，隨著徽商的沒落，晉商的回歸，浙商異軍突起，顯示出他們與生俱來的經營能力：頭腦活絡，精明能幹，善於捕捉商機，相互提攜，成為商界一支重要的力量，代表人物，當屬浪跡十里洋場的虞洽卿。

舊上海有三大名人，虞洽卿為其中之一。虞洽卿名和德，人稱「阿德哥」，字洽卿，浙江鎮海人，1867 年生。15 歲赤手空拳到上海打拼，從身無分文的小學徒，到數十年後搖身一變，成為腰纏萬貫的大富翁，在商界、實業界、金融界頭銜無數，聲名顯赫於上海灘。

1936 年虞洽卿 70 周歲時，工部局將橫貫市中心的南北通衢大道、寧波旅滬同鄉會所在的西藏路，正式改名為虞洽卿路，並舉行了隆重的慶典儀式。在當年外國人

虞洽卿創辦的上海證券物品交易所

1937 年 12 月，日本軍方在浦東組織成立「大道市政府」，誘惑虞洽卿當「市長」，為他所拒後，轉而拉攏傅筱庵當了偽市長。1939 年 4 月改組為「上海特別市政府」。傅筱庵被暗殺後，汪偽又想拉虞洽卿繼任，他再次拒絕。相反一直對中共持敵視態度的虞洽卿卻在這種形勢下，於這一年的 7 月 14 日，帶領難民救濟協會參加了中共江蘇省委「職委」領導發起的「物品慈善義賣會」，虞洽卿等上海知名人士為贊助人。

虞洽卿路命名儀式（左）

虞洽卿路上各種汽車都靠左行駛（右）

統治的租界內，能以中國人的名字命名路名，不失為一件大事。由此可見虞洽卿當時的地位。

虞洽卿的人生軌跡多有起伏轉折，身為一個典型的商人，亦深深捲入社會政治活動中。

1898 年四明公所事件中，他鼓動洗衣業工人拒絕為法國人服務，事後，虞洽卿獲得了寧波同鄉的信任，被選為四明公所會董。1905 年上海發生大鬧會審公堂案，虞洽卿作為知名人士積極參加了調停活動。不斷出現在公眾視野中的虞洽卿，漸漸地成為滬上婦幼皆知的大名人。

1913 年春天，宋教仁在上海被暗殺，孫中山等發起反袁的「二次革命」。當陳其美攻打上海製造局時，以虞洽卿為代表的上海商會發出公函，表示「無論何方先啟釁端，是與人民為敵，人民即視為亂黨」。一言以蔽之，不管是非如何，就是反對動兵。當時全國各地的商會除了安徽蕪湖商務總會外，幾乎都倒向了袁，連國民黨能控制的省份也不例外。而在辛亥革命時期，上海商會出錢、出力，曾經熱情地支持革命，共同推倒清廷。其前後表現，大相徑庭，判若兩人。

當年 7 月 21 日，作為上海商會的頭臉人物，虞洽卿發電報給浙江都督朱瑞，要求他不要倒向反袁陣營。9 月，上海反袁軍已失敗，做過紹興都督的王金髮等人策動浙江軍隊反袁，虞洽卿擔心「浙東一動，浙西難保」，計畫集資 15000 元，前去犒勞軍隊，「消其異志」。國民黨人對他恨之入骨，曾在他家放炸彈，他則聲明自己不過是商人，「只自經商，並無黨見」。犒軍一事「雖有其說，但無其事」。

1915 年，日本向袁世凱提出「二十一條」，虞洽卿在《申報》公開宣告：「國民之愛國，誰人不宜，誰時不宜，惟此時非急起救國不可。」他聯合同鄉商人宋漢章等發起愛國儲金活動，計畫在 6 個月內儲足 5000 萬元，用來建造兵工廠，添募陸軍，整頓海軍，或者提倡實業。

從「二次革命」到袁氏稱帝，不過兩年多時間，虞洽卿的態度發生了如此大的轉變，這是袁氏未曾料到的。

抗戰爆發後，民族危機日甚，各階層人民都紛起抗日，匯入到時代的潮流中。身為上海市商會會長、寧波同鄉會會長等職的虞洽卿當仁不讓，積極參與援助海外華僑組織、宣布對日經濟絕交、組織抵制日貨、救濟難民等活動，為抗日救亡事業做出了很大貢獻。上海淪陷時期，在惡劣的環境中，在日偽的威脅下，他拒絕拉攏出任偽職，發電擁護國民政府，支持政府抗戰，保持了民族氣節。1940年秋，他離開上海去重慶，1945年4月26日患病去世。

投桃報李

虞洽卿與蔣介石的關係非同一般，他們初次相見於滬軍都督陳其美處，二次相見卻是在陳其美慘遭殺害後祭奠的靈堂裡，第三次則是蔣隨孫中山到上海和虞洽卿商談創辦交易所為革命籌集經費之時。虞洽卿雖然與蔣三次相見匆匆，但給蔣留下了深刻印象。虞洽卿是商人，但他亦有政治頭腦，他在投資經商的同時，亦注重對人的感情投資。虞洽卿曾三次施恩於蔣介石，後來的回報，自然頗為豐厚。

首先是難中相助，收留老蔣。1920年秋，蔣介石持孫中山的親筆信到上海找到虞洽卿。虞二話沒說，把他安排在交易所，在經紀人陳果夫的旗下做助理經紀人。蔣是將才，不善經紀，加之陳果夫乃陳其美之侄，而蔣與陳乃拜把子兄弟，屈就於小輩之下，依蔣個性，決難相處。不久，兩人就鬧翻，蔣甩手不幹了。

其二助蔣入青紅幫。蔣介石一時無事可做，但他又耐不住寂寞，希望虞洽卿能幫他一把，投到青紅幫大老黃金榮的門下。虞洽卿看中蔣的政治潛力，滿口答應。虞洽卿親自充當說客，憑藉他的面子，黃金榮在不知蔣為何人的情況下，破例應允收徒，連入幫的費用也未笑納。

第三是助蔣脫厄。入幫後，與想像中有很大差距，蔣介石鬱鬱不得志，開始胡來。黃金榮知道後大怒，要按幫規處罰。虞洽卿趕忙替蔣介石求情，說了許多好話，言下之意，蔣絕非等閒之輩，假以時日，必成大器。衝著虞洽卿的面子和這番話，黃金榮也就不再追究。由於這層關係，日後在四一二政變中，虞洽卿替蔣介石出錢出力，充當先鋒。而蔣介石亦投桃報李，一直禮遇於他。

工部局五華董（左起）徐新六、貝祖詒、虞洽卿、袁履登、劉鴻生

工部局，意為市政委員會，是設置於租界的相當於一種行使行政權的機構。工部局由董事會領導，一般有9名董事，他們不發薪水，通過互選，產生總董。1928年後，有華董進入董事會。

上海證券交易所開幕日交易場景

尋找「北京人」的足跡

1932 年 10 月楊鍾健（左）和裴文中（右）在周口店辦事處

「北京人」現身，頭蓋骨卻不知所蹤。

「北京人」現身

1926 年，科學家在京城近郊周口店首先發現了屬於早期人類的兩顆牙齒。同年 10 月，這一重要發現被披露，立即轟動了國內外。這樣，所謂「龍骨」的謎底被揭開。

1927 年，周口店「北京人」遺址大規模發掘開始，由中國地質調查所和協和醫學院承擔。次年青年古生物學家楊鍾健和裴文中雙雙加盟，使發掘工作如虎添翼。到了 1929 年 12 月 2 日，距今 50 萬年前的一具人類頭蓋骨化石出土，震撼世界學術界的奇蹟終於發生了。

1930 年，發掘工人在周口店山頂洞前的發掘現場

以此為序幕，科學家又在周口店陸續發現了許多猿人化石、猿人製作的石器、骨器以及他們用火的證據。這些猿人最初被定名為「中國猿人北京種」，或稱「北京中國猿人」，俗稱「北京人」。後來，隨著人類學的發展，「北京人」的學名被調整為「北京直立人」。不過，「北京人」這一親切的俗稱早已家喻戶曉，廣為流傳。

以後幾年，一直到抗日戰爭爆發前夕，科學家在周口店又陸續發現了「北京人」的 4 個頭蓋骨。其中有 3 個是 1936 年在中國青年考古學家賈蘭坡的主持下發掘出來的。經過研究判斷，「北京人」是生活在距今 50 萬年以前的一種原始人類，是中國人的祖先。

「北京人」遺址及化石的發現，是世界古人類學研究史上的大事。迄今為止，還沒有哪一個古人類遺址像周口店北京人遺址這樣擁有如此眾多的古人類、古文化、古動物化石和其他資料。「北京人」化石成為世界科學界矚目的稀世瑰寶。

老祖宗何日才能歸來

抗日戰爭爆發後，裴文中等發掘出來的5個「北京人」頭蓋骨和一批化石，竟然離奇地「失蹤」了。這一事件，成為震驚世界的失竊案。

「北京人」化石，一直保存在由美國人開辦的北京協和醫學院。1937年盧溝橋事變後，日本軍隊侵占了北京，可一時未敢踏入協和醫學院。在這個「保險箱」裡，「北京人」化石還安然無恙。

隨著時間的推移，日美關係日愈緊張，為了使「北京人」化石不被日軍搶走，協和醫學院與遠在重慶的國民政府協商後，決定把化石送到美國暫時保管。

然而，世事難料，1941年12月珍珠港事件爆發後，日軍已無所顧忌，他們迅速占領了北京、天津等地的機構。極具科研價值的5個「北京人」頭蓋骨，連同其他一些化石以及全部資料，在這次轉移到美國的途中神秘消失，留下了一樁難解的歷史懸案。

幾十年來，人們一直努力地去尋找「北京人」頭蓋骨化石，可至今仍無結果。

1928年，中外科學家雲集周口店，左一為裴文中，左四為楊鍾健

復原的北京猿人

大約在北宋時期，北京周口店一帶就有出產「龍骨」的傳說。人們把「龍骨」當作天賜良藥，據說把它研磨成粉，敷在傷口上，可以止痛和利於癒合。因為盛產龍骨，這裡的一座山被稱為龍骨山。到了近世，經過古生物學家的研究，所謂「龍骨」，不過是古生物的骨骼化石。

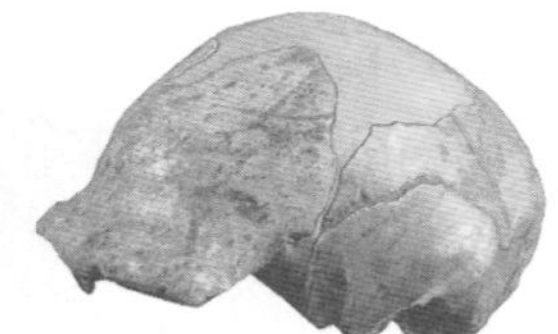
北京猿人頭蓋骨（復原）

狂飆爲誰而起

左聯成立地點——上海中華藝術大學

他們以筆作槍，他們的身後，有「左聯」。

以筆代槍

1931 年 2 月 7 日，上海龍華監獄，傳來了幾聲沉悶的槍聲。胡也頻、柔石、殷夫、馮鏗、李偉森五位「左聯」作家，被國民黨淞滬警備司令部秘密槍殺。

「左聯」五士的噩耗傳來，魯迅為他們感到無比悲憤，寫下悼念文字，指出他們以鮮血為中國無產階級革命文學「寫了第一篇文章」。

這是一群文弱的知識份子，但他們的勇敢，絲毫不亞於戰場上的勇士。他們以筆作槍，一副「我以我血薦軒轅」的豪邁氣概。

進入 30 年代，蔣介石雙拳出擊，一面對中共蘇區進行軍事「圍剿」，一面對國統區實行文化「圍剿」。面對困厄的形勢，一大批從各地聚集在上海的左翼作家決心團結起來，1930 年 3 月 2 日，「中國左翼作家聯盟」在上海成立。

在中華藝術大學舉行的成立大會，很是隆重。到會的有馮乃超、華漢（陽翰笙）、龔冰廬、孟超、莞爾、邱韻鐸、沈端先（夏衍）、潘漢年、周全平、洪靈菲、戴平萬、錢杏邨（阿英）、魯迅、畫室（馮雪峰）、黃素、鄭伯奇、田漢、蔣光慈、郁達夫、陶晶孫、李初梨、彭康、徐殷夫、朱鏡我、柔石、林伯修（杜國庠）、王一榴、沈葉沉、馮憲章、許幸之等 40 餘人。大會通過了「左聯」的理論綱領和行動綱領，選舉沈端先、馮乃超、錢杏邨、魯迅、田漢、鄭伯奇、洪靈菲 7 人為常務委員。

「文藝，要為工農大眾服務」這句名言，就是魯迅在這次會議上作的題為《對於左翼作家聯盟的意見》的講話中第一次提出的。它就像一桿尺規，指導文藝工作者，朝著這個方向努力。

上海龍華警備司令部監獄。「左聯」五士即犧牲於此

霜葉紅於二月花

魯迅，是旗手，在他的引領下，革命文藝運動，轟轟烈烈，十分壯觀。文學生命，也因此而精彩。辦雜誌，翻譯、介紹馬列主義關於文藝的論著，培養文學新人，發展「左聯」組織，一時如火如荼。

從來沒有過的興盛，文藝界好似春風拂面。「左聯」組織不斷在擴大，從北平和日本東京設立分盟，到廣州、天津、武漢、南京等地成立小組，吸引了大批左翼文藝青年。

左翼作家聯盟成立後，左翼社會科學家、戲劇家、新聞記者、美術家、教育家、語言學家和音樂家「八大聯盟」也相繼成立。國統區的文藝陣地，大部分被進步文藝所占領。

「左聯」的領導機構，起初是常務委員會，後改稱執行委員會，下設組織部、宣傳部、編輯部、出版部、創作批評委員會、大眾文藝委員會、國際聯絡委員會等。

在「左聯」內，我們看到了共產黨員的身影。他們衝鋒陷陣，無處不在。先後擔任黨團書記的，有潘漢年、馮乃超、馮雪峰、陽翰笙、丁玲、周揚等。

有了組織，就必須擁有自己的宣傳陣地，「左聯」先後創辦了《萌芽月刊》、《拓荒者》（二刊系接辦）、《巴爾底山》、《世界文化》、《前哨》（第2期起改名為《文學導報》）、《北斗》、《十字街頭》、《文學》、《文藝群眾》、《文學月報》、《文學新地》等刊物，還秘密發行了《秘書處消息》和《文學生活》，並在《時事新報》副刊《青光》主辦《每週文學》。另有週邊刊物《文藝新聞》。

「左聯」領導的左翼文藝運動，在創作方面取得巨大成就。大量作品相繼問世，其中有魯迅和瞿秋白的雜文，茅盾的長篇小說《子夜》、《林家鋪子》和《春蠶》，丁玲、張天翼等人的小說，田漢、洪深、夏衍等人的劇作，中國詩歌會諸位詩人的詩歌。無論是思想性還是藝術性，都有新的拓展，顯示出左翼文藝的實績，產生了廣泛的影響。

擔任「左聯」行政書記的茅盾

1931年2月7日，上海龍華監獄，傳來了幾聲沉悶的槍聲。胡也頻、柔石、殷夫、馮鏗、李偉森五位「左聯」作家，被國民黨淞滬警備司令部秘密槍殺。

「左聯」機關刊物《文學月報》

1930 年 8 月 6 日，「左聯」會員於上海功德林菜館召開「漫談會」後合影。前排左三為魯迅

作品中清晰地跳動著時代的脈搏，其生活實感和革命熱情至今仍感染著讀者。

「左聯」就像一座搖籃，孕育了許多文學新人，張天翼、沙汀、艾蕪、葉紫、周文、蔣牧良、艾青、蒲風、聶紺弩、徐懋庸、蕭軍、蕭紅、周立波等一批文學青年都是從這裡走上文壇，成為 30 年代文壇上活躍的力量。

自成立之初，「左聯」就遭到政府的鎮壓，如取締「左聯」組織，通緝「左聯」盟員，頒布各種法令條例，封閉書店和出版社，查禁書刊，檢查稿件，逮捕作家，秘密殺戮革命文藝工作者等。「左聯」人士用更換刊名、更換化名、更換書店的辦法，與強權者周旋。

除「左聯」五士被殺害外，被殺害的還有作家洪靈菲、詩人潘謨華和應修人等，魯迅也曾遭到通緝。

「左聯」的生命，戛然停止在 1936 年的那個春天。隨著抗日救國運動的高漲，需要建立整個文藝界的抗日民族統一戰線，服從大局，亦是為了向更新更高的目標進發。只有「中止」，沒有「終止」，「左聯」自動解散。

短短 6 年，這就是「左聯」的歷史，但它對後世的影響，則悠遠而長久。它似一座不朽的豐碑，深深鐫刻在人們的心中。

從左至右：柔石、殷夫、胡也頻、馮鏗、李偉森

誰主沉浮

閻錫山、馮玉祥等在河南輝縣前線

1930 年，爆發了一場空前的蔣馮閻中原大戰。

聯合起來拒蔣

1928 年，蔣介石基本統一全國，然而地方勢力依然強大。為了削弱馮玉祥、閻錫山、李宗仁等軍事集團，蔣介石於 1929 年精心策劃了全國編遣會議，大幅裁軍，引起閻、馮、李等人的強烈不滿。

繼全國編遣會議之後，蔣介石又利用國民黨第三次全國代表大會，進一步排斥異己，擴充嫡系，強化獨裁統治，一時引起眾怒。

任何一支地方派系若單獨行動，都不是蔣介石的對手。此前失敗的教訓和客觀形勢，迫使他們相互妥協，聯合起來抗拒蔣介石。

1930 年 2 月，經過多方協商，醞釀出軍事領導機構，反蔣軍隊稱為「中華民國軍」，閻錫山被推戴為「中華民國陸海空軍總司令」，馮玉祥、李宗仁和張學良為副總司令。3 月 15 日，原第 2、3、4 集團軍 50 餘名將領聯名發表反蔣通電，宣布蔣介石的罪狀，表示誓除此賊。

4 月 1 日，閻錫山在太原、馮玉祥在潼關、李宗仁在廣西桂平分別通電就職，張學良則保持沉默。

閻、馮、李把反蔣軍隊編成 8 個方面軍共 50 萬兵力，分別集結於許昌、鄭州、新鄉、順德（今河北邢臺）、衡水、歸德（今河南商丘）、全縣（今廣西全州）等地，試圖一舉消滅蔣軍，推翻南京政府。

馮玉祥（1882—1948），1922 年直奉戰爭後，調任河南督軍，不久為陸軍檢閱使。1924 年直奉戰爭中倒戈，囚禁曹錕，將部隊改稱國民軍，自任總司令兼第 1 軍軍長。後與奉系作戰失利，退往西北，其所領部隊統稱西北軍

張學良的東北軍入關助蔣作戰

雲集在柳河車站的蔣軍

面對聲勢浩大的反蔣浪潮，蔣介石對大戰也做了充分準備。他開動強大的宣傳機器，對閻、馮口誅筆伐，宣稱他們不滅，國無寧日。在蔣介石的授意下，所屬部隊紛紛發表討伐閻馮的通電，給對方施壓。

蔣介石先後調集約 70 萬人組成 4 個軍團和 4 路軍，企圖以一部分兵力於津浦鐵路沿線先取守勢，集中主力於隴海、平漢鐵路沿線，先發制人，奪取聯繫各戰場的交通戰略要地：歸德、許昌，與閻、馮軍主力決戰。

5 月 1 日，一切準備就緒，志在必得的蔣介石按預定計劃發起了全面進攻。

整個戰事東起山東，西到襄樊，南迄長沙，北至河北。雙方動員了 100 多萬軍隊互相廝殺，綿延數千里的戰線上，炮聲隆隆，刀光劍影，生靈塗炭，不可勝計。

戰爭之初，閻馮聯軍一度占據明顯優勢，蔣軍處於退守挨打狀態。晉軍、西北軍連克濟南、商丘，逼近徐州、蚌埠；桂軍也攻克長沙、岳州。

面對聯軍的咄咄逼人之勢，蔣介石一時難以招架，迭發急電，催促張學良入關助戰。同時改變打法，以中央名義封官許願，策反閻、馮、李的部屬，同時施以銀彈收買。

金錢的作用，很快就收到成效。閻馮軍不再抱成一團，有臨陣倒戈的，有消極避戰的，有戰而不力的。

蔣介石對馮玉祥的西北軍採用金錢收買的銀彈攻勢，而集中炮彈全力攻打閻軍。閻錫山向來老謀深算，關鍵時刻，可以喪失朋友，但絕不能犧牲自己的利益，他命令晉軍快速後撤。馮軍很快就孤立無援地暴露在蔣軍面前，陣腳頓時大亂。

圍閻孤馮策略終於奏效，反蔣聯軍再也無法組織起有效的攻勢。戰爭進入僵持狀態，雙方都在尋找擊敗對方的突破口。

勝負有時在場外

關鍵時刻，東北軍張學良的態度就舉足輕重。此前，他一直擁兵不動，隔岸觀火。在蔣與閻、馮、李聯軍對峙處於僵持的狀態下，他的向背就決定了交戰雙方的勝敗。

一時，張學良成了關鍵人物，雙方使出渾身解數，極力拉攏他。反蔣陣營委張學良為陸海空軍副司令，力勸他不要率東北軍入關加入戰爭；蔣介石開列的條件更為優厚，他以中央政府的名義，不僅給予他陸海空軍副總司令的頭銜，還答應如果東北軍入關助戰，許以他河北、山西、山東部分地盤，撥給 3000 萬元鉅款作軍餉。

經過權衡，張學良於 1930 年 9 月 18 日發出擁蔣通電，進兵關內，直取平津。

張學良「背後捅刀」，嚴重動搖了反蔣派的軍心。馮部將領石友三通電擁蔣，楊虎城嘩變宣布占領西安。前線的馮軍全線潰敗，大多投靠蔣軍，部分被東北軍收編。馮玉祥全軍輸光，地盤盡失。閻錫山見勢不妙，慌忙退縮山西。無奈之下，閻、馮只好通電下野。入湘作戰的李宗仁桂系見大勢已去，馬上退回廣西。

曾經聲勢赫赫的反蔣陣營很快瓦解。一心想與蔣介石在戰場上一爭高下的馮玉祥、閻錫山，一副灰頭土臉。

當時，有一幅刻畫中原大戰的漫畫：閻錫山一手拿算盤，一手拿帳本，諷刺土財主出身的閻錫山斤斤計較，是否有利可圖；馮玉祥一手拿大刀，一手拿窩窩頭，說明西北軍缺乏糧餉，武器裝備差，經不起利誘；蔣介石則一手拿炮彈，一手拿金錢，他就是靠交替使用銀彈、炮彈才瓦解反蔣聯軍的。可以說是入木三分，非常經典。

蔣軍涉水向登封一帶進軍

10 月中旬，歷經半年戰火襲擾的中原大地，總算迎來了久違的平靜。當蔣介石班師回京時，臉上露出的，顯然是一副勝利者的得意之色。

中原大戰時的蔣介石

1931 年的李宗仁

中原大戰時的閻錫山

黑雲壓城城欲摧

蔣介石親臨江西前線，指揮圍剿行動

從 1930 年 11 月起，蔣介石集中兵力，對中共領導的中央革命根據地連續發動了五次大規模的軍事進攻。

攘外必先安內

「萬木霜天紅爛漫，天兵怒氣沖霄漢。霧滿龍岡千嶂暗，齊聲喚，前頭捉了張輝瓚。」

這是毛澤東在取得第一次反「圍剿」勝利後的心情。不過，如果覺得他的內心很輕鬆，並且還有幾分得意，那就錯了。事實上，當時的局勢，對中共、對紅軍而言，很不樂觀，甚至可以說相當嚴重。

蔣介石一心要剿滅共產黨，他不能容忍另一個黨派的存在，更不能容忍它還擁有自己的武裝，這對於他來說，是一種巨大的、潛在的威脅。所以，蔣介石要貫徹「攘外必先安內」的政策，不惜一切代價，欲儘快將共產黨置於死地。

很顯然，國共雙方的軍事力量不成比例，說的嚴重一點，紅軍只有招架之功而無還手之力。只是因為根據地多在山野，不利於國民黨軍隊作戰，加之紅軍戰術運用得當，使蔣軍猶如「虎落平陽」，無法發威。

從 1930 年 11 月開始，蔣介石集中優勢兵力，對中國共產黨領導的中央革命根據地連續發動五次大規模的軍事進攻。「圍剿」與反「圍剿」，成了國共雙方之首要任務。

這一年的 11 月，蔣介石調集 11 個師又 3 個旅約 10 萬兵力，以江西省主席魯滌平為總司令，第 18 師師長張輝瓚為前線總指揮，採取「長驅直入」、「分進合擊」戰術，對中共蘇區和紅一方面軍發起第一次「圍剿」。

面對強敵來犯，紅一方面軍「誘敵深入」，致使其疲勞沮喪，補給困難。12 月 30 日，紅軍集中優勢兵力，全殲冒進龍岡的蔣軍主力第 18 師，活捉前線總指揮兼第 18 師師長張輝瓚。接著，又於 1931 年 1 月在東韶全殲蔣軍第 50 師 1 個旅。其他各路蔣軍紛紛潰退，國民黨軍的第一次「圍剿」，湮沒在北風勁吹的三九寒夜中。

1931 年 4 月，第二次「圍剿」，以何應欽為總司令，集中 18 個師共 20 萬兵力，採取「步步為營，穩紮穩打」和「分進合擊，互相策應」戰術。

紅軍在毛澤東、朱德指揮下，繼續「誘敵深入」。隨後，集中兵力，以運動戰的形式各個殲敵。5 月 16 日至 31 日的 15 天內，紅一方面軍 3 萬餘人由西向東橫掃，在富田、白沙、中村、廣昌、建寧連打 5 大勝仗，轉戰 700 餘里，殲敵 3 萬。國民黨軍的第二次「圍剿」，無功而返。

國民黨軍對紅軍進行第五次「圍剿」時採用了「堡壘政策」。這種戰術依據碉堡步步推進，壓縮根據地，試圖一舉消滅紅軍。

親自披掛

1931 年 7 月，蔣介石決定親自出馬，自任總司令，調集 30 萬兵力，聘請英、日、德軍事顧問隨軍指導，再次「長驅直入」，向中共蘇區發起第三次「圍剿」，意在一舉消滅紅軍。

這時，紅一方面軍主力在遠離蘇區的閩西、閩贛邊界一帶，當得知蔣軍進攻後，主力立即迅速回師蘇區，即中兵力，尋機殲敵。

長驅直入的蔣軍發現紅軍主力後，以 12 師的兵力形成合圍。紅軍臨危不亂，派少量兵力西向贛江佯動誘敵，主力卻於 8 月 5 日夜從東面蔣軍駐防間的空隙地帶秘密穿越，將蔣軍拋在身後。爾後乘蔣軍不備，從 6 日至 11 日，在蓮塘、良村、黃陂連取 3 捷，從被動中奪得主動。

隨後，紅軍利用國民黨軍協防不力，從 8 個主力師的包圍圈中大膽穿越，輕鬆跳出，主力 2 萬餘人隱蔽於興國境內休整。

1934 年，國民黨軍在「圍剿」紅軍中採取堡壘政策。圖為在臨川至南豐的要道上修築的碉堡

國民黨軍隊在中央蘇區邊緣修築碉堡

而偽裝主力向東北方面佯動吸引敵人的紅 12 軍，搞得國民黨軍暈頭轉向，精疲力竭，士氣大減，正如他們所說，「肥的拖瘦，瘦的拖死」。蔣軍追擊紅軍月餘，始終無法找到紅軍主力。而休整多日的紅軍則嚴陣以待，趁兩廣事變之機再次反攻，又一次擊潰蔣軍的「圍剿」。

1932年7月，蔣介石調集63萬大軍，親任總司令，對紅軍發動了第四次「圍剿」。這一次，國民黨軍吸取前幾次失敗的教訓，實行所謂「三分軍事，七分政治」的「總體戰」方針，全面「圍剿」。

為摧毀蘇區消滅紅軍，蔣介石還制定了「穩紮穩打、分進合擊」的戰略和「縱深配備，並列推進，步步為營，邊進邊剿」的戰術；並強調實行「連坐法」，編組保甲，組織團練，全面進行動員。

國民黨軍首先向鄂豫皖蘇區和紅軍發起攻勢。該蘇區主要負責人張國燾被紅四方面軍剛剛取得的一點小勝利衝昏頭腦，認為「圍剿」已被徹底打破，國民黨軍不堪一擊，因而多次拒絕轉入反「圍剿」的建議，命令部隊進攻麻城，企圖實現「會師武漢」的冒險戰略。結果，不僅紅軍對武漢的包圍態勢化為烏有，鄂豫皖蘇區也喪失了。

10 月，蔣介石開始組織對江西蘇區的「圍剿」。為畢其功於一役，蔣任命顧祝同為總司令、陳誠為前敵總指揮，投入兵力達 50 萬之眾。

江西紅軍在朱德、周恩來的指揮下，採取聲東擊西和集中優勢兵力圍殲的戰術，屢獲勝利。歷時半年的「圍剿」，國民黨軍非但沒有消滅紅軍，反而被殲 3 個師，失去對紅軍的包圍態勢，無奈之下的蔣介石，只好偃旗息鼓，下令收兵。

無法打破重圍

1933年9月底，蔣介石集中 100 萬兵力，進行第五次大規模「圍剿」，其中用於進攻中央革命根據地的兵力有 50 萬人。

此時，毛澤東已經離開紅軍的領導崗位，中共臨時中央負責人博古把軍事指揮權完全交給了一個不懂中國國情的外行——共產國際駐中國的軍事顧問李德。他反對「誘敵深入」，命令紅軍全線出擊，結果使紅軍深陷於被動挨打之中。

接下來，以王明為代表的「左」傾冒險主義，使得紅軍在反「圍剿」中一再受挫，欲益反損，紅軍形勢已是岌岌可危。

1934 年 4 月中旬，國民黨軍集中優勢兵力進攻中央蘇區的北大門廣昌。「左」傾領導繼續「以卵擊石」，18 天血戰，紅軍部隊傷亡慘重，廣昌失守。7 月，在蔣軍新的進攻面前，紅軍只能全線防禦。10 月初，興國、寧都、石城一線相繼失陷，根據地日益縮小，已到了生死存亡之時。

紅軍無奈之下只能實行戰略轉移，被迫踏上一條漫漫長路，開始了舉世聞名的長征。

九一八，從那個悲慘的時候

九一八事變發生後，國民政府立即向國際聯盟提出申述，要求依據盟約阻止日本的侵略行動

在九一八當夜，蔣介石究竟有沒有多次給張學良下達不抵抗的電令？

歌聲中的悲憤

我的家在東北松花江上，那裡有森林煤礦，還有那滿山遍野的大豆高粱。我的家在東北松花江上，那裡有我的同胞，還有那衰老的爹娘。九一八，九一八！從那個悲慘的時候，脫離了我的家鄉，拋棄那無盡的寶藏，流浪！流浪！整日價在關內流浪！哪年哪月才能夠回到我那可愛的故鄉？哪年哪月，才能夠收回我那無盡的寶藏？爹娘啊，爹娘啊！什麼時候，才能夠歡聚在一堂？

1936年11月，這首充滿著憂憤和悲情的歌曲，強烈地觸動了中國人的亡國之痛，成為中華民族刻骨銘心、廣為流傳的抗戰歌曲之一。這就是著名歌曲《松花江上》。

這一年，在蔣介石「攘外必先安內」的政策下，被驅趕到「剿共」前線的東北軍官兵攜老帶小，流落西安街頭。他們被迫流亡關內，有家歸不得，有仇不能報，卻要為內戰去賣命。

當時，張寒暉正在西安二中教書，天天目睹東北父老流浪徘徊的慘景，耳邊充滿嗟嘆痛苦的呼聲。國人不幸的遭遇，一時激起了他創作歌曲的欲望。他把北方「娘們」在墳頭哭丈夫、哭兒子的那種淒慘之聲，藝術加工後成為《松花江上》的曲調，以含著熱淚哭泣似的音調，唱出了

我們現在無法知曉當時決策者心中的想法，是否有難言之隱，是否他們有更長遠、更切合實際的想法？是否他們想儘量避免戰爭，抑或推遲戰爭的爆發，為國力的增強贏得有限的時間？所以，才一而再、再而三的讓國人失望。

九一八事變，激起全國的反日浪潮。這是杭州市舉行抗日救國大會的現場情景。當天下雨，參加大會的 10 萬人在雨中站立數小時，悲壯激昂

悲憤交加的聲音，一首感人肺腑的歌曲就這樣誕生了。

《松花江上》的哭，那是東北大地的眼淚。當年所發生的慘痛一幕，深深鐫刻在人們的腦海中。亡國奴般的經歷，是從1931年9月18日那個不幸的日子開始的。

戰爭在炸藥中引爆

1931 年 9 月 18 日 22 時 20 分，一聲爆炸，瀋陽北郊南滿鐵路柳條湖段被日軍炸毀。這是一次精心策劃的陰謀，「柳條湖事件」引爆了一場戰爭。以爆炸聲為信號，早已磨刀霍霍的日軍迅速向東北軍精銳第 7 旅駐地北大營發起攻擊。此時，北大營中駐守的中國部隊正在酣睡。

19日零時20分，日本關東軍司令本莊繁下令所屬部隊向東北各地實施進攻。

當日 6 時 30 分，日軍占領瀋陽城。同日，長春淪陷。22 日，吉林市失守。11月19日，黑龍江省城齊齊哈爾被攻陷。1932 年 1 月 3 日，遼西重鎮錦州被占領，至 2 月 5 日北滿最大城市哈爾濱淪陷，東北全境陷入敵手。此後，日本太陽旗，用它那猙獰的灼熱，燃燒著整個東北大地，煎熬著 3000 萬東北人民。

蔣是否曾下令張不抵抗

1931 年的 7 月和 8 月，相繼發生「萬寶山事件」和「中村事件」，日本關東軍不斷滋生是非，挑起爭端。與關東軍調兵遣將相反，東北軍全然不做防禦準備。當時，東北軍有 25 萬人，陸海空兵種齊全，裝備精良。

坐鎮東北的榮臻、臧式毅和王以哲等文臣武將，面對日本的戰爭陰謀，既無具體的防範措施，思想上亦無準備。當日軍

向北大營進攻時，睡夢中的東北軍第 7 旅官兵在槍炮和吶喊聲中驚醒。他們得不到旅長王以哲的指示，當夜他沒有宿在營中。參謀長趙鎮藩直接打電話給瀋陽城中的榮臻請示處置措施。榮臻見事態嚴重，向坐鎮北平的張學良請示。很快，他被告知張學良正在同英國公使一起看京劇，聯繫不上。緊急關頭，他向北大營官兵下達了「不准抵抗，不准動，把槍放到庫房裡，挺著死，大家成仁，為國犧牲」的命令。就這樣，到 19 日凌晨 5 時半左右，日軍輕易地占領了北大營，沒有遭到任何抵抗。20 多萬東北軍精銳之師陸續撤回關內。

那麼，在「九一八」當夜，蔣介石究竟有沒有多次給張學良下達不抵抗的電令。早些年日本廣播協會和美籍華人學者唐德剛，先後採訪了晚年的張學良。張學良明確回答：「九一八事變時，我認為日本利用軍事行動向我們挑釁，所以我下了不抵抗命令，我希望這件事情能和平解決。」「我對九一八事變判斷錯了。」「是我自己不想擴大事件，採取了不抵抗的政策。」「中央不負責任，我不能把九一八事變中不抵抗的責任推給中央政府。」

最近，藏於美國斯坦福大學胡佛研究所檔案室的《蔣介石日記》對外開放，有關學者查閱了九一八事變後幾天的蔣介石日記，從日記中可以看出這樣幾點事實：一、從 9 月 18 日起蔣介石就離開了南京到達南昌，20 日才離開南昌，於 22 日下午返回南京。二、9 月 19 日蔣介石是從

打響嫩江橋抗戰第一槍的馬占山

日軍炮轟東北軍駐地

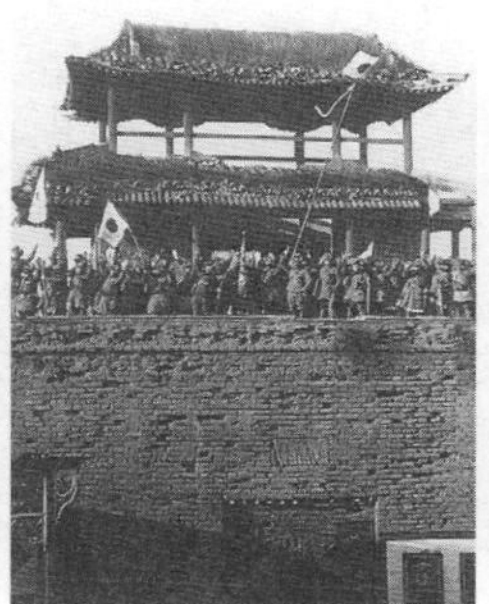
日軍攻入錦州，在城頭上歡呼

遭到破壞的南滿鐵路柳條湖段

九一八事變後，上海三新公司前懸掛著「國難」兩個大字

上海和南京方面獲悉九一八事變發生。事實上，上海、南京的報紙，也只是在 19 日才報導了日本攻襲瀋陽的消息。三、蔣介石得知這一事變後，他在日記中記下的心情是：「雪恥」，「余所恃者惟一片愛國心，此時明知危亡在即，亦惟有鞠躬盡瘁，死而後已耳。」等等。儘管當時蔣介石也有軟弱的一面，如幻想國際聯盟主持正義，幫助中國；日記表白的也大於實際的行動，但應該無虛偽造作之詞，顯然與所謂十幾次電令張學良不准抵抗，任由日本為所欲為的說法大相徑庭。

由對張學良的晚年訪談和最新披露的《蔣介石日記》，可以得出結論，九一八事變發生時，蔣介石曾十幾次電令張學良不抵抗是不大可能的。

九一八事變後，日本亡我之心，已大白於天下，民族危機日甚。1931 年 11 月發生了嫩江橋抗戰，馬占山率部打響了抗擊日軍的第一槍；1932 年 1 月，蔡廷鍇、蔣光鼐領導 19 路軍堅決抵抗了日軍。

受到日軍攻擊的東北軍北大營營房

攻入瀋陽城頭的日軍

「一・二八」淞滬抗戰中，蔡廷鍇（右二）與第 19 路軍將領在前線視察戰況

「蔡廷鍇將軍」牌香菸

爲支援 19 路軍抗戰，上海的商家推出了「蔡廷鍇將軍」牌香菸。

抵抗

歷史的烙印，常常鐫刻在我們記憶之中。因為感動，所以要銘記；因為要銘記，所以要傳揚，於是就有了「蔡廷鍇將軍」牌香菸，它是為紀念 19 路軍奮起抵抗日軍的英勇事蹟而命名的。

九一八事變後，日本關東軍為掩護炮製偽滿洲國的陰謀，由關東軍高級參謀板垣征四郎串通日本上海公使館武官田中隆吉，蓄謀在上海製造事端。

1932 年 1 月 18 日，田中隆吉與女間諜川島芳子策劃，指派外罩僧衣的 5 名日本海軍陸戰隊隊員，到中國三友實業社總廠門前向工人義勇軍投石挑釁並發生互毆，造成「和尚」一「死」二傷。以此為藉口，又指使一夥日僑暴徒焚燒了三友實業社。隨後，煽動千餘日僑集會遊行，強烈要求日本總領事和海軍陸戰隊出面干涉。21 日，日本總領事村井蒼松向上海市長提出「抗議」，要求中方必

1932 年 1 月 28 日，日軍進攻上海，中國軍隊奮起應戰

「一・二八」淞滬抗戰完全屬於戰略上無準備之仗。戰爭的爆發，完全出乎南京政府的意料，也根本違背其本旨。可以說，它是被 19 路軍拖上戰爭指導者地位的。在這種情況下，南京政府難免舉止失措，給抗戰帶來許多消極影響。南京方面始終堅持「一面抵抗、一面交涉」的所謂「適可而止」方針，最後甚至拒絕給 19 路軍和第 5 軍進一步的實際支持，導致戰場上出現敵眾我寡的態勢。

馬占山將軍香菸海報

蔡廷鍇將軍香菸海報

須道歉、懲凶、賠償和解散抗日團體。日本駐上海第一外遣艦隊司令鹽澤幸一亦明目張膽地威脅上海市政府。27 日，村井向上海市府發出最後通牒，限 28 日 18 時以前給予滿意答覆，否則採取必要行動。軍政部長何應欽急電第 19 路軍忍辱求全，令上海市長吳鐵城於 28 日 14 時前完全接受日方提出的無理要求。

日方接到吳鐵城的答覆，表示「滿意」，卻又以保護僑民為由，要求中國軍隊必須撤出閘北，又不待答覆便於當晚實施突襲。

28 日午夜，日軍分三路發動攻擊，占領了天通庵車站和上海火車北站。擔負滬寧地區衛戍任務的第 19 路軍 3 個師共 3 萬餘人，其中第 60、61 師分駐南京、蘇州一帶，只有 78 師兩個旅在總指揮蔣光鼐、軍長蔡廷鍇的指揮下奮起反擊，在防守市區的第 156 旅與前來接防的憲兵第 6 團的配合下，打退由橫濱路、虬江路、寶山路進攻的日軍，奪回天通庵車站和上海北站。日軍敗退租界，通過英、美等國領事出面「調停」，達成停火協議，緩兵待援。

同日，日本發表聲明威脅中國政府，誣指上海事件是中國排日運動所致。2 月 2 日，日軍從國內增調航空母艦 2 艘、各型軍艦 12 艘、陸戰隊 7000 人援滬，蔣光鼐急調第 60、61 師參戰。3 日，日軍再向閘北進攻，被中國守軍擊退。日本遂增派第 3 艦隊和陸軍久留米混成旅援滬。7 日，日軍改變攻擊點，以久留米旅進攻吳淞，陸戰隊進攻江灣，企圖從守軍右翼突破。第 19 路軍依託吳淞要塞及水網地帶與日軍激戰，第 61 師將進攻紀家橋、曹家橋的日軍各個消滅，其餘日軍龜縮租界，由英、美等國領事再次出面「調停」，以待援兵。

上海戰況於日軍不利，日本內閣於 2 月 13 日又增派援軍第 9 師團 2 萬餘人來滬參戰。同日，請纓抗日的張治中出任第 5 軍軍長，率所部第 87、88 師等增援上海。18 日，日軍總指揮官、第 9 師團長植田謙吉發出最後通牒，要求中國守軍於 20 日上午 7 時前撤退 20 公里。蔡廷鍇氣憤不過，他在接受《大美晚報》記者採訪時說：「我是個軍人，寧可死在戰場上，也不願接納此無理要求。」當即下令前線部隊集中所有炮火，向日軍陣地猛烈轟擊，用大炮做出回應。20 日清晨 7 時，日軍向中國軍隊發動全線總攻，經過 6 晝夜爭奪戰，日軍遭受重創。

淞滬抗戰激動全國，後方官兵紛紛請

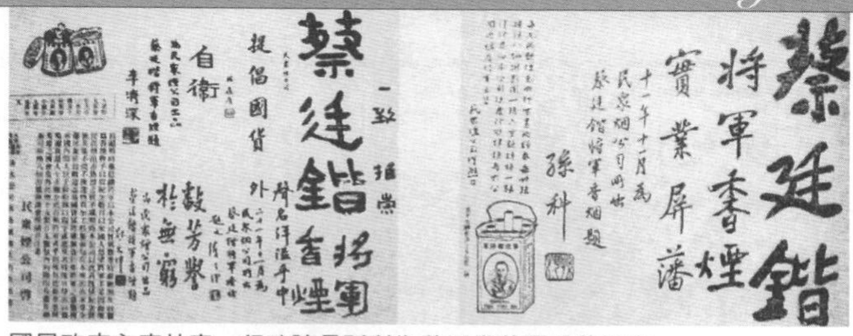

國民政府主席林森、行政院長孫科為蔡廷鍇將軍香菸題字

纓，蔣介石卻拒絕再向上海增兵。而日方於 2 月 24 日成立上海派遣軍，任命白川義則大將為總司令官，再次向上海增兵，總人數達 7 萬餘人。當時中國守軍不足 4 萬，裝備又差，且經一月苦戰，頗有捉襟見肘、難以為繼之勢。3 月 1 日，日軍兩翼夾攻，我軍腹背受敵，被迫後撤退守。2 日，日軍攻占上海。在英、美、法、意等國調停下，中日雙方經過談判，於 5 月 5 日簽訂《淞滬停戰協定》。

推出「蔡廷鍇將軍」牌香菸

19 路軍的壯舉，使自九一八事變以來彌漫全國的悲觀情緒為之一振，因而得到舉國上下的積極聲援和支持。為支持 19 路軍抗戰，上海商家不失時機地將前方抗戰事業與商業運作結合起來，推出了「蔡廷鍇將軍」牌香菸。

1932 年 2 月，民眾煙公司總經理梁培基隆重推出這種捲菸，50 支一裝，菸盒正面為蔡廷鍇半身像，旁邊有他的簽字：「民眾菸公司惠存，蔡廷鍇贈，二一、二・十五」；反面是第 19 路軍戰士憑藉殘垣斷壁英勇抗擊日軍的場面。該品牌香菸剛推向市場，立即被廣大市民踴躍爭購。不是因為它的品質口味高出一籌，而是民眾對蔡廷鍇十分景仰，吸「蔡廷鍇將軍」牌香菸，更能激發人民抗日的決心與士氣。國難當頭的危急時刻，將抵禦日本侵略的愛國名將的名字作為一種商標，這種商品自然受到歡迎。

淞滬抗戰雖然最終失利，但上海市民為了表示對 19 路軍將士禦敵的紀念，還是將「蔡廷鍇將軍」牌香菸銜在唇齒之間，細細品味，不容淡忘。

蔣光鼐

「一・二八」淞滬抗戰是蔡廷鍇、蔣光鼐領導的第 19 路軍以民族自衛戰針鋒相對地反對日本侵略的戰爭。「一・二八」抗戰結束後，榆關抗戰、熱河抗戰、長城抗戰、察哈爾抗戰和綏遠抗戰接踵而來，繪織了中國局部抗戰的璀璨畫卷。

「一・二八」淞滬抗戰紀念章

第 19 路軍在追擊日軍

鴻門宴

1931年10月，蔣介石下野後，孫科（左一）、胡漢民（左二）、汪精衛（左三）在上海合影

蔣介石的強權政治終於戰勝了胡漢民的民主政治，胡漢民成了蔣的「階下囚」。

一山難容二虎

蔣介石和胡漢民，一個是中山先生的武將，一個是中山先生的文臣，當國父壯志未酬，帶著遺憾離世之後，他們的關係變得異常複雜和微妙。誰都想舉起「國父」的大旗，成為中國政壇的領軍人物。

蔣胡二人，時而連袂登臺，同舟共濟；時而翻臉相向，攻訐討伐。他們的理欲與權欲，他們的分與合，演繹出高層爭權奪利的莫測風雲。

1930年10月，中原大戰接近尾聲。在即將取得勝利的形勢之下，蔣介石迫不及待地於3日從作戰前線給南京國民黨中央黨部發來一封電報，建議提前召開第四次全國代表大會，制定訓政時期約法。

蔣介石的意圖很明顯，就是要迅速將軍事上取得的巨大勝利，轉化為政治上的成果，以加強自己的權力，鞏固統治地位。

對於蔣介石的來電，胡漢民態度消極。他與孫科等人經過幾次討論，認為蔣的這一步跨得太大，應按法定程式慢慢走。

11月12日，國民黨三屆四中全會先行召開，胡漢民致開幕詞，根本不提國民會議和約法問題。

胡漢民並非不重視法治，他反對蔣介石制定約法，既有他與蔣的個人恩怨，亦有他以國民黨黨治反對蔣介石獨裁的因素。他深知自己　熟黨務、政務，而蔣介石長於軍事，手握兵權。他高唱「以黨治國」的真正目的，就是要制約蔣介石的「以軍干政」、「以軍制黨」。

蔣介石決心已下，立法之心不改；胡漢民積極迎戰，毫不動搖。二人火拚之勢，一觸即發。

無奈，槍桿子吃定筆桿子，這是民國時期的遊戲規則。蔣介石依仗大權在握，在三屆四中全會上還是成功地修改了國民政府組織法，從而提高了國民政府主席、行政院長的職權。原行政院院長譚延闓於1930年9月22日病逝後，即由宋子文代理行政院長。此次會上，正式推舉蔣介石兼任行政院院長一職。

四中全會後，蔣介石積極籌備國民會議，於 1 月 20 日成立選舉總事務所，以戴季陶為主任，孫科為副主任，負責會議的籌備工作。

1931 年 1 月 5 日，胡漢民針對蔣介石以國民會議制定約法及選舉總統的企圖，公開發表談話，對蔣介石進行理論上的批判。

對民主理論，胡漢民爛熟於胸，從理論上擊敗蔣介石，他輕而易舉就能做到。在這方面，蔣介石絕對不是胡漢民的對手。

國民會議召開前夕，陳果夫、陳立夫根據各省黨部上報的選情所得出的結論，對蔣介石並不利。

如果一定要舉行總統選舉，除蔣介石一派控制下的浙江、江蘇、安徽、上海外，其他絕大多數選票都是支持胡漢民的。蔣介石十分焦急，他必須把胡漢民排除在外，單獨完成立法程式。

蔣介石先是採用吳稚暉的建議，由他去勸說胡，不要與蔣相爭。胡漢民不僅嚴詞拒絕，還痛斥吳是無恥之徒。

1928 年 2 月，國民黨二屆四次中執會在南京舉行，蔣介石復職。在稍後召開的國民黨中常委第 172 次會議上，通過了《中國國民黨訓政綱領》

孫中山與胡漢民（第二排左二）等人合影

國民政府主席蔣介石倡言「約法」，卻囚禁立法院院長，此乃天大之笑話。消息一經披露，即刻引起很大反響。蔣介石欺人太甚，必須反擊，這是反蔣派的一致看法。一場驟然催生的反蔣風暴，就這樣醞釀而成。

1930 年 11 月，中原大戰結束，蔣介石取得勝利。11 月 12 日，中國國民黨第三屆中央執行委員會第四次全體會議在南京舉行

「鴻門宴」的現代版

一計不成，又生一計，蔣介石又採納戴季陶的計謀，決定關押胡漢民以震懾胡派分子。

2 月 28 日，一紙請柬，胡漢民被蔣介石邀到他的總司令部參加晚宴。胡漢民準時赴約，8 時許，他乘車來到總司令部，戴季陶、吳稚暉等蔣的親信已在座。

國府秘書高凌百、南京市員警廳長吳思豫將胡漢民領到另一間房間，胡頗感疑惑，但他萬萬沒有想到，等待他的，將是一場「鴻門宴」。不過，劉邦有樊噲護駕，而胡漢民就沒那麼幸運了。

待胡漢民坐定後，蔣介石走了進來，他與胡漢民談了許久。兩人之間的分歧如同鴻溝，胡漢民堅決不肯做出讓步。

一件令胡漢民意想不到的事發生了，蔣介石突然拿出他事先準備好的致胡漢民的信，信中歷數他「近來反對政府，反對介石，無論在黨務政治方面，處處與他為難」。並具體開列出他勾結許崇智、運動軍隊、包庇陳群和溫建剛、反對約法、破壞行政等種種「罪狀」，多達 19 頁紙。

胡漢民心高氣傲，哪能受此侮辱，他怒斥蔣介石是無端指控。

憤憤不平的胡漢民一直斥責不止，一旁的蔣介石則一言不發。隨後蔣扔下他請來的「貴客」，拂袖而去。

這一夜，胡漢民自由盡失，氣得他始終未眠。第二天一大早，胡漢民就被押送到南京東郊湯山軟禁起來，成了蔣介石的政治俘虜。在胡蔣鬥爭的第二個回合中，蔣的強權政治戰勝了胡的「民主政治」。

聰明反被聰明誤

障礙掃除後，國民黨中央隨即於 4 天之後通過蔣介石提出的召開國民會議案，批准胡漢民辭去立法院長，由林森繼任。

胡漢民追隨孫中山，卻一直未能正式坐上國民政府的第一把交椅。對此，李宗仁如是說：「胡漢民確為一守正不阿、有為有守的君子。然胡氏的器量亦極狹隘。恃才傲物，言語尖刻，絕無政治家風度。當時黨內元老以至普通黨員，沒有人對展堂先生不表示尊敬，然也沒有人覺得展堂先生足以為全黨一致歸心的領袖。」

胡漢民

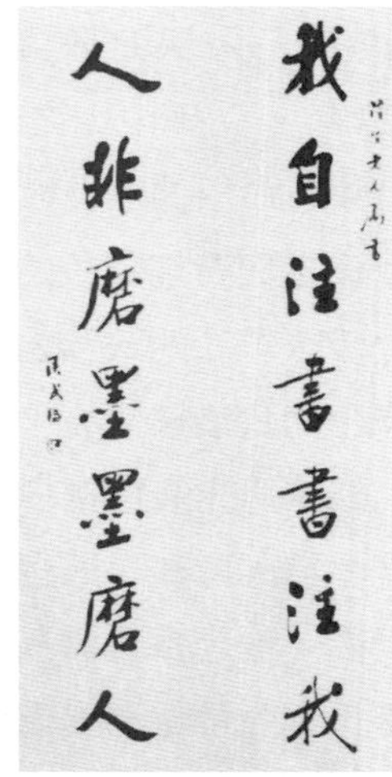

胡漢民手跡

國民政府主席蔣介石倡言「約法」，卻因禁立法院院長，此乃天大之笑話。消息一經披露，即刻引起很大反響。蔣介石欺人太甚，必須反擊，這是反蔣派的一致看法。一場驟然催生的反蔣風暴，就這樣醞釀而成。這是蔣介石萬萬沒有想到的，他很快就為自己的越軌行為吞下苦果，被迫下野，而胡重獲自由。

蔣介石本已小勝，如果稍加收斂，再講求一點謀略，或許局面就不會如此。然而，他一時腦袋發熱，忘乎所以，引來眾怒。過猶不及，反倒自毀家門，把權杖拱手讓出。

也許，胡漢民和蔣介石命中註定相剋，他重獲自由後，避居香港、廣州等地，繼續從事抗日倒蔣的宣傳，並曾一度策劃組織「新國民黨」，處處與蔣作對。

只是胡漢民壽短了一些，1936 年 5 月 12 日因腦溢血病逝於廣州。不然的話，蔣胡之爭，冤冤相報，真的不知還要鬥到何時。

出師未捷身先死

1927年12月，鄧演達（右二）、宋慶齡（左二）和鮑羅廷（左一）等在前蘇聯高加索合影

鄧演達是一個覺醒者，他試圖以武力對抗南京國民政府。

堅定的左派

國民黨曾經是清朝的掘墓人、共和的締造者，但自孫中山先生去世後，它的革命色彩逐漸褪去。一場血腥的四一二政變，不僅使千萬共產黨員人頭落地，也使國民黨成為了殘酷的當權者。然而，並非所有國民黨人都是如此。他們中也有人認為蔣介石背叛孫中山「三大政策」，並予以堅決反擊，鄧演達就是堅定的反蔣派。

鄧演達，廣東惠陽人，1895年生。1917年，入保定陸軍軍官學校學習。1923年，受孫中山之命東征西討，為捍衛廣東革命根據地發揮了重要作用。1924年受命參與黃埔軍校的籌建工作。這是鄧演達步入革命的政治之路，他逐漸成為一名傑出的政治家。

鄧演達先後任黃埔軍校教練部副主任兼學生總隊隊長、改組後的軍校教育長。這期間，他忠實貫徹孫中山的三民主義，在深得學生敬佩和愛戴的同時，也遭到蔣介石的排擠。其後又因對蔣介石在處理中山艦事件上提出自己的看法而為蔣所不滿，遭到軟禁。

1926年北伐在即，鄧演達步入政壇，在國民黨中的地位越來越重要。1927年3月，國民黨二屆三中全會在武漢召開，鄧演達被選為國民黨中央執委、中央政治委員會委員、中央軍事委員會主席團委員、中央農民部部長，並繼續擔任國民革命軍總司令部政治部主任，成為國民政府的核心人物，國民黨左派的重要領袖。

1927年8月，他赴蘇聯以及歐洲考察，尋求中國革命之路。1930年5月回國後，他在上海成立了中國國民黨臨時行動委員會，並暗中聯絡各方力量，試圖以武力對抗南京國民政府，進而把蔣介石趕下台。

他一直爲之努力

1931年8月9日，中國國民黨臨時行動委員會在上海法租界黎錦輝的住宅，秘密召開了有10個省區代表參加的第一次全國幹部會議，出席會議的有鄧演達、黃琪翔、章伯鈞、季方、朱蘊山等30多人。大會先後通過了中國國民黨臨時行動委員會的政治原則《我們的信條》和綱領性文件《我們的政治主張》。在9月1日正式發表時更名為《中國國民黨臨時行動委員會的政治主張》。大會選舉鄧演達等25人組成中央幹部會，鄧演達出任總幹事。

《我們的政治主張》全面詳細地闡述了中國國民黨臨時行動委員會的政治綱領及內外政策，從經濟、政治、社會三個方面分析了中國社會的結構，綱領還制定了具體的革命方案。

中國國民黨臨時行動委員會成立後，在鄧演達強有力的領導和推動下，很短時期內，各方面的工作都有了很大進展。特別是開展了軍事活動，包括組織黃埔革命同學會、利用同國民黨各派軍隊上層人物的各種歷史關係以及蔣介石的嫡系部隊和非嫡系部隊之間的矛盾進行廣泛的聯絡。在一年多的時間裡，爭取到了好幾支部隊。

軍事準備工作有了一定基礎之後，1931年6、7月份，鄧演達與19路軍的陳銘樞等人商定了武裝起義的計畫。決定利用蔣介石調19路軍攻粵之機，占領東江和閩南一帶，然後推蔡元培領銜，鄧演達與陳銘樞署名，發表對時局宣言，呼籲和平，以停止內戰，一致對外相號召，對寧粵之爭採取武裝調停的辦法，建立第三勢力，以圖控制整個局勢。與此同時，鄧演達親自到江西一帶，指揮起義。

1927年11月1日，宋慶齡、鄧演達等國民黨左派在莫斯科

鄧演達

黃埔軍校招生的消息傳出後，各地青年報考踴躍。因各地軍閥並不支持甚至反對這樣一個新生的學校，除在廣州可以公開招生外，其餘各省則委託出席國民黨「一大」的代表回原籍後代為秘密物色選拔考生來校應考。1924年3月27日，軍校以廣東大學、廣東高等師範學校為試場，舉行第1期新生入學考試，參加者共1200餘人。4月28日放榜，第1期共錄取正取生350人，備取生120人。在第1期錄取生中，以後成為著名將領的胡宗南當時是哭進軍校的。

1926 年 7 月任國民革命軍總司令部政治部主任時的鄧演達（左）

1930 年 5 月，鄧演達回國組黨時攝於上海（中）

1931 年秋，被囚於獄中的鄧演達（右）

首先攻打南昌，同時聯絡武漢駐軍以及西安和華北方面的原西北軍回應，迫使蔣介石下臺。

他的精神不死

蔣介石當然不能容忍別人公開反對他的獨裁，他一直尋找機會抓捕鄧演達。1931 年 8 月 17 日，因叛徒陳敬齋告密，鄧演達在上海愚園路愚園坊 20 號為起義幹部訓練班作最後一次講演時不幸被捕，旋即被押往南京。

蔣介石軟硬兼施，曾 3 次親自規勸鄧演達放棄其政治主張，解散中國國民黨臨時行動委員會，與其合作，均遭到鄧的嚴詞拒絕。其後，蔣再次提出，只要鄧演達不再寫反蔣文章，即可獲釋，結果還是為鄧所拒絕。是時，不僅中國國民黨臨時行動委員會和黃埔革命同學會準備武裝營救鄧演達，黃埔軍校畢業生也聯名要求蔣介石釋放鄧，這讓蔣介石震驚。

為了解除鄧演達對他的巨大威脅，也為了清除再上臺的障礙，同年11月29日晚，蔣介石在下野之前派他的衛隊長王世和帶人將鄧演達秘密殺害於南京城東麒麟門外砂子崗，鄧年僅36歲。直到12月初，鄧演達的生前友好才得知這一消息，迅速前往鄧演達遇害處，找到遺體並購棺入殮安葬。

鄧演達喋血之際，中華民族正處在危亡之境，日軍的鐵蹄正在踐踏東北大地。蔣介石不把槍口對外，卻把子彈射入「自己人」的胸膛，令人憤懣。

鄧演達的不幸遇害，在國民黨內以及社會各界引起很大震動，國民黨臨時行動委員會在上海、北平、廣東等地組織黨員開展了各種形式的反蔣鬥爭。

鄧演達覺悟得早，離去得也早。歷史上不少先行者都只能用鮮血去昭示後人，而沒有機會充分施展自己的才華與能力，令人扼腕！但是，道德高尚、志氣高遠者的悲壯，決不會枉費。他們雖然敗亡了，但在通向理想的征途上，已顯示出自身的意義和價值。鄧演達不曾失敗，他的精神不死！

1931 年 8 月 17 日，鄧演達在上海被捕。圖為鄧演達（右一）在國民黨偵緝隊特務的押送下戴著手銬走向囚車

期待的尷尬

1932 年顧維鈞（前右一）隨國聯李頓調查團到大連

國聯調查團來了，但寄希望他人主持公道，復我領土，恐怕只能讓國人失望。

希望的寄託

1931 年九一八事變後，國民政府採取了不抵抗的基調。面對日本挑起的是非，總是忍讓、退縮，以此獲得暫時的平靜。

不惟如此，國民政府自己解決不了問題，就寄希望於國際聯盟主持公道，對日本的侵略行徑加以遏制。

同年 12 月 10 日，在中國代表的一再要求下，終於有了回應。「國聯」決定組織調查團，赴中國東北實地調查。

1932年1月21日，國聯調查團正式成立，由英、美、法、德、意 5 個大國的代表組成。團長是曾任印度總督的英國人李頓爵士，亦稱李頓調查團。成員有美國陸軍少將麥考易、法國歐戰前駐華部隊參謀長克勞德、德國殖民政策專家希尼、義大利伯爵、曾任駐德國公使的馬克提。根據理事會決議，中國派出前外長顧維鈞，日本派駐土耳其大使吉田伊三郎參加調查團的活動。

李頓調查團的工作剛一展開，就讓人有點大惑不解。2 月 3 日，他們從歐洲出發，繞道美國來遠東，於 29 日首先到達日本東京。先後拜見了日本天皇裕仁、首相犬養毅、外務大臣芳澤謙吉等軍政要人。為了領會日本的外交意圖，調查團居然在東京停留 10 天，與芳澤謙吉 6 次詳談。

不出所料，李頓《報告書》雖然總的傾向是同情中國，對日本的侵略行徑也做了一定的揭露，但具有明顯的雙重性。歐美列強的偏見，書中多有反映。在中日爭端問題上，為日本辯解，提出在中國東北建立「自治制度」與「國際共管」中國東北的主張等等。錯誤的結論，有損於中國主權，傷害了中國人的感情。

顧維鈞（右四）隨國聯調查團與張學良（右三）在一起

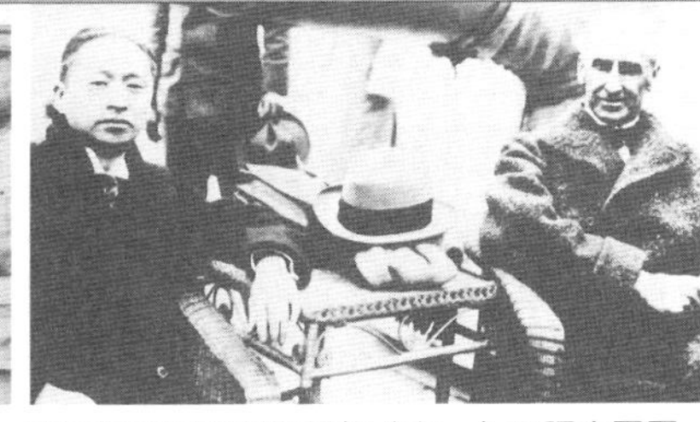
中國陪同團團長顧維鈞（左一）和調查團團長李頓在赴東北的航途中

李頓調查團在中國東北視察鐵路被炸現場

調查團一開始就令人費解

調查團於3月14日到達「一・二八」後的上海。中國政府自然十分重視，以為是伸張正義、復我領土的一個機會。新聞界主席史量才在迎接調查團時表示，相信調查團「必能給予全世界熱望和平的人們以正直的答覆」。

3月27日，調查團到達南京，會見了國民政府行政院、外交部等政界要人。蔣介石接見了調查團一行。隨後，調查團從南京至漢口，再由漢口駛往濟南、天津，轉赴北平。一路上，中國各界人士向調查團揭露了日軍的侵略行徑。

4月9日，調查團到達北平。張學良與各行政主官分別會見調查團，向調查團詳細介紹了情況。聽說國聯調查團到達北平，東北各界的申訴信如雪片紛至。

4月21日，調查團終於到達瀋陽。就在他們到來之前，日本人為了掩蓋罪行，迅速做了大量的粉飾與偽裝，極盡欺騙之能事。出現在國聯調查團面前的瀋陽，就像戴了一副假面具，不再真實可信。

調查團到達瀋陽時，日本軍隊已完全占領和控制了中國東北，並蓄謀提前製造出一個偽滿洲國，迫使調查團不得不承認這一既成事實，多從日方去瞭解九一八事變前後的情況以及日軍撤退情形。在瀋陽的11天中，調查團共安排了6次對日本關東軍司令官本莊繁的訪問，重視程度，可見一斑。調查團還與偽滿洲國傀儡溥儀和漢奸張景惠等進行了詳談。

當時，國民政府以及許多善良的中國人對國聯調查團抱有很大幻想。其間，東北各地民眾雖苦於日偽勢力的阻撓與恐嚇，不能直接面見調查團，但紛紛將請願書寄往各領事館轉達調查團，數日之內就多達1550餘件。東三省的愛國將領、社會賢達、24個民眾團體和學術團體、戰鬥在東北的抗日義勇軍以及上海、南京、北平、天津等地的學生、市民等，也紛紛投書、致電調查團，要求其主持正義。

李頓調查團在東北活動了一個半月，視察了瀋陽、吉林、南滿鐵路等眾多地方，於6月5日回到北平。

我們還得靠自己

令人奇怪的是，調查團在對所收集的資料進行整理分析後，又於7月4日由北平前往東京，與日本政府商討書寫報告書事宜。9月4日，調查團提交了11萬餘字的書面報告，並交各委員簽字，隨後返回歐洲。

種種跡象表明，對調查團不可抱有太高的期望值，中國所面臨的，極有可能是一次尷尬的期待。

不出所料，李頓《報告書》雖然總的傾向是同情中國，對日本的侵略行徑也做了一定的揭露，但具有明顯的雙重性。歐美列強的偏見，書中多有反映。在中日爭端問題上，為日本辯解，提出在中國東北建立「自治制度」與「國際共管」中國東北的主張等等。錯誤的結論，有損於中國主權，傷害了中國人民的感情。

張學良（右）與李頓在泰山

報告書出爐後，國民政府深感失望，明確表示凡妨害我領土主權之完整者，斷然不能接受。中國社會輿論對報告書的反應也十分強烈。

鑒於輿論的壓力，1933 年 2 月 18 日國聯召開大會，確認了李頓調查團的報告，再次認定了日本的侵略責任。

24 日，國聯特別大會通過最後決議，要求國聯各盟國無論在法律與事實上，均不承認日本拼湊的偽滿組織，不允許偽滿洲國參加國際組織及各項國際聯盟的公約，並在會議上驅逐了偽滿洲國的所謂「觀察員」。

日本惱羞成怒，於 3 月 27 日發表政府通告和天皇詔書，宣布正式退出國聯。一方面以此作為要脅，壓迫中國接受日本條件；另一方面也表明日本對國聯已不再負有權利義務。換言之，日本不會聽命於國聯做出的任何決定。

調解宣告失敗，中日兩國紛爭依然未能得到解決，國聯大會通過的決議，成為一紙空文。

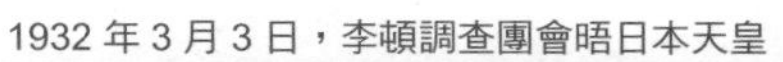

1932 年 3 月 3 日，李頓調查團會晤日本天皇

1932 年 2 月，李頓調查團到達東京

參加國聯大會的中國代表團主要成員：羅忠詒、顧維鈞、顏惠慶、郭泰祺、顏德慶（從左至右）

行色匆匆的奧運首航

1936 年，中國代表團選手出發前往柏林參加奧運會之前，先赴中山陵謁陵

國人一直在期待，我們能在奧運賽場上揚國威。

奧運之路

現代奧林匹克運動傳入中國，並取得發展，經歷了一個漫長的過程。

1896 年籌備第 1 屆現代奧運會時，國際奧會便向中國發出了邀請。當時的清王朝因對奧運會不瞭解，沒有答覆。1904 年 7 月至 11 月，第 3 屆奧運會在美國聖路易城舉行，許多中國報刊曾報導過第 3 屆奧運會的消息。1906 年，中國的一家雜誌介紹了奧林匹克運動的歷史。1907 年 10 月 24 日，著名教育家張伯苓在天津學界運動會發獎儀式上，以「奧林匹克」為題發表了演說，他建議中國組隊參加奧運會。1908 年倫敦奧運會後，天津一家報紙再次介紹了奧林匹克運動的歷史，還提出要爭取這一盛會在中國舉行。

1910 年 10 月 18 日至 22 日，在「爭取早日參加奧運會」和「爭取早日在中國舉辦奧運會」口號的鼓舞下，在南京舉辦了中國歷史上第一次全國運動會——「全國學校區分隊第一次體育同盟會」。

1913 年開始舉辦的遠東運動會（最初名為「遠東奧林匹克運動會」），是奧林匹克運動在亞洲的先驅，中國是發起者之一，並取得了較好的成績。1915 年國際奧會致電承認了遠東體協，並邀請中國參加下屆奧運會和奧委會會議。1922 年，時任北京政府外交總長的王正廷當選為國際奧會委員。

1924 年中華全國體育協進會成立後，中國陸續加入了田徑、游泳、體操、網球、舉重、拳擊、足球、籃球等 8 個國際單項體育聯合會。第 8 屆奧運會，我國 3 名選手參加了表演賽。

1928 年 6 月至 8 月，在荷蘭阿姆斯特丹舉行了第 9 屆奧運會，我國派出了觀察員宋如海。1931 年，當時的中華體協被國際奧會承認為「中國奧林匹克委員會」。中國正式參加奧運會的歷史，由此開始。

形單影隻

1932 年 7 月，第 10 屆奧運會在美國洛杉磯舉行。

原本，中國不準備派運動員參加，僅由全國體協總幹事沈嗣良前往觀禮。而日本帝國主義扶持的偽滿洲國，為了騙取世界各國的承認，竟然電告國際奧會，擬派劉長春、于希渭作為「滿洲國」選手參加奧運會。消息一經傳出，舉國譁然。

劉長春是東北大學學生，全國短跑記錄的保持者，當時正在北平，他斷然拒絕代表偽滿洲國參加奧運會。

在強大的輿論壓力下，國民政府決定，劉長春、于希渭作為運動員，宋君復為教練員，沈嗣良為領隊，代表中國參加奧運會。

7月8日，劉長春一行由上海出發，由郝更生、宋君復率領至碼頭，受到上海市人民數千人熱情歡送。

中華體協董事王正廷到場主持授旗典禮並致歡送詞：「我國此次派君參加世界運動大會，為開國以來第一次，實含有無窮之意義，余今以至誠之心，代表中華全國體育協進會授旗與君，願君用其奮鬥精神，發揚於洛杉磯市奧林匹克運動場中，使中華民國之國旗，飄舞於世界各國之前，是乃無上光榮也。」隨後，劉長春致答詞表示了為國爭光的決心。于希渭因被日本人派專人看守，無法離開東北而未能成行。

開幕式的場面，令中國有些尷尬。泱泱大國，幾億人口，僅幾人成行。要不是臨時拉來幾位留學生充數，真的是慘不忍睹。中國代表團由劉長春執旗前導，後面是總代表沈嗣良、宋君復以及中國留學生和美籍華人劉雪松、申國權、托平，共6人。

1933年，第5屆全國運動會，東北田徑選手劉長春創造了男子100公尺和200公尺短跑兩項全國記錄

1936 年 8 月，中國派出一個由 93 人組成的代表團參加在柏林舉行的第 11 屆奧運會。圖為賽前運動員在訓練

經過 21 天海上行程，劉長春於 29 日抵達洛杉機，受到籌備會人員及僑胞的熱烈歡迎。

開幕式的場面，令中國有些尷尬。泱泱大國，幾億人口，僅幾人成行。要不是臨時拉來幾位留學生充數，真的是慘不忍睹。中國代表團由劉長春執旗前導，後面是總代表沈嗣良、宋君復以及中國留學生和美籍華人劉雪松、申國權、托平，共6人。

劉長春原擬參加 3 個競賽項目，因旅途勞頓，遂放棄了 400 公尺跑。可惜，海上顛簸多日，造成劉長春體力嚴重不支，他在 100 公尺、200 公尺預賽中，僅分列小組第五、六名，遭淘汰。中國人的首次奧運之行，就這樣匆匆畫上了句號。

1932 年，張學良為粉碎偽滿洲國的陰謀，資助劉長春（左）與宋君復教練（右）代表中國首次參加在美國洛杉磯舉行的第 10 屆奧運會

被逐出宮後流落天津的廢帝溥儀與溥傑（右一）、婉容（右三）等在一起

不過是一具政治玩偶

廢帝溥儀被日本人推到台前，出任僞滿洲國執政。

復辟的鬧劇

對皇上「三叩九拜」已成歷史；金鑾殿的「龍座」也已成文物，末代皇帝溥儀，成了中國兩千年封建帝制的「終結者」。這一切，他心有不甘。

張勳正是利用了他這一點，搞了一次復辟。

日本侵略者又利用溥儀，搞了另一場復辟。

日本帝國主義一直將東北視為「希望的土地」。九一八事變後，前任日本陸軍大臣南次郎到中國東北「視察」後遞交了《滿洲近況》，提議在東北建立傀儡政權，實行殖民統治。此後，日本侵略者假造民意，召開所謂「建國會議」，「促進建國運動」。接著又由偽東北行政委員會發表聲明，妄稱「東北省區完全獨立」，公開謀劃籌建傀儡政權。

按照日本人炮製的所謂《滿蒙問題解決方案》，意圖建立一個完全在日本人控制下的傀儡政權。

選擇什麼樣的人出任傀儡首腦，這讓日本人費盡心機。

這個人要有影響力，「一國」之主，絕非「等閒之人」。沒有號召力，「國」還將「國」？

思來想去，覺得還是把「一代末帝」溥儀請出山。論影響，畢竟曾是一國之君，儘管已經遜位，但其周圍還有不少追隨者。特別是東三省，那裡是滿族人的發源地，對這位昔日的皇帝，也許還有一定的情緣。

幼年溥儀

1934 年 3 月 1 日，溥儀第三次登基，就任偽滿「康德皇帝」，這是他身著大元帥服的「標準照」（左）

溥儀和婉容攝於天津張園（右）

鎖定目標後，日本人開始著手實施罪惡的陰謀。具體的執行者，就是那個臭名昭著的大特務、日本關東軍特務機關長土肥原賢二，他一手導演了這齣鬧劇。

1925 年 2 月，被逐出宮的溥儀化裝從北京逃到了天津，隨後入住「張園」。1929 年 7 月，溥儀又遷至「乾園」住了兩年多。他將「乾園」改為「靜園」，取靜觀其變，靜待時機之意。伺機東山再起的「復辟」之念，溥儀時刻沒忘。

為了利用溥儀分裂東北，日本對他進行了長期的感情投資，在無人理睬他的中國把他當一個皇帝對待，在他訪日期間給予極為隆重的禮遇。不斷向溥儀灌輸，中國的局勢，惟有溥儀「才能收拾」，並聲稱東北 3000 萬「子民」盼他回去。

日本人有心，溥儀有意，於是雙方一拍即合。1931 年 11 月，土肥原親赴天津，製造了便衣隊暴亂事件，趁亂開始了挾持的罪惡之旅，將溥儀偷偷地帶回東北。1932 年 3 月 1 日，偽滿洲國政府發表所謂《建國宣言》，宣布偽滿洲國成立，由溥儀出任偽執政。

9 日下午，舉行了溥儀「執政就任式」。關東軍司令本莊繁等日本軍政要人全數到場，偽東北行政委員會委員、各省區文武官員和代表出席，溥儀在文武侍從以及禮官的伴隨和引導下入場。在場的偽滿官員向溥儀三鞠躬後，由張景惠和熙洽分別進呈「國璽」和「執政印」，鄭孝胥代讀《執政宣言》，日方代表內田康哉致祝詞，羅振玉代溥儀宣讀答詞。

賣身的結局

次日，偽滿洲國與日本簽訂了一個賣身密約。據此，日本人控制了偽滿洲國的一切重要權力。隨後，偽滿洲國外交部長謝介石向英、法、美、日、意等 17 個國家發出所謂《建國宣言》，意在尋求各國的認可。

做賊心虛的日本，並沒有立即表態。一直拖到 6 個月之後的 9 月 15 日，才在外交上正式承認偽滿洲國。同日，日本關東軍司令兼駐偽滿洲國特命全權大使武藤信義與偽滿洲國「總理」鄭孝胥在新京

（長春）簽訂了《日滿協定書》，徹底將偽滿洲國變成日本的殖民地。

1934 年 3 月，經日本同意，偽滿實行帝制，偽滿洲國更名為「滿洲帝國」，溥儀也由「執政」變成了「皇帝」，年號由「大同」更為「康德」。

溥儀的「復辟」之夢，不僅僅只滿足於一個形式，還需要享有特權和自由。當他付出了賣國求榮的代價，這一切全都落空。他的一舉一動，都受到關東軍的控制。日本人還在他身邊安插了作為「線人」的日本婆娘，溥儀的一言一行，盡在日本人的掌控之下。

日本關東軍歷任司令官是偽滿洲國的太上皇，對於溥儀，是通過所謂的「內部指導」進行控制和操縱。正如溥儀所言：「我出巡，接見賓客，行禮巡視臣民，舉杯祝酒，以致點頭微笑，都要在他們的指揮下行事。」

寥寥數語勾勒出，溥儀，只是一個十足的「兒皇帝」，而「垂簾」於身後的日本人，才是真正的統治者。

日本人對偽滿洲國寄予厚望，想通過它把東北變成不折不扣的殖民地。原以為這樣做，可以打擊中國人、渙散民心。結果，恰恰相反，憤怒與反抗，則是回報。

溥儀的傀儡皇帝，終於走到了盡頭。1945 年 8 月 15 日，日本宣布無條件投降。3 日後，溥儀在通化宣布退位，偽滿洲國成為歷史垃圾。

1917 年 7 月 1 日復辟時的溥儀

溥儀是載灃的長子。光緒三十四年（1908）七月，慈禧太后和光緒帝同時生了重病，在光緒帝臨終前一天，慈禧也行將不起，立儲之事迫在眉睫。由於光緒帝無後，最後議定，立 3 歲的溥儀為帝，並讓溥儀的親生父親載灃監國。就這樣，溥儀登上了大清王朝末代皇帝的寶座。

日本在山海關附近立的偽滿洲國界碑

《小說月報》終刊之謎

《小說月報》書影

《小說月報》風行一時，成了一代輝煌篇章的代名詞。

「改革號」強勢出擊

歷史，讓我們記住了一個文學刊物，這就是由商務印書館主辦發行的《小說月報》，創刊於 1910 年 8 月 29 日的上海。

五四運動前，它一直為「鴛鴦蝴蝶派」的陣地。這是一個盛行於辛亥革命後至五四運動前後的文學流派，其創作內容多以才子佳人為主，故被比喻為「鴛鴦蝴蝶」。該刊創辦之初，主要刊登文言章回小說、舊體詩詞、改良新劇，以及用文言翻譯的西洋小說和劇本，趣味低俗，格調不高。

「五四」以後，新文化運動的浪潮衝擊到商務印書館。內容陳舊與保守的出版物，愈來愈不能適應新的形勢，一場改革勢在必然。時代的需要，把年方 25 歲的編輯沈雁冰（茅盾）推到了改革的前列，他挑起了全面革新《小說月報》的大樑。

「改革號」於 1921 年 1 月強勢出擊，由沈雁冰主編的該刊第 12 卷第 1 號，未曾有過的文學新風撲面而來，讓讀者耳目一新。

《小說月報》為沈雁冰提供了一個廣闊的舞臺。他大刀闊斧摒棄了「鴛鴦蝴蝶派」作品，全部選用了文學研究會成員鄭振鐸、葉聖陶、冰心等人的作品。作為這個社團的中堅，他自己更是首當其衝，寫了許多提倡新文學的文章，翻譯了不少優秀的外國文學作品，把原本氣息奄奄的刊物辦得有聲有色，印數很快便由最低時的 2000 冊上升到了 10000 冊。

1927 年，沈雁冰完成了第一部小說《幻滅》，當時他雖然已離開商務印書館，但還是把它交給了《小說月報》發表，署名「矛盾」。當時代主編的葉聖陶為避免引起當局之嫌，便在「矛」上加了草字頭，於是就成了「茅盾」。

多方面的影響

革新後的《小說月報》，對「五四」以後中國新文學的建設有著多方面的貢獻，許多在現代文學史上很有影響的作品，首先在這裡與讀者見面。如魯迅的《社戲》、冰心的《超人》、許地山的《綴網勞蛛》、廬隱的《海濱故人》、葉聖陶的《潘先生在難中》等，同時還發表了朱自清、聞一多等人的新詩。在發掘新人方面，它也做出不小的貢獻，如丁玲、胡也頻、沈從文、彭家煌、施蟄存、靳以等人的作品，都是經由該刊發表後聲名鵲起的。

該刊還特別重視文學評論和研究，發表了大量關於文藝思潮和作家作品的評論，其中尤以沈雁冰、鄭振鐸的文章影響最大。

茅盾在書房

著眼中國，放眼世界，《小說月報》始終以介紹外國文學思潮和世界名著為己任。它是一個視窗，打開它，讀者看到了世界文學的絢爛多姿。

1923年，鄭振鐸接替茅盾主編《小說月報》。1927年，他赴歐「遊學」期間，由葉聖陶代為主編《小說月報》。他們不僅使刊物在新文化運動中發揮了重要作用，成為現代文學期刊的一面旗幟，而且培養了不少文學新人，其中有的人成為一代文學大師。這裡有兩個小小的例子，讓人感懷不已。如果沒有他們慧眼識珠、伯樂相馬，或許就不會有後來鼎鼎大名的老舍和巴金，那將是文壇的一大遺憾。

1923年，鄭振鐸接替茅盾主編《小說月報》。1927年，他赴歐「遊學」期間，由葉聖陶代為主編《小說月報》。他們不僅使刊物在新文化運動中發揮了重要作用，成為現代文學期刊的一面旗幟，而且培養了不少文學新人，其中有的人成為一代文學大師。

1926年初，鄭振鐸收到一篇寄自倫敦的小說《老張的哲學》，作者署名「舒慶春」。當時，作者的字跡很潦草地寫在了學生作文本上，並且未經掛號就寄來，顯然他對自己的作品缺乏信心，不知該刊是否會用。使作者感到意外的事發生了，《小說月報》不久便連載這篇小說，主編鄭振鐸還專門寫了推薦文章。這讓作者很受鼓舞，要求主編在下一期連載時，改用「老舍」的筆名。新作被順利刊用，老舍一發不可收拾，他接著又寄來了《趙子曰》。光輝的創作歷程，就從這裡邁出了堅實的腳步。

巴金的創作道路和老舍極為相似，他也是以《小說月報》為起點，他的處女作《滅亡》，最初也是發表在《小說月報》上。在一篇文章中，他在回憶自己的創作道路時，

茅盾在商務印書館的圖書館——涵芬樓前

青年巴金

寫到當時《小說月報》的主編葉聖陶，深情地說：「倘使葉聖陶不曾發現我的作品，我可能不會走文學的道路，做不了作家；也很有可能我早已在貧困中死亡。」

戛然而止的生命

《小說月報》出到第 22 卷 12 月號，也就是 1931 年的最後一期，一切跡象好像都很正常，封面裝幀都是原來一個樣式，並且在封面預告了 1932 年「新年特大號」(第 23 卷第 1 號) 的「要目」，甚至還預告了第 23 卷第 3 號是「歌德百年紀念號」。「要目預告」中，有俞平伯《詩的神秘》、茅盾《逃墨館主》的長篇《夕陽》、老舍的長篇《大明湖》、巴金的長篇《新生》、施蟄存的《殘秋的下弦月》、張天翼的《蜜蜂》、穆時英的《夜》等等。

然而，1932 年的一・二八事變，改變了許多刊物的命運，已經印刷完畢只待上市的《小說月報》「新年特大號」也隨著商務印書館一起毀滅於日軍的炮火之中。有著 20 年光榮歷史、總出 258 期又號外 3 冊的《小說月報》，遭遇「突然死亡」，生命戛然而止。

這樣，第 22 卷 12 月號，便成為《小說月報》的生命休止符。突發事件，使它成為了一本具有特殊意義的雜誌。這是它的幸運，還是不幸？

按照《小說月報》第 22 卷 12 月號版權頁上註明「中華民國二十年十二月十日初版」的時間來推斷，最晚至 1 月 20 日左右，該刊一定會面市。可不知什麼原因，「新年特大號」一直推遲到 1 月 28 日，仍然未在市面出現。究竟是哪一方面的延誤，還是發生了什麼特殊情況，造成了在「一・二八」之前仍見不到 1 月號的《小說月報》。

有關《小說月報》的終刊，成了一個謎。或許隨著新史料、新物證的出現，真相會逐漸明晰。

國都遷洛

洛陽吳佩孚司令部舊址

日軍進攻上海的炮聲，迫使國民政府遷都洛陽。

炮聲下的驚恐

1932 年 1 月 28 日夜，日軍突然出動海軍陸戰隊，進攻長江門戶上海，企圖占據上海進而威逼南京，迫使南京國民政府就範。當夜，國民黨中央在南京召開緊急會議，決定立即遷都洛陽，積極備戰；同時改組國民政府，由汪精衛接替孫科出任行政院院長，並指定蔣介石為剛剛恢復的軍事委員會常委。

1 月 29 日，上任的蔣介石通電全國將士，慷慨激昂地說：「中正與諸同志久共患難，今日身雖在野，猶願與諸將士誓同生死……以與破壞和平蔑棄信義之暴日相周旋。」至於如何「周旋」？他並沒有明確說出。

行政院院長汪精衛

日軍突然發動攻擊，對上海而言，影響是直接的；對南京來說，威脅是潛在的。南京位處長江下游，雖有虎踞龍蟠之險，但日本海軍艦艇可以自由出入。「望月」等 7 艘艦艇就停泊在下關江面上，虎視眈眈；國民政府雖有長江第 2 艦隊泊於棲霞山之北江面與之對峙，但艦艇陳舊，強弱懸殊。加之敵機具有空中優勢，謠傳日軍不日將轟炸首都，一時間南京震動，人心惶惶。作為一國之都，若是南京不保，整個局勢就會大亂。失去中樞，將意味著什麼？每個人心裡都清楚。事關重大，當不可回避。如何解決？實是一件頭疼的事。開戰，顯然高層一時還沒有做好這樣的心理準備。無奈之下，只能退而求其次。暫避其外，

何應欽留守南京維持治安

靜觀時局變化，再圖謀劃。

選擇遷都何處？當時是有考慮的。洛陽深處中原，離海岸有千里之遠，東有虎牢之固，北有黃河圍護，南有嵩山為屏，西可退守陝洛。即便日本由海州登陸沿隴海西進，徐州一帶亦有重兵布防。

不是久留之地

1 月 30 日，汪精衛代表國民政府宣布遷都洛陽。當日，增發南京至洛陽的多列快車，中央各部、委向洛陽火速搬遷。除了何應欽留守南京維持治安、羅文幹主持外交外，其餘 1000 多名黨國軍政要員一同前往，並於次日抵達洛陽。

洛陽，一時高官雲集，人滿為患，連基本的辦公居所都難以安頓。國民政府進駐原河南府衙署，主席林森駐西工公館街原吳佩孚「天」字 1 號院，中央黨部設在西工兵營司令部舊址，軍委會及蔣介石駐省立第四師範，汪精衛和行政院駐河洛圖書館和洛陽農校，考試院駐周公廟，監察院駐南關貼廓巷莊家大院，司法院駐地方法院，教育部、外交部、航空署、軍政部、交通部進駐西大街的省立第八中學，其餘各機關駐西工兵營。與南京的工作生活條件對照，相去甚遠。

洛陽，可以讓黨國要員棲身，因為遠離戰爭，不再有生命危險；洛陽，卻難以讓他們安心，因為現實的條件，包括精神和物質，都無法滿足他們的奢靡。於是，在隴海、津浦路上，常能見到這班大員的身影。當時的名記者陶菊隱有這樣一段記述：「那裡只有少數閒散機關派了幾名不重要的職員，掛了一塊招牌，擺擺樣子，至於事務較繁的各部會，則均留在南京未動。那位不負實際責任的國府主席林森，卻已光臨此地，因此洛陽舊貨攤上，經常看見這位白鬚飄忽的老人，前來選購古董，路人指而相告：『這位就是林主席』，『這位就是林主席』。當時的中樞要人蔣介石、汪精衛、宋子文之流，則一點影子也看不到。汪蔣二人也確實離開了南京，他們各住在一節火車上，沿著隴海線各要站開來開去。今天停在開封，明天停在鄭州，有時也停在洛陽，都是來無蹤去無影，對外絕對保密，這就是南京政府擺下來的『遷都洛陽』的龍門陣。」

一場遊戲一場夢

遷都洛陽後，國民政府做的兩件事，似不應忘記。這第一件事，就是讓蔣介石重又披掛上陣，執掌軍權。

3 月 5 日，國民黨中央四屆二中全會在洛陽西工兵營中央禮堂召開。決定以洛陽為戰時首都——行都，以西安為陪都；通過成立中央軍事委員會的決議，推舉蔣介石為軍事委員會委員長。3 月 18 日，蔣介石上任，形成「汪主政，蔣主軍」的格局。

這第二件事，就是召開「國難會議」。

早在1931年12月，在全國抗日反蔣怒潮中，由60多位著名人士組成中華民國國難救濟會，發表宣言，要求國民黨「立時解除黨禁，進行制憲」，保障人民的集會結社等自由。此後，各地又陸續成立了一批要求民主憲政的團體。對於上述抗日和民主的要求，國民黨當局不得不答應召開國難會議，討論禦侮、救災、綏靖各事宜。

1932年4月7日，由汪精衛主持，國難會議在行都洛陽中央禮堂召開。胡適與蔣廷黻就支持還是反對「實行憲政」，做了不同觀點的爭辯。國民黨元老張繼做了最後陳述，會議以他的發言作為討論的終結。這樣，全國人民的民主要求，被完全否定了。關於「禦侮」問題，最後的動議，實際上還是以「先安內、後攘外」為首要。

5月5日，由於國民政府繼續著有所不為的「努力」，《淞滬停戰協定》終告簽訂。時局已無大礙，南京得以暫時苟安，國民政府總算長舒了一口氣。返還南京，勢在必然。5月30日，國民政府各機關自洛陽全部返回南京。

下野的蔣介石與宋美齡在溪口

1932年1月28日夜，日軍突然出動海軍陸戰隊，進攻長江門戶上海，企圖占據上海進而威逼南京，迫使南京國民政府就範。驟然響起的猛烈槍炮聲，讓國民政府一時手足無措。當夜，國民黨中央在南京召開緊急會議，決定立即遷都洛陽，積極備戰。國民政府遷都洛陽時間雖然不長，但遷都畢竟是件大事。堂堂的南京國民政府，為何倉皇遷都？日軍突然發動攻擊，對上海而言，影響是直接的；對南京來說，威脅是潛在的。日軍飛機具有空中優勢，謠傳日軍不日將轟炸首都，一時間南京震動，人心惶惶。作為一國之都，若是南京不保，整個局勢就會出現大亂。

還我河山

1933 年 7 月 12 日，察哈爾民眾抗日同盟軍收復多倫

面對日軍的步步進逼，馮玉祥率領抗日同盟軍，決心收復殘破的山河。

不忍國土淪喪

1933 年 5 月，熱河淪陷，長城失守，平津已處在日軍包圍之中。特別是《塘沽協定》的簽訂，國人失望的心情，像逐漸趨熱的天氣一般，與日俱增。國難當前，一些社會團體及民主人士，紛紛公開致電馮玉祥，強烈呼籲他出山領導抗日。

3 月底，吉鴻昌從天津來到張家口，再次投奔馮玉祥。隨後，方振武率領的抗日救國軍，也衝破了重重圍堵，於 5 月底抵達張家口。一大批原西北軍的高級將領，重又聚集在馮玉祥的麾下。

日軍占據冀東之後，又令西線部隊向察哈爾省的北大門多倫進攻。5 月 11 日，多倫被占。隨後，日偽軍繼續南侵，康保、寶昌、沽源相繼失守，察哈爾省府張家口全面告急，北平亦處在唇亡齒寒之境。

面對日軍的步步進逼，馮玉祥這位布衣將領，決意要率領十數萬英雄健兒，收復殘破的山河。

5 月 26 日上午，察哈爾民眾抗日同盟軍成立。馮玉祥痛陳「日本帝國主義對華侵略，得寸進尺，執意滅我國家。掌握政府大權者，以不抵抗而棄三省；以假抵抗而失熱河；以不徹底的局部抵抗，而受挫於淞滬平津。」宣布將率領眾將士結成抗日統一戰線，武裝保衛察哈爾省。

當日，馮玉祥通電全國，一時凡響甚巨，全國的民間組織、社會團體、民主人士以及國民黨主戰派將領紛紛發來賀電。與此相反，蔣介石和汪精衛卻無法容忍此舉，痛罵馮玉祥是背叛黨國。國民黨南京黨部還通過決議，要求國民黨中央「開除馮玉祥黨籍，明令討伐」。北平軍分會主任何應欽致電馮玉祥，要求他取消抗日同盟軍，以免激怒日本，招致戰事再起。同時向蔣、汪密報，說馮玉祥在張家口和共產黨密切合作，實行武裝割據。蔣介石立即覆電：「馮有今日固早預料，今其赤色旗幟已益鮮明，則中央處置更易，速籌軍事之徹底解決辦法。」

蔣介石一直嫉恨和防備異己力量的增長，馮玉祥東山再起，令他不安，從一開始他就決心要剿滅抗日同盟軍。

奮而反擊

1933 年 6 月 15 日，抗日同盟軍軍事委員會組成，馮玉祥任主席兼總司令，方振武為北路軍前敵總司令，吉鴻昌為北路軍前敵總指揮。會議決定，由吉鴻昌率領抗日同盟軍開赴張北抗日前線，收復被日偽軍占領的康保、寶昌、沽源和多倫。方振武作為第二梯隊隨後跟進。

抗日同盟軍連克康保、寶昌、沽源三縣，全軍將士為之歡欣鼓舞。儘管連續作戰，但官兵們士氣高昂，乘勝追擊，決心拿下被日軍占領的察東大本營多倫。

就在吉鴻昌率領抗日同盟軍與日偽軍作戰之時，蔣介石於 7 月 3 日從南昌給汪精衛發去密電，部署圍剿抗日同盟軍事宜。同時，電令何應欽，讓他一方面調兵圍攻張家口；一方面派說客勸馮玉祥放棄抗日舉動。還要求閻錫山一致協助，儘快解決同盟軍問題。

何應欽下令中央軍第 39 師、25 師和 42 師進駐沙城、新保安和下花園，對張家口形成壓迫之勢。此時，抗日同盟軍既要在北面強攻日偽軍占領的多倫，又要在南面防禦中央軍的圍剿，形勢艱危。但馮玉祥相信，只要打下多倫，就會改變蔣介石、汪精衛的態度，至少會影響全國輿論，有利於同盟軍的發展。

7 日凌晨，抗日同盟軍向多倫發起攻擊。日偽軍利用堅固工事頑強抵抗，戰鬥異常激烈。9 日晚，吉鴻昌親臨前線指揮，曾率領敢死隊三次攻城都未果。

11 日深夜，馮玉祥給吉鴻昌發來急電：「今日之事，進則俱生，退則俱死。死固有輕於鴻毛，有重於泰山者。為國而死，其死也榮，忍辱偷生，雖生實死。以此，與眾將士共勉之。」從字裡行間，吉鴻昌深深感受到總司令的憂慮，發誓一定要攻克多倫，不辱使命。

馮玉祥

揮師收復多倫的吉鴻昌

方振武

12日凌晨，總攻多倫的戰鬥打響了。吉鴻昌身先士卒，第一個躍出戰壕，赤裸著臂膀，一手揮舞著大刀，一手舉著手槍，衝上前去。戰士們深受鼓舞，無不振奮，怒吼著向日軍猛攻，事先潛入城內的40名同盟軍戰士裡應外合。上午近11時，淪陷兩個多月的多倫，經抗日同盟軍五晝夜的血戰，終於光復。

收復察東4縣，是自九一八事變以來，中國軍隊打的第一個勝仗，也是唯一的一次收復國土，令人振奮。一時間，張家口成了全國人民奮起抗戰的焦點和希望。一些國民黨中央委員、主戰派將領聯名致電蔣介石、汪精衛，懇請國民政府賦予馮玉祥抗日重任，補充軍費和武裝，讓抗日同盟軍繼續收復國土。

無助

蔣介石、汪精衛不顧民眾的呼籲和輿論的譴責，加緊軍事部署，完成了對張家口的包圍。面對日軍和中央軍的南北夾攻，抗日同盟軍內人心浮動。如果就此甘休，不僅辜負了全國人民的厚望，也對不起那些追隨他的抗日將士；如果堅持下去，必然引起內戰，將使日軍坐收漁利，違背抗日初衷。在這艱難時刻，馮玉祥分析了抗日同盟軍面臨的處境，表示自己辭去總司令職務，以換取和平，避免抗日同盟軍將士做出無謂的犧牲。

8月5日，馮玉祥發出通電，「自即日起，完全收縮軍事，政權歸之政府，復土交諸國人，並請政府指示原任察哈爾省主席宋哲元，回張家口接收一切，辦理善後。」

當天下午3時，馮玉祥完成了他在張家口的最後一個心願，主持抗日同盟軍烈士紀念塔和烈士紀念祠落成典禮。馮玉祥在致祭文中，用詩一般的語言和悲憤的心情，表達了他對抗日同盟軍烈士們的沉痛哀悼，以及對國民政府的強烈不滿。字字悲愴，感動山河。

馮玉祥離開察哈爾以後，抗日同盟軍一時群龍無首。屬於原西北軍與宋哲元有一定歷史淵源的，接受其改編。其他雜牌部隊有的投靠了何應欽，有的在熱河和察哈爾邊境打遊擊。只有方振武、吉鴻昌等將所屬部隊開到張北、康保和尚義一帶，堅持繼續抗日。抗日同盟軍失敗以後，察哈爾全境淪陷。

近60年後的1991年春天，當地百姓在開墾荒地時，意外地發掘出在日軍攻占獨石口鎮之前，埋在地下的方振武題寫的「驅寇安邊」碑，一段光榮和慘澹的歷史，重又浮現在人們眼前。

馮玉祥對抗日同盟軍講話

「洗腦」在風景如畫中演繹

蔣介石在廬山軍官訓練團親授《國民運動》課程

1933年7月，蔣介石在廬山舉辦了軍官訓練團。

軍隊是立足之本

1933年5月17日，蔣介石從南京來到風景如畫的廬山，但他無心寄情於美麗的山水，而是要在這個幽靜的「夏都」，好好思考一下黨國大事。

1928年至1930年10月，國內連續爆發了寧漢戰爭、蔣桂戰爭、蔣馮戰爭和蔣馮閻大戰，好在，他都是完勝，沒有出現危局。蔣介石志得意滿，覺得自己統一中國的雄心，正一點點地變成現實。誰知，日本發動了九一八事變。面對外敵入侵，蔣介石還是堅持「攘外必先安內」之策，於1930年11月起，集中兵力，對中共領導的中央革命根據地連續發動了五次大規模的軍事進攻。

蔣介石因連續擊敗各路諸侯，有些飄飄然，沒把紅軍放在眼裡，然而事與願違，四次「圍剿」均遭敗績，他開始認識到問題的嚴重性。

一方面，他承認以前低估了紅軍，更重要的，他意識到國民黨軍已是一支「喪失了革命精神」、「缺乏信仰」、「貪生怕死」、「腐敗、驕惰、散漫、自私自利、不團結、不統一」的軍隊，依靠這樣的軍隊想消滅紅軍是不可能的。當然，蔣介石未雨綢繆，還有更深一層的憂慮。「九一八」之後，日本人決不會只滿足於占領東北，中日間必將爆發更大的戰爭。中國的國力本來就弱，軍隊裝備又差，如此紀律渙散，貪生怕死，沒有一點戰鬥力，一旦

隨著日本吞併整個中國的意圖及行動日漸明顯，軍訓團的主要目的轉向針對抵禦日軍。重點講述飛機、坦克、遠程火炮、騎兵的布防和攻守，還講述了游擊戰術。1937年7月7日盧溝橋事變的槍聲，打破了廬山的寧靜，喧鬧一時的軍官訓練團，止步於那個盛夏。

蔣介石檢閱廬山軍官訓練團學員

中日戰爭爆發，這樣的軍隊何以抗敵？

5 月 27 日，蔣介石召見賀衷寒和楊永泰，商討對策。他說：「當今中國，內憂外患……可是我們的軍隊卻這樣無能，幾十萬大軍都對付不了共軍……國家養這樣的軍隊有什麼用？不好好整頓是不行了！」

「校長所言極是。數次圍剿都未成功，其原因還在我軍自身。」賀衷寒接著又往下說：「軍隊缺乏戰鬥力，主要是各級官長驕惰，腐敗，爭權奪利。更有甚者，為所欲為，不聽從指揮，有負校長的栽培，任其下去，後果不堪設想。」

蔣介石神色嚴峻地聽著，他沉吟了一下說：「你說得對！若不及早整頓，恐怕積重難返。你們有何良策？」

賀衷寒答道：「校長，我們不妨仿效黃埔軍校的做法，舉辦大型軍官訓練團，從政治和軍事上訓練軍官，增強服從領袖、為國盡忠的信念，加強紀律性，打掉

蔣介石與受訓的師長們合影

蔣介石與副團長陳誠檢閱受訓軍官

驕惰、懶散、蠻橫的習氣，把已經喪失的革命精神再重新恢復起來。」

楊永泰又補充說：「舉辦軍訓團是一個好辦法，一個軍隊最重要的是士氣、精神，我們現在無論是軍隊數量、裝備、給養遠勝於共軍，缺少的只是鬥志和團結。剿共要三分軍事，七分政治，只要全軍官兵統一了思想，一心為黨國效勞，一定能夠肅清匪患。」

賀衷寒、楊永泰的高見，引起蔣介石的高度重視，經與國民黨其他政要及高級將領反復磋商，決定就在廬山舉辦大型軍官訓練團，分三期輪訓粵閩湘鄂贛五省參加「圍剿」紅軍的主力部隊的低、中、高級軍官。

開辦訓練團

軍令如山，籌備工作緊鑼密鼓，4個團的人馬和幾千民工不分晝夜，苦戰20天，搶修了簡易公路、簡易操場和各訓練場地，搭設帳篷和供高級教官及外國軍事顧問居住的簡易住房。

蔣介石還邀約中央陸軍軍官學校楊傑校長、張治中教育長及騎、炮、工兵各校校長，並遴選最優秀的教官速至廬山牯嶺，召集了當時中國最優秀的軍事專家，共擬訓練團教學計畫，開設各類軍事與政治訓練課程。訓練團還聘

蔣介石（右）在開學典禮上

廬山軍官訓練團的基礎訓練，按照蔣介石的要求，就是把國軍軍官「當作初入伍的新兵或是一個初進學校的學生」而進行的「特殊的訓練」。蔣介石希望，在短短的兩周內把大批嫡系子弟訓練為既敢於向最危險道路急進，有不成功便成仁的決心，又掌握了熟練優良軍事技術的軍事人才。

蔣介石在高級官佐陪同下視察

蔣介石檢閱廬山軍官訓練班並點名

蔣介石視察時與軍官訓練團教官們合影

請了 12 名德國軍事顧問。

1933 年 7 月 18 日，廬山五老峰下的海會寺，廬山軍官訓練團第 1 期開學典禮正在舉行。操場上，整整齊齊地站著 1840 名受訓軍官，聆聽著一身戎裝的蔣介石訓誡：

「我們軍官團這一次在廬山訓練，和民國十三年總理在廣州創辦黃埔軍校的意義，完全是一樣的。不過黃埔的使命，是完成第一期革命的責任，而今日廬山的使命，是要完成第二期的革命責任而已，也就是先要消滅赤匪，再來收復失地，完成安內攘外之大業，盡到我們第二期革命的責任！」

「我們以後能不能剿清赤區，與整個革命的成敗、黨國的存亡，統統都要看這次訓練能不能發生效力。所以希望各位教官和學員，認清這次訓練的重大意義。」

令蔣介石大為震怒的是，在他發表演講時，竟有 4 名軍官抵擋不住烈日的暴曬相繼暈倒，「在太陽下站幾個小時都支持不住，還怎麼帶兵！怎麼打仗！」幾近咆哮地訓斥，讓在場的全體軍官們面面相覷。

創辦廬山軍官訓練團的目的就是「剿共」，針對紅軍熟悉地形，時常採用引誘、突襲、運動戰、游擊戰等特點，蔣介石提出「搜索、聯絡、偵探、警戒、掩護、觀測」六原則，在訓練和演習中反復運用，要求軍官們熟練掌握。

曾經參加過「圍剿」紅軍的金漢鼎、戴岳向蔣介石獻出錦囊妙計，針對紅軍弱點，採取「穩紮穩打，步步為營」的攻防兼備之策。每到一處，修築碉堡，利用層層壁壘，逐步縮小包圍圈，迫使紅軍主力與國民黨軍正面作戰，發揮國民黨軍的優勢，最後剿滅紅軍。

1933 年廬山軍官訓練團第一期開學典禮

「碉堡策略」，引起了蔣介石的高度重視，當即命令金、戴二人速將這方面的經驗寫成小冊子，趕印出來，發給受訓的軍官。

廬山軍官訓練團在短短兩個月內，分三期輪訓了粵閩湘鄂贛五省國民黨軍隊的初級、中級和少數高級軍官共 7598 名，完成了預定任務。畢業時由蔣介石親自頒發結業證書，受訓後回到原部隊，並負有再行對其部下訓練之責。

訓練團一結束，蔣介石即於 9 月底調集 100 萬兵力、200 架飛機，對中國共產黨領導下的中央革命根據地進行第五次「圍剿」。這一次，紅軍遭到敗績，不得已進行長征。廬山軍官訓練團，收到了「立竿見影」的效果。

蔣介石頗為得意，決定廬山軍官訓練團每年都要舉辦。不過，隨著日本吞併整個中國的意圖及行動日漸明顯，軍訓團的主要目的轉向針對抵禦日軍。重點講述飛機、坦克、遠程火炮、騎兵的布防和攻守，還講述了游擊戰術。1937 年 7 月 7 日盧溝橋事變的槍聲，打破了廬山的寧靜，喧鬧一時的軍官訓練團，止步於那個盛夏。

廬山軍官訓練團的確收到極大的效果，許多地方集團的中級將領（師旅長）到廬山受了幾個月的訓，心就變了，跟原來的主子離心離德了，傾向於中央和領袖了。於是，就有些人為老蔣大肆吹噓，說是「由於委員長的人格偉大，他們受到委座的精神感召，所以心悅誠服地歸向中央」。其實不然，據熟悉廬山軍訓團內幕的人說，老蔣的「精神感召法」主要是出手闊綽、收買人心。

蔣介石檢閱軍官訓練團學員與黨政人員

蔣介石與受訓軍官

又一次反蔣嘗試

參加在福州召開的中國人民臨時代表大會的代表合影

曾在「一・二八」戰事中英勇抗擊日軍的 19 路軍，在福建發動了驚天動地的事變。

短暫的反蔣政權

1932年上海「一•二八」戰事結束後，蔣介石以「一石雙鳥」之計，調 19 路軍去福建「剿共」，以達到 19 路軍與紅軍兩敗俱傷的險惡用心。

1933 年 6 月 1 日，《塘沽協定》簽訂後第二天，蔣光鼐、蔡廷鍇在福州發表通電，反對蔣介石對日妥協、出賣華北。

受中共關於合作抗日主張的影響和「剿赤」軍事失敗的刺激，19 路軍將領逐漸認識到與紅軍作戰沒有出路，放棄了抗日與「剿赤」並行的方針，於 10 月 26 日派代表至江西瑞金與中國工農紅軍簽訂《反日反蔣的初步協定》。又由於廣大官兵厭惡內戰、主張抗日，一個人心向背的計畫迅速醞釀生成——發動反蔣抗日運動，組織新政府。

1933 年 11 月 20 日，中華共和國人民革命政府在一片反蔣聲中，呼之欲出。這一天，19 路軍將領陳銘樞、蔣光鼐、蔡廷鍇等聯合國民黨內反蔣派李濟深等，在福州召開大會，發表《中國人民臨時代表大會人民權利宣言》。推舉李濟深為人民革命政府主席。

22 日，該政權宣告正式成立，李濟深兼軍事委員會主席，陳銘樞為文化委員會主席，余心清代經濟委員會主席，蔣光鼐為財政部長，陳友仁為外交部長，徐謙為最高法院院長，李章達為政治保衛局局長。決定以福州為首都，更定年號為中華共和國元年，以上紅下藍兩橫條中嵌黃色五星為國旗。把福建劃為閩海、延建、興泉、龍汀四省。

福建人民政府先後頒布了《人民革命政府成立宣言》、《對外宣言》、《中華共和國人民革命政府最低綱領十八條》等政綱，制定了福建人民政府的內外政策。

政治方面，對外提出排除帝國主義在中國勢力，打倒日本帝國主義，否定一切帝國主義所訂立之不平等條約；對內主張打倒軍閥，剷除封建殘餘制度，取消黨治，還政於民，打倒蔣介石的南京政府。經濟方面，提倡發展民族資本，獎勵工業

1933 年 10 月，蔣介石檢閱即將出發討伐「閩變」的部隊

建國，立行耕者有其田，實行計口授田。軍事方面，將19路軍所轄5個師10個旅擴充為5個軍10個師的番號，成立人民革命軍第一方面軍總司令部，蔡廷鍇任司令，轄兵力六七萬人。

11 月 26 日，福建人民政府即和中國共產黨領導的中央工農民主政府、工農紅軍簽訂了抗日作戰協定。此後，雙方就政治、經濟、軍事、貿易諸方面進行了廣泛接觸。

福建人民政府的成立以及一系列舉措，受到各地民眾和海外華僑的擁護，也遭到蔣介石政府的輿論攻擊和討伐。

福建事變發生的當日，國民黨即召開第 384 次中央政治會議，議決「函國府嚴厲處置」，並通電各省市軍政機關，要求對「閩變」從速處置。

無力面對絞殺

福建人民政府的「離經叛道」，公開與南京國民政府作對，令蔣介石無法容忍，他再次揮舞權杖，立即採取軍事鎮壓與政治瓦解並重的手段，予以撲滅。

蔣介石自任「討逆軍」總司令，於 12 月下旬抽調進攻江西蘇區的嫡系部隊 10 餘萬人，協同以蔣鼎文、張治中、衛立煌為總指揮的第 2、第 4、第 5 路軍共 12 個師和海、空軍等約15萬人，從浙、贛、粵三省分路進攻福建。

日、英等國家，也派出軍艦 11 艘、陸戰隊 400 人侵入閩省海域、港口，策應作戰。

李濟深等決定放棄閩北，堅守福州，以 11 個團分守

福建事變試圖建立抗日反蔣政權，雖遭敗績，但對蔣介石「攘外必先安內」的政策，是一次不小的衝擊，對後來停止內戰、一致抗日，亦有積極意義。畢竟，民心所向，民意難違，誰還敢繼續冒天下之大不韙？

陳友仁

李濟深

蔣光鼐

陳銘樞

淞滬抗戰持續 3 個月，1932 年夏，第 19 路軍被調往福建剿共，圖為蔡廷鍇（前中）與鄒魯（前右二）等人合影

「討逆軍」第 5 路軍總指揮衛立煌

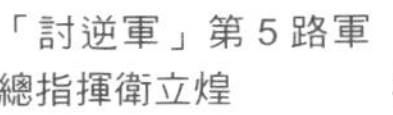

「討逆軍」第 2 路軍總指揮蔣鼎文

延平（今南平）、水口、古田諸要點與廈門、馬尾等港口；集中主力 22 個團於福州附近組織防禦。

12 月 21 日，蔣軍第 2、第 4、第 5 路軍分向建陽、浦城、邵武推進。22 日起，航空隊連續轟炸延平、古田、福州、漳州等城鎮。23 日海軍進入馬江，占領馬尾、長門要塞，封鎖閩江口。25 日，蔣軍分別占領屏南、建甌、順昌。

1934 年 1 月 5 日，第 5 路軍第 36 師進攻延平，革命軍據守城外九峰山及東北高地，頑強抵抗，激戰竟日，因寡不敵眾，延平失守。蔣軍乘勝前進，7 日陷水口，並包圍古田。10 日，廈門因守軍倒戈，淪入蔣軍手中。12 日，古田守軍 3 個團困守無援，被第 2 路軍第 88 師繳械。水口、古田既失，福州無險可守。15 日，革命軍向閩江以南撤退。18 日，蔣軍不戰而入福州。革命軍撤至仙游時，遭第 5 路軍截擊，遂以一部掩護，主力退據泉州。21 日，蔣軍向晉江追擊，進抵漳州。

關鍵時刻，福建人民政府第 1 軍軍長沈光漢、第 2 軍軍長毛維壽、第 3 軍軍長區壽年、第 4 軍軍長張炎，為戴笠拉攏收買，通電宣布「脫離人民政府，一致擁護中央」。這等於置革命軍於死地。

眾寡懸殊，孤立無援，面對蔣介石的分化瓦解和優勢兵力，19 路軍已無招架之功，福建事變終告失敗。

李濟深、陳銘樞、蔣光鼐、蔡廷鍇逃往香港，第 19 路軍的番號被取消，軍隊被蔣介石改編。

福建事變試圖建立抗日反蔣政權，雖遭敗績，但對蔣介石「攘外必先安內」的政策，是一次不小的衝擊，對後來停止內戰、一致抗日，亦有積極意義。畢竟，民心所向，民意難違，誰還敢繼續冒天下之大不韙？

劃破長空的《雷雨》和不再沉寂的《子夜》

曹禺在話劇《雷雨》中扮演周樸園

1922 年的茅盾

《雷雨》那抖顫的餘音，至今仍在讀者的心弦上緩緩滑過。

現代話劇的標誌

這是一個封建大家庭的矛盾。周樸園是這個大家庭的統治者，其妻繁漪不堪他的專橫，與周樸園的大兒子周萍關係曖昧。怯懦、自私的周萍，又勾引婢女魯四鳳。

出於嫉妒，繁漪令四鳳的母親魯侍萍把她領走。魯侍萍正是 30 年前被周樸園引誘，後又被遺棄的侍女，她是周萍的生母，而被她帶走的兒子魯大海又在周樸園的礦上做工，作為罷工工人的代表，他和周樸園面對面地展開鬥爭……

交織的矛盾，醞釀、激化，終於在一個「天氣更陰沉、更鬱熱，低沉潮濕的空氣，使人異常煩躁」的下午趨於高潮，又經過一番複雜的矛盾衝突後最終爆發，罪惡的大家庭也隨之崩潰。

《雷雨》劇本完全運用了三一律，短短一天之內，兩個家庭，八個人物，牽扯出過去的恩恩怨怨，剪不斷，理還亂。

狹小的舞臺，不僅凸現了倫常的矛盾，階級的矛盾，還有個體對於環境，時代強烈不諧調的矛盾。在種種劇烈的衝突中，完成了人物的塑造。悲劇，早已潛伏在每一句臺詞、每一個伏筆中，只是到最後時分才爆發，化作一場傾盆雷雨，強烈地震撼著每個人的靈魂。

30 年代，是中國新文化運動的一個輝煌時期，名家湧現，作品迭出，《雷雨》和《子夜》，只是其中的代表。當《雷雨》劃破長空、《子夜》不再沉寂時，《日出》也紅似火，《家》《春》《秋》正演繹人生壯麗情懷，《駱駝祥子》可以挺起胸膛，《包身工》不再流淚。還有許許多多作品，說不完，道不盡……

扣人心弦的情節，簡練含蓄的語言，各具特色的人物和極為豐富的潛臺詞，如刀刃般在讀者的心弦上滑過，那抖顫的餘音，至今未息。

《雷雨》成就了現代話劇，曹禺成就了《雷雨》。曹禺原名萬家寶，1910 年生於湖北潛江。他從小愛好戲劇，1929 年考進南開大學，後又轉清華大學外語系，畢業後進清華研究院，專攻歐美戲劇文學，從外國文學中汲取營養。

1933 年，他完成處女作《雷雨》的劇本，經巴金等人推薦，於次年出版的《文學季刊》上發表。《雷雨》是曹禺的第一個藝術生命，也是現代話劇成熟的標誌。《雷雨》一經發表，就震動文壇，而當時的曹禺只有 22 歲。之後，他又寫出了《日出》《原野》《北京人》，它們與《雷雨》是為曹禺的四大經典名作，讓戲劇界矚目。

現實主義的力作

長篇小說《子夜》，是一部現實主義的傑作。它的創作，有著充分的生活和思想根底。

30 年代初的中國，社會矛盾尖銳而複雜，為了深入瞭解這一狀況，茅盾走訪了各色人物，參觀了證券交易所，考察了民族資產階級的特性和處境，深入調查研究，掌握大量素材，成就了《子夜》這部名著。

《子夜》成功地塑造了一批活生生的藝術形象，吳蓀甫最為典型。作為民族資產階級的代表，他有著很強的事業心，雄心勃勃，要把「半死不活的所謂企業家」全部打倒；他有魅力，深諳「量小非君子，無毒不丈夫」的名言，知道怎樣將別人的命運掌握在自己手中；他還有一般企業家所沒有的教養、閱歷和豐富經驗。

不幸的是，他的事業寸步難行。他面臨兩大矛盾，一是與帝國主義掮客，金融買辦資本家趙伯韜的生死角逐；二是與工人階級的尖銳對立。

置身於矛盾之中，他的性格從各個側面得到充分展示：時而果決專斷，時而猶疑惶惑，時而信心堅定，時而頹廢恐怖，遇事好像成竹在胸，實則往往舉措乖張。吳蓀甫性格中的豐富性與複雜性，表現出的正是中國民族資產階級的兩面性。

構思《子夜》的通篇結構，茅盾煞費苦心。序幕就別開生面，通過吳老太爺猝然亡故，各色人等去吳府弔喪，自然而巧妙地讓許多角色登場亮相。在展示人物活動的典型環境中，牽出了各種矛盾衝突的情節線索。

一條主線和若干支線交叉發展的網狀結構，構成了小說的主體。主線，吳、趙爭鬥，貫穿全書；各條支線，既有自身發展的脈絡，又共同服務於主線。

全書的高潮和結局，作者將筆力收回到主線。如同小說中吳蓀甫試圖挽回危局做出的種種努力一樣，現實中的作者同樣是以濃墨重彩，著力去描繪。

茅盾原名沈雁冰，浙江桐鄉人。1913 年考入北京大學預科學習，廣泛涉獵各種知識。1916 年，進入上海商務印書館編譯所工作，開始了早期的文學活動。

「五四」時期，受馬克思主義的影響，他積極參加和宣導新文學運動。1921 年，與鄭振鐸、葉聖陶等發起組織「文學研究會」，發表了許多文藝評論文章，譯介了大量進步的外國文學作品。在主編《小說月報》期間，對刊物進行了全面改革。

1927 年左右，矛盾開始了他的小說創作，先後完成了《幻滅》、《動搖》、《追求》「三部曲」，後總名《蝕》。1930 年，在上海參加「左聯」並擔任領導工作。這一時期是他創作的豐收期，發表了著名的長篇小說《子夜》和短篇小說《林家鋪子》。

文學作品，如果僅僅是無病呻吟，絕對沒有生命力。只有深刻反映社會現實，與時代脈搏一起跳動，那麼，「洛陽紙貴」和「暢銷不衰」，將伴隨著與之延續。

30 年代，是中國新文化運動的一個輝煌時期，名家湧現，作品迭出，《雷雨》和《子夜》，只是其中的代表。當《雷雨》劃破長空、《子夜》不再沉寂時，《日出》也紅似火，《家》《春》《秋》正演繹人生壯麗情懷，《駱駝祥子》可以挺起胸膛，《包身工》不再流淚。還有許許多多作品，說不完，道不盡……

茅盾手跡

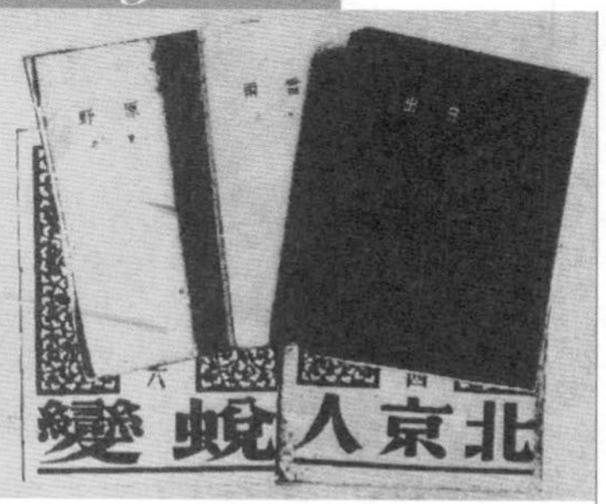

曹禺部分作品書影

構思《子夜》的通篇結構，茅盾煞費苦心。序幕就別開生面，通過吳老太爺猝然亡故，各色人等去吳府弔喪，自然而巧妙地讓許多角色登場亮相。在展示人物活動的典型環境中，牽出了各種矛盾衝突的情節線索。一條主線和若干支線交叉發展的網狀結構，構成了小說的主體。主線，吳、趙爭鬥，貫穿全書；各條支線，既有自身發展的脈絡，又共同服務於主線。全書的高潮和結局，作者將筆力收回到主線。

大刀向鬼子們的頭上砍去

第29軍將領，從左至右：張自忠、宋哲元、副軍長秦德純、馮治安

長城抗戰爆發，《大刀進行曲》應運而生。

爲大刀隊而作

大刀向鬼子們的頭上砍去，全國武裝的弟兄們，抗戰的一天來到了，抗戰的一天來到了。前面有東北的義勇軍，後面有全國的老百姓，咱們中國軍隊勇敢前進！看准那敵人，把他消滅！把他消滅！(喊)衝啊！(唱)大刀向鬼子們的頭上砍去！(喊)殺！

歷史不容忘記，熱血的歌聲依然在迴響。是否有人還記得，這渾厚而又悠遠的嘶吼；是否有人能瞭解，那些飽含熱淚高唱此歌的熱血男兒。這首充滿豪情的《大刀進行曲》自抗戰爆發以來廣為流傳，這首威武雄壯、慷慨激昂的《大刀進行曲》，是抗日歌曲中唱著最過癮、最解恨的一首歌曲。尤其是最後一聲「殺！」集中表現了中國軍民對日本侵略者的無比憤怒和刻骨仇恨。

要瞭解《大刀進行曲》的創作始末，必須先從第29軍大刀隊講起。

29軍原屬馮玉祥創建的西北軍。1930年馮、閻反蔣戰爭失敗，西北軍解體。後經張學良允准，將其中的2.2萬兵員改編成29軍。下轄兩個師。宋哲元任軍長，馮治安、張自忠分任37、38師師長。29軍不是蔣介石的嫡系，備受歧視。糧餉不足，武器裝備尤為低劣。

日軍侵占東三省後，29軍官兵的愛國熱情被激發起來了。軍長宋哲元提出「槍口不對內」的口號，堅決不當漢奸、賣國賊。

武器裝備低劣，並不影響部隊的鬥志。西北軍素有刻苦訓練的傳統，結合西北軍官兵均有武術基礎的特點，宋哲元又提出建立大刀隊的設想。就地取材，自造大刀，全軍習武。負責訓練的副軍長佟麟閣，親臨北平聘請具有愛國思想的武術名家李堯臣為教練。李結合自己拿手的六合刀、追魂劍等技藝，為29軍編了一套「無極刀法」。此種刀法可作刀劈，又可當劍刺。套路簡單易學，實戰性強。不到兩年時間，這支殘缺的部隊成為一支訓練有素的隊伍。

大刀禦鋼炮的神話

1933年春，東北軍在熱河戰敗，為

第 29 軍大刀隊戰士

頂住長城各關口防線，29 軍奉命防守喜峰口，拉開了長城抗戰的序幕。一向以日軍為假想敵訓練，士氣旺盛的大刀隊，終於有了用武之地。

3 月 9 日，熱河省政府主席兼第 36 師師長湯玉麟放棄喜峰口落荒而逃，29 軍立足未穩，只好提前倉促迎戰，趁黑夜奪回兩側陣地。次日晨日軍大舉反撲，29 軍只好又以兩個旅的兵力再加強兩翼。為了減少傷亡，只有短兵相接，大刀隊上去與日軍近距離交戰，展開白刃格鬥，用手榴彈和大刀衝殺，日軍飛機、大炮完全失去作用。日軍打得也很頑強，陣地得而復失，失而復得，來回拉鋸，殺聲震天，激戰全日。11 日拂曉，日軍又來進攻，企圖奪回被占山頭。我軍按兵不動，沉著應戰。待日軍進入百公尺以內，突然出擊，用手榴彈、大刀砍殺，敵終不得逞，改用飛機、大炮轟炸，我方傷亡慘重。兩天的戰鬥，讓日軍第一次嘗到了大刀的厲害。

鑒於日軍武器精良，不宜死拚硬打，必須發揮我軍善於近戰、夜戰的特點，出其不意，攻其不備。經軍長宋哲元批准，採用了迂迴夜襲戰術。

是夜，由趙登禹、佟澤光兩旅長各率兩個團，夜出潘

在長城前線作戰殺敵的第 29 軍大刀隊

3 月，在長城抗戰前夕，4 名華北婦女界代表來到喜峰口勞軍，拿著戰士的大刀留影

駐防在喜峰口附近的第 29 軍

家口，從兩側插入敵後，拂曉前摸到敵特種兵營地。正在做著美夢的日軍，哪裡想到我軍竟敢偷襲「皇軍」！趙旅長手持大刀，身先士卒指揮砍殺。多數日軍死於刀下，被砍頭、剁腹者甚眾，炮兵大佐腦袋也未倖存。其餘日軍除被手榴彈炸死外，均被俘獲。大炮、坦克戰利品就地炸毀；輜重糧秣悉數焚燒。我軍大獲全勝，喜峰口陣地穩操我軍手中。

喜峰口一戰，是中國軍隊自抗日以來的首次勝利，讓日軍嘗到了苦頭。日軍不可戰勝的神話，並非不可打破，29 軍一舉成名。

面對日軍的飛機、裝甲車、大炮的猛烈轟擊，第 29 軍將士在「行則墮指裂膚，息則臥雪嚼冰」的冰天雪地裡，與敵展開近戰、夜戰，以手榴彈、大刀沉著應戰，短兵接敵，拚死肉搏，喜峰口陣地多次失而復得。3 月 17 日，日軍鈴木旅團三四千人在 20 餘架飛機支援下向喜峰口西側的羅文峪進攻，企圖從側背迂迴喜峰口。堅守羅文峪的第 29 軍，「咸抱只進無退死而後已之決心」，「雖在炮火彌漫血肉橫飛之際，仍能表現不屈不撓之精神」。奮起反擊，反復爭奪陣地十餘次，並於夜間從兩翼夾擊日軍，「營長王合春率部抄到敵後，重創日軍，王營長陣亡，全營生還者僅七十餘人」。連續與日軍血戰月餘，致敵潰不成軍。劉汝明師長親率手槍隊參戰，近敵揮刀砍殺。戰至 4 月上旬，喜峰口一線我軍陣地仍巋然不動。

危亡中的怒吼

29 軍的勝利捷報和大刀隊可歌可泣、奮勇殺敵的英雄事蹟迅速傳遍全國，讓一位年輕人激動不已。

年僅 23 歲的麥新，眼前浮現出一幕幕大刀隊揮舞大刀與鬼子拚殺的壯烈場面。他熱血沸騰，靈感突發，創作的欲望，在瞬間爆發。

歌詞，在奮筆疾書、一氣呵成中寫就，句句鏗鏘；激昂的旋律，在曲譜上跳躍生成，聲聲高亢。大刀隊的英雄事蹟，化作藝術，一首《大刀進行曲》誕生了。出於對29軍大刀隊的愛慕、感激和崇敬之情，他又寫下了「獻給二十九軍大刀隊」的副標題。

歌曲於1933年7月完成。8月盛夏的炎熱，比不上麥新心中抗日烈焰的熾熱，麥新在上海浦東大廈親自指揮了首次演出。

憤怒與仇恨，在歌曲中燃燒；氣吞山河的氣勢，在歌曲中傳揚；抗日的號角，在歌曲中迴蕩；日寇滅亡的喪鐘，在歌曲中敲響。

在飛機大炮的年代，揮起大刀有些無奈，但這無奈的背後，是一種不屈的精神。

此後，「大刀向鬼子們的頭上砍去」成了29軍的軍歌。4年後的七七事變中，29軍再次對侵略者揮起大刀。曾經在喜峰口抗戰中名震天下的趙登禹、佟麟閣兩位將軍先後為國捐軀，用鮮血捍衛了民族尊嚴。

隨著抗戰的全面展開，《大刀進行曲》中「29軍的弟兄們」改成了「全國武裝的弟兄們」。「大刀向鬼子們的頭上砍去」，成了一個民族在危亡中發出的吶喊。

身先士卒的趙登禹旅長

血戰喜峰口的佟澤光旅長

第29軍在長城喜峰口與古北口之間的羅文峪布防

1933年2月，日軍進攻長城各口，遭到中國軍隊堅強抵抗。圖為戍守長城要隘的中國軍將士

最早的娛樂明星

蝴蝶拍攝《歌女紅牡丹》

1933 年蝴蝶當選爲「電影皇后」。

投票選秀

1933 年 3 月 28 日下午，地處上海最繁華的南京西路第一流的大滬跳舞場外車水馬龍，門口高懸的「航空救國遊藝茶舞大會」、「慶祝蝴蝶女士當選電影皇后」的醒目橫幅，令人駐足流連。場內來賓如潮，這就是《明星日報》為慶祝蝴蝶當選電影皇后而舉辦的航空救國遊藝茶舞大會。蝴蝶「電影皇后」的稱號便由此播揚海內外。

1933 年 1 月 1 日，供職於《新聞報》的名編輯、歌詞作家陳蝶衣以業餘時間創辦了一份名叫《明星日報》的小報，在創刊號發起了「電影皇后選舉大會」的活動。當時的上海是中國電影業的誕生地，電影公司雲集，明星薈萃。尤其是湧現了一大批出類拔萃的女明星，其風采令影迷們傾倒。對此，陳蝶衣與當時《大晶報》創辦人馮夢雲、《鐵報》社長毛子佩商量，仿效歐美報刊選舉電影皇后的先例，舉行「電影皇后選舉大會」，以招徠讀者，擴大發行量。

起初，選舉活動並未引起人們的注意，但半個月後，由於《明星日報》不惜篇幅，每日將選舉票數、投票人及被選舉人的姓名公諸報端，迅即引起了電影界和廣大市民的普遍關注，投票數與日俱增。而且，當時的投票者，絕不限於上海一隅，除淪陷的東北四省外，全國各地都有讀者投票，就連日本神戶，也有投票者。除了個人外，還有團體、文化機構也踴躍投票。到後來，還屢見偽造的選舉票呢。

選舉活動原定一個月，即到 1 月 30 日截止，並預備在選出電影皇后後，舉行盛大的加冕典禮。由於適值隆冬，所以籌

蝴蝶，一生共主演電影 83 部，30 年代，許多商家的產品都以她的照片作為商標

委會決定延期一個月，至2月28日結束。當時，明星、天一、聯華三大影片公司的女明星的競爭異常激烈，票數居多的有蝴蝶、陳玉梅、阮玲玉、徐琴芳、朱秋痕、盧翠蘭、錢似鶯、王人美、陳燕燕等，尤以蝴蝶、陳玉梅、阮玲玉的票數遙遙領先，非常接近，或先或後，令人難以預測究竟由誰摘取「電影皇后」這項桂冠。

2月28日，《明星日報》邀請了上海各界名流參加選舉揭曉，如新聞界的周瘦鵑、徐恥痕、姚蘇鳳、施濟群、鄭子褒、胡憨珠、沈秋雁、張超等，畫家張光宇、張振宇、姚吉光、名律師王培源、唐鳴時、邵繩祖、蘇福疇，電影界高天樓、湯修梅、顧文宗等，共計40餘人，場面異常熱烈。當時共收到選票數萬張，揭票結果，明星公司的蝴蝶以21334票，遙遙領先，當選為「中華民國二十二年（1933）第一屆電影皇后」。

影后加冕

《明星日報》原擬在選出「電影皇后」後，舉行盛大的加冕典禮，但「電影皇后」蝴蝶卻致函報社，表示婉謝。如果不舉行加冕典禮，草草收場，不免有美中不足之感。那時陳蝶衣、馮夢雲和毛子佩都參加了中國航空協會征求隊的工作，而當時又適值「一・二八」淞滬抗戰不久，人們的抗日愛國熱情正濃。於是，他們靈機一動，打出「救國」兩字來號召，發起「航空救國遊藝茶舞大會」，既可慶祝蝴蝶當選「電影皇后」，又可將門票收入用來購機抗日。

3月20日，《明星日報》以「電影皇后選舉大會籌備委員會」的名義，致函蝴蝶，內稱「是以敝會同人發起邀請上海各界，慶祝女士獲此榮譽，舉行遊藝茶舞大會，並乘機籌款，為航空救國運動花飛勝集……」。26日，蝴蝶復函《明星日報》，說自己也是中國航空協會征求隊

著西裝的蝴蝶

著晚裝的蝴蝶

著裙裝的蝴蝶

蝴蝶主演的《夢夫人》

的一員，理應為航空救國出力，但自己無甚貢獻，請求免去此項儀式。陳蝶衣等沒有接受蝴蝶的請求。

舊上海素有講排場的風氣，舉行這樣盛大的慶祝活動，如果沒有社會名流和政府官員的捧場，是很難搞得有聲有色的。於是，籌委會分別致函市長吳鐵城、商會主席王曉籟、社會局長潘公展，以及「海上名人」虞洽卿、杜月笙、張嘯林、袁履登、林康侯、王延松等 9 人，邀請他們擔任大會贊助人。最後，籌委會決定於 3 月 28 日下午 2 時至 7 時，在大滬跳舞場舉行「航空救國遊藝茶舞大會」。

28 日這天，大滬跳舞場一派節日的氣氛。大會贊助人王曉籟、虞洽卿、潘公展、林康侯等親自出席。杜月笙備了賀信，派代表與會。市長吳鐵城和工商名流王延松也都來函表示慶賀。文化界名流嚴獨鶴、周瘦鵑、鄭正秋等，無不到會歡聚。航空協會也派人出席了大會。大會臨時推選上海市商會主席為主席，《新聞報》主筆嚴獨鶴為來賓代表，電影界前輩鄭正秋為司儀。

1 時許，大會開始，身著旗袍的「電影皇后」蝴蝶翩然而至，將會場氣氛推入高潮。蝴蝶面帶微笑，彬彬有禮，首先向來賓一鞠躬，表示謝意。接著，由身體肥胖的大會臨時主席王曉籟起立致辭。之後，社會局局長潘公展和《新聞報》主筆嚴獨鶴先後發言。當向蝴蝶頒發「電影皇后」證書時，大會氣氛達到高潮，來賓一起蜂

蝴蝶（左）與梁賽珍

1935 年，蝴蝶參加中國電影代表團出席莫斯科國際電影展覽會，並隨團赴德、法、英、意等國電影界考察。這是她在柏林留影

擁向前，一睹「電影皇后」的丰采，並紛紛請蝴蝶簽名留念。各報記者也爭先恐後搶拍這令人難忘的熱烈場面。

頒發證書之後，蝴蝶手持由「愛國童子」崔錫恩所獻的一朵鮮花，演唱安娥作的《最後一曲》：「親愛的先生，感謝你殷勤，恕我心不寧，神不靜。這是我最後一聲；你對著這綠酒紅燈，也想到東北的怨鬼悲嗎？莫待明朝國破恨永存，先生，今宵紅樓夢未驚！看四海沸騰，準備著衝鋒陷敵陣，我不能和你婆娑沉淪，再會吧，我的先生！我們得要戰爭，戰爭裡解放我們，拚得鮮血染遍大地，為著民族爭最後光明！」聽者無不為之動容。

晚上 7 時半，「航空救國遊藝茶舞大會」宣告結束，「電影皇后選舉大會」也正式降下帷幕。籌委會當眾宣布將所有門票、舞票收入和臨時捐款所得，全部登報公布，捐助航空救國協會，用以購飛機抗日。

《明星日報》通過「選舉電影皇后大會」，選出了「電影皇后」蝴蝶，使她成為婦孺皆知的明星；也使《明星日報》確立了在上海灘的地位和聲望。選舉電影皇后及慶賀之舉，現在看來有些無聊。然而購機殺敵，寓娛樂於救國，倒是真意。

蝴蝶在南京燕子磯

蝴蝶（1907—1989），原名胡瑞華，原籍廣東鶴山，生於上海。她的氣質富麗華貴、雅致脫俗，表演上溫良敦厚、嬌美風雅，在銀幕上塑造了多種角色，把身分不同、性格各異的女性刻畫得非常成功，成為 20 世紀三四十年代中國最優秀的女演員之一。

法是權力的奴婢

1931 年，南北和平會議代表在上海合影。左起：李文范、伍朝樞、張繼、汪精衛、鄒魯、蔡元培、陳銘樞、張靜江、陳友仁、孫科

醉心於西方民主的孫科，幻想著實施憲政後的國民黨，有一個美好的未來。

心中有夢

有這樣一個笑話，「看見胡漢民，只有他說，沒有你說；看見汪精衛，你說一半，他說一半；看見孫科，你不說，他也不說。」

入木三分的描述，一個非常理性的孫科呈現在我們眼前。不過，他也曾有過「張弓怒發」之時，惜乎功力不夠，底蘊不足，最終，留下的只是絲絲遺憾和無奈。《五五憲草》的頒行，就是一個典型事例。孫科試圖有所為，但結果卻有所不為，使若干民主性內容，成為一紙空文。面對於此，他只能「仰天長嘆」。

20 世紀 30 年代，中國社會逐漸形成了一股反對國民黨黨治，要求結束「訓政」，儘早實現憲政的潮流。在這場運動中，孫科成為憲政運動中最為活躍的代表人物。

1928年10月始，國民政府五院相繼成立，隨後，實施了《訓政綱領》，它標誌著國民黨已完成「一黨專政」的政治體制。

1931 年，九一八事變爆發，改變了中國政局。同年 12 月，國民黨在南京召開了四屆一中全會。與絕大部分反對立即實施憲政的國民黨人相反，孫科第一次提出「速開黨禁，實行民治之主張」。接著，他又在閉幕式上正式提出，在政改方案的基礎上提前結束「訓政」，籌備制憲。

由於孫科的特殊身分，其結束「訓政」、加速實施憲政的主張一經問世，就引起強烈反響。因為它是來自國民黨內高層人士的心聲，這表明在國民黨內也並非眾口一詞，多少讓人感到有點興奮和看到一線希望。

但是，反對言論還是居多，汪精衛就直言不諱，聲稱「無黨則無國」，放棄「訓政」，必然危及黨國。表示國民黨的政權是多年革命流血所取得的，絕不輕易送人。

儘管如此，孫科「結束訓政，實施憲政」這一提案還是與其他幾個性質相似的提案合併，經中央整理歸納後，決定召開「國難會議」，以圖商討。1932 年 4 月在洛陽召開的「國難會議」上，結束「訓政」、實施憲政的重要內容全然不見。

國難會議之後，孫科發表了《抗日救國綱領》，其中特別提出要從速立憲，主張立即由立法院起草憲法。對此，蔣介石公開指責，授意一批御用文人連續發表文章，批駁「憲政救國論」，鼓吹只有「剿共」才是「救國的唯一途徑」。汪精衛等人也極力附和。

與蔣汪的看法截然相反，孫科對實行憲政後國民黨的前途表示樂觀，認為實施憲政對國民黨不僅不是威脅，相反提供了一個契機。

天真的孫科，正憧憬著實施憲政後的國民黨，有一個美好的未來，那樣，作為中山先生的哲嗣，他也算不辱前輩遺志和賦予他的使命。

殊不知，孫科忽略了實施憲政中的兩大難點：一是蔣介石絕難讓孫科有關革新的主張在憲法中得以充分展開，換言之，憲法的作用，就是進一步強化他的權力和統治地位。二是即便憲法得以通過施行，也難以確保有效的執行。如果有法不依，我行我素，憲法就是一紙空文。

憲草誕生

儘管蔣介石從內心裡並不贊成結束黨治，但鑒於外部的巨大輿論壓力，以及孫科的憲政主張具有明顯的維護國民黨的色彩，還是就抵抗外侮與籌備憲政問題於 1932 年 12 月召開了四屆三中全會。

鑒於政治形勢出現微妙變化，孫科似乎又看到一絲希望，於是次年 1 月他以三中全會已接受其實施憲政的主張為由，決定出任立法院長。

就職剛開始，孫科羅致了法學家 40 人，成立了「憲法起草委員會」，他親任委員長，開始著手制訂憲法。

從 1934 年 9 月開始，孫科先後開會 8 次，至 10 月完成三讀程式，是為「立法院第一次憲法草案」，凡 12

立法院長孫科

「我們的民主憲政，好像是一個 18 世紀的鄉下姑娘，硬要穿戴起 20 世紀最新的服飾，遠看很摩登，近看四不像，處處學洋化，可舉手抬足就會露出破綻來。結果是既沒有學到摩登，也失去了樸實的本色。」這個比喻，至為恰當。《五五憲草》的結局，不是孫科個人的錯，而只能歸咎於那個集權和專制的時代。

1932 年 1 月 28 日，蔣介石復出任職，任命汪精衛為行政院院長。圖為再度合作時的蔣介石（中）和汪精衛（右）、黃郛

章 178 條，呈送國民政府轉送國民黨中央審核。1936 年 5 月 1 日，第四屆第 59 次院會三讀修正通過，凡 8 章 148 條，是為「立法院第三次憲法草案」，國民政府於同月 5 日公布，定名為「中華民國憲法草案」。

1937 年 4 月 22 日，國民黨中央第 42 次常會決議，於國民大會組織法內規定國民大會制定憲法，並決定其施行日期。立法院遵照通過，呈請國府於同年 5 月 18 日公布，是為「憲草公布後重加修正」。

憲法草案初稿公布後，立即引起國民黨內保守派的激烈反對，於是在統治集團權勢的一再施壓下，只好又逐條修改。經過「整容」後的《五五憲草》，使總統的集權，達到了登峰造極的地步。

作為憲政宣導者的孫科，最終敵不過蔣介石，憲草也在權利鬥爭之下，成為一顆畸形「碩果」。

難怪有人評論國民黨統治時就提出，「法治伴隨蔣公而運行」，可謂一語中的。

面目全非的格局

儘管孫科制憲的初衷，有所謂順應潮流的民主成分，但不可否認，這是在不動搖國民黨統治根基前提下有限的「民主」。

孫科在制訂憲草初稿時，主觀上是希望確立某些民主的原則，但由於一意為維護國民黨利益而強調中國的「國情」，使他的民主思想表現出明顯的不徹底性。

還不止此，孫科不是主流派人物，個性軟弱溫和，這決定了他根本無法對蔣汪施以多大影響。其主張往往多遭限制，甚至被改頭換面，成為御用工具。

孫科一次次向現實妥協，一次次改變初衷，表明了他內心的種種矛盾和無奈。而制訂出的憲草，也只能徒有其表，雖具法律形式卻無民主內容，不過是給「黨治」披上了合法的法律外衣。

「我們的民主憲政，好像是一個 18 世紀的鄉下姑娘，硬要穿戴起 20 世紀最新的服飾，遠看很摩登，近看四不像，處處學洋化，可舉手抬足就會露出破綻來。結果是既沒有學到摩登，也失去了樸實的本色。」

這個比喻，至為恰當。《五五憲草》的結局，不是孫科個人的錯，而只能歸咎於那個集權和專制的時代。

蔣介石的代罪羔羊

1934 年時的張學良

熱河失守，蔣介石不費吹灰之力，奪了張學良的兵權。

沒有永久的兄弟

張學良下野，和熱河失守有直接關係。但換一種角度看，又是歷史的必然。東北人的豪爽，浙江人的精明人所皆知。而張學良和蔣介石則分別是這兩種類型的代表，兩者相遇，其結果可想而知。

當年，張學良順應形勢，果斷實行東北易幟，歸於中央政府，幫了蔣介石的一個大忙。為此，蔣介石與張學良「義結金蘭」，以示感激。

不過，拜把兄弟終歸不牢靠，尤其是與蔣介石結拜，很少有善終者。這樣的例子還有，諸如馮玉祥。中國的新舊軍閥，加起來人數不少，有本事的也不在少數，但最終一一都被蔣介石以各種手段擊敗。相比之下，張學良就顯得稚嫩得多，他根本不是蔣的對手。

熱河失守，完全是蔣介石不抵抗政策的後果。問題在於，張學良是駐守的最高指揮官，如果說蔣介石要負領導責任的話，張學良就有不可推卸的直接責任。在這種關乎個人聲望和成敗的緊要關頭，精明的蔣介石絕不會把責任攬在自己身上，他必須要找一個墊背的，分擔他的責任。面對於此，張學良必須做出抉擇，是一個人跳海，還是兩人一齊待在船上等死？張學良的性格，決定了他只能默默地承受。他選擇了跳海，雖然痛苦，但不失為一條漢子，

張學良曾長期吸食鴉片，菸癮甚深。失勢之後，他知恥後勇，決心戒絕陋習。下野赴歐前，他在上海一家外國人辦的醫院戒毒。醫生採取以毒攻毒的方法，痛苦至極，張學良毒癮又深，更是難熬。部下擔心張的生命危險，欲再打嗎啡針，醫生不允，張亦咬緊牙關。過了六七天，方得少安。

湯玉麟

張學良、宋子文、湯玉麟、孫殿英等在熱河集會（左）

1930 年 10 月，張學良身著休閒服，一臉輕鬆地出現在東北運動會上。誰曾料到，3 年之後，他背負著「不抵抗」的罵名，黯然辭職（右）

通電下野而告罪國人。

熱河省的戰略地位，人所共知，如熱河不保，華北將失去重要屏障。面對日軍大舉侵入熱河的嚴重態勢，中國共產黨以中華蘇維埃臨時政府和工農紅軍革命軍事委員會的名義於 1933 年 1 月 17 日發表宣言，意在與任何抗日的部分合作。受此影響，平津滬等大城市的各界民眾團體紛紛通電要求抗日。愛國人士黃炎培、朱慶瀾、杜重遠等，組織成立「東北熱河後援協進會」，南京政府軍隊中的一些將領也表示「請纓援熱」。

時任國民政府軍事委員會北平分會代委員長的張學良即刻發表通電，表示決心抗日，並成立第 2 方面軍，以張作相和湯玉麟為正副司令，同時調駐長城以內的東北軍進入熱河佈防。張學良還親自偕「後援會」赴熱河視察和慰問，勉勵前方將士誓守熱河，準備反攻，以雪「九一八」之恥。國民政府仍幻想著依靠「國聯」的制約作用，對日本進行所謂「制裁」，未做任何積極抵抗的準備。

張學良成了代罪羔羊

早有預謀的日本軍於 2 月下旬集中 10 萬日偽軍，分三路大舉進攻熱河。當時中國守軍約有 20 萬人，2 比 1 的兵力懸殊，應該可以頂住日軍的進攻，至少也不至於那麼快就潰敗。

不幸的是，南京政府的不抵抗政策，加之張學良用人不當，把一個只想做官而不能做事的湯玉麟推到了前線上。身為熱河省主席的湯玉麟腐敗無能，這個土匪出身的官痞，曾通電全國各報館，信誓旦旦地表示「守土有責，抗日救國，貫徹始終」。可還是他，到了危難時刻，居然帶頭臨陣脫逃。軍人，雖不能以喋血沙場為憾，但也絕不能將陣地輕易放棄，這是一種恥辱。

日軍向熱河的推進，十分順利，數日之內，省會承德就朝不保夕。湯玉麟聞訊後不思督戰力保，3 月 2 日，竟將供前線運輸用的載重汽車 240 輛全部扣留，「裝載私產，向津運輸」。他本人也在 4 日凌晨率部逃離承德。前敵總指揮張作相亦倉促撤向古北口，承德頓成一座空城。是日，日軍不費一槍一彈就進占承德。

從日軍開始進攻，到承德失守，前後不過十餘天，熱河就淪於日軍之手。消息傳出，全國輿論一片譁然，同聲譴責南京政府的軍事和外交。作為北平軍分會代理委員長的張學良，更是成了眾矢之的。

南京政府一方面為自己開脫罪責，另

一方面則把丟失熱河的責任完全推到張學良身上。承德失陷的第二天，立法院長孫科在上海對記者說：「承德陷落，誠出人意料⋯⋯在前線指揮之湯玉麟等各軍事長官，應予嚴懲。即負責最重之張學良，亦應立即引咎辭職以謝國人。」接著，監察院要求對張、湯等人嚴懲。

血氣方剛的張學良義憤不過，他表示要親率東北軍收復熱河，與日軍決一死戰。但迫於輿論壓力，不得已於3月7日電南京政府「引咎辭職」。

在全國一片聲討聲中，蔣介石於3月8日從江西南昌「剿共」前線抵達石家莊，詢問前線戰況與對張學良的處理意見。其實他心中早有盤算，讓張學良辭職下野，由何應欽取而代之。

9日，蔣介石召張學良去保定，會面前，蔣讓宋子文先去試探一下張的態度。張學良當即提出兩辦法：一是由他率部克復承德，由中央負責接濟；二是他辭職而由中央負責抗日。宋子文只表示讓他辭職，閉口不談抗日之事。

隨後，蔣介石與張會晤時毫不掩飾地說：「我接到你的辭職電報，很知道你的誠意。現在全國輿論沸騰，攻擊我們兩人。我與你同舟共命，若不先下去一人，以息全國憤怒的浪潮，難免同遭滅頂。所以我決定同意你辭職，待機會再起。」

張學良無話可說，於3月11日通電下野。12日，南京政府令准張學良辭職，何應欽走馬上任，兼代軍事委員會北平分會委員長。

4月11日，張學良攜眷屬乘船，踏上了赴歐洲的旅途。

熱河抗戰失敗，張學良引咎辭職，出洋考察

1933年至1936年何應欽取代張學良擔任北平軍分會委員長

1933年1月3日，日軍侵占山海關

1933年3月4日，日軍侵占熱河省會承德

熱河作戰中的日軍裝甲車隊

讓國人「脫胎換骨」的美麗神話

新生活運動刊物

20 世紀 30 年代，蔣介石和宋美齡聯手發動了一場聲勢浩大的「新生活運動」。

蔣宋連袂一台戲

老祖宗留下了孔、孟之學，始終影響和規範著人們的行為舉止；佛、道二教的教化作用，同樣讓人謹慎處事和小心做人。一些聖明賢良之人、品德高尚之士，則以自己的行為，成為人們效仿的榜樣。

種種教誨，教人學會明辨是非，如何做人；種種約束，在很大程度上，遏制了人性中不良成分的張揚。

儘管這樣，中國人的陋習還是不少，高尚者自有高尚，平庸者自是平庸，低下者還是低下，這無需諱言。如何解決這一問題？好像也沒有太好的辦法，好像還需要時間的磨礪。全民素質的提高，是一個長期的過程，誠如「冰凍三尺，非一日之寒」，同樣，「冰雪消融，也非一日之熱」。

20世紀30年代，蔣介石和宋美齡聯手發動了一場聲勢浩大的「新生活運動」(簡稱「新運」)，試圖改造中國國民之習性。

新生活運動的源起，說法不一，有人認為是蔣介石為貫徹「七分政治、三分軍事」的理念，乃推動催生。有的則說蔣氏夫婦決心剷除貪汙、受賄、不衛生和無禮貌等種種惡俗，因而發軔。

新生活運動促進總會江西青年假期服務團整隊出發服務

蔣介石在南昌宣講新生活運動

還有人說宋美齡乃是新生活運動的源頭活水。1933年盛夏，宋美齡在廬山牯嶺避暑時，與一批美國傳教士討論中國情勢。傳教士說，美國羅斯福總統正推行「新政」，蔣介石何妨也實施改造中國社會福利方面的「新政」，以此獲得外國政府的支持和貸款。聰明的宋美齡心領神會，立即向蔣報告並獲同意。宋隨即和傳教士研究擬定了中國「新政」的細節，她為這項計畫取名為「新生活運動」。

但不論出於何種動機和初衷，新生活運動的發動，有著一定的積極意義。至少對蔣介石而言，這事做的似乎沒有錯。

新生活運動標識

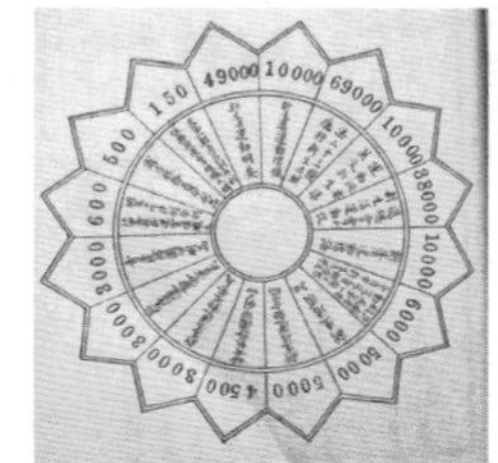
新生活運動促進總會主要印刷品統計表

各省已成立之縣新運會統計圖

以儒家倫理詮釋新生活

1934年2月19日，蔣介石在南昌發表演說，為歷時15年的新生活運動揭開序幕。他說：「我現在所提倡的新生活運動」，簡單地講，「就是要使全國國民軍事化。」提出要以孔孟的「四維」(禮義廉恥)、「八德」(忠孝仁愛信義和平)為道德標準，統一人們的思想。「新運」雖然標榜「新」生活，內容卻是「舊」的儒家倫理思想。

新生活運動促進總會會長指導員及幹事合影

新生活運動總會全體工作人員

「禮義廉恥」是「新生活運動」的中心思想，蔣介石要民眾把「四維」緊緊結合到日常生活的「衣食住行」各個方面。「新運」想要做到的，不僅是表面的市容清潔、謹守秩序，而是「要改革社會，要復興一個國家和民族」。蔣介石理想化地希望「新運」能使人民改頭換面，具備「國民道德」和「國民知識」，從根本上革除陋習。這些，是不是應該遵守呢？即便從今日來看，好像還未失效。

如果說「禮義廉恥」是「新運」的理論基礎，「生活藝術化、生活生產化、生活軍事化」的「三化」，就是實踐理論的行動指引。

1935 年 3 月，「新運」總會就如何實行「三化」作了詳盡規定。條目分明，內容瑣碎，對人民生活方式規定甚嚴，如生活軍事化的「提倡冷水洗浴」；生活生產化的「年未滿六十歲者，不得設宴祝壽」；生活藝術化的「有暇時常至野外旅行」。

從內容上看，這些都沒有錯。更為細緻的是，拔上鞋跟，扣齊鈕扣，走路靠左，胸部挺起，和洽鄰里，同謀公益等，也都一一做了要求。

除了從個人生活做起，戰前的「新運」工作，不外乎提倡清潔和守規矩。「規矩」方面有守時運動、節約運動、升降旗禮等；「清潔」則有夏令衛生運動、清除垃圾和污水、滅蠅競賽等。亦有針對愚民陋習、不良風氣的活動，如識字運動、禁菸禁毒運動等。

宋美齡是大家閨秀，留美出身，又是基督徒，這使她具備了良好的個人素質。同樣，蔣介石人到中年，早已改邪歸正。特別是與宋美齡結為夫妻後，更加謹慎做人。從個人生活品行而言，他不吸菸，不喝酒，不打牌，腰板始終挺直，生活極有規律。

即便是一對生活規範的普通夫妻對一些陋習和不良風氣也看不慣，更不用說「第一家庭」的這對伉儷，對國民的生活陋習更是心存痛恨。

因此，出現在世人面前的蔣介石和宋

美齡，總是希望以自己的行為去影響他人，讓更多的人「見賢思齊」，不斷改正不足，完善自我，成為新人。「新生活運動」，體現了蔣宋的良苦用心。一個民族整體素質的提高，將意味著這個國家更具競爭力，而這正是蔣介石夫婦希望看到的。

抗戰開始後，「新運」的要旨有所調整。1939 年「新運」五周年大會在重慶舉行，蔣介石重新詮釋「禮義廉恥」，由戰前規範人民的日常生活，到戰時強調紀律、節約和犧牲精神，要求人民不忘抗敵。

新生活運動的成效，戰前一直不很理想，當然原因有多方面。但「新運」組織的網路和動員能力，卻為戰時的服務提供了便利。抗戰爆發後，「新運」轉向為戰地服務、傷兵慰問、難民救濟、保育童嬰、空襲救難、徵募錢物等活動，對抗戰起了積極的作用。

破除陋習，絕非一日之功，用一種明顯帶有功利色彩的運動來推行，實施過程中難免不會出現偏差，「新運」也不例外。過度宣傳，導致流於形式，其間也產生了許多笑話和虛假之風，形成敗筆。

外交家顧維鈞的夫人黃蕙蘭在其回憶錄中所言，頗讓人回味。她這樣寫道：中國駐外人員常因有外遇而導致婚變，故在戰前外交界即戲稱「新生活運動」為「新妻子運

1943 年 3 月，美國《時代》週刊以宋美齡作為封面人物

新生活運動中武漢舉辦防空展覽

新生活運動委員會主任熊式輝

宋美齡在南昌推行「新生活運動」（左）

宋美齡指導新生活運動（右）

動」。「life」（生活）與「wife」（妻子）僅僅一個字母之差，就完全變了味！

「第一夫人」身體力行

作為婦女委員會指導長的宋美齡，在運動的推行和宣傳上扮演了「火車頭」的重要角色。

「新運」是要改造全民的生活，而婦女是家庭的中心，宋美齡乃大力鼓吹婦女為改造家庭生活的原動力，她向全國女性呼籲：「知識較高的婦女，應當去指導她們的鄰舍，如何管教兒女，如何處理家務，並教導四周的婦女讀書識字。」但她也承認：「中國的婦女，非但多數沒有受教育的機會，而且大半還仍過著數百年前的陳舊生活。」

宋美齡為推行「新運」不遺餘力，開會、撰文、宣傳、演講、督導和接受國內外媒體訪問。她在忙得不可開交之中，也充分體會了成就感。

宋美齡把推廣「新運」當作一項政治事業來看待，試圖使國人在生活習慣和精神上「脫胎換骨」，不要讓西方人「看不起我們」，並借此讓國人知道蔣夫人關心大家。出發點不能說不正確，用意不可謂不好，但是，千百年來的生活習慣根深蒂固，加之推行的方法未必得當，很快走進歷史而成為明日黃花。

1949 年 2 月，面對內戰節節失利，蔣介石已無心關注「新運」，他指示總會暫停一切活動。新生活運動，歷時 15 年，無疾而終。

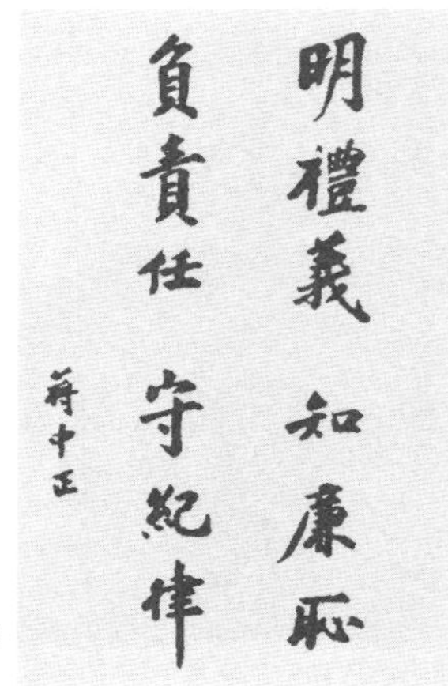

蔣介石為「新生活運動」手書條示

紫氣東來觀蒼穹

建設中的紫金山天文臺外景（1935 年攝）

紫金山天文臺，是中國近代天文事業的開端。

1927 年 11 月 20 日，在中央研究院籌備會上，曾任孫中山秘書的高魯提出在南京紫金山建立一座國內最現代化的天文臺，議案獲得批准。1928 年春，國立中央研究院天文研究所成立，高魯出任代所長，隨即勘定紫金山第一峰為臺址，是年底，建築師李宗侃設計出初步的臺圖和登山汽車路線。正要施工時，高魯突然受命出使法國。

嗣後，廈門大學天文系主任余青松應聘出任天文研究所所長，主持建臺工作。

不過，最初設想在第一峰建臺的計畫，被余青松放棄了。他意識到第一峰的盤山公路耗資甚巨，便改建在第三峰上。

1929年12月21日，天文臺 4 里長的盤山公路破土動工了，為節約開支，天文臺主體建築皆由余青松自行設計、繪圖，並與各職員共同監工建築，花了一年半時間建成。

1931 年那場罕見的水災，讓中國的百姓吃盡了苦頭，也妨礙了建臺工作。本已下撥的 25 萬元建臺費用，被用

渾儀

簡儀

到天文臺一遊，可一睹陳列的傳世明清天文儀器。其中明代的 3 件，是目前世界上罕有的大型傳世天文文物，為渾儀（亦稱渾天儀）、簡儀和圭表，均系明正統四年（1439）所造，距今已有近 570 年的歷史，它原在北京古觀象臺。八國聯軍侵入北京，觀象臺遭劫，儀器均被掠去。法軍搶走明制簡儀和 4 件清儀，德軍則將明制渾儀和另外 4 件清儀運回國內。一戰後，作為戰敗國，德國把掠走的 5 件天文儀器歸還。

余青松

紫金山天文臺全景

作購買賑災公債。

水災結束後，日本人又在東北和淞滬挑起戰火，天文臺的職員們都分散到南京城內各處司職防空警報，直到 1932 年 7 月才重新開始工作。1933 年 6 月 10 日，天文臺主體建築落成，次年 8 月 25 日，紫金山天文臺終於竣工。

天文臺的興建，在當時備受重視，從幾次建築的奠基碑文就可看出，它分別由當時政府要員題寫，「天文臺」的橫額，更是國民政府主席林森親筆，全名為「國立中央研究院天文研究所紫金山天文臺」。

1934 年 9 月 1 日，紫金山天文臺正式揭幕。

整個天文臺占地 3.1 公頃，設有 6 座銀灰色的巨型天文觀測室，分別負責觀測太陽、恆星、行星、月亮等。它的建築美奂美輪，儀器名貴，圖書豐富，在當時國內外頗負盛名，曾有「東亞第一」之美稱。

天文臺建成不久，研究工作剛剛開展，日軍的鐵蹄就踏過了盧溝橋。隨著日軍逼近南京，天文臺奉命緊急疏散人員，儀器圖書拆卸裝箱後開始了長途跋涉，落腳於大西南昆明東郊的鳳凰山上。抗戰期間，政局不穩，研究工作幾近停頓。抗戰勝利後，天文臺雖然重回老家，但內戰又起，研究工作始終未得恢復。

天文臺有幾件傳世的明清天文儀器，原存北京古觀象臺。

九一八事變後，日軍逼近華北，為保護國家珍貴文物不致落入敵手，決定將古觀象臺所存明清天文儀器轉移。限於當時的運輸能力，只把明代的渾儀、簡儀和圭表，清代的小天體儀、小地平經緯儀和一套漏壺運抵南京。1937年12月南京陷落後，這些國寶落入日軍手中，儀器受損嚴重。

紫金山天文臺

一個人和一張報紙

史量才

史量才買下《申報》，從此，他的生命與這張報紙合而爲一。

良知的捍衛者

1926年4月26日，《京報》社長邵飄萍在北京前門大街南端的天橋刑場遭北洋軍閥殺戮，年僅40歲；同年8月6日，《社會日報》社長林白水又被軍閥槍殺在天橋刑場，年僅52歲。

這就是當時中國社會的生存環境。面對黑暗，各人態度不一。本來，他們都可以躲過被槍殺的噩運，只要筆下留情，隨遇而安一些，無論是報社還是個人，都會活的很好。然而，他們偏偏要做捍衛正義與堅守良知的報人，偏偏不畏死。一個倒下去，前仆後繼，又有第二個、第三個勇敢地站出來。行屍走肉地苟活，不屬於他們。

史量才，20世紀著名的報業鉅子，一位具有民主思想的知識份子。1904年起在上海《時報》當編輯，後任主編。1912年，是史量才人生中的一個重大轉捩點，他不失時機地以12萬元買下了老牌的《申報》，並找到名重天下的張謇等人入股。從此，他的事業、他的生命與這張報紙合而為一。

在他主持報紙的21年間，《申報》發展迅速，不僅成為當時全國實力雄厚的民辦報紙，而且在國內輿論界具有舉足輕重的影響。

把辦報視為記載歷史，堅持對歷史高度負責的態度，

11月16日下午2時，在史量才的寓所舉行大殮，各界前來弔唁者達2000多人。蔣介石表面文章還是要做的，也送來挽聯，「哲人其萎」四個字分外顯眼。暗殺史量才的經過，後來被軍統作為成功案例教授給新的特務。

位於上海銅仁路的史量才公館

林白水

邵飄萍

史量才的辦報史觀，是《申報》長盛不衰的生存之道。他認為報紙不僅是記載事實，而且要加以分析評論，要有鮮明的觀點，對和錯，好與壞，讓讀者一目了然。史量才姓史，加之主張「以史自役」，章太炎將他的這種辦報方針稱為「史家辦報」，可謂恰如其分。

本著這種方針，舉凡每天發生的國內外重大事件，都白紙黑字地記錄在《申報》上，走進讀者中。

起初，史量才關注更多的還是報紙本身，但動盪的時局使他最終從幕後走到前臺，不僅是《申報》館的前臺，而且是社會的前臺。在那個關乎民族生死存亡的非常時期，受到時代的感召，史量才的行事風格大變，《申報》亦如他的主人一樣共進退。他強調「無黨無偏、言論自由、為民喉舌」，堅持「人有人格，報有報格，國有國格」的方針。時代向前邁進一小步，《申報》向前邁進一大步。

百萬讀者在手何所懼

進入30年代，史量才的左膀右臂、做了多年主筆的陳景韓和經理張竹平雙雙離去。無奈之下，他於1931年1月在館內成立總管理處，聘請進步人士黃炎培做設計部主任，又聘請教育家陶行知為顧問。

民主和進步人士的參與，給《申報》帶來活力。要求抗日和民主，反對國民政府當局的不抵抗政策，支持民族救亡運動，這就是《申報》的立場。

史量才主持《申報》時期，《申報》不畏艱險，追隨時代潮流，全面、詳盡、真實地記錄國內外大事，而且旗幟鮮明地加以「評論之、剖析之」，為國家的前途，民族的命運大聲疾呼、慷慨陳詞。正是這種憂國憂民的精神、秉筆直書的行動，招致當局的極度仇視，當局曾多次制裁《申報》。

1932年是史量才買下《申報》20年的日子，亦是《申報》的黃金時代，發行量超過驚人的15萬份，為當時報業界的龍頭老大。官方辦的《中央日報》僅發行3萬份左右。史量才的事業達到頂峰。

史量才沒有沾沾自喜，國之殘破的危局，令他心頭十分沉重。強烈的愛國心，驅使史量才為正義怒吼。

《申報》館舊影

《申報》的內容，更加鋒芒畢露，最突出的變化，莫過於《自由談》的改革。

《自由談》原是「鴛鴦蝴蝶派」的陣地之一，雖時有暴露社會陰暗面，但總體仍較保守。革新自史量才開始，《自由談》的面貌為之一新。

左翼新文化運動走入低潮的 1932 年，即如魯迅，在這一年僅發表 18 篇文章，而 1933 年則高達 190 篇，其中大部分是由《自由談》刊載的。

郁達夫、葉聖陶、陳望道等一大批作家，都是《自由談》的常客。左翼作家的活力得到了釋放和發揮，左翼新文化運動再次被啟動。

《自由談》的自由，讓當局大為不滿；史量才對當局的態度，更讓他們惱怒和不容。

秉公直言，是需要很大的勇氣的。蔣介石對《申報》不聽話大為不滿，他把史量才召到南京談話。蔣沉下臉來說：「不要把我惹火，我手下有 100 萬兵。」不為權力恫嚇，要為尊嚴而戰，史量才反唇相譏：「對不起，我手下也有 100 萬讀者。」這被認為是「敬酒不吃吃罰酒」，最終激怒了老蔣，也為他後來遭到槍殺埋下了伏筆。

1934 年 11 月 13 日下午 3 時，當史量才乘坐的轎車由杭返滬，行進在滬杭公路翁家埠段時，遭到軍統特務的槍擊。

史量才以身殉國後，長眠於吉慶山，與美麗的西湖永世相伴。他的墓碑上，是章太炎題寫的墓誌銘，讚譽他像春秋史官子魚和歷代正直的史家那樣，出於對國家和歷史的責任感，忠於事實，秉筆直書。

作為中國新聞史上創辦歷史最長、影響最大的一份報紙，《申報》在出版 77 年之際，於 1949 年 5 月 27 日終刊。它 25600 號的發行記錄，是一段抹不去的歷史印記。

史量才曾有一段箴言：「人有人格，報有報格，國有國格。三格不存，人將非人，報將非報，國將不國。」

後期的《申報》館大樓

申報

聯

今天起在

上海 北京 南京

社會倫理藝

世界書局

日軍大舉侵略東省

《申報》書影

每個人被迫著發出最後的吼聲

《風雲兒女》電影劇照

《風雲兒女》的插曲《義勇軍進行曲》，成爲中國最著名的抗戰歌曲。

不愧爲中國電影「第一插曲」

有聲電影在中國問世後，銀幕上出現了一大批膾炙人口的電影插曲。1934 年蝴蝶主演的《姊妹花》和王人美主演的《漁光曲》先後上映，兩部電影的插曲《催眠歌》和《漁光曲》迅速流行，效果完全出乎人們的意料。特別是《漁光曲》的成功，促使電影製作商把目光投向電影歌曲的創作，影片《大路》的插曲《大路歌》、影片《桃李劫》的插曲《畢業歌》、影片《夜半歌聲》的插曲《夜半歌聲》等與電影一同流行，令人難忘。電影歌曲不但成為一種藝術形式，也成為電影吸引大眾的一種有效手段。

1935 年 5 月 16 日，上海「電通影片公司」推出了一部抗日題材的影片《風雲兒女》。它的聲名遠播，不僅在於電影本身，更因為其中的一首插曲——《義勇軍進行曲》。它不但在當時被廣為傳唱，後來還被確定為中華人民共和國國歌。作為中國電影「第一插曲」，當之無愧。

《風雲兒女》最初的故事由田漢創作，夏衍編劇，許幸之導演，王人美和袁牧之主演。影片描寫了 30 年代初期，以詩人辛白華為代表的青年知識份子，為拯救祖國，投筆從戎，奔赴抗日前線英勇殺敵的故事。劇本初創於 1934 年，最初的名字為《鳳凰再生》。

田漢在寫成初稿後，將劇本交由電通公司，後由夏衍改編完成，並改名為《風雲兒女》。田漢在交出初稿後，並未放棄對這部電影的創作。一天，他突然文思迸發，打算為電影再創作一首主題歌。因臨時找不到紙，匆忙中只好把主題歌的一段歌詞寫在了一個香菸盒的襯紙上。田漢原

聶耳（左一）與友人在日本東京隅田公園留影

計劃的歌詞不止一段，但當時只寫出了第一段，隨後就在 1935 年 2 月 19 日被國民政府逮捕入獄，歌詞也就未能續寫下去。留在香菸盒襯紙上的這段文字，就成了後來《義勇軍進行曲》的歌詞。

畫龍點睛的無盡力度

在得到電通公司田漢編劇的影片《風雲兒女》需要譜曲的消息後，聶耳主動請纓，他找到夏衍，表示希望為田漢的歌詞譜曲。田漢和聶耳曾多次合作，如歌劇《揚子江暴風雨》、歌曲《畢業歌》等優秀作品。

拿到歌詞後，聶耳僅用兩夜的時間就譜完了樂譜的初稿。初稿試唱後，大家提了一些意見。同年春天，田漢等人相繼被捕，也傳出了要抓聶耳的消息。中共地下組織為了保護聶耳，特批他經日本去歐洲學習、考察。聶耳於 4 月東渡日本時，將手稿帶到日本進行修改，並於 1935 年 5 月初將《義勇軍進行曲》的定稿寄回。

在電影中，《義勇軍進行曲》最初被稱作《軍歌》。聶耳譜曲後，將歌名改為《進行曲》。電通公司的孫師毅等人在收到了聶耳從東京寄回的手稿後，決定將歌名改為《義勇軍進行曲》。

田漢最初的歌詞，與現在《中華人民共和國國歌》的歌詞也略有區別。聶耳譜曲的時候，根據需要，將歌詞進行了補充修改。修改稿中最畫龍點睛、最特別之處，就是聶耳添加了 3 個「起來」。這 3 個「起來」，增強了這首歌的激情與感召力，它把旋律引向了高潮。而最後一個『進』字，更是獨妙，具有極強的衝擊效果，表現出民族永不言敗的無盡力度和持久生命力。

《風雲兒女》上映後，主題歌《義勇軍進行曲》很快就成為中國最著名的抗戰歌曲。它唱出了中華民族不屈不撓的戰鬥精神，激勵和鼓舞中國人民爭取自由的鬥

聶耳（1912—1935）

田漢在寫成初稿後，將劇本交由電通公司，後由夏衍改編完成，並改名為《風雲兒女》。田漢在交出初稿後，並未放棄對這部電影的創作。一天，他突然文思迸發，打算為電影再創作一首主題歌。因臨時找不到紙，匆忙中只好把主題歌的一段歌詞寫在了一個香煙盒的襯紙上。田漢原計劃的歌詞不止一段，但當時只寫出了第一段，隨後就在 1935 年 2 月 19 日被國民政府逮捕入獄，歌詞也就未能續寫下去。留在香煙盒襯紙上的這段文字，就成了後來《義勇軍進行曲》的歌詞。

上圖：1934 年夏，聶耳（左）與田漢在上海合影

左圖坐者為聶耳

志和信心，具有高昂的時代激情和雄壯的民族氣魄。

《中華人民共和國國歌》

說到《義勇軍進行曲》被定為《中華人民共和國國歌》，經歷了一段有趣的過程。

1949 年 6 月，第一屆政協籌備會正忙於新中國成立的籌備事宜，新中國國歌的制定，就迫在眉睫。專門設立「國歌初選委員會」，由田漢、沈雁冰、錢三強、歐陽予倩、郭沫若和徐悲鴻等人組成，馬思聰、呂驥、賀綠汀、姚錦新 4 名音樂家擔任顧問。

7 月 15 日至 26 日，《人民日報》等國內外報紙上連續刊登了「國旗、國徽、國歌徵集啟事」。截至 8 月 20 日，僅國歌一項就收到應徵稿 632 件，歌詞歌譜 6926 首，但都不夠理想。

最早建議用《義勇軍進行曲》作為國歌的是徐悲鴻，張奚若、郭沫若、劉良模、梁思成等都同意徐悲鴻的建議，劉良模說：「國歌代表一個國家，代表一個國家的民族精神。因此，它應當在民族解放鬥爭中產生，在鬥爭中得到人民大眾的承認，遠非大詩人、大音樂家的人工急就之章所能代替，依我看，《義勇軍進行曲》經受了鬥爭的考驗，足以與法國國歌《馬賽曲》媲美，完全可以選作新中國國歌。」

為了慎重起見，毛澤東和周恩來於 9 月 25 日晚在中南海豐澤園會議室又召開了一次關於國旗、國徽、國歌、紀年、國都問題的協商座談會，邀請各民主黨派和文化界人士參加會議，意見得到了統一。

1949 年 9 月 27 日，中國人民政治協商會議全體代表一次通過，以《義勇軍進行曲》為《中華人民共和國代國歌》。幾近 30 年之後的 1978 年，第五屆全國人民代表大會第一次會議，通過將《義勇軍進行曲》定為《中華人民共和國國歌》。

聶耳創作的《義勇軍進行曲》手稿

蔣介石
逃過一劫

汪精衛在中央黨部遇刺時現場一片混亂

孫鳳鳴刺殺汪精衛，上演了一齣現代版的「荊軻刺秦」。

一而再地對日妥協

1935年的「刺汪案」，來得有些突然。當然，刺客是早有準備，被刺人未曾想到。

問題還不僅僅如此，據刺殺計畫的組織者華克之說，「我們的目的是刺蔣。結果，汪成了替罪羊。」很顯然，刺客是衝著蔣介石而來，義憤於他對日本的不抵抗政策，將其擊斃，以謝國人。

如果那天蔣介石在場，那就成了「刺蔣案」而不是「刺汪案」；如果射出的子彈命中要害，那又會出現怎樣的變數？

歷史確有諸多偶然，我們無法預測它的走向。但應看到一點，在當時國民黨中，除了蔣介石，無人能夠掌控和應對這非常時局，他的地位和作用，不可取代。

天下之事，竟有如此奇巧，不知是心靈感應，還是因為其他什麼原因，偏偏那天蔣介石未參加照相，於是被擊中倒地呻吟的，是汪精衛。

汪精衛命大，身中三槍，傷勢雖重，但非致命，數月後就基本痊癒。不過，他遭槍擊，是否是一種心理暗示，不出幾年，他就做了漢奸。而他的死，似乎也是遇刺後留下的後遺症。從這點來說，他是罪有應得。

現在，讓我們穿越時空，看看歷史的一幕，是如何發

逃過一劫的蔣介石，右為張群

生的？

1932 年 1 月的杭州煙霞洞，風景如畫。此刻，中國政壇兩巨頭的汪精衛和蔣介石，經過密談後再度攜手，開始了他們的又一個「蜜月」期。

隨後，孫科內閣下臺，汪蔣連袂入主南京。汪精衛出任行政院長，主政；蔣介石身為軍事委員會委員長，治軍，他倆平分秋色共掌南京政府。

叫人怎能不殺他

汪、蔣達成一致，同把「制共」放在首位，而將「抗日」作為應付輿論的口頭禪。汪、蔣在合謀調整中日關係中，配合得真是默契。蔣介石授意陳布雷以筆名撰寫《敵乎？友乎？》一文，宣傳：「日本人終究不能作我們的敵人，我們中國亦究竟有須與日本攜手之必要。」汪精衛則指使親信林柏生撰寫《對日兩條路線》之文，與該文遙相呼應。

蔣、汪一再對日妥協，使民族危機日甚，遭到輿論的一致抨擊。蔣、汪二人尊貴的頭顱，似乎離穿透靶心的子彈不遠了。

終於有人挺身而出。中共地下黨人華克之早想除去兩人，有著一手好槍法的熱血青年孫鳳鳴，則想上演一幕現代版的「荊柯刺秦」，他大膽地提出了刺殺蔣介石的設想。兩人一拍即合，華為組織者，孫為終結者。經過數月討論，並多次研究後，遂定於國民黨六中全會開幕之日發難。

大幕終於拉開，1934 年 11 月初，「晨光通訊社」在南京陸家巷 23 號正式掛牌。孫鳳鳴成了一名記者，記者職業，使他有機會直接面對蔣介石。

老蔣命大

1935 年 11 月 1 日，國民黨四屆六中全會在南京召開。開幕式結束後全體照相時，平地起風雲，發生了一起重大刺殺案。

按照會議日程，這天早上 7 點，出席全會的全體代表由蔣介石和行政院長汪精衛率領，去南京東郊的中山陵謁陵。9 時，全體委員回到城內湖南路的中央黨部禮堂舉行全會開幕式。開幕式結束後，照例先由全體代表集體照相，然後再舉行預備會議。大約在 9 點 30 分，全體代表步出大禮堂，集中到中央政治會議廳門前，分列五排準備照相。

等候許久，不見蔣介石到來。委員們一再催促，汪精衛只得親自相請。原來，蔣介石見當時照相現場人多雜亂，警覺頓出，一時萌生不去之意。汪精衛來請他時，他當即表示不參加拍照，並希望汪精衛也不必出場。汪說：「各中委已佇立良久，專候蔣先生。如我再不參加，將不能收場，怎麼能行？我一定要去！」汪精衛回到攝影場地，在前排正中就座。

張繼

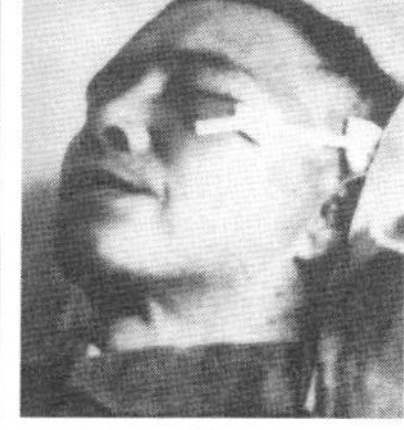
汪精衛遇刺後在醫院

華克之與夫人朱蕙風合影

約在9點35分攝影完畢。就在這一剎那間，突然從記者群中閃出一個身著西服、外套夾大衣的年輕人，他迅速從口袋裡拔出左輪手槍，一邊高呼「打倒賣國賊！」一邊向站在第一排中間正在轉身的汪精衛連擊三槍，槍槍命中：一槍射進汪左眼外角下左顴骨，一槍從後洞穿左臂，一槍從後背射進胸脊椎骨部位。汪精衛應聲倒地，血流滿身，一時秩序大亂。

坐在椅子上的張靜江滾倒在地，孔祥熙顧不上馬褂被扯破，一頭鑽進旁邊的汽車裡，其他人，也多半四散而逃。這時，只有兩人比較鎮定，一躍上前與狙擊手搏鬥。一為站在汪精衛身旁的張繼，他急奔到孫鳳鳴身後，將其攔腰抱住。一為張學良，他奔上前去猛踢一腳，並順勢托起孫的手臂，孫鳳鳴手腕一鬆，手槍落地。汪的衛士乘機還擊，孫鳳鳴胸部連中兩槍倒在地上。

孫鳳鳴被擊中要害，流血過多，送中央醫院瀕臨死亡。醫生奉命每小時給他注射強心針十餘次，目的是為了查找刺汪的幕後主使者。孫鳳鳴承受著肉體撕裂的痛苦，守口如瓶。

槍響之後，趕來的陳璧君單腿跪著抱著汪精衛哭喊道：「四哥，你放心罷，你死後有我照料兒女。革命……正要……死的，這種事，我早已料到。」蔣介石未參加攝影，聞聲趕來，陳璧君以為蔣介石不參加攝影，事出有因，憤然對蔣介石說：「蔣先生，用不著這樣做的，有話可以慢慢商量，何必如此！」她認定蔣是行刺的幕後指使者。

事實上，刺殺汪精衛確非出自蔣系特工之手。「刺汪案」發生後，當局偵悉此案系「晨光通訊社」所為，行刺者是南京晨光社記者孫鳳鳴，安徽人，32歲，曾任19路軍排長、福建第12師混成團機槍連連長。

本來行刺計畫的目標是蔣介石，可偏偏他不在場。殺不成蔣，便殺汪，都是對日妥協的決策人物，殺了汪精衛，也足以警世。於是，他拔出了槍……

後經全力追捕，除孫鳳鳴當場被槍擊搶救無效死亡外，孫妻崔正瑤及晨光社主要成員張玉華等相繼被捕、被殺，資助過晨光社的反蔣人士王亞樵也遭殺害。華克之，因早已遠走香港，逃過此劫。

1935年南京舉行軍事演習，行政院長汪精衛在聽取軍方彙報

偌大的校園放不下一張寧靜的課桌

北平學生領袖黃敬攀在電車上向群眾演講

爆發在那個寒冷冬日的一二九運動，將抗日救亡推向高潮。

在沉默中爆發

從1919年的「五四」，到1935年的「一二九」，再到1947年的「五二〇」，充滿愛國熱忱的青年學生，成為革命運動的主流。知識份子用一次次的行動證明，他們不僅懂得學習，更具有社會責任感和歷史使命感。歷史，其實已經給了我們很好的答案，詮釋了「蘇武牧羊」的愛國情操在現代所賦予的深刻內涵。

1931年底日本占領中國東北，接下來，攫取華北，便是他們新的目標。1935年5月，日本向國民政府提出了對華北統治權的無理要求，並以武力要脅。

國民政府好像很無助的樣子，拿日本人一點辦法也沒有，只能忍氣吞聲，一紙《何梅協定》，使河北、察哈爾的主權大部淪於日本人之手。10月，日本人又挑動河北香河等縣的一群漢奸、流氓舉行暴動，以此為由，策劃了更大的「華北五省自治運動」陰謀。

國民政府還是無動於衷，繼續執行不抵抗政策，為適應日本「華北政權特殊化」的要求，竟然準備成立相應的「冀察政務委員會」。

民族危機日甚，中國，偌大的校園已放不下寧靜的課桌。8月1日，中國共產黨發表宣言，號召全國人民團結起來，停止內戰，一致抗日。

12月9日，置身危城的北平學生再也無法忍受下去，內心的激憤，需要釋放。他們決心「擔負起天下的興亡」，以自己的血和淚來警醒國人。

6000餘名學生衝破重重阻撓，在中共北平市臨委和學聯的領導下，按照預定計劃，分別在12個城門和牌樓附近集合，然後朝著中南海進發。

從來沒有過的，中國高校的青年學生如此步調一致，跟戰士一樣，表現出了巨大的勇氣。這使參加遊行者和旁觀的群眾，都感到興奮不已。成百上千身穿藍色制服的青年學生，一路慷慨高歌，他們絲毫沒把那些員警放在眼裡。8年當中，在國民黨統治下的中國，從未發生過這樣的事情。

隨後，被臨時推選出來的12名代表，

前去中南海居仁堂請願，向北平軍分會代委員長何應欽提出 6 項要求。何應欽的秘書滿口搪塞，企圖以「撫慰」了事，激起了學生們的強烈憤慨。

各校代表馬上決定，改請願為示威遊行，隨即，由中國大學的隊伍帶頭，救亡的洪流向西長安街湧去。行進中，宣傳隊不停地領呼口號，散發傳單。在西單牌樓和西四牌樓，軍警組成了兩道封鎖線。遊行隊伍相繼衝破封鎖線，然後改道東行，奔向沙灘、王府井。遊行隊伍如滾雪球般越滾越大，輔仁大學、北京大學等校的學生們不斷加入。

不達目的誓不甘休

員警當局惟恐學生衝擊日本使館，調來大批員警。學生們全然不顧，向他們塞傳單，並高呼愛國口號。當局只好調來消防隊，用水龍頭對準遊行者隊伍。青年們仍然昂首闊步，奮勇向前。

一旁的店主、家庭主婦、工匠、和尚、教師和商人，在街頭為學生喝彩，或者跑出來索取傳單、甚至有人力車夫也高呼：「打倒偽獨立運動！打倒日本帝國主義！抗日救國！」群情激奮的場面，令人難忘。

接下來的境況，就不容樂觀了。上面的命令，必須執行，軍警開始鎮壓，但見皮鞭揮舞，槍柄、木棍、大刀，左刺右劈，高壓水龍四處噴射，軍警與學生攪成一團，互相廝打搏鬥。遊行隊伍被沖散，近百名學生受傷，30 餘人被捕。當晚，學聯領導人做出決定，於 10 日實行全市總罷課，舉行大規模的示威遊行，以示抗議。

12 月 16 日，是冀察政務委員會準備成立的日子，北平再次發出了怒吼。各校學生從四面八方湧向天橋，舉行了有 3 萬多人參加的集會，通過了反對冀察政務委員會、反對華北任何傀儡組織、停止內戰，一致對外、收復東北失地、爭取抗日和愛國自由等 8 項決議案。會後，再次

一二九運動的倡議人張兆麟

成百上千身穿藍色制服的青年學生，一路慷慨高歌，他們絲毫沒把那些員警放在眼裡。8 年當中，在國民黨統治下的中國，從未發生過這樣的事情。

北平學生高呼：「大眾起來！」

在學生運動中受傷的北平女二中學生毛德楨（左一）等同學

經過鬥爭，清華大學遊行隊伍突破了西直門

舉行示威遊行，又再次遭到軍警鎮壓，30多名學生被捕，4000多人受傷。強權似乎暫時壓制了公理，但還是讓當局心有餘悸，「冀察政務委員會」不得不延期成立。

北平學生的愛國行動，得到了全國學生的回應，杭州、廣州、南京、天津、上海、武漢、長沙等地學生相繼舉行示威遊行，以示聲援。各地愛國人士也紛紛成立各界救國會，要求國民政府停止內戰，出兵抗日。

一二九運動的目的達到了，它成為推動中國人民抗日救亡運動走向高潮的起點。

一二九運動的爆發，讓當局大為惱火。如此浩大的聲勢，讓當局如何應對。也許直到這時，當局才開始反思，後面的路該如何走？民族的罪人，萬萬不可做，那將會被釘在歷史的恥辱柱上。

一二九運動以後，政治形勢有所好轉。「西安事變」和平解決，國民政府只打共產黨不打日本的辦法行不通了，不得不放棄「剿共」政策而走上準備抗戰之路。不久，抗日民族統一戰線也就在事實上宣告成立。接下來，我們便看到了一個全民禦敵的局面。一二九運動為此做出了重要貢獻。

北平街頭的員警準備隨時出動，鎮壓學生運動

員警在輔仁大學門前警戒

一本書讓世人知道長征

1936 年斯諾在陝北採訪途中

美國記者斯諾走進陝北，第一手資料寫就人間劇——《紅星照耀中國》。

斯諾與他的《紅星照耀中國》

斯諾是美國新聞記者，人們記住他的名字，是因為那本《紅星照耀中國》(《西行漫記》)。

1936 年 6 月，在宋慶齡的聯繫與幫助下，斯諾與在上海行醫的馬海德醫生，冒著生命危險，前往陝北蘇區訪問。

在貧瘠的黃土高原上，在昏暗陰冷的窯洞裡，他和毛澤東進行長談，採訪了其他共產黨人，搜集了關於長征的第一手資料，然後又長途跋涉，到邊區各地採訪。次年，《紅星照耀中國》(中譯本為《西行漫記》) 一書出版，首次向全世界報導了紅軍長征這齣人間戲碼。

作為西方記者，斯諾是去「紅區」採訪的第一人，《紅星照耀中國》是有關中國共產黨最早最詳盡的報導，它向世人宣傳講述了中國共產黨人的鬥爭情況，讓世界瞭解了中國和中國革命及抗日戰爭的前景。

讀者從中可以窺知，使中國共產黨人不可征服的那種精神，那種力量，那種欲望，那種熱情，從何而來！——凡此種種，斷不是一個作家所能創造出來的，它是人類歷史本身的豐富而顯現出的精華。

當年那些艱難行進的紅軍戰士們，決然沒有料到，他們的舉動從一開始就為世界所矚目。許多外國人最初或

1937 年 7 月 7 日，七七事變爆發，斯諾在北平南苑目睹了中日戰爭的開端。他在參加日軍召開的一次記者招待會上，大聲質問：「為什麼要在中國領土上進行軍事演習？為什麼藉口士兵失蹤動用大兵，反叫中國守軍撤出宛平？」斯諾一連串的提問，讓日軍新聞發言人狼狽不堪，無法正面回答，只得倉促宣布會議結束。

紅二、紅六軍團與紅四方面軍會師地——甘孜

紅一、紅二、紅四方面軍會師之地——甘肅會寧

瀘定橋

許是抱著好奇甚至懷疑的態度看待這個事件，最後經過嚴肅的考證和思索，他們成為了長征的崇拜者。在他們眼裡，如果不瞭解長征，你就不會理解中國共產黨，就不會理解此後共黨政權的勝出與新中國的建立。

翻開《紅星照耀中國》，從書中，我們讀出了沉重。歷史的鏡頭推向縱深，我們的目光，也隨之而去。思緒似乎在飛，耳際仿佛也響起隆隆的槍炮聲，眼前浮現的，是一幅幅幾近褪色的老照片……

無奈的選擇

1934年的10月10日，這一晚的夜，特別的黑。中共中央、紅軍總部開始從瑞金出發，被迫開始西征，實行戰略大轉移。

急促的口令聲，壓抑的軍號聲，零亂的馬蹄聲，沉重的腳步聲……構成了向西、再向西的序曲。

沒有太多雄壯，卻是幾許悲涼，還有一些倉皇。夜色的凝重，更增添了一種莫名的淒苦。此行，漂流遷移何方？天涯何處是「家」？一連串的問號，在人們心頭縈繞。後來被稱之為「長征」的這一重大歷史事件，就從這一天開始。

長征之初，由於「左」傾路線，使紅軍受到重大損失。面對危局，必須繼續尋找生存之地，中共中央的決策者常常處在一種深度的焦慮之中。

陷入重圍之兵，必須在「奇」字上下工夫，從絕境中殺出一條血路，置之死地而後生。四渡赤水，無疑是戰爭史上的傑作，是毛澤東留下的「得意之筆」，紅軍一舉擺脫了被動挨打的不利局面。

蔣介石當然不會善罷甘休，他移師貴陽親自督戰，投入重兵。蔣介石十分自信，這一次毛澤東跑不了。然而他錯了，胸有成竹的毛澤東，明修棧道，暗渡陳倉，不等蔣介石把網完全結好，一舉突破烏江。

甩掉「追剿」的大軍，紅軍得以暫時轉危為安。接下來，毛澤東要用一系列戰術與蔣介石周旋，直至最後擺脫困境。

黑夜，給了毛澤東思緒以自由馳騁的天地，催生了他的智慧勃發。這之後，紅軍便長驅直入進逼昆明，繼而勇渡金沙江。這步棋，更是藝高人膽大，7天7夜，6條渡船，2萬多中央紅軍，順利過江到達四川境內。

朱、毛紅軍穿過兇險莫測的大涼山，繼續向大渡河進發。歷史的悲劇，沒有重

參加長征的女紅軍，左起：陳琮英、蔡暢、夏明、劉英（左）

紅四方面軍在長征途中刻的標語（右）

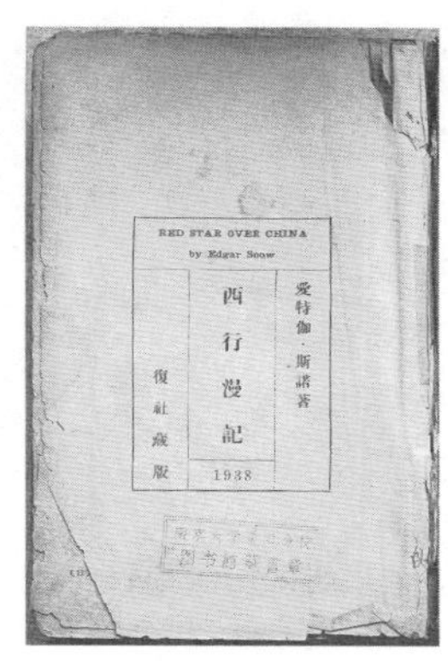

《紅星照耀中國》（又名《西行漫記》）

演，一曲「大渡橋橫鐵索寒」，沒能阻擋住紅軍的步伐。

然而，後面的路還很長，冰封的崎嶇雪山在等待，無際的茫茫沼澤在等待。無言的積雪，將累累白骨不留痕跡地掩蓋；無情的澤國，將整個身軀毫不留情地湮沒。

這是一個隱伏著死亡的廣袤大地，隨時都有人倒下，不再起來。活著走出這片天空，是每個人心存的願望。然而事實如此殘酷，生死之門不允隨意跨越。許多人走著走著，就告別美好的記憶；許多人還沒來得及細想，就與塵世揮手訣別。死，變得極其簡單，然而，無論是生者和故去的都異常平靜，這是飽經風雨之後的成熟，是氣吞山河的無畏。

中央紅軍踏破夾金山，穿越沼澤地，終於與前來接應的紅四方面軍勝利回師。然而，張國燾分裂中共中央，紅軍的命運，再一次受到嚴峻的考驗。只有北上，才有出路，毛澤東堅信不移。

這是一片兇險莫測，方向難辨的草地，外表美麗卻潛

1936 年，美國記者斯諾在中國寧夏訪問時，與強渡大渡河的紅軍們合影

1936 年，斯諾到達陝北紅區，與前來迎接他的紅軍戰士在大岩石前合影

1936 年，斯諾在這裡採訪了毛澤東，度過了許多漫漫長夜

伏死亡。它是北上的唯一通道，紅軍必須從這裡跨過才能走向新生。紅軍向死亡走去，是為了擺脫死亡。面對泥濘滯水、杳無人煙的荒漠，毛澤東和紅軍再一次向死亡挑戰。

疲憊不堪的紅軍終於走出草地，莽原也吞噬了無數將士，他們永遠留在了那片神秘的土地上，沒有中彈血染的輝煌，有的，只是悄然無息的淒美。

毛澤東，是低吟著詩篇走進陝北吳起鎮的。這裡，將是中國共產黨人的落腳點。反擊，應從這裡開始。

長征的傳說

中共中央和紅軍終於從萬水千山中突圍，從圍追堵截中衝出，也走出了自身的錯誤和迷茫，走向成熟和壯大。

1936 年 10 月 10 日，長征劃上了一個句號。中共中央、中華蘇維埃中央政府、中革軍委致電朱德、張國燾、彭德懷、賀龍、任弼時、徐向前、陳昌浩轉全軍指戰員，熱烈祝賀一、二、四方面軍在甘肅會寧會合。

長征的勝利，如今已是歷史的結果。然而，在當時實屬不易，其間經歷多少曲折，共產黨人又為此付出多少慘痛的代價？經過二萬五千里征程，1936 年三大主力會師以後，紅軍已由 1934 年的 30 萬人銳減為 3 萬餘人。

做明星的女人更難

阮玲玉

一代影星阮玲玉選擇在 1935 年 3 月 8 日絕塵而去。

絕塵而去

1935年3月8日，舊上海一代名伶阮玲玉自殺身亡。噩耗傳出，從次日起，前來弔唁的人成群結隊，3 日內達 10 餘萬人，把萬國殯儀館所在的膠州路一帶擠得水泄不通。

一個影星之死，竟會引起如此轟動，一個弱女子絕塵而去，竟會激起如此巨大的社會反響！可以說是意味深長。病中的魯迅以趙令儀為名發表了《論「人言可畏」》一文，深刻地揭示了阮玲玉悲劇的根源：新聞之黑暗，司法之流弊，小市民的無聊心理，以及種種阿 Q 式的優越感，歸根到底那是一個「驅人於自殺之途的環境」。做女人難，做明星的女人更難，但其背後，還有人言可畏，難上加難。誠如魯迅所說：「倘使對於黑暗的主力，不置一辭，不發一矢，而但向『弱者』嘮叨不已，則縱使他如何義形於色，我也不能不說──我真也忍不住了──他其實乃是殺人者的幫凶而已。」

阮玲玉的影壇之路，是從 1926 年她考入上海明星影片公司開始。《掛名夫妻》，為其處女作。

1930 年，阮玲玉進入聯華影業公司，在該公司拍攝的《故都春夢》中，出演了一個名叫燕燕的妓女，大獲成功，一舉奠定了她在影壇的地位。這是她的一個轉折，事

20 年代的阮玲玉

業的，還有人生的，是好事，亦不儘然。

接下來，《野草閒花》、《三個摩登女性》、《小玩意》、《城市之夜》、《人生》、《歸來》、《再會吧，上海》、《香雪海》、《神女》、《新女性》、《國風》等幾十部影片，都屬於她。其中《神女》是阮玲玉最具代表性的作品，出神入化地讓一個高尚的母親與一個卑微的妓女融為一體，令人心靈震撼！

阮玲玉對表演充滿激情，一個眼神、一個表情、一個動作，人物的內心世界，全在觀眾眼裡。自然而有力度，顯示出她卓越的才華和非凡的功底。

在 30 年代的中國影壇上，阮玲玉以重拍次數最少而成為導演們樂於與之合作的演員；又以使觀眾「每片必看」而成為最具票房號召力的演員。才華橫溢的表演，使她贏得廣大觀眾由衷的傾慕。

她以一死了之

命運，對阮玲玉這位卓越的女演員來說，不知是公平還是不公平？她的感情生活十分不幸。觸發阮玲玉悲劇的，是她的前後兩任同居男人張達民對她的指控和唐季珊對她的情感欺騙，張與唐是直接導致阮玲玉自殺的兩個罪魁禍首。

1925 年，富家少爺張達民利用阮玲玉的單純占有了她，貧弱的阮玲玉只能默認。不幸的是，她對愛情和新生活的朦朧追求，在這位紈褲公子面前完全陷入絕望。在苦悶中，她選擇走出家庭，於是就有了銀幕上的阮玲玉。但感情的痛苦，一直與她相伴。

1933 年，阮玲玉終因不堪忍受張達民的荒唐劣跡與之脫離同居關係，甜言蜜語隨之乘虛而入，她又成了茶商唐季珊的尤物。惜乎，她還是未能擁有幸福的溫床。唐季珊故態復萌，張達民仍視她作搖錢樹，糾纏不休，這讓她在精神和情感上飽受貧瘠之苦，令人扼腕！

不幸，還在後頭，張達民向她借錢不成，懷恨在心，通過律師要求阮玲玉賠償與他分手時竊取的財物；唐季珊大怒，以損害名譽罪，把張達民告到法院，阮玲玉一時成為焦點人物，被推到了第一線。

當時阮玲玉主演的《新女性》剛剛公映，在這部片子中，一些黃色小報記者乘機利

在蔡楚生導演的影片《新女性》中，阮玲玉飾女主角（左）

聯華影業公司攝製的影片《神女》劇照（右）

電影《野草閒花》劇照，主演阮玲玉、金焰（左）

阮玲玉生前與母親（右二）、養女小玉（後站者）在一起（右）

阮玲玉在影片《人生》中任主角

用她的婚姻訟案大做文章，造謠中傷，把一桶桶髒水潑向她，一時間流言蜚語幾乎將她淹沒。隨後，張達民亦反訴，向法院控告阮玲玉侵占罪及偽造文書罪，以及與唐季珊通姦一事。這一案件成了當時轟動上海的一大桃色新聞。

為了維護自尊，阮玲玉曾登報澄清事實。然而，流言猛於虎，如瘟疫般迅速四散，讓人難以抵擋。而且她還將面臨公開的庭訊，勢必備受侮辱。絕望之下，阮玲玉只能以一死了之，這樣一切都清淨了……

1935 年 3 月 8 日這一天，上海各界婦女團體的代表濟濟一堂，笑語輕歌，慶祝自己的節日，可有一個人再也無法感受這樣的歡樂氣氛。阮玲玉留下「人言可畏」的遺言，於是日凌晨時分服藥自盡，時年 25 歲。

阮玲玉自殺後不到 1 個月，她生前供職的聯華公司出版的《聯華畫報》專門為她出了一個「阮玲玉紀念專號」。

畫報製作精細，內容詳盡。約 4 萬字和 114 幅插圖，除封面「一代名演藝家阮玲玉女士遺像」的半身倩影為彩照外，其餘均為黑白圖片。專輯共有 20 多篇文章，包括阮玲玉追悼會記錄、阮玲玉小傳、阮玲玉年表、阮事感言、悼玉、憶阮瑣記、最後一次宴會、遺書等內容。

畫報中，有一則挽聯令人唏噓不已：「殉於婦女節，殉於所謂人言可畏，一死剛強，竟以屍諫。」

阮玲玉難以抵擋宿命論的糾纏，她在螢幕上塑造了眾多悲憫人物，最後，這樣的結局，卻落在自己身上。她給觀眾留下了戲中的她：　一位卓爾不群的演員，卻把戲外的她留給了自己：一個生活不幸的女人。

這是一個如花的季節，蓓蕾的綻放，本應該更加絢麗奪目。然而，阮玲玉經不起陰風冷雨的摧殘，湮沒在無聲的唾沫中，香消玉殞。

阮玲玉選擇了3月8日了卻自己的生命，她想告訴大家什麼？這一天，應代表婦女解放，和她們應得到的尊重。可阮玲玉沒有，她依然被無形的枷鎖禁閉，人格不在。這是否是她要向眾人訴說的哀怨？或許，這正是她的良苦用心，以自己的不幸遭遇，告誡姐妹們。

兄弟鬩於牆外禦其侮

毛澤東朱德等致蔣介石書

國民黨與共產黨終於第二次握手。

全民禦敵是首要

國共兩黨第一次合作，始於1924年。1927年「四一二」的槍聲，國共合作的美好前景，被打碎了。國共兩黨反目為仇，針鋒相對。

蔣介石一心想消滅共產黨，他對日本發動侵華的九一八事變，採取不抵抗政策，但對共產黨卻不依不饒，打出「攘外必先安內」的大旗，對江西蘇區連續發動圍剿，必欲置之死地而後快。

儘管國民黨一意而行，共產黨始終假民族利益為題，用建立以國共合作為基礎的抗日民族統一戰線，進行著不懈的努力。

1933年1月，中共發表宣言，首次提出只要確保三個條件，一是立即停止進攻蘇區；二是立即保證民眾的民主權利；三是立即武裝民眾創立武裝的義勇軍，紅軍準備與任何武裝部隊訂立共同對日作戰的協定。

中共的高姿態，不符合當時兩黨不對等的地位。國民黨根本沒把勢單力薄的共產黨放在眼裡，依然是全力以赴，以剿共為首要目標。

中共最初的抗日主張，沒有、也不可能得到任何回應。一方面是時機還不成熟，全民抗戰的理念還未形成；另一方面時局還未關乎到危亡，國民黨還可以保持一個相對從容的心態。

1935年，中國共產黨以中共中央和中華蘇維埃中央政府的名義，於8月1日發表了《為抗日救國告全體同胞書》，通稱「八一宣言」。明確表示只要國民黨軍隊停止進攻蘇區，實行對日作戰，紅軍願立刻與之攜手，共同救國。建議一切願意參加抗日救國事業的黨派、團體、名流學者、政治家和地方軍政機關進行談判，共同籌組國防政府和抗日聯軍，以便集中一切國力去為抗日救國的神聖事業而奮鬥。

這一宣言在巴黎出版的中文《救國》和莫斯科出版的英文版《共產國際通訊》上刊登，後輾轉傳入國內北平、上海等地。10月1日，登載於《救國日報》，對全國抗日民主運動的高漲產生了影響。

囿於歷史成見和認識上的問題，宣言並未把蔣介石包括在統一戰線內，但卻號召黨派拋棄過去的成見，以「兄弟鬩於牆外禦其侮」的精神，「為抗日救國的神聖事業而奮鬥」。

1936年的5月5日，一函《停戰議和一致抗日》的通電，讓中共的救國方針發生了根本轉變，由「反蔣抗日」變為「逼蔣抗日」。這一字之差，不僅是認識上的變化，所起的作用也不一樣。這等於承認了蔣介石政府的領導地位，讓國民黨可以接受。8月25日，中共中央發表《致中國國民黨書》，再次呼籲停止內戰，建立抗日民族統一戰線。

「西安事變」的爆發，頗有天賜良機之意味，它是促使統一戰線形成的一個絕佳時機。迫使蔣介石接受停止內戰、聯共抗日等6項條件。

為確保蔣介石政府能承擔起抗日的民族重任，中共再次表示出誠意。

1937年2月10日，中共中央又致電國民黨五屆三中全會，提出了包括「停止內戰，一致對外」等五項要求。非常明確地提出，如果國民黨將上述五項要求定為國策，共產黨願保證停止武力推翻國民政府的方針；工農政府改名為中華民國特區政府，紅軍改名為國民革命軍；特區實行徹底的民主制度；停止沒收地主土地的政策。

中共主動拋出了球，這讓國民黨不得不接。從2月中旬至7月中旬，中共代表周恩來、秦邦憲、葉劍英、林伯渠等與國民黨代表蔣介石、宋子文、顧祝同等，先後在西安、杭州、廬山進行了多次關於合作抗日的談判。但在一些原則問題上，包括取消共產黨組織上的獨立性，取消紅軍，取消革命根據地，國民黨方面仍堅持己見，雙方沒能達成協議。

1937年7月7日，日軍的鐵蹄，踐踏著古老的盧溝橋。中華民族，真的到了最危險的時刻。次日，中共中央發布通電，號召全中國軍民團結起來，抵抗日本的侵略。

7月15日，中共中央將《為公布國共合作宣言》送

圖為中共調處西安事變代表團成員，右起為周恩來、葉劍英、博古（秦邦憲）

共產黨提出的口號，由「反蔣抗日」變為「逼蔣抗日」

馮玉祥力主西安事變和平解決

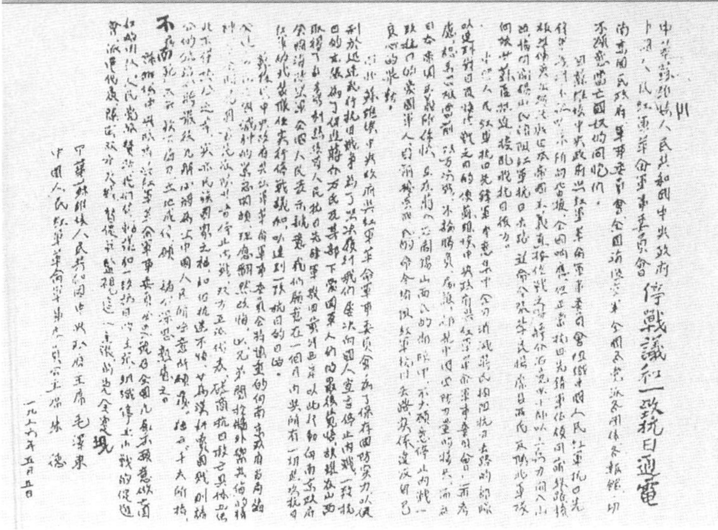
中華蘇維埃人民共和國中央政府 中國人民紅軍革命軍事委員會 停戰議和一致抗日通電

中華蘇維埃人民共和國中央政府主席 毛澤東
中國人民紅軍革命軍事委員會主席 朱德
一九三六年五月五日

中華蘇維埃政府、中革軍委停戰議和一致抗日通電（1936 年 5 月 5 日）

交蔣介石，提出發動全民族抗戰、實行民主政治和改善人民生活等三項基本要求，重申中共為實現國共合作而提出的四項保證。

退一步海闊天空

面對危局，國民黨也必須儘快做出決斷。17 日，周恩來等在廬山與蔣介石繼續談判。同一天，蔣介石發表了準備抗戰的談話。

8 月 13 日，日軍大舉進攻上海，揚言 3 個月滅亡中國。國民黨統治中心南京，直接受到威脅，這讓蔣介石驚恐不安。次日，國民政府發表《自衛抗戰聲明書》，表明了堅決抗戰的態度。

中旬，中共與國民黨在南京舉行的第五次談判終有成效，蔣介石同意將在陝北的中央紅軍改編為國民革命軍第八路軍(簡稱八路軍)。

這一決定，意義不凡。中共既促成了抗日民族統一戰線，又保留了自己的武裝。

1937 年 8 月，中共中央在陝北洛川召開政治局擴大會議，通過了《抗日救國十大綱領》，提出了爭取抗戰勝利的全面抗戰路線。

25 日，中共中央軍委發布命令，中央紅軍改編為八路軍，任命朱德、彭德懷為正、副總指揮，開赴華北抗日前線。10 月間，又將在南方 13 個地區的紅軍遊擊隊改編為國民革命軍新編第四軍(簡稱新四軍)，任命葉挺為軍長，項英為副軍長，開赴華中抗日前線。

在中共的催促下，國民黨中央通訊社於 9 月 22 日發表《中共中央為公布國共合作宣言》。次日，蔣介石發表談話，共產黨的合法地位，實際得到承認。

共產黨努力了許久，終於有了這樣一個不錯的開局；同樣，國民黨亦是不斷改變和調適自己，贏得了領導全民抗戰的核心地位。抗日民族統一戰線正式形成，第二次國共合作開始。

共產黨和國民黨攜手抗日，這是民族的大幸。

一張紙幣行天下

法幣

在江浙財團的鼎力相助下，國民政府總算將金融市場好好理了一番。

國計民生是大事

在民國百姓的記憶中有兩種貨幣，一是民國初年發行的袁大頭，一是在1948年8月發行的金圓券，好像尤為深刻。這兩種錢幣，都因為它的特殊性而讓人難忘。袁大頭，由於袁世凱復辟帝制，它冒了出來，在市面上流通。金圓券，是行將崩潰的國民政府送給百姓的一個「厚禮」。紙質的鈔票本身很輕，但在通貨膨脹的日子裡，則重的壓人。

國民政府建立以後，為加強其政權統治，發展經濟，穩定金融，曾推出了一系列幣制改革的政策、措施和辦法，其中較為重要的有：廢兩改元、發行法幣、發行關金券、金圓券和銀元券。這些幣制改革的政策和措施，有些順應了歷史發展潮流，起到過促進經濟繁榮和穩定金融、安定社會的作用；有些則違背和阻礙了歷史進程，造成了經濟衰退和金融混亂，並最終導致統治政權的危亡。

美國版 20 元面值的金圓券

1935 年 11 月，國民政府決定實行第二次幣制改革，即法幣改革。所謂法幣改革，就是由政府發行的可以自由兌換的紙幣全面取代銀元、銀兩等硬通貨。此前的「廢兩改元」，雖然解決了銀兩與銀元的矛盾，統一了國內的貨幣和金融流通市場，集中了貨幣的鑄造和發行權，但仍然不能應對中國貨幣與外國貨幣的矛盾。

500 萬元面值的金圓券

無奈之下，國民政府及時採取法幣改革，於 11 月 3

錢永銘

徐新六

陳光甫

張嘉璈

李銘

錢昌照

日由財政部發布實行新貨幣法令，自次日起，以中央銀行、中國銀行、交通銀行及1936年加入的中國農民銀行四家所發行的鈔票作為法幣，在全國一切領域流通，其他銀行發行的鈔券逐漸以中央銀行的鈔票換回；所有企事業單位、公私機關和個人持有的各種白銀均應到指定機構兌換法幣；中央、中國、交通三銀行無限制買賣外匯，以穩定法幣的匯價。

南京國民政府所採用的法幣，是一種匯兌本位制貨幣，先後直接與英鎊和美元掛鉤，通過規定和保持法幣與英鎊和美元的匯率以保證法幣價值的穩定。

江浙財團又一次助蔣

在法幣改革推行中，蔣介石所依賴的強大經濟後盾——江浙財團，又一次鼎力相助，在幣制改革中，扮演了重要角色，大大增加了國民政府幣制改革的成功係數。

從1932年7月組織「廢兩改元」研究會以推動廢兩改元開始，江浙金融資本家們就積極奔走，投身其中。

中國銀行上海分行經理貝祖貽作為廢兩改元研究會的委員，力主儘快實行改革。上海分行副經理馮仲卿則積極著文，就廢兩改元進行鼓吹，並提出具體建議。而分行的另一個副經理史久鰲更是親身參加上海銀元銀兩兌換管理委員會的工作，具體負責核批銀兩銀元的兌換申請書。之後，江浙金融資本家們還加入國防設計委員會，直接參與幣制改革的設計。

九一八事變爆發，舉國震動。南京國民政府雖一味依賴國聯，幻想通過國際調解，以妥協的辦法解決東北問題。但面對日本無視國際法準則，亦採取了必要的應對措施。

時任教育部常務次長的錢昌照向蔣介石提出組織國防設計委員會的建議。他認為：日本遲早會侵犯中國，中國要未雨綢繆。為了及時做好禦敵準備，他提議組織一個專門機構，聘請一批科技專家和教授，從事有關國防建設方面的調查、研究和有關計畫的制定工作。

國防設計委員會於1932年11月1日正式成立。在首批39名委員中，就有徐新六、吳鼎昌等江浙銀行家代表，以後陸續又有張嘉璈等人加入該會。他們在設計會期間，積極參與幣制改革的設計。

法幣改革實施以後，國民政府任命了一個發行準備管理委員會，主席由財政部長孔祥熙兼任，成員包括財政部1人，中央銀行、中國銀行、交通銀行各2人，上海銀行業公會2人，上海錢業公會2人，私人銀行5人，江浙金融財團的重要人物張嘉璈、胡筆江、陳光甫、秦祖澤、李銘、吳鼎昌、周作民等人均是成員之一，胡、陳、李和錢永銘等還是常委。

其後，銀行家陳光甫赴美談判，成功地與美國達成協議，讓美國繼續以平價收購白銀。國民政府在這一時期出售的白銀所得總計約在1億美元，巨額錢款有力地支持了法幣改革的實施，穩定了幣值。

從某種程度上看，法幣改革的方案，是中外各方的合作產物。美國顧問楊格和英國顧問李滋·羅斯兩位專家都參與了法幣改革方案的研究，並發揮了一定的作用。特別是李滋·羅斯，作用甚大。他一方面排除了中國對日英關係的疑慮，另一方面，贊同並支持楊格等人的改革設計方案，促使「中國人像觸電一樣起而行動」，進而推進幣制改革。

金融關係總算理順

幣制改革推行後，無論中外，都一致給以好評，認為這是穩定匯價、結束金融市場長期以來處於混亂狀態的勇敢步驟。法幣改革對經濟和社會所產生的作用和意義，是多方面的。作為對美國實施購銀法案的一種應對，在一定程度上了遏制和改變白銀無序外流的勢頭，維護了中國幣值的相對穩定。

幣制改革對中國貨幣制度進行了一次帶有根本性的整頓，使貨幣制度開始統一，一張紙幣行天下。由金屬貨幣轉變為紙幣，體現了貨幣制度的進步；金融統制策略，更使國民政府壟斷了紙幣的發行權；聚斂了華商銀行業、錢莊業和地方政府所辦銀行的白銀存底，控制和削弱了它們的金融力量。

第三種作用最為明顯。國民政府在政治和軍事上，已一統全國，獲取大量白銀和貨幣發行壟斷權，在以後的經濟統制中有了這個做鋪墊，一切就順理成章、迎刃而解了！

1935年9月21日，英國政府首席經濟顧問李滋·羅斯爵士及其夫人乘坐日本郵船到達上海碼頭，受到國民政府要員汪精衛、孔祥熙、宋子文等的歡迎。李滋·羅斯是英國頗有聲譽的財政金融專家，牛津大學經濟學博士。1932年起，就任英國政府顧問團首席經濟顧問。此次來華主要是協助中國進行幣制改革，盡力使中國的新國幣同英鎊掛鉤，從而將中國納入英鎊集團。

簽字的沉重代價

1933 年至 1936 年何應欽取代張學良擔任北平軍分會委員長時與夫人王文湘在居仁堂

令人心酸和心寒的《何梅協定》，依然未能阻擋侵略者的腳步。

有意渲染擴大

自日本發動九一八事變以來，南京國民政府是接二連三地簽訂協定，正如張學良和楊虎城於西安事變發生當日上午向全國發出通電所說：「東北淪亡，時逾五載，國權凌夷，疆土日蹙，《淞滬協定》，屈辱於前，《塘沽協定》、《何梅協定》，繼之於後。凡屬國人，無不痛心。」悉數盤點當時國情孱弱之狀，真是不堪回首。

1935 年，為了實現侵吞華北進而獨霸中國的既定國策，日本軍部與關東軍利用國民政府奉行的不抵抗政策，策動華北五省(河北、山西、山東、察哈爾、綏遠)「防共自治運動」，妄圖將其變為「第二個滿洲國」。

1935 年 5 月 2 日夜和 3 日凌晨，天津日租界驟然兩次響起槍聲。一夜之間，兩樁命案，天津《國權報》社長胡恩溥、《振報》主筆白逾桓相繼被暗殺。

胡、白兩人與日本人的關係密切，均受命在日租界主持親日宣傳的報紙。日本政府以這一事件為口實，向國民政府北平軍分會施加壓力。並煞有介事地威脅說，若不嚴加制止，事態恐將擴大。

接下來發生的另一件事，讓處心積慮的日本人再次暴露其妄圖策動華北自治的野心，這就是熱河省「孫永勤義勇軍」問題。

孫永勤是熱河興隆縣人，日本侵入熱河後，他聚眾揭竿而起，組織「民眾軍」抵禦日軍。1934 年 2 月，更名為「抗日義勇軍」，一直在熱河南部輾轉鬥爭。日軍想盡一切辦法圍剿、利誘，都無濟於事。

胡、白被暗殺後，日軍惱羞成怒，集結重兵，對孫部展開猛烈攻擊，孫永勤被迫越過長城南下，於 5 月 15 日進入關內中日《塘沽協定》所設定的「非武裝區」。

孫永勤要求遵化縣長何孝怡提供補給彈藥。誰知，何孝怡暗中與日軍合謀，當抗日義勇軍行至茅山時，日軍調集 5000 多兵力合圍。義勇軍頑強抵抗，數次突圍未果，最後只能分幾路衝殺，各尋生路。孫永勤則壯烈殉國。

這就是簡單明瞭的河北事件，該事件成為華北事變的導火線。

自己點燃導火索卻誣陷別人

日本人故意找麻煩，硬說是遵化縣長何孝怡接濟孫部，違反了停戰協定。20日，日本駐北平使館武官高橋垣致函何應欽，追問中方庇護孫部責任，並稱將派兵進入停戰區內作戰，威脅顯而易見。

從21日起，日本蓄意不斷擴大事態，繼續著他們一貫的伎倆。南京國民政府起初想敷衍一下，無奈，面對日方步步挑釁和緊逼，最終還是決定做些讓步，以平息事端。一次次的忍讓和退縮，已讓國民政府習以為常，他們似乎拿不出什麼別的辦法，只能一味的應允。

31日，南京國民政府電令駐日本大使蔣作賓會見日本外相廣田面告三事。當然，絕不是據理力爭，而是息事寧人。

委曲求全，換來的是變本加厲。6月8日，日方在天津召開軍事擴大會議，決定「以武力為背景，採取強硬態度」。為配合這一行動，日軍開始向古北口、山海關等地增兵，擺出向平、津推進的架勢。9日，酒井、高橋第三次會見何應欽，提出最後通牒式的四點要求，咄咄逼人。

身處夾縫中的何應欽，左右為難。在接到蔣介石的電令後，於當日下午5時半第四次約見高橋，做出了基本符合日本人意願的4點口頭承諾。從中，我們看到了日方策動河北事件所達到的預期目的。

駐日大使蔣作賓

長城抗戰中的第32軍軍長商震

只能退縮忍讓

1935年6月10日，南京國民政府發布《敦睦邦交令》，要求國民隱忍自重。這是多麼令人心酸和心寒的「寬

日軍部隊開往山海關前線作戰途中休息（左）

長城抗戰爆發後青年學生在熱河境內進行抗日鼓動（右）

厚」姿態。但當局的一再退讓和承諾，並未讓日方滿足。

就在這一天，日方變本加厲，高橋突然將一份由日本華北駐屯軍司令官梅津美治郎簽署的「備忘錄」送到北平軍分會，要求中國方面照抄一份，逼使中方用文書形式答覆，以此為憑。

何應欽勃然大怒：日本人實在欺人太甚！如此條款怎敢擅自簽字？他讓部下將「備忘錄」退還，同時急電請示南京國民政府。

口頭承諾可以，但拒絕簽字，這是南京方面最初的態度。然而，日方卻毫不含糊，堅決要求有書面東西。雙方僵持了一段時間，最終，日本在西方國家的警告下，只得改變策略，不再堅持要中方在「備忘錄」上簽字，也未再提「附帶條件」，只是提請中國方面「至少請給予一個表示承諾的書面通知」。

中方也只能順水推舟，代行其職的鮑文樾於 7 月 6 日以何應欽的名義按該文稿復函，表示「6 月 9 日酒隆井參謀長所提各事項均承諾之。自主的期其遂行」。

什麼是《何梅協定》？原來它就是以國民政府軍事委員會北平分會代理委員長何應欽復函日本華北駐屯軍司令官梅津美治郎的形式達成的一個協定。它又是如何出現的？過程亦相當可笑，如上所述，就這麼簡單。日本人輕易迫使中國人就範，據此，他們攫取了包括平津在內的河北省大部分主權。

由東北，至華北，日本侵略者的陰謀就這樣步步得逞，這為兩年後發動「七七」全面侵華戰爭，埋下了更大的隱患。

日軍向平津地區調動軍隊

喪權辱國之一

何應欽梅津協定全文

無異將河北省及平津兩市完全斷送

國人對於此類秘密協定決誓不承認

何梅協定

要點

西安報載《何梅協定》消息及聲討文章

一代大師的學術總結

梁啟超

梁啟超一生勤奮好學，給後人留下著述千萬言。

犀利文筆震動華夏

初識梁啟超，絕大多數人是在中國近代史上著名的「戊戌變法」中。作為事件的領導人之一，他與另一位主角康有為連袂出擊，犀利的文筆，如衝鋒的號角，一時震動華夏。

梁啟超是廣東新會人，字卓如，號任公，飲冰室主人是他的別號，他的合集之名就源於此。

1894 年，梁啟超去北京應試。他的老師康有為為了挽救勢如累卵的民族危機，並為風雨飄搖的清王朝尋求新的出路，分別於 1895 年和 1898 年策動了兩次大規模的公車上書。其間，梁啟超曾擔任維新組織強學會的書記，並赴上海主編《時務報》。幾年中，他奔走於京、滬、湘等地，寫有《變法通議》、《西學書目表》、《說群》、《論君政民政相嬗之理》等論著，為維新變法吶喊助威，表現出了驚人的宣傳才幹。戊戌變法失敗後，康有為亡命國外，梁啟超逃到日本。

梁啟超最初以「飲冰室主人」為筆名，大約是在到日本的 1899 年。其寓意是「我朝受命而夕飲冰，我其內熱歟？以名吾室。」顯然，「內熱」方需飲冰；梁以此取名，正表示自己內心的惶恐與灼熱之情。在戊戌前後，梁啟超主編和創辦了多種報刊，寫了大量以反帝、救亡與振興中華為主題的文章。其文，誠如黃遵憲所說「驚心動魄，一

梁啟超最初以「飲冰室主人」為筆名，大約是在到日本的 1899 年。其寓意是「我朝受命而夕飲冰，我其內熱歟？以名吾室」。顯然，「內熱」方需飲冰；梁以此取名，正表示自己內心的惶恐與灼熱之情。

1905 年 梁啟超與梁思順、梁思成、梁思永合影

字千金人人筆下所無，卻為人人意中所有，雖鐵石人亦應感動，從古至今文字之力之大，無過於此矣」。

然而，梁啟超飲冰數年的心路，也未能解時世之渴。中華帝國，一如既往著它的恍惚之路。

留下著述千萬言

梁啟超一生好學勤奮，直到逝世前，仍著書不輟。據統計，梁氏給後人留下的文字，含「著」與「述」兩項，約在1400 萬字左右。

在眾多中國近代史資料中，梁啟超的《飲冰室合集》，以其篇幅之多、涉獵之廣，影響之大而聲名卓著，備受世人關注。

《飲冰室合集》全書共 40 冊，以編年排列，分為文集、專集兩部分。文集16 冊，包括《變法通議》、《古議院考》、《論中國之將強》、《愛國論》、《商會論》、《立憲法議》、《中國史敘論》、《中國改革財政私案》、《新史學》及祭文、碑帖跋、墓誌銘、書跋等 700 餘篇，詩詞 300 餘首。專集 24 冊，包括《戊戌政變記》、《自由書》、《中國四十年來大事記》、《新民說》、《歐洲戰役史論》、《先秦政治思想史》、《中國歷史研究法》、《中國近三百年學術史》、《中國文化史》、《儒家哲學》等 104 種。

梁啟超曾漫遊歐洲，學識淵博，著作內容豐富，是文化學術界的大師。此合集附有《殘稿存目》若干篇，為未入集之殘稿、未定稿篇目。

《飲冰室合集》卷帙浩瀚，內容繁富。舉凡從甲午戰爭到北伐這段時期內的重大政治事件、政治思想、社會經濟、學術文化研究、新舊學之爭、學制與教育思想、「新史學」、「新文體」、「詩界革命」、「小說界革命」、經濟思想等，該書都囊括其中。從某種意義上說，《飲冰室合集》就是近代中國社會巨大歷史變遷的生動記錄，是無聲的影像。

梁啟超的著述，具有相當高的思想和學術價值。他雖然自謙學術研究是「務廣而荒」，「入焉而不深」，但在許多問題上，卻是大刀闊斧，頗具開創性。合集中收錄的《論中國學術思想變遷之大勢》、《新史學》、《清代學術概論》、《中國近三百年學術史》、《中國歷史研究法》等著作，至今是研究學術史、思想史的必讀書，給後人以很大的啟迪。

梁啟超文采獨具，行文流暢，深入淺出，條理明晰，筆端或激情洶湧，或恣肆汪洋，或酣暢淋漓，或淨如明沙，其「新文體」當年曾風靡全國。

名門之後的光彩

在中國歷史上，有不少世家大族，從中古的山東臨沂王氏，河南陳郡陽夏的謝氏，一直到近代的江蘇常熟翁氏、江西修水陳氏。他們或是身居朝廷要職，子孫相銜，或是文采風流，代有才人。

廣東新會的梁氏，也就是梁啟超一家，亦可稱得上滿門俊秀，個個不凡。梁啟超共有 9 個子女，各有所長，其中有 3 個兒子是中國科學院院士。

長女梁思順，自幼愛好詩詞音樂，曾編有《藝蘅館詞選》，是研究梁啟超學術思想的重要參考資料。曾多次再版，頗受讀者歡迎。

長子梁思成，是子女中最為出色的一個，建築學泰斗級的人物，素有「南楊北梁」之稱。他早年就學於清華學堂，後赴美留學，畢業於著名的賓州大學建築系。他一生的成就是多方面的，在建築理論、建築教育思想、城市規劃理論方面都提出了不少超前的新觀點。

次子梁思永是著名考古學家，畢業於美國哈佛大學。回國後參加了中央研究院歷史語言研究所考古組於 1931 年春在河南安陽殷墟的發掘。1934 年出版了他主筆的《城子崖遺址發掘報告》，是我國首次出版的大型田野考古報告集。

三子梁思忠畢業於美國維吉尼亞陸軍學院和西點軍校。曾任 19 路軍炮兵校官，因病早逝。次女梁思莊是著名的圖書館學家，曾留學於加拿大和美國，獲雙學位，是中國首屈一指的圖書館專家。四子梁思達是南開大學經濟系研究生畢業，長期從事經濟學研究，有較深造詣。三女梁思懿，社會活動家；四女梁思寧，投奔新四軍，參加革命工作數十年；五子梁思禮，著名的火箭控制系統專家。留美博士，為中國從無到有的導彈控制系統事業貢獻了畢生的才智，是中國航太事業的開拓者之一。

梁思成 1947 年在紐約國際建築協會介紹聯合國大廈設計方案

上世紀前 30 年的中國，思想界是百家爭鳴的局面。在當時思想學術界，梁啟超是最受世人矚目的人物之一。以 55 卷《中國大百科全書》為例：設專條介紹梁氏生平業績的，就有《新聞·出版》、《教育》、《中國歷史》、《哲學》、《經濟學》、《法學》、《政治學》、《中國文學》等 8 卷。另有《宗教》、《社會學》、《地理學》等 10 多卷，在敘述各學科發展時，都講到他的貢獻。

《飲冰室合集》書影

民主的輓歌

1937 年鄒韜奮（左一）、李公樸（左二）、章乃器（左三）、王造時（左四）、沈鈞儒（左五）、沙千里（左六）在蘇州監獄留影

「七君子」被逮捕後，宋慶齡也帶著行李來到蘇州，要求入獄。

入獄

一二九運動的爆發，將抗日救亡運動推向高潮。1936 年 5 月 31 日，「全國各界救國聯合會」在上海成立，發表宣言，呼籲停止一切內戰，釋放政治犯，建立一個統一的抗日政權。選舉馬相伯、宋慶齡、何香凝、沈鈞儒、鄒韜奮、章乃器、史良、王造時、李公樸、沙千里、陶行知等 40 餘名各界愛國人士任執委。

7 月 15 日，救國會領導人沈鈞儒、章乃器、鄒韜奮、陶行知聯名發表《團結禦侮的幾個基本條件與最低要求》一文，明確表示贊同和支持中共停止內戰，組成抗日民族統一戰線的主張，要求南京政府停止「剿共」，一致對外。

救國會竟然毫無顧忌地引領抗日救亡運動，批評當局的誤國政策，與政府唱對臺戲，這讓國民政府十分惱火。

1936 年 11 月 23 日，國民黨當局在上海突然將沈鈞儒、章乃器、鄒韜奮、李公樸、王造時、沙千里、史良七人逮捕（史良於 12 月 30 日自動到案）。這就是「七君子事件」。12 月 4 日，將他們解往蘇州，拘押在江蘇高等法院看守分所，史良關押在司前街看守所女監。

「七君子」橫遭逮捕。對此，救國會發表緊急宣言和告全國同胞書。在全國，凡正義者、進步人士，或電、或罷課、或請願，一致要求釋放被捕的民主人士。

這將是一場曠日持久的鬥爭，既然輕易將他們逮捕，就不會輕易將他們放掉。六位「君子」決定形成一個無形的組織，並相約「形同一人」，「有罪大家有罪，無罪大家無罪；羈押大家羈押，釋放大家釋放。」沈鈞儒還特意書寫「還我河山」

5 月 31 日，「全國各界救國聯合會」在上海成立。圖為救國會主要領導人沈鈞儒、史良、王造時等參加上海各界群眾的集會遊行

幾位「難友」在獄中打球，鍛煉身體

條幅，懸掛室中以激勵鬥志。七個人雖身陷囹圄，卻始終鎮定自若，同心協力、機智沉著地與當局進行鬥爭。

「七君子」入獄後，時局之不穩、當局所強加的「罪名」之重，意味著「七君子」的處境十分險惡。西安事變發生後，「七君子」設法打聽到，張學良、楊虎城在所提 8 項主張中，第 3 條即為「立即釋放上海被捕之愛國領袖」。「七君子」估計到最高當局很可能會對他們下毒手，做好了獻身的準備，甚至連就義時要做些什麼都做了商議。

就在西安事變發生的當天，在南京的高層召開會議，陳果夫、陳立夫等提議處決「七君子」，以此來威逼張、楊釋放被扣押的蔣介石。由於馮玉祥等人的堅決反對與巧妙說服，當局才未對「七君子」下手。

唇槍舌劍的法庭交鋒

1937 年 4 月 3 日，「七君子」接到檢察官送來的起訴書，10 條「罪狀」赫然在列，以觸犯《危害民國緊急治罪法》第 6 條被提起公訴。上海，蘇州律師界 21 名著名律師，自願為「七君子」辯護。

6 月 11 日下午，江蘇高等法院第一次公開審理「七

「七君子」與馬相伯（坐者）合影

七七事變爆發後，舉國一致團結抗日成為不可抗拒的歷史潮流。加上社會各界政治力量的壓力、宋慶齡的積極營救、「七君子」堅強不屈的鬥爭以及國內外廣大群眾的有力聲援，南京國民政府終於退縮，不得不於 1937 年 7 月 31 日宣布「七君子」交保釋放。

宋慶齡先生為全國各界救國聯合會七領袖被捕聲明

宋慶齡

1936 年 11 月 24 日，宋慶齡為抗議沈鈞儒等救國領袖被捕發表的聲明

上海各界愛國人士代表到蘇州江蘇高等法院看守所慰問「七君子」

君子」。大門內外，軍警憲兵荷槍實彈。「七君子」家屬、記者及各界人士近 300 人，冒雨早早等候在法院門前，法院卻以「防止有人擾亂」為由禁止旁聽，在場的人頓時被激怒，紛紛上前據理力爭，斥責法院。最後法院被迫同意家屬和記者旁聽。

審判長問道：「抗日救國不是共產黨的口號嗎？」沈鈞儒沉著應對：「共產黨吃飯，我們也吃飯，難道共產黨抗日，我們就不能抗日嗎？」審判長又問：「你知道你們被共產黨利用了嗎？」他又回答：「假使共產黨利用我抗日，我甘願被他們利用；並且不論誰都可以利用我抗日，我都甘願被他們為抗日而利用。」

接下來，「七君子」輪流上陣，一個個器宇軒昂。章乃器從容陳詞，雄辯有力，大聲疾呼「聯合全民族一切力量反抗外來侵略」。王造時聲音洪亮，侃侃而談，竭力要求「全國同胞要不分階級，不分黨派，團結一致，放棄一切成見，發動全民族的神聖抗日解放戰爭。」李公樸義正詞嚴，警告當局，「民族危機已經超過黨的利益，應為國家著想，共同抗日。」鄒韜奮則對當局誣衊救國會「妄倡人民陣線」的話語加以駁斥。沙千里從容不迫，再次重申，「應致電張學良，敦促他收復失地，中央應以整個國力與敵周旋。」史良應對自若，指出：「凡是中國人，除漢奸賣國賊外，都應該聯合，一致抗日。」

「七君子」義正辭嚴、妙語連珠，把審判官、檢察官駁得理屈詞窮、面紅耳赤，只能不停地搖頭擺手。

6 月 25 日，法院舉行第二次審理，更換了審判官和推事。審判官老調重彈，一味栽贓；「七君子」真理在握，痛加辯駁；眾律師義憤填膺，雄辯滔滔。7 個多小時唇槍舌劍的戰鬥，讓法庭全無招架之功。審判官理屈詞窮，不得不宣布退庭。

宋慶齡自請入獄

「七君子事件」引起社會各界的廣泛關注。

事態的發展，已不僅僅是七個人在與當局作戰，在他們身後，一場支持、營救「七君子」的鬥爭，一浪高過一浪。南京國民政府陷入了全國輿論譴責的漩渦之中。

6 月 25 日，一個令人意想不到的情

況出現了。由宋慶齡領銜與何香凝等 16 人發起名震一時的「救國入獄運動」，向江蘇高等法院呈文具狀：「愛國如竟有罪，則具狀人等，不忍獨聽沈鈞儒等領罪，而願與沈鈞儒等同負因奔走救國而發生之責任……愛國無罪，則與沈鈞儒等同享自由，愛國有罪，則與沈鈞儒等同受處罰。」

7 月 5 日上午，一列由上海開出的火車，將宋慶齡同救國會胡愈之、胡子嬰等 11 人一同帶到蘇州。他們自攜行李，請求江蘇高等法院對他們進行收押。「國母」親自到蘇州要求救國入獄的義舉，讓南京當局十分狼狽。次日，宋慶齡又致電蔣介石、林森等國民黨要員，對法院當局傲慢無理的態度表示極大的憤慨，並嚴正表示：「宋慶齡等及全國救亡運動中人，斷不敢坐視沈鈞儒等受困而己身享有自由。」

七七事變爆發後，舉國一致團結抗日成為不可抗拒的歷史潮流。加上社會各界政治力量的壓力、宋慶齡的積極營救、「七君子」堅強不屈的鬥爭以及國內外廣大群眾的有力聲援，南京國民政府終於退縮，不得不於 1937 年 7 月 31 日宣布「七君子」交保釋放。

為抗日救國而入獄的「七君子」，經過半年多尖銳複雜的鬥爭，於當日下午出獄，重獲自由。在走出獄門的那一刻，他們看到了一個令人期待的中國。

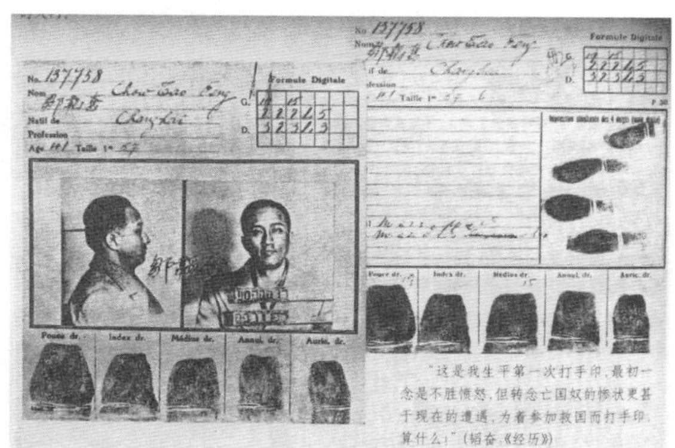

被警方拘押時，鄒韜奮按下指紋的文書

沈鈞儒 1937 年在蘇州獄中

即使身陷囹圄，「七君子」也努力爭取到讀書的權利。圖為李公樸在獄中閱讀

鄒韜奮在看守所與夫人沈粹縝留影

我以我血薦軒轅

蔣介石在西安巡視時，與張學良共同進餐

1936 年 12 月 12 日的槍聲，舉世震驚。

哭諫無效 只好動武

1935 年，中國共產黨發布《八一宣言》，提出抗日民族統一戰線的主張。1936 年的 5 月 5 日，一函《停戰議和一致抗日》的通電，讓中共的救國方針發生了根本轉變，由「反蔣抗日」為「逼蔣抗日」。一字之差，等於承認了蔣介石政府的領導地位，讓國民黨可以接受。8 月 25 日，中共中央發表《致中國國民黨書》，再次呼籲停止內戰，建立抗日民族統一戰線。

數年的「剿共」，讓呆在西北的東北軍與西北軍極其厭惡，他們不願再繼續下去。中共的政治態度十分明朗，具有愛國熱忱的張學良和楊虎城，很快就和共產黨及紅軍接上了頭，三方奠定了團結抗日的合作基礎。

西安事變後，蔣介石（左一）、宋美齡返抵南京，國民政府主席林森去機場迎接

或許，蔣介石對東北軍和西北軍「剿共」不力極為不滿；或許，他是放心不下張、楊是否會身懷異心。1936 年 12 月 4 日，他飛抵西安。

照例是一番訓話，他訓誡張學良、楊虎城，如不加緊「剿共」，即將張、楊兩部分別調往安徽、福建，由中央軍進駐西北。

這其實又是一次「釜底抽薪」，如果西北軍離開了大西北，猶如「虎落平陽」，而東北軍要是再次轉戰千里，那元氣也就喪失殆盡。

此刻的張、楊已把一切都置之度外，心中惟有一個信念，勸說蔣委員長聯共抗日，不達目的，絕不甘休。蔣介石當然加以拒絕，他一再斥責張楊二人，是受了赤化的影響，必須以黨國為重，全力「剿共」。

12 月 7 日，張學良抱著破釜沉舟的決心，再次向蔣哭諫，希望以此來打動蔣氏。長達 3 個多小時的爭辯，蔣介石不僅無動於衷，甚至勃然大怒，拍案狂叫：「你現在就是拿槍把我打死，我的剿共政策也不能變！」

兩位將領真的失望了。兵諫，本不是他們最初的選擇，可事到如今，也只能這樣了。張、楊經過密謀，確定了兵諫計畫，東北軍和西北軍各負其責，同時行動。具體時間，根據形勢和準備情況而定。

9日，西安形勢突然變得異常緊張起來，中央軍步步進逼，大有一觸即發之勢。張、楊商定，11日夜半發動兵諫。

12月12日凌晨，臨潼縣驪山的西秀嶺與夜色渾然一體，萬籟俱寂。6時整，一陣清脆的槍聲驟然響起，劃破了晨曦的寧靜。槍聲，驚醒了酣睡的古城西安，又隨著電波，震驚中外。20世紀決定中國命運的西安事變，在生死抉擇中呼嘯而出！張學良的衛隊衝入蔣介石駐地華清池，與蔣的衛隊交火，一時亭臺樓閣間火花閃爍，槍聲、喊殺聲連成一片。

驚聞槍聲，睡意朦朧中的蔣介石倉皇越後牆逃走，爬上山坡隱蔽，被張學良的衛隊搜索發現後捕獲。同時楊虎城部下將留居城中的高級黨、政、軍官員陳誠等10餘人拘押。

當日，張學良、楊虎城即宣布取消「西北剿匪總部」，成立抗日聯軍西北臨時軍事委員會，二人分任正、副委員長。

隨後，一紙電文通過電波傳遍全國：改組南京國民政府，停止內戰，釋放救國會領袖及一切政治犯，開放民眾愛國運動，保障人民集會、結社自由，實行孫中山遺囑，召集救國會議。8項主張，赫然醒目。

1936年10月下旬，蔣介石赴西安視察部隊。蔣右為楊虎城，楊後為張學良

美籍華人歷史學家唐德剛善於用口述史的表述方式，他的《李宗仁自傳》、《晚清七十年》、《袁氏當國》都是口述史的著述。唐德剛曾採訪已90高齡的張學良，唐為了保證口述史不流於主觀而趨向信史，故意引導「採訪對象」多說身邊細故，不談國家興亡。

「……張學良先生告訴我說，他的弱點是他一輩子未嘗有過『上司』。『老帥不是你的上司嗎？』我說。『他是我的父親，』他說，『父親究竟與上司不同。』『蔣不是您的上司嗎？』我又問。『所以他發我脾氣，我就把他抓起來了呀。』他說著哈哈地大笑一陣。據張公告訴我，在『西安事變』爆發前數小時，他在西安召集了一個幹部會議，宣布這項驚人的決定。大多數人都默默無言，只有于學忠和另一位高幹發言。于說：『少帥，抓起來很容易，您考慮過沒有，以後怎麼樣放他呢？』張將軍告訴我說：『我告訴于學忠，現在不能考慮到那許多！先把蔣抓起來再說！』我告訴張公，『西安事變』是改變世界歷史的大事呀！『就是這麼幹起來的。』他認真地說，『別人都在胡說。』說後他又哈哈大笑。」

「兵諫亭」（左）

張學良與周恩來在延安膚施的會談地點（右）

按照最初達成的協定，張、楊致電中共中央，要求派代表到西安共商團結抗日大計。

西安事變發生後，南京國民政府高層一度發生混亂，兩派意見相左，舉棋不定。以何應欽為首的親日派主張進攻西安，借機擴大事態，奪取蔣介石的統治權力，進一步與日本妥協。親英、美的宋子文、孔祥熙則希望事變和平解決，以維護蔣介石的統治地位。

即將開始的全民抗戰

情況萬分緊急，大有戰事一觸即發之勢。

西安事變如果處理不當，勢必會影響全域。此時的中國，已不容再亂，一旦大亂，後果不堪設想。

此刻，最需要的是保持清醒和理智。是「反蔣抗日」還是「逼蔣抗日」？很顯然，選擇只有一個，那就是後者。沒有統一的中央政府的全面動員和組織，何以全民為戰？

中共中央分析了當時國內外形勢，確定了和平解決事變的方針。

17日，周恩來率領中共代表團抵達西安，與張學良、楊虎城懇切會談，並接見各方人士，堅決主張和平解決這次事變。

22日，宋子文、宋美齡飛抵西安開始與張學良、楊虎城及中共代表會談。兩日後，達成了改組國民黨與國民政府、驅逐親日派、容納抗日分子、釋放上海愛國領袖、釋放一切政治犯、保障人民權利、聯共抗日等項協議。

周恩來隨後面見蔣介石，經歷了「午夜驚魂」的蔣介石，表示以人格擔保，履行上述協議。25日下午，張學良護送蔣介石飛離西安。

以此為契機，國共兩黨再度攜手，抗日成為共同的目標，偉大的全民抗戰，即將開始。

張學良的私人顧問端納（左）

青年時代的張學良（右）

西安事變前的楊虎城（左）

孔祥熙主張借助蘇聯和平解決（右）

血紅雪白

東北義勇軍以迫擊炮攻擊日軍

東北抗日義勇軍，不愧是有血性的好男兒。

原始的血性

東北人民早期的抗日鬥爭，是中國人民全面抗戰的前奏，光榮與悲壯，與白山黑水融為一體。長白山，是勇士的偉岸身軀；松花江，是勇士的剛勁血脈。

東北抗日義勇軍，是從 1931 年九一八事變後到 1933 年東北各地自發的抗日武裝力量的總稱，包括東北民眾救國軍、吉林自衛軍、中國國民救國軍、遼寧民眾救國軍、東北民眾抗日救國軍等大小幾十支隊伍。

九一八事變爆發後，南京國民政府以「不抵抗」應變，日軍長驅直入，占領東三省。

國之將破，家已覆亡，無路可走，只有拿起刀槍棍棒，與日軍展開殊死鬥爭。殺一個，打成平手；殺兩個，就賺一個。多殺一個，心裡的仇恨，就減少一分。想法，就這麼簡單，作用，卻是顯而易見。不只是反抗的鬥志不滅，更是對日軍起到了一定的震懾效果。

東北抗日義勇軍以原東北軍為基礎，又容納了眾多的民間武裝和各階層的抗日群眾，一些感憤日軍入侵的綠林豪傑、地主武裝也加入其中。

興起之後，義勇軍不斷發展壯大，全盛於 1932 年，總兵力達到三四十萬人。凡有日軍足跡之處，無不有義勇軍的身影。

東北抗日義勇軍長槍隊

活躍在遼西一帶的抗日義勇軍

東北抗日義勇軍的馬隊

紛紛揭竿而起

遼寧省抗日義勇軍的活動，分為四部分。遼西主要是黃顯聲領導的「東北民眾自衛義勇軍」，此外，還有民團、民眾自發組織的東北抗日義勇軍，如耿繼周部、鄭桂林部等，十分活躍。

遼南地區最早出現的武裝，有綽號「老北風」的張海天、項青山等，其後，則有以李純華為司令的「東北民眾抗日救國軍」。

遼東義勇軍中最具代表性的是唐聚伍的「遼寧民眾自衛軍」，下轄 18 路，共約 10 餘萬人。同期胡匪出身的王鳳閣也揭竿而起，與唐部組成「東北抗日義勇軍」，在金川、輝南和吉海鐵路沿線開展抗日武裝鬥爭。以學生身分參加東北義勇軍的代表人物當數苗可秀，他和 19 位同學到鳳凰城一帶組織義勇軍，專門破壞日軍交通線，偷襲日軍糧食和輜重，作用不凡。在農民為主秘密結社的抗日隊伍中，以鄧鐵梅創建的第 28 路義勇軍規模最大。他創建了「東北民眾抗日救國自衛軍」，全盛時期人數達到 3 萬人左右。遼北義勇軍則是以蒙邊宣撫專員高文彬為首的抗日隊伍。

吉林省的抗日義勇軍，主要是以駐吉林省境內的東北軍為主體，廣泛吸收民眾組成的抗日武裝。規模較大的有以李杜為總司令的「吉林自衛軍」，以王德林為領導以及宮長海加盟的「國民救國軍」和田霖領導的「吉林人民抗日自衛軍」等。1932 年 1 月 31 日，李杜匯集各路抗日將領聯合組成了「吉林自衛軍」，自任聯合

蘇炳文

黃顯聲

李杜

王德林

馮占海

軍總司令。初期在對日作戰中，頗有收穫，極大地鼓舞了各支隊伍的抗日情緒。1932 年 2 月哈爾濱保衛戰失利後，李杜率自衛軍總部到依蘭；馮占海、丁超等部退守通河、方正一帶繼續作戰。但日軍集中優勢兵力，各個擊破，依蘭最終失守。隨後又將通河、方正占領，截斷了各路自衛軍的歸路，李杜部被迫退到前蘇聯境內。馮占海部在反攻哈爾濱無望的情況下，只好轉向熱河。1932 年 2 月，王德林組成了「吉林中國國民救國軍」，成為義勇軍的又一支勁旅。主要活動在吉林省東部地區，是年夏已發展到 35000 餘人。他們克寧安、戰東京城、再戰敦化。軍事上旗開得勝，政治影響也迅速擴大。

黑龍江省的抗日義勇軍，主要是馬占山和蘇炳文兩部。時任該省主席的馬占山，曾帶頭打響了抗日第一槍，威名傳遍華夏大地。蘇炳文所領導的「東北民眾救國軍」聲勢甚大，於 1932 年 10 月在海拉爾舉行成立和誓師大會，隨後通電並宣誓「為國家收復失地，為民族生存，為東北同跑驅逐敵寇」而戰。

慘烈，是 1933 年抗日義勇軍的寫照。上一年 9 月，

1935 年，東北抗日同盟軍第 4 軍成立人民自衛隊

戰壕中的東北抗日義勇軍

一首義勇軍的《四季游擊》歌，檢視出他們生活與活動的情況：「春日遊擊，地利為我用。路濕滑，河水冰，敵人難行動。不貪生，不怕死，奮勇去殺敵。夏日游擊，草木來相幫。樹葉濃，草深長，到處可隱藏。不要慌，不要忙，瞄準找對象。陽光曬，身出汗，天熱風又少。不怕饑，不怕寒，那怕蚊蟲咬。秋日遊擊，精神分外爽。打日帝，殺走狗，計策最優良。整化零，零聚整，神出又鬼沒。雪地游擊，朔風吹，大雪飛，雪地又冰天。風刺骨，雪打面，手足凍開裂。雪地游擊，我們有特長。穿踏板，扶長杆，不用餵草糧。登高嶺，走窪甸，步履比馬快。」

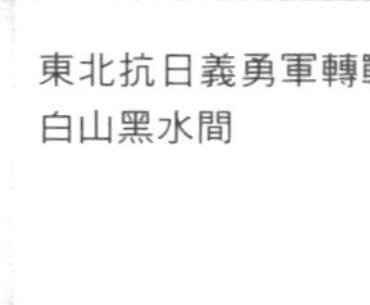

東北抗日義勇軍轉戰白山黑水間

侵華日軍增兵東北，從國內調來第6師團、混成第14旅團，集中6萬多兵力，開始對抗日義勇軍進行大規模的「圍剿」。10月中旬，首先對遼東唐聚伍領導的遼寧民眾自衛軍發起進攻。七晝夜的抵抗，終因寡不敵眾而潰散；12月初，馬占山、蘇炳文等部也被日偽擊潰，殘部退至更寒冷的前蘇聯境內。同年秋冬，日軍在吉林省又開始全力「圍剿」吉林自衛軍各部，李杜率自衛軍餘部2000人於1933年1月也退至前蘇聯境內，吉林自衛軍就此瓦解。馮占海、李海青等人也因後援無助，率餘部轉戰熱河。王德林率部在東寧孤軍奮戰，最後還是退入原蘇聯境內。

面對強敵，抗日義勇軍主力相繼潰散。其餘小部隊或化整為零，堅持抗敵；或聚散為整，入關參加熱河抗戰。

儘管遇到巨大的困難，抗日的火種，並沒有熄滅，一場新的抗爭風暴，正在醞釀，爆發只待時日。

疆場上的熱血男兒

在那場波瀾壯闊的東北義勇軍抗日殺敵的無數血戰中，湧現出許多毀家紓難、殺敵報國的風雲人物。

黃顯聲，組織民眾抗日義勇軍的第一人，他所領導的義勇軍為「日軍之勁敵」；李杜的名字，一直為人所傳頌，他身先士卒，令日軍膽寒；馮占海，部隊陣容最整，紀律最嚴，殺敵勇猛，屢挫敵鋒；唐聚伍，一位受人尊敬的抗日英雄，所部遼寧民眾自衛軍，聲勢浩大，影響頗巨。壯烈殉國後，《新華日報》曾發表專論，稱他為「民族英雄」；王德林，抗日義勇軍的著名將領，年過半百、疾病纏身，憑著一顆赤誠之心，始終馳騁於抗日疆場。還有，脅誘不屈的蘇炳文、大義凜然的鄧鐵梅、「伊誰復故土？千載論英雄」的耿繼周。

力量，源於仇恨；氣節，出自大義；勇敢，發之希望。東北抗日義勇軍奮起抵抗，劃出了一道絢爛，讓日軍膽寒。

「目下整個滿洲境內，日人沒有一條絕對安全的馬路」。這是日本人自己所說。

像雪一樣純潔，像血一樣猩紅，這就是抗日義勇軍的生命色彩。

機不可失

1934年8月，國民政府派王寵惠為說客抵港，勸說胡漢民北上入京「共商大計」，遭胡拒絕。圖為胡漢民（中）與王寵惠（左一）、陸丹合影

陳濟棠、李宗仁舉起抗日反蔣的大旗，北上出兵之際，篤信陰陽的陳濟棠先讓卦師翁半玄卜了一卦。

天賜良機

九一八事變後，蔣介石推行「攘外必先安內」之國策，對日妥協退讓，對內實行剿滅。胡漢民充分發揮自己的理論特長，對蔣氏的內外政策展開猛烈攻擊。除理論宣傳外，胡漢民還進行大量的倒蔣活動。他聯絡西南及海外反蔣人士，組織了「新國民黨」，出任該黨領袖。他多方奔走，希圖形成粵、桂、閩、滇、黔、川、湘「西南七省大聯合」的局面。福建事變爆發後，他又嘗試借機組建西南聯合政府，與南京國民政府公開抗衡。

兩廣事變之前，兩廣地方實力派以胡漢民為政治領袖，以國民黨中央委員會西南執行部和國民政府西南政務委員會兩機關為招牌，與蔣介石中央政權相抗衡，保持一種獨立和半獨立的狀態。儘管兩廣聯合與蔣為敵，但雙方並無大的軍事行動。蔣雖說一直處心積慮想要消滅兩廣的割據勢力，但囿於多種原因，一直不便輕動干戈。

1936年5月，胡漢民猝死，寧粵關係急轉直下。大旗既倒，蔣介石心中不無得意，收拾兩廣殘局，乃天賜良機。

當時，全國上下一致反對內戰，要求團結抗日。在中間人士的穿針引線下，經過調停，蔣介石被迫撤回成命，答應李、白、黃提出的「確定抗日計畫」等條件，而李、白則接受蔣的任命，表示服從中央領導。

分而擊之

蔣介石為了各個擊破，再次挑起粵、桂之間的摩擦。廣東軍閥陳濟棠聞訊後，焦慮不安。15日，廣西方面特

白崇禧

黃紹竑與夫人合影

派白崇禧等人抵穗為胡漢民弔喪，事後與陳濟棠會晤，力勸他趁機反蔣抗日。16日晚，陳濟棠約余漢謀等密商反蔣事宜。19日晚，陳又召集20餘人開會，以統一思想。

對於兩廣的動向，蔣介石洞若觀火。20日，他派王寵惠、孫科來穗弔喪，向陳濟棠提出「寧粵團結」的五項條件。若接受這些條件，無異於將廣東軍政權力拱手送給南京。陳濟棠當即表示拒絕。

同一天，李宗仁由南寧飛廣州，與陳濟棠會商兩廣聯合抗日反蔣計畫，決定以「抗日救國」名義，反對蔣介石對日不抵抗政策，組織西南聯軍，分兵入湘，出師武漢，轉南京倒蔣。

兩廣實力派為圖自存，乃決心舉兵反蔣。時值全國抗日救亡運動高漲，便以「抗日救國」為名出兵。6月1日，陳濟棠、李宗仁公開舉起抗日反蔣的旗幟。同日，成立軍事委員會和抗日救國軍西南聯軍，以陳濟棠為委員長兼總司令、李宗仁為副總司令。

次日，一則「冬」電，送達國民黨中央及國民政府，陳、李以國民政府西南政務委員會和國民黨西南執行部名義，籲請准予兩廣所部出兵北上抗日。並以陳濟棠、李宗仁、白崇禧等西南將領數十人名義通電全國，表示誓率所部，「為國家雪頻年之恥，為民族爭一線生存之機」。隨即進兵湖南，前鋒抵達零陵、郴州一線。

陳濟棠篤信陰陽命相、堪輿卜算之術，他曾幾次遇險，都逢凶化吉，因而更加相信，並以此為準繩。不論大小事，陳濟棠在行動之前都要預卜禍福，再行定奪。這一次反蔣，亦不例外。在軍隊北上之前，精通此道的陳濟棠五哥請了陳家「御用」大術士翁半玄卜了一卦，卦中有「機不可失」四字。翁煞有介事地說：「伯南（陳濟棠字伯南）氣運當陽，正是代替老蔣地位的最好機會。」陳濟棠信以為真，有了底氣，於是立即舉兵發難。

來而不往非禮也，蔣介石隨即迎戰。他一面調集軍隊入湖南防禦，一面又施出他慣用的伎倆，收買陳濟棠的部屬。蔣介石的收買政策立時見效，7月，粵空軍司令黃光銳率飛機幾十架叛陳投蔣。

眼見開局不妙，陳濟棠五哥又急忙命翁半玄再卜一卦，結果還是「機不可失」。這是怎麼回事？原來卦中的「機」，不是時機成熟的「機」，而是飛機的「機」。陳濟棠相信迷信，這一回終於吃到了苦頭。不久，陳濟棠的手下大將、粵軍第1軍軍長余漢謀第一個通電擁蔣，師長李漢魂、鄧龍光、繆培南等有的通電辭職，有的不辭而別，蔣介石兵不血刃獲捷。

7月13日，國民黨五屆二中全會通過31名中委的提議，明令撤銷西南兩機關。同時指定余漢謀為廣東綏靖主任，

「負責整理全省軍事」，免去陳濟棠本兼各職。

還未開戰，粵軍就損兵折將，自毀家門，陳濟棠不戰自敗，黯然神傷地通電下野。24 日，余漢謀由韶關進駐廣州接掌了陳濟棠原有的軍權。

1936 年 8 月 11 日，蔣介石坐鎮廣州，設置國民政府軍事委員會廣州行營，任黃慕松為廣東省政府主席，曾養甫為廣州市長，改組國民黨省、市黨部。自此，多年來處於半獨立軍事割據狀態的廣東，正式統一於南京中央政權。

對峙從此不在

蔣介石解決了廣東陳濟棠後，即騰出手來對付廣西。他令白崇禧「出洋考察」，調李宗仁到南京「任職」，由黃紹竑出任廣西綏靖主任，處理廣西善後。李、白知道這是老蔣玩弄的調虎離山計，拒不接受。蔣介石又改任白崇禧為浙江省政府主席，李宗仁為軍事委員會常委，李、白仍然表示難以服從。

李、白二人讓蔣介石很無奈，只好動用武力。他調集數十萬大軍從廣東、湖南、貴州、雲南四面，把廣西圍了個水泄不通，準備徹底解除兩廣軍隊對中央軍的威脅。

生死存亡關頭，桂系也不惜背水一戰，針鋒相對，動員、徵集了上 10 萬軍隊把守邊關，擺出一副決戰的架勢，蔣桂戰爭大有一觸即發之勢。

當時，全國上下一致反對內戰，要求團結抗日。在中間人士的穿針引線下，經過調停，蔣介石被迫撤回成命，答應李、白、黃提出的「確定抗日計畫」等條件，而李、白則接受蔣的任命，表示服從中央領導。

9 月 17 日，李宗仁等桂系將領飛抵廣州面見蔣介石，雙方言歸於好。廣西問題遂和平解決，結束了兩廣與南京蔣氏政權對峙的狀態。

西南反蔣，不免夾雜著權位地盤之爭，但對逼蔣抗日，還是起到了一定作用。

蔣介石與新粵系之間的矛盾衝突由來已久，胡漢民因政見與權力之爭，個性與手腕差異，長期與蔣若即若離，時而分，時而合，時而爭，時而和。

一山難容二虎，蔣、胡二人之間的矛盾愈演愈烈，1931 年 2 月 28 日胡漢民被蔣所囚，導致他們徹底決裂。同年 10 月，胡漢民獲釋後經上海轉赴香港，從此與蔣介石分道揚鑣，公開舉起反蔣大旗。

南天王陳濟棠

余漢謀通電擁蔣，背離陳濟棠而去

凝固的音符

「中國第一橋」——錢塘江大橋正在施工

錢塘江大橋的傳奇色彩，令人口碑相傳。

中國人也能做到

錢塘江大橋，是與橋樑大師茅以升的名字聯繫在一起的。他曾在多年後這樣回憶：「自 1919 年 12 月，我歸國為社會服務，在幾十年的征程中，我所做的工作最引人注目的就是主持建造錢塘江大橋工程。」

在抗日烽火之中，錢塘江大橋橫空出世。但不幸的歲月，註定了它的命運多舛。存世僅僅 89 天，就因阻擊日本軍隊而「自盡」，譜寫了可歌可泣的一頁。錢塘江大橋的傳奇色彩，令人口碑相傳。

上世紀 30 年代，正在興建中的浙贛鐵路要與滬杭鐵路銜接，需在錢塘江上架設一座大橋。1934 年，茅以升受命主持。

之前的中國大川大河上，雖已有一些大橋，但都是外國人建造：濟南黃河大橋，德國人的作品；蚌埠淮河大橋，美國人的成就；哈爾濱松花江大橋，俄國人留下的業績……可以想像，茅以升肩上的擔子有多重，他必須要用自己的智慧來證明，建造現代化大橋，中國人同樣能做到。

錢塘江又稱錢江，地處入海口，潮水江流，洶湧澎湃，風波甚為險惡，其潮頭壁立的錢江潮與隨水流變遷無定的泥沙是建橋的兩大難題。茅以升在造橋過程中，克服了許許多多的困難，他曾採用「射水法」、「沉箱法」、「浮遠法」等，解決了建橋中的一個個技術難題，保證了大橋工程的進展。

1937 年，錢塘江大橋就要竣工之際，上海八一三的槍聲驟然響起。大橋還未交付使用，就經受了抗日戰火的洗禮。8 月 14 日，隨著隆隆的轟鳴聲，3 架日軍飛機肆虐而過，當時茅以升正在 6 號橋墩水下 30 公尺的沉箱裡和幾個工程師及監工員商量問題，忽然電燈全滅，一片黑暗。後來得知，是因日軍飛機轟炸，工地關閉了所有的電路。

工程尚未完工，戰火已燒到了錢塘江邊。此後的 40 多天裡，建橋的工人們同仇敵愾，以極大的愛國熱情，冒著敵人炸彈爆炸的塵煙，夜以繼日地加速趕工。

1937 年 9 月 26 日清晨，第一列火車從大橋上通過。大批的軍用物資，隨著戰事的加劇，源源不斷地從這裡運往前線。錢塘江大橋，與中國軍隊頑強的抵禦同在。

絕不能留給日本人

不幸的是，中國軍隊節節退卻，形勢一天比一天吃緊。

11 月 16 日下午，一份南京政府的絕密檔，讓茅以升一時目眩。他不敢相信這是事實，但絕對不是幻覺：炸毀錢塘江大橋，絕不留給日本人。

「這是當前嚴峻局勢所致，是不得已而為之。」「所需炸藥及爆破器材已運抵這裡，就在外面的汽車上。」來人這樣說。茅以升沒有選擇，更沒有退路，他默默地接受了。

要親手炸毀自己集兩年半心血建成的大橋，是一件痛苦的事，這等於是扼殺、自殘自己的親骨肉。戰爭的需要，讓他只能勇敢面對。茅以升同工程技術人員商量和慎重考慮後，擬訂了炸橋方案。

當晚，所有的炸藥都安放就位，連接多個引爆點的

1934 年 11 月 11 日錢塘江大橋舉行開工典禮

茅以升（左五）等與外國工程師檢查施工情況

茅以升

1937 年 9 月 26 日，茅以升主持設計建造成中國第一座鐵路、公路現代化大橋——錢塘江大橋

100 多根引線，在南岸的一間房子裡彙集成一股，只等一聲令下，大橋的五孔一墩就會全部炸毀。

次日凌晨，茅以升突然接到浙江省政府的命令，因大量難民湧入杭州，渡船無法承受，錢塘江大橋公路部分必須於當天全面通車，以解燃眉之急。

當日，大橋全面通車，這一天，得到消息的人們，從杭州、寧波遠道而來，成千上萬的百姓來到六和塔下的錢塘江邊，甚至連六和塔上也都站滿了人。第一輛汽車從大橋上駛過時，兩岸數十萬人群掌聲雷動，場面十分感人。

然而，有誰能知，數百公斤炸藥此時就安置在橋身，這座由中國人自己設計施工建造的大橋在落成之日，竟然就面臨被毀的命運！

12 月 22 日，日軍進攻武康，窺伺富陽，杭州危在旦夕。錢塘江大橋上南渡的行人更多；而鐵路方面，上海和南京之間已不能通車，錢塘江大橋成了撤退的唯一通道。據當時鐵路局估計，僅當日就有 300 多台機車和超過 2000 節客貨車通過大橋。

不復原橋不丈夫

12 月 23 日，日軍開始攻打杭州，當天下午 1 時多，茅以升終於接到命令：炸橋。3 點，準備工作全部就緒。他站在橋頭看著橋上湧過來的黑壓壓的難民，心頭湧起對日軍無比的憤怒。傍晚 5 時，日軍騎兵揚起的煙塵已隱約可見，茅以升命令關閉大橋，禁止通行，實施爆破。一聲巨響，六處截斷，1453 公尺長的臥江長龍，耗資 160 萬美元，在歷經 925 天夜以繼日的緊張施工落成後，在瞬間「骨肉分離」。

當晚，茅以升在書桌前寫下了八個字：「抗戰必勝，此橋必復」，並賦詩一首，

當年在全國發行的明信片，記錄下了這段空前絕後的歷史：開橋第一天橋上放上了炸藥，建橋人又成炸橋人

1919 年茅以升獲美國卡內基理工學院博士學位畢業照

「斗地風雲突變色，炸橋揮淚斷通途，五行缺火真來火，不復原橋不丈夫。」

大橋炸毀後，茅以升帶著在錢塘江大橋建設過程中的所有圖表、文卷、相片等 14 箱重要資料撤退，他堅信，大橋還將複建。

整個抗戰時期，茅以升一家在躲避戰亂的路途中捨棄了許多家私，卻將這些珍貴的建橋資料悉數保存下來。

抗戰勝利後，茅以升又受命組織修復大橋，1948 年 3 月，錢塘江大橋重又飛跨在江波之上。

前後 14 年，這是茅以升主持錢塘江大橋工程的歷程；從建橋，到炸橋，再到修橋，這是茅以升主持錢塘江大橋工程的三部曲。

1937 年 9 月 26 日通車的錢塘江大橋，迎來的卻是逃難大軍

黃金十年

繁華的南京中華路（攝於 30 年代）

抗戰前的十年，在經濟建設方面，頗多建樹。

也算是一個「黃金時期」

中華民國，如果從 1912 年開始算起，到 1949 年在大陸的 38 年，其中，1912 年到 1927 年，是新老軍閥混戰的動盪時期，1937 年到 1945 年是八年抗戰時期，而 1945 年以後到 1949 年，則是內戰時期。如此說來，也只有 1927 年到 1937 年這一時段，是一個相對穩定時期。

當然，從當時的政局變數來看，這一段又並非一帆風順，言重一點，是一個紛擾不斷的「多事之秋」。從寧、漢、滬對峙與合流，到新軍閥的中原爭霸；從日本發動侵華的九一八事變，到咄咄怪事的國民黨「三方」「四大」會議，當然還有來自共產黨存在的威脅。這一切，令南京國民政府無心、無力，甚至無錢，安於經濟建設和社會發展。

不過，如果深究，似乎又是另一番景象。這應是中國社會現代化進程具有特殊地位的時期：表現為相對統一與和平，這種局面，前所未有；具有一個有意圖建設中國經濟的政府，人才濟濟，志向高遠；經濟發展和現代化（或者說西化）的進程有明顯進步，基本構建了一個現代國家所應有的完整經濟框架，並於 1937 年上半年達到民國在大陸時期的高峰。這一時段，稱得上是國民政府經濟建設和社會發展的「黃金時代」。作為民國時期市政建設的代表——南京在這 10 年中，變化很大，它的進步，可以說是社會發展的一個縮影。

這一時期發展的動因是什麼？從國民黨自身而言，一方面是近代以來中華民族對現代化和民族經濟發展的迫切要求；另一方面，國民黨雖然已經「執政」，但一直以「革命黨」自詡，其內部有著對發展非常強烈的要求。至於外部的大環境，在很大程度上，也起到了推動作用。1927 年世界經濟危機已迫在眉睫，生產的相對過剩需要龐大的海外市場來消化。西方資本主義國家，需要一個可以納入資本主義體系的中國市場。

當然，還有一個不可忽略的事實，亦相當致命。1928 年前，凡涉及現代經濟的部門，如海關、金融、通訊、重工、貿易、科技等等，皆操縱於外國人之手。據統計，1926年中國現代經濟中外國份額占航運的80%，煤產量的78%，鐵礦石的99%，生鐵的95%。少數發展良好的產業部門，如紡織、麵粉等輕工業無不存在對世界市場的依賴。

經濟統一的第一步，終於在1928年8月邁開。國民黨二屆五中全會通過了《統一財政，確定預算，整理稅收，並實行經濟建設財政政策，以植財政基礎而利民生建議案》，成為南京政府初期的財政經濟總方針。它將財政、稅收、債務和金融貨幣的改革視為「根本政略」。其基本內涵就是「統一」，即將財權統一於中央之下。目的是在政治上限制地方軍閥，經濟上增加中央的控制能力，並解決國民黨的統治經費。

艱難地邁出第一步

經濟統一的具體步驟是一系列的，相應的措施，看上去令人鼓舞，確實有著耳目一新的感覺。

確立了國家、省、縣三級財政制度；確立預算決算制度；統一稅務機關，裁撤厘金，改設統稅；發行內外債，籌措資金；海關自主，基本收回海關自主權；關稅、鹽稅改革和統一鹽務；建立「四行二局」為骨幹的國家金融系統；頒布一系列銀行法令，刺激私營銀行的發展；廢兩改元和法幣制度；建立國家資本工業；修築鐵路、公路，發展郵政通訊；設立農村復興委員會和農本局，統制農產品。

對於國民政府，其實百姓抱有很大期待。自鴉片戰爭以後，這一路走來，中國人活得很痛苦。民國肇始，人們似乎看到了一點希望。但其後的情況，令人失望。大概直到1927年國民政府定都南京，對百姓而言，眼前好像才又一亮。

撇開對外政策不論，完全從國家施政的角度，這一

30年代的南京中山東路

1928至1937年是國民黨力量鞏固和取得成就的一個時期。外國在中國的特權通過外交途徑獲得緩解。政府積極進行法制的現代化建設、穩定物價、分期償還外債、改革銀行和貨幣體系、建設公路和鐵路、改善公共衛生設施、增大工農業生產、加強國防建設、普及國語和克服方言差異、廣泛分佈的通訊設施，使民眾增加了統一感和自豪感。這一段時期，因國民政府在經濟建設取得的成就而被稱為「黃金十年」。

30 年代的南京太平路

時期的國民政府，在經濟建設方面，還是想有一番作為。在政府官員中，技術型官員，不乏其人；海外鍍金、學成歸來者，也比比皆是。他們有能力，想做出一番事業來。從這個層面上說，我們完全有理由相信，這是一個可以創造業績的時期。

以上各項重大變革，不只是停留在法規條款上，也付諸於具體的行動中。舉國的變化，還是實實在在的，白紙黑字，不少都已實施並成為現實。

實實在在的成績

整整 10 年，南京政府基本上構建了一個現代經濟的管理體制，並通過整頓和投資，使中國逐漸向「統一和現代化」的方向轉變。

突出的成就，我們可以列舉一二，窺一斑可見全豹。作為一國政府，成心不想搞好、不辦事的，估計沒有。某些政治行為，不可與經濟建設混為一談。

我們首先看到的是，在鐵路、公路、輪運、航空、郵電和基礎工業方面的逐步發展，如通過實業部、資源委員會等機構的投資，初步確立以採礦、冶金、機械、化工、電氣為主體的國營重工業基礎，為中國工業現代化奠定了基礎構架。一組資料，好像很能說明問題。1927 至 1937 年共修建鐵路 3795 公里，並在全國基本建成公路網，公路總里程達 109500 公里。1927 年成立郵政總局，拓展郵路，發展電報和電話事業。一系列建設，改變了中國的基本面貌。

當然，城市經濟、民族工商業和對外貿易，亦獲得一定發展。財政、金融的統一，交通通訊的建設使中國原有的國內市場得到恢復並進一步擴大，刺激了工商業的發展。根據農商部公司註冊統計，1929 年至 1935 年 6 月註冊工業公司 1966 家，資本額 56039.4 萬元。有人甚至估計，在 1928 至 1936 年間，包括東北在內，中國的現代工業的平均增長率為 8.4%。各種私營工廠紛紛建立，涉及化工、紡織、食品、水泥、造紙等諸多行業。中間雖然在 1931 至 1935 年受世界經濟危機和日本侵略的影響舉步維艱，但所涉行業範圍之廣前所未有，遍及現代經濟的各個部門。可惜，這種有序發展的局面沒能維持多久，就因日本發動全面侵華戰爭而告中止。不過，這 10 年的經濟建設成就，還是讓中國積蓄了一定的能量，能夠與日本侵略者一直周旋相抗，直至將侵略者掃地出門。

永利鹼廠

開闢民族工業之路

侯德榜的名字是與中國化學工業的起步連在一起的。

索爾維製鹼法被攻克

1775 年，法國科學院懸賞 10 萬法郎，徵求可以工業化的製鹼方法。鹼，是許多工業部門的重要原料。古代是從草木灰中提取鹼液，或從鹽湖水中取得天然鹼，這種方法已遠遠不能滿足需求。工業的迅猛發展，要求科學技術同步跟進。

13 年後，勒布蘭提出了以氯化鈉為原料的製鹼法，經過 4 年努力，得到了一套完整的生產流程。勒氏製鹼法雖然在推廣應用中不斷被完善，但因這一方法主要是利用固相反應，又是高溫操作，存在許多缺陷。這之後，許多人不斷尋求改革方法。將近 100 年過去了，比利時化學家索爾維終於獲得成功，氨鹼法的工業化，有著能連續生產、產量大、品質高、成本低諸多優點，它很快就取代了勒布蘭法。

范旭東

為了獨享這項技術成果，掌握索爾維製鹼法的資本家採取了技術封鎖。一些專家千方百計地想解開這謎底，大都以失敗告終。不料，這一難題竟被一個中國人攻克，他就是侯德榜。

侯德榜

侯德榜，1890 年生於福建閩侯，1911 年考入清華留美預備學校，並以優異成績被保送到美國留學。1921 年取得博士學位。

永利鹼廠

在美留學時，侯德榜遇到了前來考察的陳調甫，他受愛國實業家范旭東委託，為在中國興辦鹼業，專門來美物色人才。具有強烈愛國心的侯德榜當即表示，「可以放棄在美國的舒適生活，立即返回祖國，用自己的知識報效祖國。」

同年10月，侯德榜回到國內，出任范旭東創辦的永利鹼業公司的技師長（即總工程師）。他脫下白領西服，換上藍布工作服和膠鞋，和工人們一起操作。哪裡出現問題，哪裡就有他的身影，經常幹得渾身汗臭，衣服中散發出酸味、氨味。他埋頭苦幹的作風，贏得了工人們、甚至外國技師的讚賞和欽佩。

雖然索爾維製鹼法的原理很簡單，但生產工藝卻為外國公司所壟斷，完全要依靠自己摸索，困難多多。

侯德榜全身心地投到了生產上，從調換碳酸化塔的水管，另行設計分解爐，到多次加強冷卻設備，改造過濾機以及處理不斷發生的生產故障，他都以探索者的勇氣、生產者的細心和科學家的嚴謹來對待。不畏艱辛，幾度寒暑，索爾維製鹼法的各項技術要領，終於盡在手中。

1924年8月13日，永利鹼廠正式投產。正當大家興高采烈地等待雪白的純鹼從烘燒乾燥爐中出來時，出現在眼前的卻是暗紅色的純鹼，這無疑給眾人急切的心情潑了一盆冰水。侯德榜冷靜地去尋找事故的原因，經過分析，他很快發現純鹼變成暗紅色，是由於鐵鏽汙染所致。隨後他們以少量硫化鈉和鐵塔接觸，致使鐵塔內表面結成一層硫化鐵保護膜，生產的純鹼，終於晶瑩如白。日產180噸純鹼的永利鹼廠，終於矗立在中國大地上。

1926年，「紅三角」牌純鹼在美國費城舉辦的萬國博覽會上榮獲金質獎。這一袋袋的純鹼，是中華民族的驕傲，它顯示了中國人民的志氣和智慧。

索爾維製鹼法的奧秘被破解，本可以高價出售專利而大發其財，侯德榜卻讓全世界分享這一成果。他把製鹼法的全部技術和自己的實踐經驗寫成《製鹼》一書，於1932年在美國出版。這是世界上第一部製鹼工業專著，被後世奉為經典。

拚命爲之的中國化學工業

三酸二鹼是化學工業的基本原料，僅能生產純鹼顯然不夠。永利公司計畫籌建永利硫酸銨廠，這樣就可以同時生產氨、硫酸、硝酸和硫酸銨。建廠的重擔，又落在侯德榜的肩上。

在採購設備中，侯德榜精打細算。凡

是國內能夠保證品質的，就自己動手在國內解決。進口外國設備時，他巧妙地利用了各國廠商之間的競爭，選擇適用又價廉的設備；對若干關鍵設備，更是力主擇優。

1937 年，在侯德榜、范旭東及全廠員工戮力同心下，硫酸銨廠首次試車成功，侯德榜出色地指揮完成了這項巨大工程。

侯氏聯合製鹼法的發明

日本侵華的戰火，已迫近上海、南京。位於南京的硫酸銨廠作為亞洲第一流的化工廠，令日本侵略者垂涎三尺，他們早已看到永利公司的軍事價值，年產 1 萬噸硝酸，可以製造幾萬噸烈性炸藥，派人企圖收買范旭東和侯德榜。范、侯明確表示：「寧可給工廠開追悼會，也決不與侵略者合作。」侵略者加大壓力，甚至派飛機對硫酸銨廠進行狂轟濫炸。侯德榜當機立斷，將設備拆運西遷。

1938 年，侯德榜率西遷的全部員工在四川岷江岸邊的五通橋建設永利川西化工廠。新廠採取什麼工藝是首先要考慮的，製鹼的主要原料食鹽，在川西只能用來源於深井中的鹽鹵濃縮。鹽鹵濃度低，產鹽的成本很高。加上索爾維法的食鹽轉化率不高，大大提高了製鹼成本。

侯德榜決心開創一條製鹼新路，500 多次重覆試驗，2000 多個樣品分析，他終於獲得了成功，創造性地設計出聯合製鹼新工藝。他把氨廠和鹼廠建在一起，由氨廠提供鹼廠需要的氨和二氧化碳，母液裡的氯化銨用加入食鹽的辦法使它結晶作為化工產品或化肥，而食鹽溶液又可重覆使用。這一方法把世界製鹼技術水準推向了一個新高度，贏得了國際化工界的極高評價。

1943 年，「侯氏聯合製鹼法」由中國化學工程師學會正式命名。它不僅是侯德榜個人的榮譽，更是中國知識份子孜孜以求、不懈努力的一種精神體現。

1937 年，在侯德榜、范旭東及全廠員工戮力同心下，硫酸銨廠首次試車成功，侯德榜出色地指揮完成了這項巨大工程，正如他自己說的：「要當一員稱職的化學工程師，至少對機電、建築要內行。」他在給友人的一封信中曾寫道：這些事，「無一不令人煩悶，設非隱忍順應，將一切辦好，萬一功虧一簣，使國人從此不敢再談化學工程，則吾等成為中國之罪人。吾人今日只有前進，赴湯蹈火，亦所弗顧，其實目前一切困難，在事前早已見及，故向來未抱絲毫樂觀，只知責任所在，拚命為之而已」。

永利鹼廠硝酸部

出版業的豐碑

從這組龐大的建築群可知商務印書館的實力

商務印書館，在中國近現代文化出版發展史上，具有舉足輕重的地位。

塞翁失馬

「在我幼稚的心中，商務印書館是一座屹立在上海市的巍峨大廈，裡面住著幾位傳授知識的大師，如張元濟、高鳳謙……」這是20世紀初，留在少年冰心心中的商務印書館。

百年「商務」，在中國近現代文化出版發展史上，具有舉足輕重的地位。當我們重新審讀這段歷史時，張元濟，就出現在我們面前。

張元濟是中國近現代出版業的先驅，他不但與商務印書館，而且與中國現代文化進程緊密相連。作為一個文化產業的成功實踐者，他的名字，是一個生命的符號，更是一個具有特殊意義的文化符號。

商務印書館照相製版間（清末）

張元濟是浙江海鹽人，進士出身，曾參加康有為等人發起的戊戌變法。變法失敗後，「革職永不敘用」6個字，斷送了他的政治前程，但他的人生之路，卻走出了另一番光明。顯赫的朝廷命官，不起眼的印書館經理，張元濟所經歷的功名落差，我們可以感受到；但潛伏在他內心的心靈落差，我們卻無法體驗。

不過，又是一個塞翁失馬，官場上少了一個或許不一定功成名就的張元濟，而文化出版界有幸多了一個成就卓著的大名家。

人一生成敗的關鍵處就在那麼一二步，而張元濟的這一步卻走出了一段歷史，造就了一位文化偉人。他認定「蓋出版之事，可以提攜多數國民，似比教育少數英才尤要」，毅然於1902年獻身於商務印書館。他與夏瑞芳通力合作，開創了商務的一個新時代，一個有文化品位的真正意義上的出版產業。

商務成立之始，只是承印商業廣告、

帳冊等印刷品，「商務」之名即源於此。張元濟走馬上任後，商務全面出擊，分設編譯、印刷、發行三個所，產、供、銷一條龍。張元濟歷任商務印書館編譯所所長、商務印書館經理、監理、董事長。

張元濟

走出一條屬於自己的路

張元濟是舊文人，卻有新思想，一場革命，悄然在商務興起。首先，選賢任能，著手編印新式教科書。他聘請了高夢旦、蔣維喬和杜亞泉等一批學者來完成這項工作。此外，還把新的西方科技知識編入教材之中。在不長的時間裡，一系列內容新穎的教科書、教授法以及教學參考書脫穎而出，大大提高和擴大了中國學生的視野。

張元濟廣羅人才，起用了一批有真才實學的編輯，並聘請一批熟悉中西學術的名家如嚴復、林紓、蔡元培等，介紹西方學術，比較系統地翻譯、出版了一批西方學術著作。其中尤以嚴復翻譯的《天演論》、《原富》等學術著作影響最大。國人讀著這些書，走進了一個全新的世界中。

清末商務印書館印刷所照相製版部員工和美國攝影師施塔福在清朝龍旗和美國星條旗下合影

張元濟，稱得上是一代儒商，但他經營的是文化產業，他把「商務」打造成一個文化產業。或許因為他是浙江人的緣故，有著與生俱來的經商本能。能夠駕馭「商務」這條舟楫，承載重荷，在茫茫商海中有條不紊地前行。這一點，恰恰是許多文化人難及項背，甚至是望塵莫及的。翻開商務印書館的歷史，擁有眾多的「第一」。它就像出版界的領航員，創造出一個又一個「第一」。

商務印書館同仁合影，20 世紀 30 年代於上海福開森路李拔可住宅花園內，前排右三為張元濟

的氣魄所以這樣大，是跟編譯所的奠基人張元濟先生分不開的。」

張元濟對商務印書館的卓越功績，從茅盾在張元濟 90 壽辰時寫的祝辭，以及在他的回憶錄《我走過的道路》中，可以找到答案：「戊戌以後，菊生先生致力於文化事業，創辦商務印書館，在中國於是始有近代化的出版事業。商務印書館在介紹西洋的科學、文學，在保存和傳播中國古典文學和其他學術著作方面，都有過重大的貢獻。將來的歷史將記錄菊生先生這些對於祖國文化的貢獻。」

張元濟在諸多領域中都有高深建樹，卻惟獨以出版家的名聲最響。出版人可能只是一個平淡而默默無聞的職業稱呼，但是，這平淡，是由生命的邈遠和堅實的腳步交織而成；而默默無聞，則是用畢生的心血和不懈的追求點石成金。從這個意義上說，它又是一個崇高的稱謂。出版家用知識啟迪了一代又一代人。

文化巨人

商務對學術的貢獻是一種成功，從單一的經濟行為轉化成一種複雜多元的文化行為，則是另一種成功。能同時並舉者，惟獨張元濟。

在張元濟的主持下，商務還編纂出版了《辭源》、《中國人名大辭典》、《中國醫學大辭典》、《植物學大辭典》、《動物學大辭典》、《地質礦物大辭典》等一大批工具書，以內容豐富、體例新穎、普及適用，行銷全國。

1926 年後，張元濟的編輯工作，側重於古籍整理。當時，文物遭厄運，珍貴典籍流失嚴重。張元濟認為保存典籍的最好辦法是化身千百，商務陸續編印了《四部叢刊》、《續古逸叢書》、《百衲本二十四史》、《叢書集成》等。這些卷帙浩繁的大型古籍的編印和流通，可以說是功德無量。

商務還出版了頗具影響的《東方雜誌》、《小說月報》、《婦女雜誌》等 10 多種雜誌，一時讀者甚眾，大家競相傳看，影響遍及全國。葉聖陶的一段回憶，窺一斑可見全豹。他在《我與商務印書館》一書中說：「不管哪行哪業，都可以從『商務』找到自己需要、喜愛的書刊，服務物件如此廣泛，出版物的種類如此繁多，在當時以『商務』為最，而『商務』

商務印書館創業人鮑咸昌（印書館經理）、鮑咸恩（印刷所長）、張元濟（編譯所長）、夏瑞芳（總經理）（從左至右）

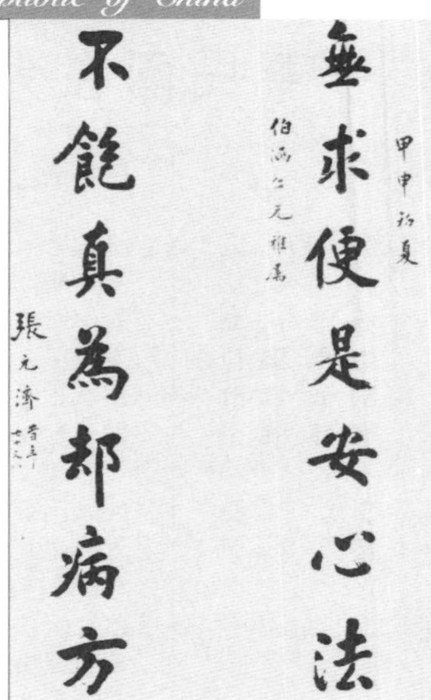

張元濟墨寶

張元濟與學術界的精英保持良好的關係，他與眾多文壇大師、學術鉅子有著深交，這是一個深層次的心靈溝通。他為官和豐富的履歷，又使他能體察到民眾的基本文化需求和價值取向，這是另一個層次的心靈對話。他借助出版這個物質載體，有機地把學界與社會連接起來，使商務成為一個文化溝通的樞紐。

張元濟，稱得上是一代儒商，但他經營的是文化產業，他把「商務」打造成一個文化產業。翻開商務印書館的歷史，擁有眾多的「第一」。1900 年，在中國首次用紙型印書。1903 年，首次使用著作權印花。1904 年，出版中國第一部漢字橫排書——嚴復的《英文漢詁》。1908 年，出版《物理學語彙》、《化學語彙》，為中國最早出版的審定術語彙編。1909 年，出版孫毓修編譯的《童話》一、二集，為中國最早出版的童話。出版《漢譯日本法律經濟辭典》，為中國最早譯印的百科辭典。與英國《泰晤士報》社協議印行《萬國通史》，為中國出版社對外合作的最初嘗試。1912年，始用電鍍銅版。1913年，首次使用自動鑄字機。1915 年，首次引進彩色膠印機，聘請美籍技師指導。創制仿古活字。始用彩色膠版印刷。1917 年，編輯《植物學大詞典》，為中國出版的第一部專科詞典。1919 年，創制舒震東式華文打字機，這是中國第一部漢字打字機。創製漢字與注音符號結合的銅模。始用機器雕刻字模。試驗用宣紙套印十五色成功……它就像出版界的領航員，創造出一個又一個「第一」。它的足跡代表了中國近現代印刷出版事業蹣跚前行的歷史軌跡。

商務印書館營業大樓

中華民國在大陸的真相（上冊）1912—1937

作者　韓文寧

發行人　林敬彬
主編　楊安瑜
編輯　陳佩君、林子揚
內頁編排　謝淑雅
封面設計　謝淑雅
編輯協力　陳于雯、林裕強

出版　大旗出版社
發行　大都會文化事業有限公司
11051台北市信義區基隆路一段432號4樓之9
讀者服務專線：(02)27235216
讀者服務傳真：(02)27235220
電子郵件信箱：metro@ms21.hinet.net
網　　址：www.metrobook.com.tw

郵政劃撥　14050529 大都會文化事業有限公司
出版日期　2012年04月初版一刷・2016年01月初版七刷
2019年10月修訂初版一刷
定價　380 元
ISBN　978-986-97821-5-9
書號　History-115

4F-9, Double Hero Bldg., 432, Keelung Rd., Sec. 1,
Taipei 11051, Taiwan
Tel:+886-2-2723-5216　Fax:+886-2-2723-5220
Web-site:www.metrobook.com.tw
E-mail:metro@ms21.hinet.net

國家圖書館出版品預行編目(CIP)資料

中華民國在大陸的真相，上冊，1912—1937 / 韓文寧編著. -- 修訂初版. -- 臺北市：大旗出版：大都會文化發行，2019.10
384面； 17×23公分. -- (History ; 115)

ISBN 978-986-97821-5-9 (平裝)

1. 中華民國史 2. 歷史故事

628　　108015687